HEYNE <

W0381201

BEN RIFFKO

GRÜNES ÖL

Thriller

WILHELM HEYNE VERLAG
MÜNCHEN

Sollte diese Publikation Links auf Webseiten Dritter enthalten,
so übernehmen wir für deren Inhalte keine Haftung, da wir uns diese
nicht zu eigen machen, sondern lediglich auf deren Stand
zum Zeitpunkt der Erstveröffentlichung verweisen.

Dieses Buch ist auch als E-Book erhältlich.

MIX
Papier aus verantwortungsvollen Quellen
FSC® C083411
FSC www.fsc.org

Verlagsgruppe Random House FSC® N001967

Originalausgabe 11/2020
Copyright © 2020 by Ben Riffko
Copyright © 2020 dieser Ausgabe
by Wilhelm Heyne Verlag, München,
in der Verlagsgruppe Random House GmbH,
Neumarkter Str. 28, 81673 München
Redaktion: Kerstin von Dobschütz
Printed in Germany
Umschlaggestaltung: Cornelia Niere, München,
unter Verwendung von Motiven von © Arcangel Images
(Benjamin Harte); Shutterstock.com (Kichigin, Rich Carey)
Satz: KompetenzCenter, Mönchengladbach
Druck und Bindung: CPI books GmbH, Leck
ISBN: 978-3-453-44004-3

www.heyne.de

»Alle auf das Recht anderer Menschen bezogenen Handlungen, deren Maxime sich nicht mit der Publizität verträgt, sind unrecht.«

Immanuel Kant, *Zum ewigen Frieden*

Meinen Liebsten

Prolog

Sie sagen, ich bin tot. Ausgelöscht, ein Nichts. Ich existiere nicht mehr, und trotzdem spüre ich die Schmerzen ihrer Folter. Der Tod ist doch der Zustand, in dem man auf nichts mehr wartet? Ich warte darauf, dass die Qualen endlich vorbei sind. Meine körperliche Hülle ist ausgezehrt, aufgebraucht, am Ende. Herz und Geist sind gebrochen. Tötet mich richtig, nicht nur ein wenig. Warum wollen die, dass ich noch lebe?

Ich führte ein normales Leben, bis »sie« mich unter Druck setzten, mich erschossen, aber nicht töteten. Seitdem verfaule ich in der Hölle. Wie lange schon weiß ich nicht. Mit allen Mitteln wollen sie mich zum Reden bringen. Sie spritzen mir Psychopharmaka, die mich verblöden lassen. Gegen die Schmerzen der Folter verabreichen sie mir Morphium. Niemanden werde ich verraten, wie auch, ich kann mich an nichts erinnern.

Wenn die Folterknechte meine Zelle betreten, schreie ich ihnen entgegen: »Ich bin unschuldig!« Unschuldig, ohne überhaupt zu wissen, wessen die mich für schuldig halten. Warum bin ich hier? Wieso hat alles so geendet?

Voller Drogen vegetiere ich in diesem Dreckloch vor mich hin. Abwechselnd zittere ich vor Kälte, schwitze vor Panik, bekomme keine Luft oder hyperventiliere. Mein Verstand ist zu nichts zu gebrauchen, ein Gedanke malträtiert mich.

»Hier findet dich niemand!«

Die beherrschen ihr Handwerk, das Spiel, bei dem es ums Täuschen, Tarnen, Töten geht. Ich bin der Verlierer. Eine überflüssige Figur auf deren globalem dreidimensionalem Schachbrett. Mich kann man jederzeit opfern. Die brauchen ein ahnungsloses Bauernopfer, damit sie mindestens ein Remis erzwingen. Mein Tod ist so ein Remis. Ein Sieg jedenfalls nicht, insbesondere nicht für mich.

Stinkende, schwitzende Männer prügeln sämtliches Gefühl für Zeit aus mir heraus. Der mit der Glatze ist der Brutalste. Immerzu brüllt er mich an, schlägt auf mich ein. Seine Schreie höre ich nur sehr leise. Das brackige Wasser, in das er meinen Kopf drückt, schluckt den Schall seiner Stimme. Kurz bevor ich ersticke, reißt er mich hoch, bombardiert mich mit Fragen. Wenn ihm meine Erwiderungen nicht gefallen, zerrt er an meinen Haaren, drischt mir wahllos weiter ins Gesicht. Erschöpfung und Panik verwischen die Erinnerung an meine Antworten. Mein Gehirn ist ein undefinierbarer Brei. Bei jedem Schlag schwappt es zwischen meinen Ohren hin und her. Der Glatzkopf sagt, er wird mich brechen, mich dazu bringen auszupacken. Seine Lieblingssätze sind: »Arschloch. Mach es mir nicht so schwer. Du hast doch nur noch einen einzigen Freund auf der Welt. Der bin ich. Um die anderen musst du dich nicht kümmern. Das erledigen wir.«

Er meint, ich sei gut. Noch keiner habe so lange durchgehalten wie ich. Entweder haben die anderen ihr Leben oder ihren Verstand verloren. Ich kann mir aussuchen, wie es bei mir laufen wird.

Er würgt mich, ich verkrampfe, will schreien voller Angst. Ein übel riechendes Tuch stopft er mir als Knebel in den Mund. Neben mir steht der Eimer mit einer eklig grünen

Brühe. An den Haaren zieht er meinen Kopf nach hinten, deckt mir Nase und Mund mit alten Lappen zu. Langsam und schubweise gießen seine Helfer den Inhalt des Eimers über die Lappen.

»Warum warst du Drecksack in Spanien? Was hattest du vor?«

Damit ich antworten kann, nimmt er mir, kurz bevor ich ersticke oder vor Panik im Todeskampf ohnmächtig werde, den Knebel aus dem Mund. Trotz der Qualen antworte ich nicht. Es fehlt mir jegliches Wissen über mein Leben, bevor sie mich in dieses Loch schleppten.

»Was glaubst du, ist in dieser grünen Brühe?«

Ich weiß es nicht.

Nach seinen harten Schlägen in mein Gesicht, tropft Blut aus Nase und Mund. Ich schmecke es. Unaufhörlich vermischen sich rote Tropfen mit der grünen Brühe. Wieder drücken seine Helfer meinen Kopf in den Eimer, gießen Flüssigkeit nach. Endlose Sekunden ohne Luft. Wirre Gedankenblitze schießen durch mein Gehirn. Wer sind die? Warum foltern die mich? Ich habe doch nichts verbrochen!

Der Schlafentzug macht mich wahnsinnig.

Wenn ich in dem dunklen, kalten Raum alleine bin, lassen sie neben der Pritsche, an der sie mich festgebunden haben, Flüssigkeit auf umgedrehte Blechschalen tropfen. Die monotonen Geräusche verfolgen mich. Das blecherne Getöse der Tropfen rast unaufhörlich durch meinen Kopf. Verängstigt wie ein Rind vor der Schlachtung warte ich auf die Rückkehr der Folterknechte. Aufgrund der Schmerzen und der Drogen werde ich häufig ohnmächtig. Der eklige Gestank überall trägt ebenfalls dazu bei. Gestank wie nach getaner Arbeit in einem Schlachthof.

»Rede endlich, du Mistkerl, los sprich. Was war in Spanien? Wieso warst du Arschloch dort?«

Der noch intakte Rest meines Gehirns sucht verzweifelt nach Namen und Orten. Ergebnislos. Ist es besser, dass ich mich nicht erinnere? Schläge. Ich schreie mir die Seele aus dem Leib. Niemand hört mich.

Nach den endlosen Qualen fesselt mich der Glatzkopf mit Kabelbindern an die vollgekotzte Liege. Sie stinkt nach Pisse. Ist die von mir? Der Knebel drückt auf mein Zahnfleisch, füllt meinen Mund vollständig aus, tötet meine Stimme. Ohnmacht überkommt mich.

Zeit vergeht, bis ich aufwache. Vermutlich von den Drogen, die sie mir spritzen. Die Einstiche am Unterarm sind frisch. Ich zittere vor Kälte.

Mein Tod ist genauso ungewöhnlich wie die letzten Wochen meines Lebens. Da ist ein Gewirr von Stimmen, das Getrampel von Stiefeln, Glas zersplittert, Angstschreie Unschuldiger. Ein Kugelhagel, abgefeuert aus Waffen, die zu einem Sondereinsatzkommando gehören.

Drogen und Folter löschen beharrlich mein Leben aus, doch ein Gesicht vergesse ich nie …

1. Kapitel

Freitag, 24. März 2017 – 22:05 Uhr – Costa Blanca

Darauf hatten die fünf Männer lange gewartet. Die Nacht war perfekt für ihr Vorhaben. Der Mond schien kaum, und nur ihre Taucherlampen beleuchteten den steinigen Weg die steile Felsenküste hinunter. Es roch nach der üppigen Vegetation des Mittelmeers im beginnenden Frühjahr. Alles war still bis auf das Schlagen der Wellen, die sich leise und in eintöniger Gleichmäßigkeit am Ufer brachen. Die Männer mussten sich durch stachelige Büsche bis zu der geplanten Einstiegsstelle hindurchquälen. Gespenstische Schatten liefen vor ihnen her, als sie ihre Ausrüstung den Abhang nach unten trugen. Ihre Fahrzeuge standen oben – alte, unscheinbare VW-Busse, randvoll mit modernster Technik beladen. Was sie hier taten, war nicht für fremde Augen bestimmt. Sie durften kein Aufsehen erregen. Nicht jetzt, da sie so kurz vor dem Ziel waren.

Sie waren ein eingespieltes Team. Jeder wusste, was er zu tun hatte. Heute galt es zu beweisen, dass die vielen Monate der Recherche sie zu dem richtigen Platz geführt hatten. Sie waren auf der Suche nach Süßwasser. Die fünf Männer erwarteten, es im Meer zu finden.

In ihrem alten VW-Bus lag ein aktuelles Luftbild der Küste von Moraira. Lange hatten sie gesucht, bis sie diese Stelle fanden. Der Platz war ideal, um ihre Fahrzeuge in der Nähe des einsamen Pfades zwischen dem Cap de la Nau und dem Cap d'Or zu parken. Die Suche konnte beginnen.

Sie wussten seit Langem, dass in der Nähe ihres Standortes unterirdisch der Süßwasserfluss Moraig ins Meer mündet. Wo er seinen Ursprung hat, war unbekannt.

»Pedro, hast du die Karte?«

Der Portugiese reichte dem Mann eine in Folie verschweißte Grafik. Sie zeigte sorgfältig dokumentiert das derzeit bekannte, spektakuläre Höhlenlabyrinth, das der Moraig in die Felsen gegraben hatte. Mehrere Tausend Meter schlängelte sich irgendwo unter ihnen der Fluss durch die Felsen hindurch ins Meer. Um den genauen Verlauf herauszufinden, hatten viele wagemutige Männer seit den Siebzigerjahren ihr Leben gelassen.

Das schreckte Andreas Guggemoos und sein Team nicht ab. Sie blickten auf das nächtliche Meer unter ihnen. Für jeden der ausgesuchten Spezialisten ging es bei ihrem Vorhaben um die nackte Existenz. Seit vielen Jahren lebten der aus dem Allgäu stammende Höhlentaucher und sein Team schon hier, in der ausgetrockneten Gegend im Süden Spaniens. Täglich spürten sie, wie gefährdet die Versorgung der Region mit Wasser war. Die seit ewigen Zeiten anhaltende Dürre zeigte auf dramatische Weise die Versorgungsengpässe auf. Eine gerechte Verteilung des wenigen vorhandenen Wassers zwischen Landwirtschaft, Industrie und Bevölkerung war kaum noch gewährleistet. Aguas Bravas, der führende Wasserversorger, war ratlos. Das Unternehmen hatte es seit Jahren verpasst, in den Bau einer neuen Entsalzungsanlage zu investieren. Ein solches Vorhaben würde Milliarden verschlingen. Gelder, die nicht vorhanden waren. Guggemoos und seine Männer glaubten fest daran, eine Lösung zu kennen.

Freitag, 24. März 2017 – 22:15 Uhr – Brüssel

Heftige Sturmböen zogen an diesem späten Abend über den Flughafen Brüssel-Zaventem hinweg. Ellen Bilberg hatte soeben ihren Kontrollgang durch die Kabine des Airbus A340-300 beendet. Jetzt musste sie sich rasch anschnallen. Es waren die letzten Minuten vor dem Ende ihres langen Arbeitstages. Als Flugbegleiterin war sie unruhige Landungen gewohnt. Heute Abend wollte sie, völlig genervt von allem, nur noch raus aus dem Flieger. Nach Hause, zu ihrer Katze, in die warme Wohnung – und zu Jacques. Ihre neue Liebe hatte ihr versprochen, am Abend ihrer Rückkehr für sie zu kochen. Ein warmes Bad wollte er ihr einlassen und sie mit einer Massage verwöhnen. Er wollte alles tun, um sie den Neunstundenflug vergessen zu lassen. Fünfzehn Jahre Arbeit als Stewardess und ein ausschweifender Lebenswandel lagen hinter ihr. Da taten die letzten Wochen gut. Nach einem Flug kam sie endlich in ein Zuhause, wo nicht nur ein Vierbeiner auf sie wartete, sondern auch ein attraktiver Mann.

Als die Räder des Airbus festen Boden berührten, dachte sie an nichts anderes mehr. War Jacques schon bei ihr? Sie konnte es kaum erwarten, bis die letzten Passagiere das Flugzeug verlassen hatten. Wenig später lief sie mit raschen Schritten Richtung Ausgang des Flughafens.

Vor ungefähr einem Jahr hatten sich hier in der Halle, morgens gegen acht Uhr, zwei islamistische Terroristen in die Luft gesprengt. Ihre Nagelbomben hatten dazu geführt, dass die Glasfront der Abflughalle zu Bruch ging. Teile der Hallendecke stürzten ein. Mindestens elf Menschen wurden getötet, mehr als hundert teilweise schwer verletzt. Sie selbst hatte an dem Tag freigehabt. Das Schicksal hatte sie verschont.

Ellen empfand das als Aufforderung, ihr Leben in vollen Zügen zu genießen. Schließlich lebte man nur einmal. Das sollten all die einigermaßen passabel anmutenden Männer dieses Planeten ruhig erfahren. Ihr war es nur recht. Jedenfalls bis zum Neujahrstag 2017. Aus alter Tradition und aus Kostengründen hatte ihre Airline auch dieses Jahr wieder die Flüge am 1. Januar gestrichen. Die Silvesterparty bei Freunden war daher umso ausgelassener ausgefallen. Bei dieser Gelegenheit war der gut aussehende Jacques bei ihr hängen geblieben.

Ellen hetzte durch die immer noch stark bewachte Abflughalle. Als sie die Glitzerfassaden der Flughafengeschäfte passierte, musste sie an Luanda denken. Die Hauptstadt Angolas zu erleben war ebenso faszinierend wie verstörend. Das Land verfügte über enorme Vorräte an Öl und Diamanten. Binnen kürzester Zeit war Luanda zu einer der großen Ölmetropolen der Welt aufgestiegen. Das enorme Wachstum brachte zusätzliches Geld ins Land. Es war nicht zu übersehen, dass Milliarden in neue Ölriggs und immer höhere Büro- und Wohntürme investiert wurden. Luanda gehörte aktuell nicht nur zu den teuersten und größten Städten der Welt, sondern zugleich zu den ärmsten. Millionen Menschen lebten in riesigen Slums, den Musseques. Wellblechhütten und der Müll der reichen Städter bestimmten dort ihr Leben. Eng an eng gepfercht, lebten sie zwischen den Müllhalden am Stadtrand. Ellen hatte das im Vorbeifahren aus dem Bus auf dem Weg vom Flughafen beobachtet. Aus dem Fenster des Hochhauses mit der schicken Glasfassade, in dem Ellen mit ihrer Crew untergebracht war, war diese Armut nicht zu erkennen. Ellen hatte die absurden Preise in Luanda am eigenen Leibe zu spüren bekommen. Ihr Ausflug vor zwei Tagen zu den Kalandula-Wasserfällen war richtig teuer gewesen. Doch es hatte sich gelohnt. In jedem Fall war das ein Ziel für ihre Flitterwochen. Sie würden es sich erlauben können, sobald Jacques' Firma richtig gut lief.

Freitag, 24. März 2017 – 22:35 Uhr – Costa Blanca

Der Platz vor den beiden VW-Bussen füllte sich weiterhin mit technischem Gerät. Hier ein Set aus Scheinwerfern, da eine Vielzahl von Pressluftflaschen in unterschiedlichen Größen und Farben. Überall lagen Flossen, Masken, Gewichte, Neoprenanzüge herum. Vorsichtig trugen die Männer die speziell für ihr Vorhaben entwickelte Metallkonstruktion den steilen Weg hinunter. Die Basis bildete der Aquazepp, ein unterwassertauglicher Schlitten. Andreas Guggemoos, der Chef der Taucher, würde auf dem Schlitten liegen und sich über Stunden von ihm in die Tiefe ziehen lassen. Die erfahrenen Höhlentaucher hatten den Aquazepp mit einer Konstruktion aus Metallrohren, Leuchten und Pressluftflaschen ergänzt. Diese musste den Anforderungen an die lange Verweilzeit unter Wasser und den engen Gängen gerecht werden. Von der Zuverlässigkeit des Scooters hing Andys Überleben unter Wasser ab. Ein kleiner technischer Fehler und er würde ohne Hilfe des Motors nie mehr aus der Höhle zurückfinden.

Der deutsche Taucher atmete tief und ruhig die klare Luft der Nacht ein und aus. Er wollte sich konzentrieren, die ganz normale Atmung bewusst genießen, solange das noch ging. In wenigen Minuten würde er, umhüllt von der schützenden Dunkelheit, in das Meer steigen, um den Zugang zu der

Süßwasserhöhle zu finden. Wenn ihre Berechnungen stimmten, waren sie ganz in der Nähe der Quelle. Verrückt, dachte er sich einmal mehr, dass sie ausgerechnet im Meer nach Trinkwasser suchten! Vor vielen Jahren hatten sie zufällig die Geschichte von dem unterirdischen Fluss gehört. Angeblich führte der ausreichend Süßwasser mit sich, um diese extrem karge Küstenlandschaft im Südosten Spaniens bewässern zu können. Seit Monaten hatte das Team sich der Aufgabe gewidmet, den Ursprung der unteririschen Quelle zu finden.

Ihr Motiv war simpel. Es sollte den Menschen hier nicht so gehen, wie den Einwohnern von Kapstadt. In Südafrika war 2016 erstmals weltweit eine Millionenstadt von der Wasserversorgung abgeschnitten. Das Trinkwasser aus den Stauseen um den Theewaterskloof-Damm stand nach Jahren der Dürre nicht mehr zur Verfügung. Kapstadt war ohne Wasser. Meteorologen sagten vorher, dass die Trockenheit noch lange nicht zu Ende war. Wasser wurde in Kapstadt und Umgebung nur noch in streng rationierten Mengen und zu Wucherpreisen von lokalen Geschäftemachern verkauft. Die Stadtverwaltung hatte auf ganzer Linie versagt. Trotz frühzeitiger Warnungen waren keine Vorkehrungen für Kapstadt getroffen worden. Die Bürger reagierten mit Tumulten und Plünderungen der letzten Wasserreserven.

Die Tage bis zum »day zero«, dem Tag ohne auch nur einen einzigen verbliebenen Tropfen Wasser, waren zählbar. Hätten Andy und sein Team keinen Erfolg, wären im Süden Spaniens bald schon Millionen Menschen von der Versorgung mit Trinkwasser abgeschnitten. Eine Katastrophe, deren Ausmaß unvorstellbar war.

Freitag, 24. März 2017 – 22:46 Uhr – Brüssel

Ellen hatte ihren Fiat Cinquecento aus dem Parkhaus herausgefahren und war auf dem Weg in Richtung Leuven, wo sie wohnte. Sie rief Jacques auf dessen Handy an.

Nach langen acht Klingeltönen hob er endlich ab. »Hallo, Chérie. Bist du gut aus Ghana zurück?«

»Aus Angola. Luanda liegt in Angola, Jacques. Das solltest du inzwischen wissen.«

»Angola, natürlich. Tut mir leid, ich bin hier gerade ein bisschen im Stress …«

»Stress an einem Freitagabend als Entschuldigung? Das lasse ich dir nur durchgehen, wenn du mich gleich ausführlich massierst«, säuselte Ellen. »Was kochst du uns denn Schönes?«

Die Pause am anderen Ende der Telefonleitung bedeutete nichts Gutes. Ellen hatte ein untrügliches Gespür für Situationen, in denen sich ihre Lover als echte Miststücke herausstellen sollten. Unzuverlässigkeit gehörte vermutlich zum festen Bestandteil eines Singlelebens. Nicht so bei Jacques. Er war in den drei Monaten, die sie nun ein Paar waren, immer zuverlässig, pünktlich und um sie besorgt gewesen. Notwendige Tugenden für einen selbstständigen Unternehmer, aber auch für einen Ehemann, wie Ellen fand. Als Geschenk hatte sie ihm aus Angola ein buntes Armband mitgebracht. Sie wollte es ihm umbinden, wenn er in wenigen Tagen Geburtstag hatte. Dreiundvierzig wurde er. Das Band sollte zeigen, dass er zu ihr gehörte, selbst wenn sie noch immer recht wenig über ihn wusste. Rein äußerlich jedenfalls war er genau ihr Typ. Groß, schlank, sportlich, muskulös. Er hatte diese energische Hakennase, auf die sie so stand. Seine Gesichtszüge waren trotzdem weich und freundlich. Seine blauen Augen konnten sie anblinzeln wie nie verglühende Sternschnuppen. Genau wie sie war Jacques geschieden, kinderlos und auf der Suche.

Obwohl sie sich seit gut elf Wochen kannten, war sie erst einmal bei ihm zu Hause gewesen. Vor vier Jahren, nach der Trennung von seiner Frau, war Jacques in ein Apartment in der Nähe seiner Firma umgezogen. Die kleine Wohnung in der heruntergekommenen Industriegegend bei Charleroi kostete bestimmt nicht viel. Ellen vermutete, dass Jacques all seine Ersparnisse in den Aufbau seines Start-ups steckte. Er sprach nicht gern mit ihr darüber. Sie wusste nur, dass er und sein Mitgründer seit gut fünf Jahren irgendetwas im Umweltschutzbereich entwickelten. Ellen war sich nach der ersten und einzigen Nacht bei ihm zu Hause nicht sicher, ob seine Firma erfolgreich war. Wer Kohle hatte, würde nicht so bescheiden hausen. Sein winziges Bad konnte jede Frau zur Verzweiflung treiben: kein Tageslicht und die Leuchte am Spiegel war ausgefallen. Ein Duschvorhang aus Plastik mit grellen Fischmotiven, kein Föhn. Ihre Wohnung in Leuven war gemütlicher und großzügiger. Deshalb hatten sie sich seit der ersten Nacht in Jacques' Absteige nur noch bei ihr getroffen. Am meisten gestört hatte Ellen, dass es in seinem Bad kaum Ablagefläche gab. Den einzigen Luxus, den Jacques sich dort gönnte, war seine elektrische Zahnbürste. Er nutzte sie oft und gerne. Der elektrische Rasierer dagegen kam nur sporadisch zum Einsatz. Wie hatte Jacques gesagt: »Meist vor einem wichtigen Treffen.«

»Jacques, sag, hast du dich heute für mich rasiert?«

Es kam Ellen vor, als ob Jacques den Telefonhörer zuhalten und ihr Gespräch nur mit halbem Ohr verfolgen würde. Warum redete er nicht mit ihr?

»Chérie, nun sag, was kochst du uns Schönes? Jacques?«

Ellen lauschte. Jetzt war deutlich eine unbekannte männliche Stimme im Hintergrund zu hören. War Jacques am Ende gar nicht wie verabredet bei ihr zu Hause? Wo war er dann?

Freitag, 24. März 2017 – 22:51 Uhr – Brüssel

Die Landung in Brüssel vor wenigen Minuten war pünktlich erfolgt. Ein weiteres Mal war er sicher aus dem Kongo zurückgekehrt, dieses Mal über Angola und Belgien. Wie er seine Kunden hasste für das, was er vor Ort erleben musste. Auch die Rebellen im Süden des Kongo waren, wie die meisten seiner Kunden, barbarisch und rücksichtslos. Sie hatten keinerlei Anstand. Empathie war ihnen fremd. Wenn sie eine Eigenschaft im Überfluss besaßen, dann war es Bauernschläue, gepaart mit Härte, Skrupellosigkeit und einem Talent für korrupte Geschäfte. Für sie zählte nur der Weg zur Macht und die bedingungslose Niederlage ihrer Gegner.

Der einwöchige Aufenthalt in Afrika hatte ihm wieder bewusst gemacht, wie die Uhren auf dem Schwarzen Kontinent tickten. Selbst die blonde Stewardess mit den üppigen Rundungen und dem verlebten Gesicht hatte ihn nicht von seinen verstörenden Gedanken ablenken können. Er war in der letzten Woche im Süden der Demokratischen Republik Kongo unterwegs gewesen, in der Nähe von Kamatanda. Ein grauenvoller Ort, der sicherlich nie als Wellnessoase Berühmtheit erlangen würde. Es war ohne die richtigen »Freunde« lebensgefährlich, sich als weißer Europäer in diese Ecke Afrikas zu verirren. In jedem Augenblick konnte man überfallen und ausgeraubt oder von völlig gewissenlosen Typen grundlos abgeknallt werden.

Die psychischen und körperlichen Strapazen der Reise hatten ihn mitgenommen. Er musste ziemlich fertig ausgesehen haben, denn die attraktive Flugbegleiterin hatte ihn auf dem Rückflug immer wieder mit einem mitleidigen Lächeln bedacht. Nur mit Mühe hatte er in letzter Minute noch den Flieger in Angola erreicht. Um nach Luanda zu kommen, war er Tag und Nacht nahezu zweitausend Kilometer über den gefährlichen Landweg nach Westen gefahren. Allein. Nachts. Ein leichtes Opfer für Straßenräuber. Vermeintlich. Wer ihn hätte überfallen wollen, hätte schnell festgestellt, dass er nicht der harmlose, erschöpfte Geschäftsreisende war, der er auf den ersten Blick zu sein schien.

Er hatte viel erlebt in all den Jahren, während derer er seinen Geschäften nachging. Nicht immer war er sich sicher, ob seine »Freunde« wirklich seine Freunde waren, oder ob sie ihn bei nächster Gelegenheit fallen ließen wie eine heiße Kartoffel. Er hatte die Schnauze voll von ihnen und der Firma, die ihn ausgebildet und stets fürstlich für seine Dienste bezahlt hatte. Es war nicht das erste Mal, dass er ein Land besuchte, in dem die politischen Verhältnisse derart desaströs waren. Er war vorher in Libyen gewesen, dann in Guinea, in Burkina Faso, Mali, jetzt Kongo. Überall herrschten blutige Unruhen, immer ging es um Rohstoffe.

Das, was er letzte Woche gesehen hatte, quälte ihn.

Im Kongo hätte Präsident Kabila im Dezember 2016 zurücktreten und Neuwahlen abhalten müssen. Ein Wahltermin wurde immer wieder auf unbestimmte Zeit verlegt. Dieses Machtvakuum führte zu Kämpfen. Kämpfe, für die Waffen benötigt wurden.

Irgendwann hatte ihn eine Splittergruppe der im Süden operierenden Rebellen kontaktiert. Manchmal wusste er selbst nicht, warum er sich immer wieder aufs Neue mit solchen Leuten einließ. Eines war klar, wenn man ihn »um Hilfe« bat, ging es für gewöhnlich um sehr viel Geld. Doch seine Erfahrung hatte ihn gelehrt, sich niemals auf einen Deal einzulassen, wenn er nicht alle Rahmenbedingungen kannte. Also musste er sich vor Ort ein Bild von der aktuellen Lage verschaffen. Je größer und bedeutender der Deal, desto wichtiger war diese Maßnahme. Im Kongo ging es um Kobalt. Sechzig Prozent der weltweiten Reserven lagerten dort. Kobalt war ein unverzichtbarer Rohstoff für Batterien. Batterien, die für die Automobil- und die Handyindustrie benötigt wurden. Ein boomendes Geschäft, von dem auch er profitieren würde. Ihm gefiel nicht, was er in Afrika gesehen hatte, aber er mochte Kunden mit Geld. Seine Freunde wollten Zugang zu den Rohstoffen als Gegenleistung für die Waffen, die der so harmlos und erschöpft aussehende, weiße Geschäftsmann liefern sollte.

Freitag, 24. März 2017 – 23:04 Uhr – Charleroi

Es war, wie sie vermutet hatte. Bei Jacques war ein Mann, und der redete offensichtlich auf ihn ein.

»Einen Moment, bitte, … warte, später«, sagte Jacques mit gedämpfter Stimme zu dem Mann im Hintergrund. Dann wandte er sich wieder an Ellen.

»Also, Chérie. Hier bin ich. Désolé, ich wurde durch meinen Kollegen abgelenkt. Es war wirklich sehr wichtig.«

Was konnte es Wichtigeres geben, als jetzt für sie beide das versprochene Menü zuzubereiten?

»Jacques, wo steckst du? Es ist Freitagabend!«

»Tut mir leid. Ich bin noch in der Firma, fahre aber gleich los. Versprochen!«

Ellen schnappte nach Luft. »Versprochen? Was soll das heißen, versprochen? Du hast mir gesagt, dass du bei mir bist, wenn ich zurückkomme. Dass du dich um die Wohnung kümmerst und um Eusebio und …«

Kaum hatte sie es erwähnt, als ihr ein schrecklicher Verdacht kam.

»Jacques! Du hast dich doch um Eusebio gekümmert?«

Wieder wurde es still in der Leitung. »Du Mistkerl!« Ellen legte auf, schmiss das Handy auf den Beifahrersitz und trat aufs Gaspedal.

Keine fünf Minuten später saß Jacques im Auto und machte sich auf den Weg nach Leuven. Er würde, je nach Verkehrslage, für die gut achtzig Kilometer zu Ellens Wohnung etwas mehr als eine Stunde brauchen. Sein Geschäftspartner, Louis Guigou, von allen nur Al-Gé genannt, hatte ihn verständnislos angesehen, als Jacques kreidebleich »merde« gerufen hatte, aufgesprungen war und hektisch seine Unterlagen zusammengepackt hatte.

Sie waren gerade dabei, den Status ihrer aktuellen Finanzierungsrunde zu diskutieren. Die lief bei Weitem nicht so, wie sie es sich erhofft hatten. Die beiden Gründer hatten jeweils achthunderttausend Euro investiert. Geld, das sie aus dem glücklichen Verkauf ihrer Beteiligung an dem Internet-Start-up eines Freundes erzielt hatten. In gleicher Höhe hatten sie über die Jahre außerdem staatliche Fördergelder bekommen. Die Bargeldreserven ihres Unternehmens wurden langsam knapp. Aktuell waren ihnen insgesamt noch gut einhundertzwanzigtausend Euro geblieben. Selbst wenn sie vernünftig wirtschafteten, würde das maximal für drei, vielleicht vier weitere Monate reichen. Gewinne machte ihr Start-up noch keine. Privat waren die beiden Belgier ohnehin an ihr Limit gegangen, hatten keinerlei Reserven mehr für die weitere Finanzierung ihrer Firma. Ein Investor musste her. Dringend.

Al-Gé sah ihn völlig perplex an. »Du gehst? Du kannst doch jetzt nicht einfach so abhauen! Wir diskutieren gerade die Zukunft von Algamondo!«

»Sorry, Al-Gé, aber ich muss wirklich los.« Jacques war panisch. »Eusebio! Ich habe Eusebio vergessen.«

Al-Gé erinnerte sich, dass Jacques seit einigen Wochen eine neue Freundin hatte. Eusebio war ihr Kater. Wie konnte dieses Vieh wichtiger sein als ihr Meeting? Jacques' Ohren waren knallrot wie immer, wenn er kurzfristig nicht weiterwusste. Al-Gé hatte in den letzten Jahren in ihrem Labor viele solcher »Rote-Ohren-Situationen« mit seinem Gründungspartner erlebt. Er wusste, wie der unter Stress reagierte. Sollte etwa ausgerechnet jetzt, da sie in drei Tagen den wichtigen Investorentermin in München hatten, Kater Eusebio wichtiger sein als die Vorbereitung ihrer Präsentation, die perfekt sein musste?

»Das kann doch nicht wahr sein. Fünf Jahre harte Arbeit und dann haust du einfach so ab?«

»Mann, Al-Gé, versteh doch. Ich bin mir sicher, dass uns der ganz große Wurf gelungen ist. Die jüngsten Laborwerte, die du mir gezeigt hast, waren fantastisch.«

»Genau und deshalb müssen wir besprechen, wie wir es schaffen, diese Finanzhaie anzulocken, ohne allzu viel zu verraten. Was, glaubst du, passiert, wenn wir denen sagen, welche enormen Gewinnspannen wir haben?«

Hohe Gewinne, Double-digit-Margen, jährliche Vervielfältigung des Wachstums, das war es, was den Investoren gefiel. Gute Finanzkennzahlen lockten sie an wie Blut gefräßige

Haie. Doch Haie jagen sehr vorsichtig. Zunächst umkreisen sie ihre Beute zaghaft, aus angemessener Entfernung, beobachten sie sorgfältig. Sie stoßen ihre Opfer mit der Schnauze an, warten auf die Reaktion. Ein erster Biss – keine Gefahr von Widerstand? Dann beißen sie zu, sanft, fast zurückhaltend. Die Bisse werden schließlich immer tiefer, immer rücksichtsloser. Einmal im Fressrausch können Haie es sich nicht erlauben, bei der Auswahl ihrer Beute grobe Fehler zu begehen. Finanzhaie dürfen sich ebenfalls keine Fehler erlauben, wenn sie erfolgreich sein wollen.

Die Unternehmensgründer hatten mit ihrem Berater, Robert le Bot, einem langjährigen Bekannten und Ex-Banker, zwanzig Investoren nach strengen Kriterien selektiert. Der Erfolg von Roberts Ansprache bei den Investoren war bescheiden. Nach Monaten der Kapitalsuche waren aktuell aus der langen Liste nur noch zwei mögliche Interessenten übrig geblieben. Einen davon sollten sie am kommenden Montag in München treffen.

»Al-Gé, bitte, ich darf nicht zu spät kommen. Du schaffst es schon, die weiteren Folien alleine vorzubereiten. Achte darauf, dass wir nicht alle Daten offenlegen. Gerade so viel, dass deren Interesse geweckt wird. Die Gefahr ist zu groß, dass unser Wissen in falsche Hände gerät.«

12,5 Millionen würden sie in der jetzigen Finanzierungsrunde benötigen. Mit den ersten 2,5 Millionen würden sie gemäß ihrer Planung innerhalb eines Jahres mit einer kleineren Pilotanlage erste Umsätze erzielen und den Break-even schaffen. Ihr Unternehmen könnte sich ab da eigenständig finanzieren. Die weiteren zehn Millionen würden zum Bau einer deutlich größeren Freiland-Produktionsanlage benötigt.

Jacques musste sich umgehend auf den Weg machen,

wenn er in Leuven bei Ellen noch etwas retten wollte. Kurz bevor er die Tür hinter sich zuzog, hörte er Al-Gé noch rufen: »Denk daran! Montag, um sechs Uhr fünfzig geht der Flug nach München. Der Termin bei Early Morning Venture ist um neun!«

Samstag, 25. März 2017 – 00:02 Uhr – Leuven

Schon beim Aufschließen der Wohnungstür war Ellen ein durchdringender Geruch in die Nase gestiegen. Das war eindeutig kein Knoblauch, der in der Pfanne brutzelte. Sie öffnete die Tür, und der Geruch wurde stärker. Vor ihr im Flur stand Eusebio, ihr treuer Kater. Er blickte sie kampfeslustig an, mit aufgestelltem Schwanz und Katzenbuckel. Sie schloss die Tür. Der Geruch war nicht zu verkennen. Die ganze Wohnung stank wie ein einziges Katzenklo.

Eusebio war kein Stubentiger. Er hatte sein Revier außerhalb der Wohnung und kam in der Regel nur zurück, um sich füttern und manchmal auch kraulen zu lassen. Was war in den drei Tagen seit ihrer Abreise passiert? Hatte Jacques ihn die ganze Zeit über in der Wohnung eingesperrt gelassen, ohne sich um ihn zu kümmern? Er hätte Eusebio hinauslassen sollen. So war es abgesprochen. Fütterungszeiten waren einzuhalten. Wasser hätte gewechselt und das Katzenklo gereinigt werden müssen.

Normalerweise hätte sich Ellens Mutter darum gekümmert. Doch Ellen hatte gedacht, dass es eine gute Gelegenheit sei, mehr über Jacques' Charakter zu erfahren, wenn er für drei Tage die Verantwortung für Eusebio übernehmen musste. »Kein Problem«, hatte Jacques ihr morgens beim Abschied im Bett ins Ohr geflüstert, als Ellen ihn darum bat. Sie hatte ihm geglaubt. Sie war außer sich vor Wut. Als sie sich, um ihn zu begrüßen, zu Eusebio hinunterbeugte, klingelte es an der Tür. Sie sah durch den Spion. Es war Jacques.

Samstag, 25. März 2017 – 00:11 Uhr – Zaventem
Nur wenige Minuten dauerte die Fahrt mit dem Taxi vom Flughafen in sein Hotel. Schnell fand der erschöpft wirkende Geschäftsmann das für ihn reservierte Zimmer in dem billigen Zweisternehotel in der Nähe der Leopold III-Laan. Er warf die lederne Reisetasche auf das klapprige Bettgestell. Wie immer war alles in bar bezahlt. Das Hotel hatte er bereits von Afrika aus organisiert. Die überalterte Webseite des Hotels ließ erkennen, dass sämtliche Renovierungsarbeiten überfällig waren. Das störte ihn nicht, denn Geld für ein modernes Überwachungssystem mit Kameras gab es von daher sicherlich nicht. Das Baseballcap war dennoch tief ins Gesicht gezogen, als er über den elektrischen Zugangscode die Hotel- und Zimmertür öffnete. Die Reise hatte Kräfte gekostet. In den letzten Jahren machte ihm sein Job auch körperlich immer mehr zu schaffen. Morgen würde er etwas für seinen Körper tun, um seine Muskeln trainiert zu halten.

Jetzt öffnete er erst mal den Reißverschluss seiner Reisetasche und griff nach dem Whisky aus dem Flughafenshop. Der erste Schluck brannte etwas in seiner Kehle, doch das würde er bald nicht mehr spüren. Als er sich auf das weiche Bett sinken ließ und die Augen schloss, sah er wieder die schrecklichen Bilder aus den Kobaltgruben des Kongo.

Seit dem Rückflug nach Europa ließen sie ihn nicht los. Im komfortablen Sitz der Businessclass hatte er zufällig einen Artikel in dem Wirtschafsmagazin aufgeschlagen, das ihm die blonde Stewardess mit einem vielsagenden Lächeln gab.

Darin wurde in kühlem Reportagestil ausgeführt, was er

selbst erlebt hatte. Das neue Minengesetz nach Präsident Kabilas Machtübernahme hatte dazu geführt, dass jeder männliche Kongolese seinen Lebensunterhalt legal als Kleinbergbauarbeiter verdienen konnte. Das war der Auslöser dafür, dass vierzigtausend Kinder zusammen mit ihren Vätern unter menschenunwürdigen Bedingungen in illegalen Schürfgebieten schufteten. Die Bilder in dem Artikel zeigten, wie Kinder mit abgebrochenen Schaufeln in den aufgerissenen Händen im matschigen roten Boden gruben, um Kobalt zu finden. Er hatte mit eigenen Augen gesehen, wie in der Monsunzeit im Februar und März viele der völlig unzureichend gesicherten Stollen einstürzten und zahllose Opfer unter sich begruben. Vor ihm lagen Kinder sterbend im Morast als Folge ihrer qualvollen Arbeit. Kinder, die für einen Hungerlohn ihr Leben aufs Spiel setzen mussten, damit die Menschen in den Wohlstandsstaaten immer neue Handys und Elektroautos kaufen konnten.

Er war kein Moralapostel. Das stand ihm in seinem Job kaum zu. Aber die Ausbeutung der Kinder von Likasi war selbst für ihn zu viel. Die Bilder verfolgten ihn auch noch nach mehreren kräftigen Zügen aus der Whiskyflasche. Immer wieder sahen ihn die ausgemergelten Gesichter der Kinder an, die nur mit Fetzen an ihren abgehungerten Leibern bekleidet waren. Ihre leeren Blicke flehten um Hilfe. Überall mit rotem Schlamm bedeckt, schleppten sie Stunde um Stunde, Tag für Tag, Monat für Monat, Säcke voller Schutt und Erde aus den unterirdischen Stollen. Er war weiß, also sollte er ihnen helfen können. Das erhofften sich die Kinder von ihm.

Seine Kunden – voller Stolz und Überheblichkeit – demonstrierten ihm unnachgiebig, was mit denen passierte, die nicht mehr zuverlässig arbeiteten. Vor seinen Kunden durfte er sich bei dem Anblick der verwahrlosten, gebrochenen Gestalten keine Blöße geben. Man hätte ihn bestenfalls wegen seines Mitgefühls belächelt. Schlimmstenfalls wären seine Autorität und Härte infrage gestellt worden. Eigenschaften, über die er verfügen musste, um mit seinen Kunden Geschäfte zu machen. Was hatten seine Freunde ihm vor Jahren schmerzhaft eingebläut: »Immer schön cool bleiben«. Unter allen Umständen an die übergeordneten Interessen denken.

Auf Situationen wie letzte Woche im Kongo war er perfekt vorbereitet worden. Er gab den skrupellosen Egoisten, immer darauf bedacht, den Preis für die Waffen, die er liefern sollte, für seinen eigenen Geldbeutel zu optimieren. Das Geschäft mit seltenen Rohstoffen war in den schwer zu kontrollierenden Landstrichen Afrikas zum »big business« geworden. Jeder wollte daran verdienen. Auch er, auf seine Weise, mit seiner Ware und mit seinem Wissen, für das ihn seine Freunde sehr gut bezahlten. Wie es in seinem Innersten aussah, wussten nur er und die Whiskyflasche, die mittlerweile halb leer neben seinem Bett auf dem billigen Nachttisch stand.

Samstag, 25. März 2017 – 00:12 Uhr – Leuven

Exakt achtundfünfzig Minuten hatte Jacques bis zu Ellens Wohnung gebraucht. Bei seiner Ankunft stand ihr dunkelblauer Fiat Cinquecento bereits vor der Haustür. Auf der Fahrt hatte er versucht, sich die Worte zurechtzulegen, mit denen er sich rechtfertigen wollte. Er ahnte, sie würde selbst den besten Grund nicht als Entschuldigung gelten lassen. Drei Tage hatten sie nicht telefoniert. Ellen wusste daher nicht, dass es an dem Tag ihrer Abreise bei Jacques zu einer mittleren Katastrophe gekommen war.

Der Investor aus Paris, einer von drei möglichen verbliebenen Interessenten, hatte ihnen abgesagt. Stundenlang hatten die Gründer darüber diskutiert, woran es lag und wie sie die Präsentation ihres Start-ups optimieren konnten. Sie mussten rasch handeln und gleichzeitig das anstrengende Tagesgeschäft aufrechterhalten. Jacques war jeden Tag frühmorgens als Erster im Labor, um die letzten Ergebnisse zu überprüfen. Dazwischen telefonierte er mit säumigen Lieferanten, führte Gespräche über Lohnerhöhungen mit Mitarbeitern und beruhigte Fördermittelgeber, die endlich Ergebnisse sehen wollten. Die letzten beiden Nächte hatte er kaum ein Auge zugetan. Auch heute hatte er wieder nach dem üblichen Tagesgeschäft mit Al-Gé über ihren Folien für Early Morning Ventures gesessen. EMV, wie sie sich selber gerne nannten, war ein Venture-Capital-Fonds, der in München saß und sich auf Investments in Umwelttechnologien spezialisiert hatte. EMV besaß einen exzellenten Ruf. Die Gründer wussten, man bekam nie die zweite Chance, einen ersten Eindruck zu hinterlassen. Also mussten sie die Leute von EMV in dem Treffen von sich überzeugen, sonst bestand kaum Hoffnung, die drohende Insolvenz abzuwenden.

Aus diesem und zig weiteren Gründen hatte Jacques völlig vergessen, worum Ellen ihn gebeten hatte. Als sie vor ungefähr einer Stunde bei ihm angerufen hatte, traf es ihn wie ein Schlag. Sie war zu Recht wütend. Hoffentlich hatte der Kater, den er zugegebenermaßen nie ins Herz geschlossen hatte, die drei Tage gut überstanden.

Als er jetzt an Ellens Wohnungstür klingelte, rechnete er mit dem Schlimmsten.

Ellen riss die Tür auf.

»Meinen Schlüssel«, fauchte sie ihn mit gerötetem Gesicht an.

»Chérie, hör mir zu. Ich kann das erklären.«

»Meinen Schlüssel!«

»Nun lass mich doch erst einmal reinkommen, damit ich dir alles …«

Jacques stockte. Ein beißender Gestank stieg ihm in die Nase. Er kam aus Ellens Wohnung. Ein weiterer Blick in ihre Augen reichte ihm aus. Wortlos übergab er ihr den Schlüssel.

»Hau ab, du Mistkerl, und lass dich hier nie wieder blicken.«

Dann schlug sie ihm die Tür vor der Nase zu.

Samstag, 25. März 2017 – 00:42 Uhr – Zaventem

An Schlaf war nicht zu denken, das war ihm bald klar geworden. Der Whisky sollte helfen, das Erlebte zu verdrängen. Seine volle Konzentration musste ab sofort dem ganz großen Deal, den er für einen neuen Kunden abwickeln sollte, gelten. Er hatte lange mit sich gekämpft, diesen Auftrag anzunehmen. In seinem Geschäft konnte ein Nein, den falschen Leuten gegenüber geäußert, den baldigen und plötzlichen Tod bedeuten. Das waren die Spielregeln in einem Pokermatch, an dessen Ende eine fürstliche Entlohnung stehen konnte. Egal, wie es laufen würde, nach diesem Deal würde er seinen Ausstieg durchziehen. Das Geld dafür hatte er schon längst verdient. Die Kunst unterzutauchen und die erforderliche Kaltschnäuzigkeit dafür beherrschte er. Beides hatte die CIA ihm während seiner Ausbildung im Camp Peary, meist nur als die Farm bezeichnet, beigebracht.

Die vergangenen Jahre hatte er intensiv dazu genutzt, sich eine anonyme Existenz und ein zweites Standbein aufzubauen. Seine Freunde von der Firma, wie er die CIA titulierte, schienen bislang nichts davon zu wissen, jedenfalls hatte er keinerlei Anhaltspunkte dafür. Mehrere Testballons hatte er steigen lassen, um herauszufinden, wie dicht sie ihm auf den Fersen waren. Aktuell schien er sicher, aber man wusste bei der Firma nie. Seine Paranoia vor Verfolgern war überlebenswichtig. Er war gut darin, Gefahren zu erspüren, insbesondere dann, wenn es um sein eigenes Leben ging.

Der Deal, für den er im Auftrag der CIA nach Brüssel geflogen war, war wichtig. Die behutsam geknüpften Verbindungen, seine wasserdichte Legende, für die er Dinge hatte tun müssen, die ihn wieder zur Flasche greifen ließen, dienten als perfekte Tarnung. Was, wenn er diesen letzten Deal nicht durchziehen würde? Hätte er eine Chance, Weihnachten zu erleben? Er durfte diese Gedanken nicht zu Ende denken, sich nicht ablenken lassen. Professionalität war gefragt, unabhängig von dem, was er fühlte. Panik wäre ein schlechter Ratgeber.

In Belgien sollte er letzte Instruktionen und die notwendigen Papiere vor dem Treffen mit dem neuen Kunden bekommen. Danach musste er das Land möglichst schnell wieder verlassen. Brüssel war derzeit ein ungemütliches Pflaster. Nach den Anschlägen vor einem Jahr wurde nicht nur der Flughafen stärker denn je überwacht. Überall in der Stadt waren Kamerasysteme installiert. Programme mit künstlicher Intelligenz sorgten dafür, dass sämtliche Aufnahmen pausenlos ausgewertet wurden. Das sollte ihn nicht daran hindern, die geheime Nachricht – und einen weiteren Teil seiner Bezahlung – am Montagfrüh in einem kleinen Café, das als »safe house« und toter Briefkasten diente, abzuholen. Nach Erhalt der Nachricht würde er seine Reiseroute und die nächsten Schritte planen können.

Samstag, 25. März 2017 – 00:56 Uhr – Charleroi

Als Jacques wenig später wieder in seinem zerbeulten Citroën DS3 saß, um nach Hause in seine kleine Wohnung zu fahren, war er nicht nur von der Müdigkeit wie benommen. Nach der Trennung von seiner Ehefrau Patrice vor vier Jahren war er verschiedene oberflächliche Beziehungen eingegangen, die alle nur von kurzer Dauer waren. Als er Ellen kennengelernt hatte, hatte er schnell gespürt, dass es mit ihr anders war – ernster, tiefer. Doch auf der einsamen Fahrt wurde ihm eines klar – für ihn zählte derzeit nur noch Algamondo. Dort hatte er Verantwortung für sechzehn Mitarbeiter, deren Gehälter sie monatlich pünktlich überweisen mussten. Zusammen mit Al-Gé wollte er ihr Unternehmen unbedingt zum Erfolg führen. Jacques störte es nicht, dass Al-Gé und er »Erfolg« unterschiedlich definierten.

Für ihn, Jacques, bedeutete Erfolg, dass sie mit ihrem Unternehmen den Ärmsten der Armen helfen würden. Algamondo würde Produktionsstätten in Gegenden dieser Welt errichten, in denen zurzeit nur Armut und Verelendung herrschten. Was brauchten sie schon außer ausreichend Wasser? Kleinere staatliche Investitionsförderungen wären willkommen. Lokale Arbeitskräfte ebenso. Sie konnten ihr Produkt nahezu überall herstellen. Eine Lage direkt am Meer wäre nicht zwingend erforderlich, würde aber den Transport per Schiff in die Industrieländer erleichtern. Wenn die Produkte gleich vor Ort, in den Erzeugerländern, verbraucht würden, wären die Transportkosten zu den Konsumenten billiger. Das würde den Preisvorteil gegenüber ihren Wettbewerbern nochmals erhöhen.

Algamondo würde zur Verbesserung des Klimas beitragen und den Kampf gegen den Hunger in der Welt aufnehmen.

Jacques wollte die strategische Entwicklung ihres Unternehmens konsequent auf nachhaltiges Wirtschaften ausrichten. Ihr Produkt musste nur richtig vermarktet werden, dann könnten sie in allen Bereichen vor ihren etablierten Wettbewerbern punkten.

Sein Mitgründer Al-Gé war ein langjähriger Freund und treuer Weggefährte. In wichtigen Dingen waren sie sich einig und ergänzten sich bestens. Al-Gé kam die Aufgabe zu, Jacques' idealistische Vision in die Realität, sprich in ein kostengünstiges Produktionsverfahren, umzusetzen. Das konnte nur gelingen, wenn ausreichend Finanzierung zur Verfügung stand. Jacques, als Sprecher der Geschäftsführung, wollte die Gelder mithilfe eines Beraters beschaffen. Solange das Geld nicht auf ihrem Konto war, holte Al-Gé seinen Freund und Geschäftspartner regelmäßig auf den Boden der Tatsachen zurück.

»Bevor du die Welt rettest, überleg dir lieber, wovon du in drei Monaten deine Miete bezahlen willst, dann, wenn wir kein Geld mehr haben, um unser Gehalt zu überweisen.«

Je länger es dauerte, einen geeigneten Investor zu finden, desto heftiger gerieten die Diskussionen der Gründer zur richtigen Ausrichtung ihres Unternehmens.

»Jacques, bitte bring in deinen Folien nicht zu viele Beispiele unter, wie wir Afrika helfen können. Denk daran. Investoren wollen einen Return auf ihr Investment sehen. Lass uns Zahlen zeigen, die klarmachen, wie einzigartig unser Verfahren ist, auch für die Zukunft Europas.«

»Und dann rechnen die nach und stellen fest, wie viel Geld sich in kürzester Zeit mit unserer Technologie hier verdienen lässt? Al-Gé, ich möchte dazu beitragen, dass Afrika unabhängiger werden kann von teuren Importen. Ich bin überzeugt, dass es sich langfristig für uns auszahlen wird, wenn wir anfangs die Gewinne nicht maximieren und an die Investoren ausschütten, sondern zum Aufbau weiterer Produktionsstätten nutzen.«

Das Argument hatte durchaus seine Berechtigung, fand auch Al-Gé. Würde der Investor das Geld im Unternehmen lassen, konnten sie nachhaltig weitere Länder erschließen.

»Einverstanden, Jacques. Lass uns bei deiner Vision bleiben. Aber denk in den Verhandlungen daran, auch wir müssen leben können, dazu brauchen wir Kohle, Mäuse, Pesetas.«

Die Gründer waren davon überzeugt, dass ihr Unternehmen bei ausreichender Anschubfinanzierung ein Erfolg würde. Algamondo wäre die reinste Gelddruckmaschine. Sobald sie mit den erforderlichen Investitionen ihr Labor verlassen und in eine vergrößerte Produktion einsteigen konnten, würden sie diese Maschine in Gang setzen.

2. Kapitel

Samstag, 25. März 2017 – 01:10 Uhr – Dianké

Der Regen ließ auf sich warten. Die Menschen kannten es nicht anders in diesem Teil Afrikas. Hitze, Dürre, Staub, Sand, Sonne. Das waren die Elemente, die ihr Dasein bestimmten. Seit Jahrzehnten lebten die Familien davon, für kurze Zeit ein karges Feld zu bewirtschaften, bis die Wüste wieder näher kam. Der grobkörnige Sand zerstörte rücksichtslos ihre Ernte. Die Nomaden mussten regelmäßig ihre wenigen Besitztümer verlassen, um auf ungewisse Zeit zum nächsten Ackerland weiterzuziehen. Egal, ob Mensch oder Tier, früher oder später würden sie alle eins werden, mit dem Sand ihrer Umgebung.

Siaka Sidibé war hier, in der Mitte Malis nahe der Grenze zu Mauretanien, geboren. Jedes Jahr kamen sie auf ihren Wanderungen für einige Wochen zurück in seinen Geburtsort. Früher hatte es noch ausreichend Wasser gegeben. Jetzt drohte der See in der Nähe zu versiegen. Seine Existenz war kein Leben, sondern die Phase vor dem sicheren Tod, ohne Wasser, ohne Hoffnung. Sidibé wollte nicht durch einen Schuss oder durch den Hieb mit einer Machete verrecken. Seit jenem Tag im November 2016 fürchtete er sich davor noch mehr als früher.

Es war um die Mittagszeit. Sidibé hatte sich etwas außerhalb ihrer Hütten unter einen Strauch gelegt, um sich auszuruhen. Er liebte es, in dem Atlas zu blättern, der ihm noch aus seiner kurzen Schulzeit geblieben war. In diesen stillen Momenten, die er sich von den anderen zurückzog, träumte er von Europa und einem Leben in Frieden und Wohlstand.

Als er von seinem Atlas aufblickte, sah er Staubwolken am Horizont. Deutlich zu hören war ein an Lautstärke zunehmender Lärm, das Geheul von Motoren. Sidibé beobachtete von seinem Lieblingsplatz unter dem Busch aus, wie sich vier Pick-up-Trucks in rasantem Tempo ihrem Lager näherten. Schüsse aus Schnellfeuerwaffen wurden zur Einschüchterung in die Luft geballert.

Kurz darauf erkannte Sidibé die islamistischen Separatisten, die seit Monaten von Gao aus die Region mit ihren Überfällen terrorisierten. Die wenigen Bewohner der weitläufig verstreuten Dörfer, die nicht vor ihren Angriffen in das nahe Léré geflohen waren, hatten sie grausam unterworfen und mit blitzartigen Überfällen zermürbt.

Sein Dorf war bislang verschont geblieben. Bis heute. Jetzt fielen die Separatisten mit wehenden schwarzen Fahnen in Dianké ein.

Die Fahrer der Laster waren erwachsene Männer, die ihre Gesichter hinter Tüchern versteckten. Nur grausam leblose und von Drogen gerötete Augen konnte Sidibé erkennen. Auf den Ladeflächen saß je ein gutes Dutzend schwer bewaffneter Kinder, die jüngsten kaum älter als zehn. Furcht einflößend fuchtelten die Kindersoldaten mit ihren Waffen herum und schossen drohend in die Luft. Die Trucks stoppten, einige Kämpfer sprangen von den Ladeflächen. Sie trieben die friedlichen Nomaden aus ihren behelfsmäßigen Hütten und Zelten nach draußen. Alle mussten sich dort im Laufschritt versammeln. Männer, Frauen, Junge, Alte. Aus dem Schutz des Gebüschs heraus beobachtete Sidibé, wie der Anführer der Gruppe die Bewohner des Lagers in einem Halbkreis aufstellen ließ. Dann winkte er in Richtung seines Trucks.

Die Tür des Wagens öffnete sich. Ein hellhäutiger Mann stieg aus. Er trug eine beige Militärhose, die er in schwarze, knöchelhohe Stiefel gesteckt hatte. Darüber trug er ein Armeehemd, in ebenfalls beigem Camouflagemuster, das locker über der Hose hing. Auf dem Kopf hatte er ein blaues Baseballcap, das so gar nicht zu dem restlichen Outfit passte. Dann geschah es. Ihre Blicke trafen sich. Die Augen des Mannes waren von einem eiskalten Blau, das Sidibé erstarren ließ.

Ängstlich verfolgte er jede Bewegung des Mannes. Der wandte seinen Blick ab, setzte sich in aller Ruhe seine Sonnenbrille auf und schlenderte auf den Anführer der Islamisten zu. Sidibé war überzeugt davon, dass der Mann mit der Sonnenbrille ihn gleich holen lassen würde. Doch der Weiße blieb merkwürdig cool, so als hätte er alle Zeit der Welt, um ein paar der jugendlichen Soldaten in Richtung Gebüsch zu schicken, damit sie Sidibé töteten. Ihm blieben nur wenige Sekunden zur Flucht. Er wollte aufstehen und wegrennen, doch sein Verstand stoppte ihn. Je hektischer er reagieren würde, desto eher würde er auf sich aufmerksam machen. Eine unüberlegte Flucht würde den Jagdinstinkt in diesen Bestien wecken, die ihr Lager zu plündern begannen. Wenn sie ihn zu fassen bekamen, würden sie ihn nicht verschonen. Seine Beine konnten ihn nicht retten, nur sein Verstand.

Es war ein Naturgesetz: Gehetzte Tiere flüchteten, liefen davon. Niemand würde damit rechnen, dass er sich in ihre Richtung bewegen würde, sich der Gefahr näherte. Ihre

Suche würden sie ab dem Strauch starten, wo ihn der Weiße gesehen hatte, um sie dann im näheren Umkreis weiter entfernt davon fortzusetzen. Die Idee, ihn in ihrer direkten Nähe, in der Mitte des Lagers, zu suchen, war abwegig. Sidibé wollte dorthin, wo sie ihre Trucks geparkt hatten, an den Ort, von dem sie die größte Bedrohung ausübten. Er wusste, wo er sich verstecken konnte. In Sekundenschnelle riss Sidibé einige Äste von dem Strauch ab, kroch los, so schnell er konnte, in Richtung der Trucks. Sorgfältig achtete er darauf, keine Spuren zu hinterlassen.

Ständig behielt er den Weißen im Blick, sah, wie der mit dem Islamisten mit dem schwarzen Kopftuch sprach. Der Mann in der Kakiuniform deutete auf den Strauch, unter dem Sidibé gerade noch gelegen hatte. Der Anführer der Islamisten befahl hektisch drei seiner jugendlichen Anhänger, dorthin zu rennen. Sidibé stockte der Atem. Er kroch unbeirrt weiter und fixierte die Kämpfer, die mit Maschinengewehren bewaffnet eilig von einem der Laster sprangen. Nur wenige Meter von ihm entfernt liefen sie los. Keiner bemerkte ihn. Alle hasteten in zehn Meter Abstand an ihm vorbei. Vorbei an dem stinkenden Erdloch, in das die Bewohner des Lagers immer ihre Abfälle warfen. Dort lag Sidibé jetzt. Die abgerissenen Zweige des Strauches hatte er zur Tarnung über sich gelegt. Der widerliche Gestank des verwesenden Mülls raubte ihm den Atem. Er betete zu Gott, dass man ihn nicht finden würde. Sidibé kauerte wie versteinert in dem Loch, eins mit dem Müll, seine Augen gleichzeitig auf seine Verfolger und auf das Geschehen im Lager gerichtet.

Weniger als fünfzig Meter von ihm entfernt stand der Weiße neben dem Anführer der verhüllten Islamisten. Die Kinder des Lagers knieten mittlerweile vor ihnen im Sand.

Sie bangten um ihr Leben. Der Weiße mit der Sonnenbrille stellte einen Aktenkoffer ab. Dann zerrten zwei Islamisten einen etwa sechsjährigen Jungen nach vorn und warfen ihn zu Boden. Sidibé erkannte, dass es Hamid war, der Sohn seines Cousins. Der Befehlshaber mit dem schwarzen Turban drängte den hellhäutigen Mann, den Koffer zu öffnen. Der kleine Hamid zitterte. Er wurde gezwungen, in den Koffer zu greifen, ihm etwas zu entnehmen. Sidibé sah eine Ampulle mit einer türkisfarbenen Kappe. Mit vorgehaltener Waffe befahl der Anführer dem Kind, die Ampulle zu öffnen. Dann musste er sie trinken, ihnen die leere Ampulle zeigen. Mit einem heftigen Fußtritt in sein Gesicht wurde der angsterfüllte Junge von dem Mann mit dem schwarzen Turban in den Sand gestoßen. Nach Hamid mussten noch fünf weitere Kinder die Ampullen trinken. Ihre Mütter wollten zu ihnen laufen, doch auf halbem Wege zu ihren Kindern wurden sie von den jugendlichen Milizen rücksichtslos erschossen. Der Sand verfärbte sich rot von ihrem Blut. Die Kämpfer jubelten im Drogenrausch über jeden Schuss, der eine der Frauen niederstreckte. Die Schützen waren kaum älter als die Kinder, die immer noch hilflos am Boden lagen und herzzerreißend die Toten beklagten.

Aus seinem Erdloch beobachtete Sidibé, dass der sechsjährige Sohn seines Cousins plötzlich Krämpfe bekam. Sein ganzer Körper schüttelte sich. Hamid zuckte wie bei einem epileptischen Anfall. Er schrie vor Schmerzen. Keiner konnte seine Schreie stoppen. Hamid krümmte sich unter den Fußtritten, die ihm die Milizen verpassten, damit er ruhig war. Er war noch so klein, so zerbrechlich. Der Junge strampelte wehrlos am Boden, gelblicher Schleim vermischt mit klebrigem Blut quoll aus seinem Mund. Die Separatisten quälten ihn mit ihren Tritten, bis er sich nicht mehr bewegte. Kurz darauf krümmten sich neben Hamid auch alle anderen Kinder, die die Ampullen hatten trinken müssen. Immer und immer wieder folgten Tritte und Gewehrkolbenhiebe der Kämpfer.

Der Anführer reichte dem Weißen seinen Revolver. Der hob ruhig die Waffe, zielte auf Hamid, der in nur drei Metern Entfernung vor ihm lag. Er wartete nicht lange. Ein flüssiger Brei spritzte aus dem Kopf des Jungen. Er spritzte bis zu den anderen weinenden, von Krämpfen geschüttelten Kindern. Der Weiße zielte in schneller Folge auf sie und erschoss sie ebenfalls. Kleine unschuldige Menschen, die das Recht hatten zu leben. Überall waren Knochensplitter, Innereien, Muskelfetzen, Blut. Der Anführer hatte genug gesehen. Er klopfte dem Weißen auf die Schulter und befahl seinen Leuten, wieder auf die Laster zurückzukehren. Die drei Soldaten, die Sidibé suchen sollten, waren erfolglos geblieben. Dieses Mal erhob der Anführer seine Waffe. Drei Schüsse später sackten die jugendlichen Kämpfer tot in den Sand.

Seit diesem Tag im November 2016 kannten Sidibés Gedanken kein anderes Ziel, als aus Mali zu fliehen. Jetzt, da er unter dem Strauch lag, dessen abgerissene Äste ihm damals das Leben gerettet hatten, blickte er in den nächtlichen Sternenhimmel. Seit Monaten fand er nachts keine Ruhe mehr. Er nutzte die Stille der Nacht und dankte Gott, dass er ihn am Leben gelassen hatte. Immer häufiger verlor Sidibé in solchen Momenten wie jetzt die Kontrolle über seinen Körper. Seine Muskeln zuckten dann wie wild bei dem Gedanken, irgendwann entdeckt und von dem Weißen ermordet zu werden. Seine Familie konnte ihm nicht helfen, außer mit dem Geld für seine Flucht, das sie seit Monaten für ihn sammelte.

Samstag, 25. März 2017 – 02:34 Uhr – Costa Blanca

Ein letzter natürlicher Atemzug, dann nahm Andy das Mundstück der Pressluftflasche zwischen die Zähne und glitt langsam mit seinem Tauchschlitten unter Wasser. Er hatte sich auf den Felsen am Ufer in den Trockentauchanzug gezwängt. Obwohl die Wassertemperatur es zugelassen hätte, kam der bequemere »halbtrockene« Neoprenanzug nicht infrage – die geplante Dauer des Tauchgangs war einfach zu lang. Sein Team hatte die Ausrüstung nach dem Zusammenbau sorgfältig überprüft. Wie waren Tiefenmesser und Restluftanzeige angeschlossen? Hatten sie alle Ventile weit genug geöffnet? War die Versorgung mit einem zweiten Mundstück und die Notluftzufuhr in Ordnung? Waren die Scheinwerfer funktionsfähig und die Motoren, die Andy unter Wasser als Antriebshilfe dienten? Viel zu lange hatte es gedauert, die Ausrüstung die steile Böschung hinunter zu dem Felsvorsprung zu schleppen, der ihr geheimes Basislager werden sollte. Trotzdem ging jeder, ohne in Hektik oder Zeitdruck zu geraten, konzentriert seine Checkliste durch, sorgfältig auf jedes noch so kleine Detail achtend. Jeder Fehler, den sie jetzt machten, könnte Andys sicheren Tod bedeuten.

Endlich im Wasser waren alle vorangegangenen Anstrengungen vergessen. Weit genug von der Einstiegsstelle entfernt konnte der Deutsche einen Scheinwerfer auf seinem Schlitten einschalten, da man ihn vom Ufer aus nicht mehr sehen würde. Im Schein der Lampe offenbarte sich ihm die Unterwasserwelt des Mittelmeers. Jäger waren unterwegs, die sich tagsüber im Verborgenen aufgehalten hatten. In einiger Distanz konnte er eine frei schwimmende Muräne erkennen. Sie hatte nicht die Größe, wie er sie von ihren Artgenossen in den Gewässern der Malediven kannte. Ihr Anblick war dennoch imposant. Die Spalten und Höhlen, die kennzeichnend für diesen Bereich der spanischen Küste waren, boten Muränen den idealen Lebensraum. Er traf auf schlafende Zackenbarsche, die sich in den Spalten versteckten. Sie hatten ihren Hunger zu Beginn der Nacht bereits gestillt. Röhrenwürmer mit fächerigen Tentakeln wagten sich aus ihren dunklen Löchern hervor. Andy glitt mit sanftem Flossenschlag an ihnen vorbei, während er souverän den Schlitten lenkte, der ihn seinem Ziel näher bringen sollte.

Die Strömung heute Nacht war ideal. Der Taucher konnte sich ganz auf die bevorstehenden Aufgaben konzentrieren. Er würde es sofort bemerken, wenn sich die Strömung änderte. Wenn er den Druck des sich vermischenden Wassers spürte, hatte er die Höhlenöffnung erreicht. Dort würde das Süßwasser ins Meer strömen. Andy musste den genauen Ort finden. Er genoss das ruhige Surren des Elektromotors. Sobald er den Eingang der Höhle entdeckt hatte, würde er die Beleuchtung auf maximale Stärke stellen und sich von dem Hightech-Schlitten ins Innere ziehen lassen.

Samstag, 25. März 2017 – 04:10 Uhr – Dianké

Sidibé war stolz auf seine Familie, die ihm trotz oder vielleicht auch gerade wegen der getöteten Kinder eine Zukunft in Europa ermöglichen wollte. Sie wussten von seiner Todesangst vor dem weißen Mörder. Sidibé war jung, stark, schlau. Jeder in seiner Verwandtschaft glaubte, dass er es als einer der wenigen von ihrem Stamm aus eigener Kraft schaffen konnte, der Hölle Malis zu entfliehen. Sidibés Jugendfreund hatte Glück gehabt. Jetzt war er ein erfolgreicher Fußballer in Spanien. Aus den Zeitungen hatte Sidibé davon erfahren. Sein Freund war mittlerweile einer von den Spielern der

Primera División, der höchsten spanischen Fußballliga, die unglaubliche Millionengehälter verdienten. Es war nicht der Reichtum seines früheren Spielkameraden, der ihn faszinierte. Vielmehr war es die Aussicht darauf mitzuerleben, wie sich achtzigtausend Menschen an einem Ort versammelten, um friedlich ihre jeweiligen Teams anzufeuern. Ein schöner Gedanke. In seiner umkämpften Heimat völlig unvorstellbar. Wenigstens einmal in seinem Leben wollte Sidibé in Barcelona, Madrid oder Valencia in einem Stadion mit so vielen Menschen sein, ohne um sein Leben fürchten zu müssen.

Sidibé betete zu Gott, dass er es bis dorthin schaffen würde, um kein Leben voller Entbehrungen mehr führen zu müssen. Die eiskalten blauen Augen des skrupellosen Mannes mit dem Aktenkoffer verfolgten ihn jede Nacht in seinen Träumen. Diesen Blick würde er nie vergessen können. Aus relativ kurzer Entfernung hatte er sein Gesicht gesehen, die Furchen auf der Stirn, seine dunklen Augenringe, die rot unterlaufenen Augen von den Drogen, die ihn benebelt hatten. Sidibé wusste nicht, was dieser Mörder unternehmen ließ, um ihn zu fassen und zu töten. Er wusste allerdings, dass es höchste Zeit war, nach Spanien aufzubrechen.

Kurz nach vier Uhr morgens hatte er seine Familie verlassen. Seiner Mutter brach es das Herz, und doch drückte sie ihm beim Abschied ein kleines Päckchen mit ein wenig Bargeld in die Hände. Sie umarmte ihn ein letztes Mal ganz fest.

»Mein Sohn, ich wünsche dir ein besseres Leben. Melde dich, wenn du in Tanger bist, wir überweisen dir dann das Geld für die Überfahrt.«

Sidibés Familie war nicht arm, denn sein Vater wie schon sein Großvater wussten, wo sie in der Wüste suchen mussten. Mit etwas Glück fanden sie immer wieder mal einzelne Goldklumpen, die sie auf den umliegenden Märkten zu Geld machen konnten. Von diesem jahrhundertealten Wissen seiner Familie über die Fundstellen in der Wüste, dort, wo sich die ausländischen Konzerne nicht hintrauten, sollte ihr Sohn jetzt profitieren. Nahezu dreitausend Dollar hätten sie für seine Flucht schon bald beisammen. Sidibé fühlte, dass seine Entscheidung, die Flucht zu wagen, die richtige war. Er würde es schaffen. Jetzt musste er Informationen darüber sammeln, wie sie gelingen konnte. Im benachbarten Léré wollte er sich umhören, Verbindung zu einem Schlepper aufnehmen.

Nachdem er gegen neun Uhr in der Stadt eingetroffen war, hatte er den Mann aufgesucht, über den man sich erzählte, dass er einem zur Flucht verhelfen konnte. Vorbei an einem schäbigen Hinterhof gelangte er in ein heruntergekommenes Zimmer, das der Schlepper als sein »Büro« bezeichnete. In den Nebenzimmern gingen mehrere blutjunge Frauen Beschäftigungen nach, für die Sidibé niemals bereit gewesen wäre, Geld zu bezahlen. Das Haus stank nach Geschäften, die weder legal noch erfolgreich waren. Der Schlepper hatte versprochen, ihm gegen Geld, viel Geld, Kontakt zum Kapitän eines Schiffes herzustellen. Der Kapitän, ein angeblich sehr erfahrener Mann mit einem modernen Schiff, würde ihn von Marokko aus nach Europa bringen. Trotz vieler Stürme bei der Überfahrt in der Straße von Gibraltar und aggressiver Grenzpatrouillen sei es diesem Kapitän immer wieder gelungen, Afrikaner wohlbehalten nach Europa zu schleusen.

Eine glatte Lüge. Der rücksichtslose Schlepper wusste nur zu gut, dass bislang kein einziger Flüchtling dank ihm den Neuanfang in Europa geschafft hatte. Der angebliche Kapitän existierte nicht. Der Schlepper wollte selbst nur weg aus Afrika. Dazu brauchte er das Geld, das er sich über jede noch so üble Lüge und Gaunerei verdienen musste. Das Gespräch mit dem zwielichtigen Verbrecher dauerte keine fünfzehn Minuten. Dann hatte Sidibé genug gehört. Der Mann hatte ihm geraten, sich in der Nähe der französischen Militärstützpunkte nach Mitfahrgelegenheiten umzusehen. Dort würden Laster, die ihre Ladung abgeliefert hatten, auf dem Rückweg in den Westen des Landes sein. Gegen genug Geld könnte man sich einen Platz auf einem dieser Laster kaufen. Höflich erbat sich Sidibé Bedenkzeit für den Deal. Er war froh, als er die stinkende Umgebung wieder verlassen hatte, ohne ausgeraubt oder, wie die armen Mädchen in den Nebenzimmern, versklavt worden zu sein.

Typen wie diesen Menschenhändler verabscheute er. Wahrscheinlich würde Sidibé auf seiner Flucht andauernd solch miesen Kerlen begegnen. Vorsicht war geboten, insbesondere dann, wenn er auf seiner beschwerlichen Reise übermüdet und von Hunger und Durst geschwächt sein würde. Wegen der Überfahrt machte er sich noch keine Sorgen. Er musste nur in der Nähe von Tanger ankommen, dann hätte er es geschafft. Vor Ort würde er schon ein zuverlässiges Boot finden. Schließlich trennten bei Tanger an der schmalsten Stelle nur noch vierzehn Kilometer Wasser Afrika von Europa. Vierzehn Kilometer bis in ein neues Leben!

Montag, 27. März 2017 – 06:06 Uhr – Brüssel

Das Wochenende über hatte Jacques an den letzten Folien für ihre Präsentation gearbeitet. Wie gerne hätte er seine wenigen freien Stunden mit Ellen verbracht. Das Aus ihrer Beziehung war schmerzhaft, gleichzeitig aber auch noch zu frisch, um einen Neuanfang bei ihr zu wagen. Als Jacques sich am Montag, morgens um sechs Uhr, am Flughafen in Brüssel mit Al-Gé traf, sah ihn sein Partner mitleidig an.

»Und? Schönes Wochenende gehabt«, fragte er ironisch.

Jacques schüttelte den Kopf. »Es ist aus. Ellen hat Schluss gemacht, ohne überhaupt mit mir zu reden. Wahrscheinlich hat der Kater ihr die Wohnung völlig ruiniert.«

»Wenigstens hat er überlebt.« Al-Gé schlug ihm aufmunternd auf die Schultern. »Na dann! Willkommen zurück im Club. Denk daran, dass das Singledasein auch unbestreitbare Vorteile hat. Zum Beispiel hast du jetzt wieder mehr Zeit für Algamondo.«

Damit war für die beiden langjährigen Freunde Ellen als Thema beendet. Im Flieger gingen sie nochmals die letzte Version ihrer PowerPoint-Folien durch. Die Präsentation musste sitzen wie die Anzüge, in die sie sich heute extra bemüht hatten.

Die Auswahl an geeigneten Investoren war, nach der Absage des Investors aus Paris, mittlerweile auf zwei Kandidaten geschrumpft. Die größte Hoffnung ruhte auf dem heutigen Treffen mit Early Morning Venture. Der andere mögliche Investor, ein Fonds aus Monaco, hatte sich seit Wochen nicht mehr bei ihnen gemeldet.

Gegen halb neun fuhren die Belgier äußerst nervös im Taxi durch die Münchener Maximilianstraße. Ein grauer Schleier hatte sich über die Stadt gelegt. Es nieselte.

Als sie kurz vor neun Uhr den Empfangsraum von EMV im ersten Stock eines altehrwürdigen Gebäudes in der Nähe der Oper betraten, wurden sie bereits erwartet. Die Algamondo-Gründer waren überrascht von der Ruhe, die in den großzügigen Räumen herrschte. Es waren kaum Mitarbeiter in dem repräsentativen Altbaubüro. Ein Mann Anfang dreißig kam freundlich lächelnd auf sie zu.

»Sebastian Seifried«, stellte er sich vor. »Ich bin einer der zwei Geschäftsführer von EMV Deutschland. Wundern Sie sich nicht über die Ruhe hier bei uns. Wir investieren in ganz Europa. Meine Mitarbeiter sind ständig unterwegs. Heute London, morgen Mailand, Paris oder Oslo. Aber wem erzähle ich das denn? Sie als erfolgreiche Unternehmer kennen das ja auch …«

Sebastian Seifried hatte einen leichten Sonnenbrand im Gesicht. Die Ränder der Skibrille waren nicht zu übersehen. Offenbar war er am Wochenende in den Bergen Skifahren gewesen.

»Schön, Sie endlich persönlich kennenzulernen«, begrüßte er die beiden und führte sie höflich einen mit unverständlicher moderner Kunst ausgestatteten Gang entlang. Alles an ihm wirkte perfekt: der Maßanzug, die Schuhe, die straff nach hinten gegelten dunklen Haare. »Kommen Sie«, sagte er, »wir gehen in mein Büro.«

Sie betraten einen spartanisch und modern eingerichteten, großzügigen Raum, durch dessen Fenster man auf die Oper blickte. Neben einem ausladenden Schreibtisch, auf dem sich außer einem Laptop nichts befand, saß ein Mann. Er erhob sich aus einem Designerstuhl.

»Mein Kollege, Holger Schmidt«, stellte Seifried ihn vor.

»Mit dt«, ergänzte Schmidt. Er wirkte wie der jüngere Bruder von Seifried – die gleiche Frisur, das gleiche makellose Outfit, ein leichter Sonnenbrand.

Während die drei Männer sich die Hände schüttelten, setzte Seifried sich an seinen Schreibtisch. Er wartete, bis die anderen auf den Gästestühlen ebenfalls Platz genommen hatten. Dann kam er ohne jeglichen Small Talk direkt zur Sache.

»Lassen Sie uns keine Zeit verlieren. Ich gestehe, dass ich zu beschäftigt war, um einen Blick in die Dateien zu werfen, die Sie uns vor gut acht Wochen zugeschickt haben. Es gab so viele wichtige Dinge, Sie verstehen? Umso gespannter bin ich auf das, was Sie uns heute präsentieren werden. Wir haben gut eine Stunde zusammen. Holger wird nach dreißig Minuten übernehmen, da ich dann in die nächste Telko muss.«

Al-Gé warf Jacques einen verständnislosen Blick zu, der ausdrücken sollte: »Wieso hat der Kerl nichts von unserem Material gelesen?« Sein Partner nickte ihm achselzuckend zu. Dann begann Jacques seinen Vortrag. Seifried und Schmidt machten den Eindruck, als würden sie ihm kaum zuhören. Seifried blickte pausenlos auf seinen Laptop. Schmidt, mit dt, war von einem YouTube-Video eines Skifahrers im Tiefschnee abgelenkt, das er sich während des Vortrags auf seinem Handy ansah. Jacques hatte alle Mühe, seine zunehmende Frustration zu verbergen. Als Seifried wegen seines wichtigen Telefonats nach dreißig Minuten weiterhin freundlich lächelnd das Meeting verließ, übernahm Holger Schmidt die Fragerunde.

»Sagen Sie, welche Pläne haben Sie für Ihren Börsengang? Wann glauben Sie, ist es so weit? Mit wem wollen Sie den Deal durchziehen? Haben Sie schon an eine spezielle Bank für die Emission Ihrer Aktien gedacht?«

Jacques traute seinen Ohren kaum. Wurde hier wirklich ernsthaft in einem ersten Kennenlerngespräch von einem höchstens fünfundzwanzigjährigen Burschen ein Börsengang in Erwägung gezogen?

»Wissen Sie, Herr Schmidt«, sagte Jacques mit betont ruhiger Stimme, »ich denke in dieser Hinsicht eher konservativ. Zum Wohle des Unternehmens halte ich einen Börsengang erst ab hundert Millionen Euro Umsatz für erstrebenswert. Dann hätten wir genug Substanz, um längerfristig denkende institutionelle Anleger von Käufen unserer Aktien zu überzeugen.«

Holger Schmidt zuckte mit den Schultern. »Nun, das ist ziemlich ›old school‹, wenn ich so sagen darf. Bis Sie sich überlegen, ob Sie an die Börse gehen können, haben Ihre Wettbewerber Sie längst überrannt. Ich würde mich gleich morgen darum kümmern, mit welchen Banken wir Ihr Bookbuilding durchziehen. Ich dachte da an Goldman für die USA, HSBC für Asien und die Credit Swiss für Europa. Wissen Sie, die Jungs dort kenne ich ganz gut.«

»Ach, wirklich«, sagte Jacques. »Soweit ich informiert bin, sind Sie erst seit einem Jahr bei EMV. Verzeihen Sie meine Neugier, aber wie viele Börsengänge haben Sie da schon durchgeführt?«

Wenn ihn die Frage ärgerte, ließ Holger Schmidt es sich nicht anmerken. »In Europa noch keinen«, gab er zur Antwort. »Aber am Freitag hat mich ein amerikanischer Kollege aus unserem Office im Silicon Valley als Berater in sein Team aufgenommen. Das wird ein Megadeal. Wir werden fünfhundert Millionen über die Börse einwerben, um ein Unternehmen, das eine App für einen Pizza-Lieferservice entwickelt hat, von Kalifornien aus nach Europa zu bringen. Wir beginnen in Skandinavien, um den Hipstern in Oslo im Winter mit einer frischen Pizza südländisches Lebensgefühl zu vermitteln. Das Beste, die Verpackung wird aus recycelbarem Bioplastik bestehen. Wir werden es aus den Abwässern großer

Städte gewinnen und in einer eigenen 3-D-Drucker-Fabrik produzieren. Krass, oder?«

Offensichtlich war der junge Mann mit der Vorfreude auf diesen Deal seit acht Wochen so sehr beschäftigt, dass er sich keinerlei konkrete Fragen zu Algamondo überlegt hatte. Die nächsten zwanzig Minuten gequälter Diskussion waren von Schmidts Schilderung der jüngsten Erfolgsstorys von EMV geprägt. Ausgiebig erläuterte er ihr perfektes Netzwerk im Silicon Valley. Jacques und Al-Gé wurde rasch bewusst, dass das heutige Treffen nichts als vergeudete Zeit war. Die Investoren von EMV hatten noch nicht einmal im Ansatz begriffen, und sich auch gar nicht darum bemüht zu verstehen, was für ein enormes Potenzial in ihrem Start-up steckte.

Bei der hektischen Verabschiedung – die nächste Telekonferenz wartete – war man so verblieben, dass Sebastian Seifried sich mit den EMV-Partnern in den USA und in Shanghai beraten würde. Sofern diese ein Investment aufgrund der Marktgegebenheiten in ihrer jeweiligen Region befürworteten, stünde dem Investment laut Schmidt eigentlich nichts im Weg. Sie würden sich bei einem nächsten Treffen bestimmt auf eine angemessene Bewertung verständigen. Holger Schmidt hatte noch darauf hingewiesen, dass Early Morning Venture zukünftig sämtliche wesentlichen Arbeiten mitgestalten werde. Die beiden Gründer hätten jetzt Gelegenheit, sich damit zu beschäftigen, wie viel Prozent der Anteile sie nach einem möglichen Investment behalten wollten. Der üblichen Praxis entsprachen maximal zwanzig Prozent. Das mochte sich zunächst abschreckend anhören, aber so seien nun einmal die Gepflogenheiten. Nur wenige Kapital suchende Unternehmen wären überhaupt ausreichend qualifiziert, Early Morning Venture als Investor zu gewinnen. Bei Algamondo sei er da, sofern die Bedingungen von EMV ausnahmslos akzeptiert würden, allerdings zuversichtlich.

Montag, 27. März 2017 – 09:45 Uhr – Monaco
Es gab eine Zeit, da kannte er die Straßen Bagdads besser als die von Washington. Dabei war der Regierungssitz an der amerikanischen Ostküste seine Heimatstadt. Auf dem Weg vom Flughafen zur amerikanischen Botschaft in Bagdad gab es keinen Winkel, mit dem er nicht vertraut war. Man hatte ihn für den Job im Irak ausgewählt, damals, an jenem heißen Tag im Mai 2003, weil er der Beste war. Drei Jahre hatte seine Zeit im Irak gedauert. Sie endete damit, dass es ihm bei einem Einsatz gelungen war, dem amerikanischen Verteidigungsminister das Leben zu retten. Neun Kameraden waren gefallen, verbrannt in dem gepanzerten Fahrzeug, in dem sie alle zusammen unterwegs gewesen waren. Völlig unerwartet war eine Autobombe auf der Fahrbahn explodiert. Ein Eselskarren hatte den Weg blockiert. Der Karren und der Esel waren umgekippt. Da überall Melonen auf der staubigen Piste verteilt waren, mussten sie bremsen. Kaum standen sie, zerriss eine Explosion den Esel, der Teil der perfekt inszenierten Falle war, in Tausend Stücke.

Peter Miller, wie er sich heute nannte, hatte am schnellsten reagiert. Die anderen Mitglieder seiner Einheit waren in Schockstarre in dem gepanzerten Fahrzeug geblieben und ausgebrannt. Gedankenschnell hatte er das Fahrzeug rechtzeitig verlassen, den bewusstlosen Minister gepackt, auf seine Schultern gelegt und war losgespurtet. Sofort waren sie unter Beschuss geraten. Die Kräfte und der Mut, die er in diesem Moment mobilisieren konnte, wurden bei der Truppe zur Legende. Der Minister und er überlebten. Ab da hieß er in den eingeweihten Kreisen Washingtons nur noch »Conan«.

Körperlich war Conan, abgesehen von wenigen Narben, wieder völlig genesen. Dennoch hatte er entschieden, dass er sich zukünftig anderen Aufgaben zuwenden wollte. Das, was er heute in Monaco tat, hatte mit seinen früheren Jobs im Irak, in Afghanistan und all den anderen Brennpunkten dieser Welt, wenig zu tun.

Der Verteidigungsminister hatte seinen Wechselwunsch zu der Firma befürwortet. Conan war gut, hatte ein solides wirtschaftliches Verständnis und konnte sich schnell für höhere Führungsaufgaben qualifizieren. Der ehemalige Minister, der heute Stabschef im Weißen Haus war, hatte seinen Aufstieg nie aus den Augen verloren. So hatte Conan dank dessen Fürsprache einen der wenigen Traumjobs ergattert, die die CIA zu vergeben hatte. Seine Aufgabe war es, in Europa nach Innovationen Ausschau zu halten, die für Amerika von strategischer Bedeutung sein könnten. Conan war kein Mensch, der sich gemütlich bei mediterraner Lebensart in Monaco einrichtete und eine ruhige Kugel schob. Kaum einer in der Firma und ihren über hundertdreißig Auslandsbüros arbeitete so fleißig und gewissenhaft wie er. Schreibkram war nach wie vor nicht sein Ding. Seine Dossiers für Washington waren in der Regel kurz und knapp. Alles Wichtige berichtete er John Lewellen, seinem Vorgesetzten, mündlich. John war nicht nur sein Chef, sondern auch sein Freund. Er würde die entscheidenden Informationen den zuständigen Stellen in Washington dann in angemessener Form übermitteln.

Als ehemaliger Navy-Seal hatte Conan gelernt, schwersten körperlichen Belastungen standzuhalten. Er war jahrelang darauf trainiert worden, immer kühl im Auge zu behalten, was ihm helfen würde, unter allen Umständen zu überleben. In seinem neuen Job bedeutete das, im Geschäftsleben die Augen offen zu halten nach Erfindungen, die Amerikas Vormachtstellung in der Welt sicherten.

Seine Arbeit leistete Peter Miller nicht mehr im Feldeinsatz. Er hatte das Transportflugzeug und den Helikopter gegen Linienmaschinen getauscht. Jetzt fand der Kampfeinsatz an seinem Schreibtisch gegen Aktenberge statt. Konditionstraining in Krafträumen betrieb er ausschließlich zu seinem privaten Vergnügen. Beruflich quälte er sich kaum noch mit Klimmzügen und stundenlangen Läufen im Meeressand. Aus dem Elitesoldaten war ein cleverer Investor mit Firmensitz in Monaco geworden.

Nicht immer war es leicht gewesen, John Lewellen und den Jungs in Washington klarzumachen, was Peter in Europa genau tat und warum er sich so intensiv mit Umweltschutztechnologien beschäftigte. Peters Fokus lag auf erneuerbaren Energien. Europa war von dem Import von Rohstoffen zur Energieerzeugung abhängig. Russlands Gaslieferungen dominierten die europäische Energieversorgung und machten die europäischen NATO-Partner, die über kein eigenes Öl verfügten, erpressbar. Die europäische Industrie hatte von daher Anfang der 2000er-Jahre damit begonnen, sich nach alternativen Energiequellen umzusehen. Gerade in der aktuellen politischen Situation und nach Russlands Einmarsch und Besetzung der Krim vor drei Jahren propagierten führende europäische Politiker die Energiewende.

Im Gegensatz zu seinen europäischen Verbündeten hatte Amerika Öl, viel Öl. Fracking sowie die gerade anlaufende Erkundung und Erschließung des Permischen Beckens im Westen Texas trugen dazu bei, die Rohstoffvorräte der USA langfristig zu sichern. John hatte Peter daher in ihren Diskussionen immer wieder gefragt: »Was haben wir schon groß zu befürchten?« Mittlerweile hatte John Lewellen die Risiken der Energieversorgung mit fossilen Brennstoffen auch für Amerika verstanden. Durch Fracking gefördertes Öl war teuer in der Exploration und erforderte einen enormen Wasserverbrauch. Peters Suche nach alternativen Energiequellen hatte er daher für gut und überlebensnotwendig befunden.

Conan und seine Kollegen studierten fleißig sämtliche Veröffentlichungen der einschlägigen Fachzeitschriften. Sie hatten zahllose Konferenzbeiträge und Hunderte von Businessplänen ausgewertet, die sie systematisch sammelten. Das Team in Monaco war überzeugt, dass ein baldiger Technologiesprung zu erwarten war, der die europäische Energiewende beflügeln konnte. Peter und all die anderen europäischen Investoren waren auf der Suche nach »Disruptoren«. Also nach Unternehmen, die zunächst unscheinbar und schleichend eine Marktentwicklung in Gang setzten, die dann plötzlich und abrupt das Potenzial hatte, ganze Branchen umzukrempeln. Peter war sich sicher, dass solche Disruptoren schon bald die Versorgung mit erneuerbarer Energie revolutionieren würden. Dieser Boom konnte Auswirkungen auf die gesamte Weltwirtschaft und die amerikanische Politik entwickeln. Wenn es erst einmal zu einem Wettlauf auf die besten Unternehmen käme, würde es vermutlich auf Dauer weltweit nur zwei bis drei von ihnen gelingen, sich die entscheidenden Marktanteile zu sichern. Die USA mussten hier rechtzeitig reagieren. Sie durften keinesfalls die bevorstehende Rallye verpassen. So der Tenor von Conans letztem Memo, das er John mit anschaulichen Beispielen für mögliche Disruptoren im Energiebereich geschickt hatte. In gut zwei Wochen wollte er ausführlich mit ihm dazu telefonieren. Vorher musste er sich noch mit all den Kandidaten treffen, die er auf seine Liste der Unternehmen mit großem Potenzial gesetzt hatte.

Conan war wieder an vorderster Front eines Krieges, nur dass seine Waffen jetzt andere waren. Es wurde um wirtschaftliche Einflussnahme und nicht allein um Territorien gestritten. Europäische Disruptoren galt es, für Amerika zu gewinnen. Wenn das nicht gelang, sollte er sie mit den Mitteln, über die die Firma verfügte, unschädlich machen. Weder im Irak noch in der freien Marktwirtschaft durfte Amerika verlieren.

Montag, 27. März 2017 – 10:45 Uhr – München

Fünfundsechzig Euro mussten sie für das Taxi zahlen. Al-Gé mochte gar nicht daran denken, was dieses unnütze Treffen sie nicht nur an wertvoller Arbeitszeit gekostet hatte. Während der Fahrt hatten er und Jacques beide geschwiegen. Kaum waren sie aus dem Wagen gestiegen, konnte Al-Gé nicht länger an sich halten.

»Mein Gott, was für arrogante Arschlöcher! Was für Egomanen! Unsereins muss antanzen, weil diese Selbstdarsteller es nicht für nötig befinden, überhaupt nur einen Blick in unsere Unterlagen zu werfen!«

Jacques lief mit blutleerem Gesichtsausdruck neben Al-Gé her, während sie die Abflughalle betraten. Al-Gé war nicht zu bremsen.

»Diese Typen haben offensichtlich keinerlei Ahnung. Die begreifen nicht mal ansatzweise, wie viel Arbeit wir in das Projekt gesteckt haben. Oder in die Zusammenstellung der Unterlagen. *Ich habe leider keine Zeit gefunden, mir Ihr Material anzusehen*. Ich könnte kotzen. Merde!«

Jacques blieb stehen und verstaute die Krawatte, die er schon im Taxi abgelegt hatte, in seinem Rollkoffer. »Lass gut sein, Kumpel. Beruhig dich. Was nützt es, sich über diese Idioten aufzuregen? Die passen genauso wenig zu uns wie diese Anzüge und die bescheuerten Krawatten. Wir müssen jetzt einen kühlen Kopf bewahren. Noch sind wir nicht am Ende. Noch haben wir Geld für ein paar weitere Monate.«

Al-Gé fuchtelte heftig mit den Händen. »Fuck! Ich habe diese Typen so satt! Denen geht es nur um das schnelle Geld. An die Börse gehen – ich fass es nicht! Wann treffen wir endlich mal auf Geldgeber, die uns wirklich zuhören, die eine durchdachte Unternehmensidee solide und langfristig umsetzen wollen? Ist denn das zu viel verlangt? Ich meine …«

In diesem Moment klingelte Jacques' Telefon. Er hob die Hand, um Al-Gé zu bitten, für einen Moment ruhig zu sein. Es war Robert, der Ex-Banker, der den Kontakt zu EMV hergestellt hatte.

»Und, wie ist es gelaufen?«, war seine erste Frage.

»Ehrliche Antwort? Beschissen. Uns hat nämlich nicht beeindruckt, dass ein Bekannter von Bill Gates bei dem letzten Sommerfest im Büro von EMV in Boston dabei war. Und auch nicht, dass Jeff Bezos sich für einen Messebesuch bei einem ihrer Start-ups angekündigt hatte. Für uns und unsere Technologie hat man sich null Komma null interessiert. Danke für deine Hilfe, Robert. Aber wir fragen uns wirklich, warum wir überhaupt nach München geflogen sind.«

Einen Moment herrschte Schweigen am anderen Ende der Leitung. Dann sagte Robert: »Tut mir leid. Das habe ich mir etwas anders vorgestellt.« Er war offensichtlich bedient. Dann fuhr er mit neuem Enthusiasmus fort: »Kopf hoch. Vielleicht kann ich es wiedergutmachen. Peter Miller, du erinnerst dich?«

Jacques musste kurz überlegen, dann sagte er: »Ja, der Investor aus Monaco …«

»Genau! Les investissements verts S.A. heißt sein Fonds«, sagte Robert. »Also, Peter hat mich kontaktiert. Er schlägt ein Treffen vor. Du sollst seine Assistentin noch heute anrufen. Ich schick dir ihre Nummer gleich per Mail.«

Montag, 27. März 2017 – 10:55 Uhr – Vorst

Den Samstagvormittag hatte er dazu genutzt, seinen Rausch auszuschlafen und seine Planungen für die nächsten Tage vorzubereiten. Ohne den Whisky hätte er nicht einschlafen können. Jetzt musste er wieder Kraft tanken. Der längere Lauf tat gut, um die Muskeln trainiert zu halten, auch wenn das Kopfweh vom Alkohol ihm zu schaffen machte. Joggen war wichtig, denn es half dabei, unliebsame Verfolger zu erkennen. Um eine Person rund um die Uhr zu überwachen, war in der Regel ein Team aus fünf Personen erforderlich. Niemand war ihm besonders aufgefallen. Aufgrund seiner Ausbildung hätte sich kein Verfolger unbemerkt an seine Fersen heften können.

Samstagmittag hatte er aus der miesen Bruchbude von Hotel ausgecheckt. Mit dem Taxi war er die wenigen Kilometer zurück zum Flughafen gefahren, um dort den vorab reservierten und bar bezahlten Mietwagen abzuholen. Dann hatte er Brüssel einmal mit dem Mietwagen umrundet. Als er sich sicher war, dass ihm niemand folgte, war er zu dem einfachen Hotel in Vorst aufgebrochen. Das Zimmer hatte Lucy für ihn organisiert. Er sollte dort das Wochenende verbringen, um zu beobachten, wer sich dem für Montag vereinbarten Treffpunkt näherte und ob er sicher war.

Der Treffpunkt befand sich direkt gegenüber dem Hotel.

Von seinem Fenster hatte er einen perfekten Blick auf den etwas heruntergekommenen, kneipenähnlichen Raum mit kahlen Wänden. Das Café wurde offensichtlich vor allem von Muslimen frequentiert. Als er mittags mit seinen Beobachtungen begann, tranken dort fünf bis sechs Männer ihren Tee. Nur wenige weitere Gäste kamen und gingen. Gegen achtzehn Uhr schloss das Café. Im Laufe des Sonntags wechselten die Gäste kaum. Maximal zwölf verschiedene Besucher waren ihm in den beiden Tagen aufgefallen, alles ältere bärtige Männer, offensichtlich Stammgäste. Keines der Gesichter, die er fotografiert und durch ihre Datenbank gejagt hatte, hatte irgendeinen Grund geliefert, die ganze Aktion abzubrechen und unmittelbar abzureisen.

Das Café als Treffpunkt schien sauber. Also schulterte er am Montag gegen elf Uhr seine lederne Reisetasche und verließ nach zwei Tagen intensiver Beobachtung das Hotel in Richtung Café. An der Theke fragte er nach Ahmed Bey. Sobald er den vereinbarten Namen nannte, wurde ihm ohne Zögern ein brauner Umschlag übergeben. Er nahm ihn an sich und verschwand unverzüglich. Die Aktion hatte höchstens zwei Minuten gedauert, dann saß er in seinem Mietwagen und fuhr in die Brüsseler Innenstadt.

Nach dreißig Minuten machte er halt auf einem kleinen Parkplatz. Niemand war ihm gefolgt. Er öffnete den Umschlag. Der enthielt jede Menge Bargeld verschiedener Währungen und eine weiße neutrale Plastikkarte mit einem Magnetstreifen. Offensichtlich gehörte diese Karte zu einem Hotelzimmer. Zudem fand er eine Zahlen- und Buchstabenkombination, die ihm den nächsten Treffpunkt verraten würde. Der Code wäre für niemanden schnell genug zu entschlüsseln – jedenfalls nicht in der Zeit, die er benötigte, um von Brüssel aus zu seinem nächsten Ziel zu gelangen. Nur er und die Absenderin wussten, dass es sich um eine Kombination aus Längen- und Breitengraden, der Nummer eines Hotelzimmers, des darin befindlichen Safes und eines Bahnhofschließfaches handelte. An dem von den Koordinaten bezeichneten Ort würden sich weitere Instruktionen befinden.

Schnell hatte er herausgefunden, dass der Gare de Lyon in Paris sein nächstes Ziel war. Das Hotel Mercure, zu dem die Zimmerkarte gehörte, befand sich in unmittelbarer Nähe des Bahnhofs. Dort war im Safe des Zimmers 404 der Code für das Schließfach im Bahnhof hinterlegt. Im Hotel würde man ihm sicher keine Falle stellen. Der Rest ließ sich durch ein paar Scheine mit dem Hotelportier regeln. Mit Erhalt der Nachricht wäre er der Abwicklung des Deals und dem direkten Kontakt zu seinem möglichen Kunden ein Stück näher gekommen.

Der Gare de Lyon sollte keine besondere Gefahr darstellen. Bei über zweihunderttausend Reisenden täglich würde sein Gesicht nur eines unter vielen sein. Mit seinem Filzhut, seinem Lodenmantel und Janker, den er dann tragen würde, würde ihn jeder für einen harmlosen deutschen Touristen aus Bayern halten. Wenn er Kleidung kaufte, dann hatte er dabei immer das Ziel vor Augen, entweder nicht aufzufallen oder etwaige Zeugen über seine Herkunft zu täuschen. Wer so lange im Geschäft war wie er, kannte diese einfachen Grundregeln in- und auswendig.

Montag, 27. März 2017 – 11:05 Uhr – München

Kaum hatte Robert das Telefonat beendet, erhielt Jacques per Mail die angekündigte Telefonnummer. Ohne zu zögern, wählte er die Nummer. Er machte Al-Gé ein Zeichen, dass dieses Telefonat wichtig sein könne und er sich von daher bitte ruhig verhalten solle.

»Bonjour«, meldete sich eine freundliche Frauenstimme. »Les investissements verts. Mein Name ist Angélique. Was kann ich für Sie tun?«

»Bonjour, Jacques Devilliers hier. Robert le Bot war so freundlich, mir mitzuteilen, dass ich mit Ihnen Kontakt aufnehmen soll. Es geht um einen Termin mit Mr. Miller.«

»Ach ja. Das ist schön, Monsieur Devilliers, dass Sie sich so schnell bei uns melden. Ich würde Sie gern zu Mr. Miller durchstellen, allerdings ist er gerade leider nicht in seinem Büro. Aber er hat mich angewiesen, möglichst rasch einen Termin mit Ihnen zu vereinbaren. Sie scheinen an einem interessanten Projekt zu arbeiten. Mr. Miller hat mir ausdrücklich aufgetragen, Ihnen mitzuteilen, dass er von Ihrer Erfindung begeistert ist und sich ein Investment durchaus vorstellen kann. Glauben Sie mir, das sagt er nicht zu vielen Unternehmern. Würde es nächste Woche bei Ihnen passen? Alles andere wird dann wieder etwas schwierig. Mr. Miller ist global aktiv. Wenn er nicht hier im Büro ist, lebt er in Flugzeugen. Vor einigen Tagen kam es wieder einmal zu Flugverzögerungen, ich glaube, es war in Brüssel. Er verpasste seinen Anschlussflug. Dadurch verschob sich ein lange geplanter, dringender Termin in London. Und wer ist schuld? Na ich! Ich habe den Streik der Fluglotsen nicht verhindert.« Angélique lachte bei dieser Erklärung.

»Sie können mir ja richtig leidtun«, versuchte Jacques, die charmante Dame mit der verführerischen Stimme zu trösten.

»Nein, nein. Alles gut. Sie werden sehen, Mr. Miller ist ein reizender Mensch. Der beste Chef, den ich jemals hatte. Es ist nur so, früher musste er dem Geld hinterherlaufen. Heute den Flugzeugen, um es wieder auszugeben. Ich würde mich jedenfalls freuen, wenn der Termin mit Ihnen klappt.«

Jacques war für einen Moment sprachlos. Der Investor aus Monaco, von dem sie so lange nichts gehört hatten, war angeblich begeistert von ihrer Erfindung? Dieses kurze Feedback bedeutete, dass sich hier jemand zumindest ihre Unterlagen angesehen hatte. Er machte Al-Gé aufgeregt Zeichen, reckte den Daumen nach oben und grinste zuversichtlich. »Ja. Nächste Woche passt mir. Sagen wir Montag, den 3. April?«

Kurz darauf waren alle nötigen Daten ausgetauscht und das Gespräch beendet. Jacques eilte zu seinem Freund, der in Richtung Anzeigetafel vorausgegangen war. Al-Gé hatte nur wenige Fetzen des Gesprächs verfolgt. »Und?«, wollte er wissen.

»Miller ist interessiert. Wir haben für nächste Woche einen Termin«, sagte Jacques.

»Wer ist Miller?«, fragte Al-Gé nach.

»Na, der mögliche Investor aus Monaco, den Robert im Januar angeschrieben hatte«, war Jacques' knappe Antwort.

Al-Gé sah Jacques skeptisch an. »Wow, nächste Woche schon!« Seine Skepsis war nicht zu überhören. »Nachdem er *wie viele* Wochen gebraucht hat, um sich wieder bei Robert zu melden? Sechs? Sieben?« Al-Gé steckte der Ärger von dem Gespräch bei EMV immer noch in den Knochen.

Jacques lächelte. Er schlug seinem Freund aufmunternd auf die Schulter. »Wie pflegte mein Großvater immer zu sagen: Alles kommt zu dem …«

»… der warten kann«, ergänzte Al-Gé. Die Weisheit des ominösen Großvaters war ein Running Gag in der Firma geworden, weil Jacques immer damit ankam, wenn mal wieder nichts gelingen wollte. Al-Gé musste unwillkürlich schmunzeln.

»Komm, lass uns die Zeit bis zum Abflug in der Kneipe da drüben überbrücken«, schlug Jacques vor.

Al-Gé war der deutlich impulsivere der beiden Gründer. Wenn ihm etwas nicht passte, dann sagte er es geradeheraus. Heute hatte ihm so einiges nicht gepasst. Angefangen von dem unangenehmen Nieselregen bis zu dem Treffen mit EMV. Dann auch noch dieser aggressive Taxifahrer, die unverschämt hohe Rechnung. Jetzt hatte er nach dem Blick auf die Anzeigentafel entdeckt, dass ihr Rückflug, der aufgrund des ausreichenden Puffers, den sie eingeplant hatten ohnehin erst um 15:45 Uhr gewesen wäre, über eine Stunde Verspätung haben würde.

»Na gut, wenn es sein muss …«, grummelte Al-Gé, der in seiner Wut über den verlorenen Tag immer noch nicht registriert hatte, dass der Investor aus Monaco ernsthaft interessiert zu sein schien. Al-Gé erwartete von jedem, mit dem er es beruflich zu tun hatte, dieselbe Leidenschaft, mit der er täglich bis zu vierzehn Stunden für Algamondo im Labor stand. Jacques und der Rest ihres Teams kannten ihn nur so und schätzten ihn genau deshalb.

Jacques hatte das Gefühl, dass der Puls seines Partners sich fast schon wieder auf normalem Niveau befand, als sie die Flughafenkneipe betraten. Er war froh, endlich einmal wieder etwas Zeit in Ruhe mit seinem Freund verbringen zu können. Die letzten Monate hatte er ihn immer nur als gestressten Geschäftspartner erlebt. Jacques bestellte ein Weißbier. Al-Gé würde sich ein alkoholfreies Bier genehmigen. Al-Gé hatte nach der Trennung von seiner Frau Caroline lange mit der Einsamkeit kämpfen müssen. Sein bester Freund war in dieser schweren Zeit mindestens eine Flasche Jim Beam täglich. Es hatte einige Monate gedauert, bis selbst

Jacques wieder an ihn herangekommen war. Al-Gé war trotz allem ein Kämpfer. Binnen weniger Wochen hatte er es, unterstützt durch seinen Freund Jacques, geschafft, sein Leben vor der Sucht zu retten. Dann hatten sie gemeinsam die Firma gegründet. Seither war Al-Gé trocken.

Jacques war stolz auf die Willensstärke seines Freundes. In der jetzigen Phase brauchten sie alle Kraft, die sie mobilisieren konnten. Al-Gé war der wichtigste Mann bei Algamondo. Ein brillanter Ingenieur, der immer eine Lösung fand, wenn es technisch kniffelig wurde.

»Was das Treffen in Monaco angeht«, begann Al-Gé, als der Kellner die Bierflaschen vor sie hinstellte. »Also ich glaube nicht, dass ich noch einmal so eine Demütigung wie heute ertrage.«

Jacques nahm seine Flasche und stieß mit Al-Gé an. »Kein Problem«, sagte er gut gelaunt. »Halt du die Stellung in der Firma, und ich mach den Deal mit Peter Miller klar.«

Montag, 27. März 2017 – 14:05 Uhr – Brüssel

Alles lief nach Plan. Den Mietwagen hatte er rechtzeitig am Bahnhof Bruxelles-Midi abgegeben. Sein Zug nach Paris Gare du Nord hatte fünfunddreißig Minuten Verspätung. Aus seiner Sicht war dies kein Problem, denn er würde sich, während er wartete, die Gesichter der Mitreisenden einprägen. Keines der Gesichter neben ihm am Gleis hatte er zuvor schon einmal gesehen. Er hielt es für unwahrscheinlich, dass irgendjemand gleich zwei Observationsteams, also gute zehn Personen, dauerhaft auf ihn angesetzt hatte. Mit einem ungewissen Gefühl vermeintlicher Sicherheit stieg er in den Zug. Niemand schenkte ihm Beachtung, als er sein Abteil aufsuchte, dort die Vorhänge schloss und sich umzog. Die eine

Stunde zwanzig Minuten bis nach Paris stellte er sich schlafend. In Paris brachte ihn ein Taxi zum Mercure Hotel am Lyoner Bahnhof. Ein unauffälliger Tourist aus Bayern, der in Janker, Filzhut und Lederhose gekleidet war, reihte sich in den Strom der Reisenden und Pendler ein, die sich zu den Zügen und Metrostationen begaben. Niemand störte sich an dem Bayer mit der ledernen Reisetasche, der kurz darauf das direkt am Bahnhof gelegene Hotel betrat, um mit dem Fahrstuhl in den vierten Stock zu fahren. Die Magnetkarte für das Zimmerschloss funktionierte. Im Zimmersafe fand er, was er suchte – die Schlüsselkarte für das Bahnhofschließfach, dessen Nummer ihm der Code geliefert hatte.

Kurz darauf reihte er sich wieder in den Strom der Reisenden ein, ging zu der Gepäckaufbewahrung des Bahnhofs und entnahm dem Schließfach ein dünnes Päckchen mit weiteren Anweisungen. Das Treffen würde in der Türkei stattfinden. In dem Päckchen befanden sich zwei gut gefälschte Reisepässe, mit jeder Menge Stempel der Einwanderungsbehörde des Flughafens Ankara-Esenboğa, und viele grüne Scheine. Wenn man seiner Kontaktperson bei der Firma eines zugestehen musste, dann, dass Routineaufgaben immer mustergültig erledigt wurden. Auch dieses Mal hatte er vergeblich auf eine Aufmunterung oder ein »gut gemacht« von Lucy gewartet. Das Bündel mit den Dollarscheinen konnte den Frust darüber schnell kompensieren. Vor den Überwachungskameras musste er sich nicht fürchten. Von den Großrechnern gespeichert, verarbeitet und analysiert, würden die im Gare de Lyon von ihm aufgezeichneten Daten keine Hinweise auf seine wahre Identität liefern. Den auf Terrorismusbekämpfung und Waffenhandel spezialisierten Analysten im Hexagone Balard, im 15. Arrondissement von

Paris, in dem das französische Verteidigungsministerium seit einigen Jahren seinen Sitz hatte, würden Bilder von ihm somit nie erreichen. Er war und blieb als anonymer bayerischer Tourist eine unbedeutende Größe im Datenmeer aus Bits und Bytes. Sein Kunde in Ankara, der ihn dringend erwartete, sah das anders.

Dienstag, 28. März 2017 – 10:05 Uhr – Washington, D.C.
Die wenigen Teilnehmer des streng vertraulichen Strategy-Review-Meetings hatten sich im E-Ring des Pentagon eingefunden. Nach kurzen Begrüßungsworten suchten sie jetzt ihre Plätze im Besprechungsraum der Vereinigten Stabschefs auf. Die meisten Teilnehmer waren Zivilisten, hochrangige Vertreter aus den wichtigsten Ministerien, die über die Zuteilung des Budgets entschieden. Nachdem alle sich gesetzt hatten, ergriff John Lewellen das Wort.

Lewellen war ein erfahrener Elitesoldat und Politfuchs. Aufgrund seiner überragenden Leistungen für die nationale Sicherheit der USA war er, über viele Amtsperioden hinweg, stetig auf der Karriereleiter aufgestiegen. Aktuell leitete er Water and Energy for Future, eine Sonderabteilung im Pentagon, die sich mit den geopolitischen Perspektiven der amerikanischen Wasser- und Energieversorgung beschäftigte. Obwohl das Namenskürzel WE4F es nicht vermuten ließ, waren seine Befugnisse sehr weitreichend. Er berichtete direkt an den Stabschef des Weißen Hauses. Sein großzügiges Budget hatte es ihm ermöglicht, einen Mann seiner Wahl nach Europa zu schicken und in Monaco mit einem kleinen Team zu installieren. Er hatte sich für Conan, alias Peter Miller, entschieden.

»Lady und Gentlemen, Sie alle wissen, warum wir heute

hier sind. Es geht um das Budget für unsere Arbeitsgruppe. Deren Ziel ist es ja, unsere Wasser- und Energieversorgung langfristig sicherzustellen. Eine schwierige Aufgabe angesichts der sich global verändernden klimatischen Bedingungen. Wir stellen uns nicht nur der Frage, wie wir in den Vereinigten Staaten langfristig unsere Ressourcen schützen können. Diese Pflicht gilt auch für den Schutz unserer NATO-Alliierten. Jedenfalls dann, wenn wir sie nicht kampflos den Russen überlassen wollen. Um Ihnen einen Eindruck von unserer Arbeit zu geben, werde ich gleich unseren Bericht zum Thema ›2025 – Folgen einer weltweiten Wasser- und Energiekrise‹ verteilen lassen. Die Vorstellung des Berichts möchte ich zunächst Colonel Doug Mellon überlassen. Doug, bitte.«

Mellon erhob sich. Er war ein erprobter Soldat, der sich in verschiedenen Kampfeinsätzen bewährt hatte. Jetzt arbeitete er für Lewellen als militärischer Sonderberater. In seiner dunkelblauen Full-Dress-Uniform und dem akkuraten Bürstenhaarschnitt verkörperte er den US-amerikanischen Offizier in Reinkultur.

»Frau Senatorin, meine Herren, der Gegner, mit dem wir es hier zu tun haben, ist mächtiger als jeder Gegner zuvor in der Geschichte der Vereinigten Staaten. Wir haben in den vergangenen Wochen und Monaten ein Szenario erarbeitet, das uns erlaubt, einen Blick in die nahe Zukunft zu werfen. Was wir für 2025 vorhersehen, übersteigt unsere schlimmsten Befürchtungen. Die Auswertung der derzeit verfügbaren Daten zeigt, dass achtzig Prozent aller landwirtschaftlichen Flächen der USA aufgrund allgemeiner Dürre nicht mehr genutzt werden können. Bevölkerungswachstum, anhaltende Klimaänderungen, aber auch Verschwendung werden Wasser zu einem extrem knappen Gut machen. Wie wir später noch von Major Tom O'Reilly hören werden, sind international an exponierten Brennpunkten, Stichwort Indien und Pakistan, Naher Osten, Vereinigte Arabische Emirate und in den islamischen GUS-Staaten, Kriege um Wasser zu befürchten. Aber auch wir in den USA sehen uns der Gefahr ausgesetzt, irgendwann mit Kanada und Mexiko um die letzten verbliebenen Wasserressourcen kämpfen zu müssen.«

Mellon hielt einen Moment inne, um seine Worte wirken zu lassen. Im Raum herrschte betretene Stille. Mellon fuhr fort: »In fünfzig Jahren, so zeigen mehrere verlässliche Studien, ist Wasser wertvoller als Gold und strategisch bedeutender als Erdöl. Für uns, in den Vereinigten Staaten, bedeutet das folgende Szenarien.«

Er wandte sich um zu einem wandgroßen Bildschirm, auf dem jetzt ein Schaubild mit den wichtigsten Stichworten erschien.

»Erstens: Versalzung. In allen trockenen Klimazonen Amerikas werden durch Versalzung Millionen Hektar Ackerland zerstört. Bereits heute vernichtet Versalzung in vielen Ländern mehr Land, als trotz der hohen Kosten für künstliche Bewässerung erhalten werden kann. Was das für unsere Versorgung mit Lebensmitteln bewirkt, muss ich nicht eigens erklären.«

Mellon wartete, bis die nächsten Begriffe und die sie erklärenden Bilder auf dem Bildschirm erschienen.

»Zweitens: die Plünderung bestehender Reserven. Nehmen wir als Beispiel den Ogallala-Aquifer. Ein Grundwasserspeicher, der in South Dakota, Nebraska, Wyoming, Kansas, Colorado, Oklahoma, Texas und New Mexico liegt. Allein die dortigen Farmer haben so viel Wasser entnommen, wie allenfalls in fünfhunderttausend Jahren nachströmen würde.«

Mellon deutete mit einem Laserpointer auf den Bildschirm. »Drittens: All diese Megaprojekte zur Erschließung neuer Wasserressourcen bedürfen der Zustimmung unseres nördlichen Nachbarn Kanada. Wie Sie wissen, wurde im Senat darüber diskutiert, Wasser aus Kanada und Alaska nach Kalifornien zu leiten. Dabei müssen wir etwa zehn große und unzählige kleinere Flüsse anzapfen. Die Kanadier werden das nicht ohne Vergütung dulden.«

Auf dem Bildschirm erschienen die nächsten Stichworte. »Viertens: Sinkende Grundwasserspiegel gefährden die Versorgung unserer Megastädte. Einige unserer bedeutenden Wirtschaftsmetropolen liegen in Zonen, die kaum noch ausreichend Niederschlag erhalten. Städte wie Los Angeles, Denver oder Phoenix können bereits heute nicht mehr ausreichend mit Trinkwasser versorgt werden, wenn der Regen ausbleibt. Fünftens: Der Regen *bleibt aus*. Alle aktuellen Daten zur Klimaveränderung, die Sie in unserem vertraulichen Bericht finden, belegen diese Megascheiße.«

Dienstag, 28. März 2017 – 10:17 Uhr – Léré

Sidibé hatte das kleine Bündel mit den wenigen Geldscheinen, das ihm seine Mutter am Morgen zugesteckt hatte, fest um seinen Bauch geschnürt. Ein paar abgenutzte schmierige Scheine waren das letzte Stück Heimat, das ihn noch mit seiner Familie verband. Das Treffen mit dem Schlepper war enttäuschend verlaufen. Zu Fuß hatte er sich anschließend zum Stadtrand von Léré begeben. Dort, etwas außerhalb des Ortes, warteten einige Lkw auf ihre Beladung. Gegen harte Währung nahmen manche Fahrer Flüchtlinge nach Westen mit, in die sichereren Gebiete, und von dort weiter Richtung Mauretanien. Zumindest die, die gut dafür bezahlen konnten.

Sein Ziel war die Stadt Kayes, in der Nähe der Grenze zu Mauretanien. Von dort wollte er weiter nach Kiffa und dann gen Westen zur Küstenstraße, um nach Marokko zu gelangen.

Das Geschäft der Schlepperbanden, die die Lkw-Transporte organisierten, war krisenresistent. Auf dem Weg vom Norden in Richtung Mali wurden Waffen transportiert. Auf dem Weg zurück nach Casablanca, Rabat oder Tanger, wo täglich neue Waffenlieferungen aus aller Welt angelandet wurden, wurden die Lkw mit Flüchtlingen beladen. Die für die lange Fahrt durch die Wüste bestimmten Fahrzeuge waren nur mit Wasser und dem Notwendigsten ausgerüstet.

Sidibé kannte die Bilder von den Menschen auf den Ladeflächen der alten Laster aus den Zeitungsberichten mit vergilbten Fotos, die ihm seine Mutter so oft zur Warnung gezeigt hatte. Dicht an dicht zwängten sich erschöpfte und ausgehungerte Menschen. Ausgemergelte Menschen, die den Eindruck machten, ihr letztes Geld für den Transport bezahlt zu haben, nur um ihn nicht zu überleben. Trotzdem bedeuteten diese Bilder für ihn Hoffnung.

Gegen Mittag fand er schließlich einen Lkw-Fahrer, der die ausländischen Truppen und das Einkaufszentrum in der Stadt mit frischer Ware beliefert hatte und zurück nach Kayes fuhr. Ein glücklicher Zufall, der Sidibé mehr kostete, als er ausgeben wollte. Gleichzeitig bedeutete die Mitfahrgelegenheit aber auch größere Sicherheit, da der Fahrer die Strecke mindestens einmal in der Woche zurücklegte. Er wusste also, wo es aktuell zu Kämpfen und Angriffen der Islamisten kam. Sidibé vertraute ihm. Der alte Mann nahm den kräftigen Jungen gerne mit. Da Sidibé ihm nicht so viel bezahlen konnte, wie er verlangt hatte, musste er versprechen, ihm bei der Beladung der Waren für die nächste Fahrt zu helfen.

Am frühen Sonntagnachmittag setzte sich Sidibé zu dem alten Mann in den Laster und fuhr mit ihm Richtung Westen. Heute, am Dienstag, würden sie am späten Abend in Kayes eintreffen.

Dienstag, 28. März 2017 – 10:57 Uhr – Washington, D.C.
Doug Mellon hatte sich wieder gesetzt. John Lewellen übergab das Wort an Major Tom O'Reilly. O'Reilly war der auf internationale Krisenherde spezialisierte Mitarbeiter in seiner Arbeitsgruppe. O'Reilly trug einen dezent gestreiften dunkelgrauen Anzug. Der schon etwas ältere Anzug ließ ihn wie einen erfolglosen Wall-Street-Banker aus dem mittleren Management aussehen. Keineswegs aber wie den Abwehrspezialisten, globalen Terrorismusexperten und Fachmann für organisierte Kriminalität, der er in Wirklichkeit war. O'Reilly erhob sich bedächtig und blickte kurz in die Runde.

»Nun, nach Dougs Ausführungen zur Lage in den USA jetzt von mir ein kurzer Abriss der internationalen Situation.«

Er wandte sich dem Bildschirm an der Wand zu.

»Spätestens 2025 wird das global nutzbare Trinkwasser nicht mehr für alle Menschen ausreichen. Stimmen die aktuellen Hochrechnungen zum Bevölkerungswachstum, werden in wenigen Jahren 8,5 Milliarden Menschen mit Trinkwasser versorgt werden müssen. Obwohl weltweit der Bau von Brunnen, Dämmen und Wasserleitungen vorangetrieben wird, steigt der Bedarf schneller, als deren Bau erfolgen kann. Jeder dritte Bewohner unseres Planeten ist dann von tödlicher Wasserknappheit betroffen. Die Frage ist: Was geschieht, wenn künftig das Wasser nicht mehr zu den Menschen kommt?«

O'Reilly machte eine kurze Pause, um seiner Frage mehr

Gewicht zu verleihen und den Teilnehmern Zeit zum Nachdenken zu geben.

»Die Antwort liegt auf der Hand: Dann kommen die Menschen eben zum Wasser. Schon heute sehen unsere Partner in Europa die Ankömmlinge dieser neuen Völkerwanderung. Die Flüchtlingsströme werden in wenigen Jahren eine ganz neue Dimension annehmen. Es geht weltweit um drei Milliarden Menschen, die um ihr nacktes Überleben kämpfen müssen. Dies ist nicht nur eine humanitäre Katastrophe, sondern auch ein militärisches Problem. Flüchtlingsströme werden schon heute gezielt als Waffe gegen Nachbarstaaten eingesetzt. Blicken Sie nur auf die Türkei.«

Zustimmendes Nicken im Raum. Jeder kannte die kritische Situation der Flüchtlinge aus den Krisengebieten des Nahen und Mittleren Osten. Unweigerlich dachte der ein oder andere aber instinktiv auch an die durchlässige Grenze zu Mexiko.

»Damit nicht genug. Wir werden zunehmend teure militärische Schutzmaßnahmen ergreifen müssen, um wertvolle Wasserressourcen zu sichern. Was, wenn man unsere Dämme angreift? Was, wenn Drohnen Chemikalien oder Biowaffen in die Gewässer kippen? Boden-Luft-Raketen helfen uns da nur bedingt weiter. Wir müssen präventiv den Terror abwehren und Technologien entwickeln, die uns helfen, unsere Ressourcen zu schützen. Terroristen haben bereits mehrfach versucht, Dämme zu besetzen. Der nächste Schritt wäre ihre Zerstörung oder Verunreinigung. Das würde den Tod von Millionen Menschen zur Folge haben.«

Liz Bartel, eine frühere Menschenrechtsaktivistin und jetzige Senatorin der Demokraten aus Kalifornien, meldete sich zu Wort. »Wer um Himmels willen ist Ihrer Meinung nach so skrupellos, solch eine menschenverachtende Aktion durchzuführen? Könnte das auch Amerika treffen?«

»Wollen Sie konkrete Namen hören? Ich könnte Ihnen Hunderte nennen, die wir weltweit jagen. Gegen diese Art von Terrorismus sind wir machtlos.«

»Halten Sie Angriffe auf unsere Wasserversorgung wirklich für realistisch?«, hakte Liz Bartel nach.

»Geschätzte Frau Senatorin, ich gebe Ihnen ein Beispiel. 2005 hat in Deutschland ein Verrückter zwei Kanister mit giftigen Pflanzenschutzmitteln im Bodensee nahe der lokalen Trinkwasserentnahmestelle versenkt. Die Konzentration des Gifts war Gott sei Dank zu niedrig. Einige Kanister mehr und die vier Millionen Menschen, die mit Trinkwasser aus dem See versorgt werden …«

Liz Bartel unterbrach ihn erneut. »Aber das merken doch die Mitarbeiter der Wasserwerke?«

»Nicht immer und nicht in Echtzeit. Dazu sind die Systeme und die Technik viel zu träge. Meist gibt es in den Wasserwerken nur drei Reinigungsstufen des Rohwassers. Dabei werden mit Mikrosieben kleinere Schwebstoffe und Mikroorganismen entfernt. Dann folgt die Zugabe hochaktiven Sauerstoffs, abschließend eine geringe Dosis Chlor. Dieses Wasser schicken wir als Trinkwasser in die Versorgungsleitungen.«

»Was hat Deutschland 2005 mit der hoch technologisierten Gesellschaft in den USA im Jahr 2017 zu tun?«

»Geschätzte Frau Senatorin, wir müssen den Tatsachen ins Auge sehen. Nur die wenigsten Wasserwerke können heutzutage Schadstoffe oder Medikamente, die so gerne über die Toilette entsorgt werden, geschweige denn chemische oder biologische Kampfstoffe in Echtzeit analysieren und eliminieren. Gängige Sensoren sind dazu oft nicht in der Lage. Stellen Sie sich die enorme Anzahl an Trinkwasserspeichern bei uns in den USA oder gar weltweit vor. Wie viele Tausend Wasserwerke glauben Sie, haben keine Ahnung von einer aktuell stattfindenden Verseuchung ihres Wassers durch gefährliche Spurenstoffe?«

Liz Bartlet schien zu begreifen.

»Die Infrastruktur zur Trinkwasseraufbereitung weltweit ist mit einfachsten Mitteln angreifbar. Jeder, der etwas anderes behauptet, lügt.«

Ein Raunen ging durch den Raum.

»Was ich Ihnen aufzeige, ist die Kriegsführung des 21. Jahrhunderts. Umweltverschmutzung, Wasserknappheit, Flüchtlinge. Wir dürfen diese Realität nicht leugnen.«

Es entstand Unruhe im Saal. Hier und da wurden in kleinen Gruppen halblaute Gespräche geführt.

John Lewellen griff zu seinem Wasserglas, schlug mit einem Kugelschreiber dagegen, bis die Gespräche verstummten.

Der Experte aus dem Umweltministerium meldete sich zu Wort: »Was passiert mit unserer Energieversorgung, wenn Wasser knapp wird?«

»Das ist eine gute Frage, Jack«, antwortete O'Reilly. »Wie Sie alle wissen, setzten wir auf Fracking-Technologien zur Lösung der zunehmenden Ölknappheit. Das Problem beim Fracking ist der enorme Verbrauch von Wasser. Um durch Fracking an Öl zu gelangen, das in dreitausend Metern Tiefe im Schiefergestein lagert, werden durchschnittlich fast zwanzig Millionen Liter Wasser für eine einzige Förderanlage benötigt. Wir betreiben diesen Wahnsinn seit vielen Jahren in dreißig Bundesstaaten an über 500.000 Bohrlöchern. Ja, wir sind privilegiert. Fördern Öl, das sich in amerikanischem

Boden befindet. Allerdings, zu einem unglaublich hohen Preis pro Barrel. Im internationalen Vergleich sind wir damit als Exporteur nur bei einem sehr teuren Ölpreis wettbewerbsfähig.«

Der Mann aus dem Umweltministerium wusste über diese Zusammenhänge nur zu gut Bescheid. Daher stellte er keine weiteren Fragen, um die anderen Teilnehmer nicht noch mehr zu beunruhigen. Die meisten im Raum glaubten, dass Fracking, das insbesondere in Texas stattfand, Amerikas Zukunft war. Nur wenige kannten allerdings das eigentliche Problem. Lokaler Wassermangel gefährdete die Förderung von Öl und somit die amerikanischen Exporte. Fracking war nur ein Beispiel. Die gesamte Energieversorgung des Landes hing von der Verfügbarkeit sauberen Wassers ab, unglaublicher Mengen Wasser. In Texas hatte im vergangenen Sommer die schlimmste Dürre seit über hundert Jahren geherrscht. Die dramatische Wasserknappheit führte nicht nur zur Existenzbedrohung der Farmer. Die Landwirte hatten ein zusätzliches Problem. Sie mussten das wenige verfügbare saubere Wasser jetzt auch noch mit den Öl- und Gaskonzernen teilen. Die großen Ölkonzerne, mit ihren gut gefüllten Kassen, konnten es sich als Einzige leisten, vierzig bis siebzig Cent pro Barrel Wasser zu zahlen. Die Farmer nicht. Das führte zu gewalttätigen Auseinandersetzungen. Ein Teufelskreis. Dem für das Fracking benötigtem Wasser wurden zudem jede Menge Chemikalien hinzugefügt, bevor man es mit Hochdruck in den Boden pumpte. Salze, Schwermetalle und radioaktive Isotope blieben zurück, landeten im Grundwasser. Aus sauberem Wasser wurde Sondermüll.

Tom O'Reilly hatte sich gesetzt und nickte John Lewellen auffordernd zu. »Zeit für deine kleine Ansprache, John.«

Lewellen erhob sich und schloss sein Jackett. Die spärlicher werdenden Haare hatte er leicht nach rechts gescheitelt. Tiefe Ringe zeichneten sich unter seinen Augen ab. Für einen Mann, der die fünfundsechzig bereits überschritten hatte, hatte er dennoch ungewöhnlich klare Augen und einen scharfen Blick. Sein Gesicht war kantig, wie das aller älteren Männer, die in ihrer Jugend viel Sport getrieben, oder wie in seinem Fall, in der Armee gedient hatten. Als sich die amerikanischen Truppen 1972 aus Vietnam zurückzogen, war auch er froh, mit Anfang zwanzig, noch ein Leben vor sich zu haben. Was er dort im Dschungel erlebt hatte, wollte er nie wieder sehen. Der Einsatz von chemischen Kampfstoffen durch seine eigenen Leute hatte tiefe Wunden in seinem Gedächtnis hinterlassen. Sie hatten gegen einen unsichtbaren Feind gekämpft, den sie nicht besiegen konnten. Was aktuell durch den weltweiten Terrorismus passierte, war vergleichbar mit dem damaligen Dschungelkrieg. Sie jagten Phantome, Guerillakämpfer, die überall und nirgends sein konnten. Der Unterschied lag darin, dass sie den heutigen Dschungel nicht entlauben konnten.

John Lewellen trug ausnahmsweise einen Anzug. In seiner Uniform hätte er sich wohler gefühlt. Das hätte aber seinem Bild als »elder statesman« geschadet, das er gerne von sich zeichnen wollte.

»Kommen wir also zum letzten Tagesordnungspunkt«, begann er. »Welche Empfehlung können wir mit unserem heutigen Wissen dem Präsidenten der Vereinigten Staaten von Amerika geben? Nun, eins sollte aus den Berichten von Doug und Tom klar geworden sein. Jede Investition in die Trink- und Abwasserversorgung ist ein Beitrag zur Aufrechterhaltung von Frieden und Sicherheit. Es werden zukünftig vier Grundsätze gelten müssen, die unsere bisherige Innen- und Außenpolitik dramatisch verändern können. Erstens: Ein Problem in dieser Größenordnung kann nicht ohne massive Einschränkungen der Bürgerrechte gelöst werden. Zweitens: Der Schutz und die Bewachung unserer Grenzen zur Abwehr von Flüchtlingsströmen, die sich schon heute nicht mehr kontrollieren lassen, muss erweitert und verstärkt werden. Drittens: Wasser und Ölressourcen werden zum Ziel terroristischer Angriffe. Das müssen wir mit allen Mitteln verhindern. Viertens: Wir brauchen Innovationen, um eine Energie- oder Wasserkrise abzuwenden. Daher hat meine Arbeitsgruppe dem Präsidenten empfohlen, dass sich Spezialisten unserer Geheimdienste vermehrt darum kümmern, Innovationen aufzuspüren, die unsere Versorgung mit Energie und Wasser langfristig sichern, und zwar nicht nur militärisch.«

Lewellen machte eine kurze Pause und sah in die ratlosen Gesichter der Anwesenden. Schließlich fuhr er fort.

»Doug und Tom haben Ihnen die Probleme geschildert. Mein Job ist es, dem Präsidenten Lösungen aufzuzeigen. Nun, wie Sie sehen, sind wir dran, die komplexen Zusammenhänge besser zu verstehen. Das soll uns helfen, weltweit nach verwertbaren Innovationen zu suchen. Details finden Sie, wie gesagt, in den Unterlagen. Abschließend noch meine Bitte an Sie, das vorgeschlagene Budget in Höhe von fünfzehn Milliarden Dollar für die nächsten fünf Jahre zu bewilligen. Der Präsident hat dies bereits getan und erwartet es auch von Ihnen.«

Lewellen hoffte, dass die Arbeitsgruppe dem Beispiel des Präsidenten folgen und weitere Gelder freigeben würde, um weltweit interessante Venture Capital Investments tätigen zu lassen. Er verabschiedete die beunruhigten Teilnehmer und warf einen Blick auf seine Uhr. Die nächste Stunde wollte er nutzen, um das Papier zu lesen, das ihm sein Mann aus Europa geschickt hatte. Es ging um Meeresbiologie, wenn er sich recht erinnerte. Konnten Algen zur Erzeugung von Treibstoff gezüchtet werden, so wie es Peter Miller, sein Mann in Europa, behauptet hatte? In gut zwei Wochen hatte er dazu ein längeres persönliches Gespräch mit ihm geplant.

3. Kapitel

Mittwoch, 29. März 2017 – 09:05 Uhr – London

Der Eurostar von Paris nach London benötigte keine zweieinhalb Stunden. Im Zug hatte er sich als Erstes umgezogen. Jetzt trug er einen frühlingshaften hellen Anzug und einen leichten Trenchcoat. Lederhose, Janker und Filzhut waren in der Reisetasche verschwunden, um bei nächster Gelegenheit unauffällig entsorgt zu werden. Die Nachricht in dem braunen Päckchen war klar. »Wir müssen den Deal mit dem neuen Kunden abstimmen. Ich erwarte in den nächsten Tagen das endgültige ›Go‹ aus Washington.« Treffpunkt sollte London sein.

Wäre er nicht schon so viele Jahre im Geschäft, hätte ihn dieses kurzfristig angesetzte Wiedersehen nervös gemacht. Er bevorzugte es, persönliche Treffen mit ihr zu vermeiden. Man konnte nie wissen, wessen Augen und Ohren ihn dabei beobachteten. Seine Lebensversicherung war, dass bei einem Deal nur zwei bis drei Personen von der Rolle wussten, die sie ihm zugewiesen hatte. Auch wenn es bald fünfzehn Jahre her war, die Erinnerungen an ihr Kennenlernen waren nach wie vor sehr frisch.

Es war ein Jahr nach dem Angriff auf die Twin Towers, Mitte 2002, bei seiner Einreise in die Vereinigten Staaten. Zwei Grenzbeamte in Newark forderten ihn freundlich auf, ihnen zu folgen. Sie führten ihn durch die Halle, in der die Zollabfertigung stattfand, zu einem Aufzug. Was wollten die von ihm? Noch nie hatte es Probleme bei der Einreise gegeben. Das alles war sehr überraschend. Seine Papiere waren sauber. Das einzige Problem war, dass aufgrund seiner häufigen Reisen in die Ölgebiete am Persischen Golf und nach Saudi-Arabien weitere Stempel oder Visa kaum noch Platz in seinem Reisepass fanden. Als Sohn einer holländischen Mutter und eines amerikanischen Vaters benötigte er für die Einreise in die USA noch nicht einmal ein Visum.

Zwei Monate zuvor hatte er seine Tätigkeit bei der Ölfirma zum Quartalsende gekündigt. Sein Job als Chef der Abteilung Controlling und Interne Revision für die Region EMEA erforderte häufige Dienstreisen nach Libyen und Saudi-Arabien, in den Irak, den Iran und nach Afrika. Im Wesentlichen kümmerte er sich um die Überprüfung der Rechnungsstellung und Buchhaltung diverser Tochterfirmen vor Ort. »Lokale Gepflogenheiten«, wie er sie nannte, galt es zu finden und sie mit den Managementteams vor Ort so hinzubiegen, dass er »korrekte« Zahlen an das Headquarter in Dallas liefern konnte. Jetzt war er dorthin unterwegs zu einem der letzten Besuche. Mit Anfang vierzig war er erfolgreich im Job, aber der vielen Reisen überdrüssig. Seine Ehe war an ihrer Kinderlosigkeit gescheitert, seine Frau hatte ihn schon länger verlassen. Seit mehreren Jahren lebte er als Single.

Anfang Oktober würde er eine neue Stelle bei dem Ölhändler in der Schweiz antreten. Mit Öl kannte er sich aus. Die Schweizer hatten ihm daher über einen Headhunter gleich eine Führungsposition im Bereich Relationship Management angeboten. Das Gehalt war besser, die Lebensbedingungen in Baar vermutlich auch. Der Aussicht auf einen völligen Neuanfang in seinem Leben konnte er nicht widerstehen.

Die Grenzbeamten betätigten den Fahrstuhl. Es ging gefühlt mindestens vier Stockwerke abwärts. Dort führten sie ihn in einen großen Raum am anderen Ende eines langen Korridors. Der Reisende fand, dass das Zimmer wie ein Verhörraum aus schlechten Hollywood-Produktionen aussah. In der Mitte stand ein billiger Tisch mit zwei Stühlen, sonst war es leer. Gegenüber der Tür befand sich ein mit dunklem Glas verspiegeltes großes Fenster. Das merkwürdige Ambiente beunruhigte ihn nicht weiter. Es brachte ohnehin nichts, sich mit den amerikanischen Einreisebehörden anzulegen. Also war »Klappe halten und abwarten« angesagt. Die Grenzer gingen ohne Verabschiedung und verschlossen die Tür hinter sich.

Zwanzig Minuten ließ man ihn alleine warten. Dann betraten drei breitschultrige Männer grußlos den Raum. Sie gingen auf ihn zu. Ein bulliger Typ mit Dreitagebart griff sich kommentarlos seine Reisetasche und öffnete sie.

»Hey, was machen Sie da«, wollte er wissen.

»Shut up! Hinsetzen«, raunzte ihn einer der Männer an. Die drei trugen keine Uniform, sondern waren mit Jeans und Karohemd bekleidet. So als ob sie gerade erst aus Alaska eingeflogen waren. Er kannte solche Typen von den Baustellen auf den Ölfeldern. Sie bedeuteten meist Ärger.

»Los, ausziehen«, ging der größte der Männer ihn an.

»Was? Geht's noch? Was erlauben Sie sich«, war seine Antwort.

»Al, hilf dem Mann dabei, seine Klamotten abzulegen«, kam der beiläufige Befehl des Mannes, der immer noch damit beschäftigt war, seine Reisetasche zu durchsuchen. Der mit »Al« angesprochene kam auf ihn zu, griff nach seiner Lederjacke.

»Schon gut, Mann …«

Der Schlag in den Magen erwischte ihn hart.

»Hast du gerade ›Mann‹ zu mir gesagt? Für dich immer noch ›Sir‹. Ist das klar? Um korrekt zu sein: ›Jawohl, Sir‹.« Ein zweiter, noch festerer Schlag in den Magen folgte.

Er sackte zusammen. Mit einem harten Griff machte Al sich an seiner Lederjacke zu schaffen, um ihm diese auszuziehen. Widerstandslos ließ er es geschehen, was sollte er auch tun? Al griff nach seinem Hemd.

»Schon gut … Sir.« Widerwillig zog er sich Hemd, Unterhemd, Hose und Strümpfe aus. Nur mit Unterhose bekleidet stand er da. Er zitterte, nicht nur vor Kälte.

»Los, weg damit«, zeigte Al auf die Boxershort. »Mach schon, oder soll ich …«

Sekunden später war er völlig nackt. Die drei Männer verließen wortlos den Raum. Das alles hatte kaum fünf Minuten gedauert. Sie hatten ihm seine Kleidung, die Reisetasche, den Pass, Computer, Handy sowie seine Uhr abgenommen. Der Raum verdunkelte sich, die Klimaanlage begann auf höchster Stufe zu surren. Binnen weniger Minuten war es eiskalt in dem Raum. Je kälter es wurde, desto mehr stieg der Adrenalinspiegel in seinem Körper an. Seine Hilfeschreie hörte niemand. Verdrängt war seine Müdigkeit von dem Jetlag. Verdammt, was sollte das hier? Er war sich sicher, man hatte ihn verwechselt. Nackt stand er vor dem Spiegelfenster und schrie: »Ich will meinen Anwalt sprechen. Sofort!« Stille. Es gab für lange Zeit keinerlei Reaktion. So fest er konnte, hämmerte er auf die Tür in die Freiheit ein. Sie blieb verschlossen.

Gefühlte Stunden später öffnete sie sich. Das Licht ging an. Eine attraktive Frau Anfang vierzig mit kurzen dunklen Haaren betrat den Raum. Sie trug einen eleganten Hosenanzug mit einem viel zu tiefen Ausschnitt. Unverblümt starrte sie auf seinen leblosen Schwanz. Ihr kalter Blick wanderte kurz hoch zu seinen angsterfüllten Augen. Dann erkannte er den Ansatz eines Lächelns bei ihr, als ihre Augen wieder die sensible Stelle zwischen seinen Beinen fixierten. »Scheißkälte hier, findest du nicht?«, sagte sie mit mitleidigem Unterton.

»Ich will sofort meinen Anwalt sprechen ...«

»Einen Scheiß wirst du«, unterbrach sie ihn. »Hör mir zu. Du machst genau das, was ich will. Wenn du je wieder mit einem Menschen reden willst, dann ...«

Er merkte, wie er trotz der eisigen Temperaturen in dem Raum zu schwitzen begann. Ihre Anwesenheit beunruhigte ihn. Kalter Schweiß floss über seine Stirn. Wer war diese Frau? Was wollte sie von ihm?

»Los, setzen«, befahl sie ihm. »Und halt die Hände über deinen Schwanz. Glaub mir, mit dem Stück kannst du mich nicht beeindrucken.«

Er setzte sich, zitternd vor Kälte und doch nass geschwitzt am ganzen Körper. Die Tür öffnete sich keine dreißig Sekunden später. Al kam in den Raum. Er gab der Frau die Reisetasche zurück, drückte ihr ein Paket in die Hand und ging. Sie riss das braune Verpackungspapier weg und warf ihm einen orangefarbenen Overall zu. »Los, anziehen! Dann musst du dich nicht noch weiter vor mir schämen. Weißt du, ich kann eigentlich auch ganz nett sein.«

Fünfzehn Jahre waren seit dieser ersten Begegnung vergangen. In wenigen Stunden würde er Lucy in London wiedersehen.

Mittwoch, 29. März 2017 – 09:57 Uhr – Kayes

Der Tag begann früh für Sidibé. Seit drei Stunden arbeiteten sie schon. Er half dem freundlichen Mann, der sich ihm als Balla Coulibaly vorgestellt hatte, beim Beladen seines kleinen Lasters für die nächste Tour. Die Ladefläche war gerade groß genug, um all die Säcke und Kisten, die ihnen in den Lagerhallen am Fluss Senegal von Ballas Auftraggebern gezeigt wurden, verladen zu können. Sidibé wunderte sich, wie Balla, der kaum noch Zähne hatte, das ohne seine Hilfe jemals alleine geschafft hätte.

Fast zwei Tage hatten sie Tag und Nacht zusammen in seinem kleinen Laster verbracht, auf dem Weg von Léré nach Kayes. Zeit genug, um Freundschaft zu schließen. Der alte Mann erzählte ihm von früher.

»Weißt du, Sidibé, du warst wahrscheinlich noch gar nicht geboren, da existierten in Europa noch zwei deutsche Staaten. Kayes hatte dort eine Partnerstadt, Magdeburg. Ich durfte einmal sogar deren Bürgermeister in Kayes begrüßen.«

Sidibé war überrascht von Ballas Lebensgeschichte. »Waren du und deine Fahrkünste damals schon so berühmt?«, scherzte er.

Balla wurde etwas ernster. »Nein. Ich war früher der Bürgermeister von Kayes. Heute interessiert sich niemand mehr für mich und für meine Stadt sowieso nicht. Um nach Paris zu kommen, konnte man damals noch von unserem Flugplatz aus ein Flugzeug nehmen. Heute kommen selbst Inlandsflüge nicht mehr zu uns. Kayes ist schön, dank seiner Lage an dem Fluss Senegal. Eine wahre Oase, eine sehr lebenswerte Stadt. Du wirst es bald sehen.«

Der alte Mann berichtete Sidibé voller Wehmut, wie sich seine Heimatstadt verändert hatte.

Heimat, fragte sich Sidibé immer wieder, was bedeutete das für ihn? Von klein auf war er als Nomade mit seiner Familie immer weitergezogen, wenn das Leben und die Natur ihnen wieder einmal noch übler zugesetzt hatten. Nie sehr weit weg, aber stets weit genug, um die nächsten Monate überleben zu können. Balla kannte diese Art von Leben nicht. Er war in Kayes vor achtundsechzig Jahren geboren worden und würde sehr wahrscheinlich auch dort begraben. Trotzdem war die Stadt Balla keine Heimat mehr. Seine Frau war vor drei Jahren gestorben. Seine beiden Söhne waren zu Beginn der Kämpfe im Norden vor fünf Jahren getötet worden. Die Armee, für die der alte Mann heute als Fahrer arbeitete, hatte sie dorthin geschickt.

Von seiner einzigen Tochter, die 1999 zum Studium nach Paris gegangen war, hatte er zuletzt vor fünf Jahren, bei der Beerdigung seiner Söhne, etwas gehört. Sie teilte ihm mit, dass sie nicht kommen könne, da sie mit ihrem neuen Ehemann eben erst nach Schweden gezogen sei. Schweden! Ein kaltes Land, ganz im Norden Europas. Wie sollte seine Kleine dort glücklich sein?

Sidibé hätte auch gerne einmal eine Tochter. Wäre das jemals möglich, jetzt, da er heimatlos war? Sobald er in Spanien integriert wäre, wollte er seine eigene Familie gründen, eine neue Heimat finden. Balla war Familie wichtig. Für ihn bedeutete sie Sicherheit, sein Zuhause. Sidibé begriff, warum für den alten Mann Heimat nicht ein bestimmter Ort war, sondern die Familie, mit der man – egal wo – zusammenlebte. Würde es die Familie nicht mehr geben, gäbe es auch keine Zukunft mehr. Balla war es seit dem Tod seiner Frau egal, ob er bei seinen gefährlichen Transporten durch die umkämpften Gebiete getötet würde. Er würde zu seiner Frau und den

Söhnen kommen. Kayes war jedenfalls nicht mehr das, was es für ihn ein Leben lang war.

Je länger er ihm zuhörte, desto mehr spürte Sidibé, wie Balla unter dem Verlust seiner Familie litt. Balla hatte eine Seele und Gefühle. Ihm konnte er vertrauen und erzählen, was er vorhatte. Vielleicht konnte Balla helfen.

»Balla«, begann Sidibé vorsichtig sein Gespräch, »was weißt du über die Fahrt durch die Wüste? Ich will bis nach Marokko. Wie gefährlich ist das?«

Der alte Mann schüttelte nur den Kopf. »Vergiss die Idee, mein Sohn. Bleib bei mir in Kayes und hilf mir. Ich übertrage dir dann den Laster, wenn ich einmal sterbe.«

Sidibé überlegte, ob er dem alten Mann von dem Hauptgrund seiner Flucht erzählen sollte, dem Mann mit den eiskalten blauen Augen. Er entschied sich dagegen.

»Balla, ich kann nicht bleiben. Ich muss nach Spanien. Es gibt Gründe dafür. Kannst du mir dabei helfen? Ich habe ein wenig Geld, das ich dir geben kann.«

»Behalt dein Geld, Sidibé. Ich brauche es nicht. Ich bin alt. Du bist jung und stark, aber dumm. Du lässt dich auf einen Ritt durch die Hölle ein, glaub mir.« Der alte Mann schwieg eine Weile. Dann fuhr er mit ruhiger Stimme fort: »Es gab eine Zeit, da habe ich mein Geld damit verdient, Menschen wie dich durch die Wüste zu fahren. Der Laster musste bezahlt werden, meine Frau war tot, meine beiden Söhne konnten mir nicht mehr helfen ...«

Der alte Mann redete nicht weiter. Tränen begannen aus seinen Augen zu strömen.

»... nicht alle haben es geschafft. Die Männer, für die ich gefahren bin, haben die Flüchtlinge wie Tiere behandelt. Abgeschlachtet, wenn sie zu erschöpft waren, um weiterzureisen.

Alles, was die Toten noch besaßen, haben sie ihnen weggenommen. Sidibé, die Schlepper, das sind Monster. Die Wüste ein großes Grab …«

Mittwoch, 29. März 2017 – 10:58 Uhr – Ankara
Ein gebückter Mann kam auf das Taxi zu, das an der roten Ampel stand. Er hielt einen kleinen Strauß mit roten Rosen in seiner linken Hand. Das Gehen bereitete ihm offensichtlich Schmerzen. Die Hüfte, die Knie, die jahrelange harte Arbeit auf dem Feld, das zu seiner kleinen Hütte außerhalb von Ankara gehörte. Mühsam stützte der Greis sich an den Dächern der anderen Autos ab, die neben dem Taxi warteten. In den vergangenen zwei Stunden hatte er drei Sträuße für umgerechnet vier Euro verkaufen können. Genug, um sich ein Brot für den einsamen Abend in seiner Hütte zu leisten und das Busticket zu bezahlen. Die Tomaten aus ihrem Garten, die er auf sein Brot legen würde, hatte noch seine Frau gepflanzt. Vor acht Wochen war seine Yesim qualvoll an Lungenkrebs gestorben. Seit ihrem Tod hatte er keine Zigarette mehr angezündet. Er fühlte sich für ihren Tod verantwortlich. Einen Monat nach ihrer Beerdigung hielt er es vor Einsamkeit in seiner Hütte nicht mehr länger aus. Dann hatte er die Idee mit den Rosen. Er wollte die Blumen, die in ihrem Garten so prächtig gediehen und die seine Frau so geliebt hatte, an den belebten Straßenkreuzungen in Ankara anbieten. Für ihn lebte Yesim mit jedem Sträußchen weiter, das er verkaufte.

Vor dreiundzwanzig Jahren waren sie aus den kurdischen Bergen nach Ankara gezogen. Ein Luftangriff auf sein Heimatdorf Besüke, das die Türken Koçağılı nannten, hatte sie dazu gezwungen. Zunächst waren sie in Şırnak, wo Verwandte wohnten, untergekommen. Dann hatte ihr ältester Sohn, der damals noch in Ankara studierte, sie zu sich geholt. Die Zeit war schwer, denn sie lebten zu viert in seinem kleinen Zimmer. Sein mittlerer Sohn war während der Bombardierung durch die türkische Regierung getötet worden. Seine Frau und ihre erst vierzehn Jahre alte Tochter durften nicht auch noch sterben. Es gab damals keine andere Möglichkeit, als in das unbeliebte Ankara zu ihrem Sohn zu ziehen. Das war der einzige Ausweg, wenn sie den Konflikt überleben wollten, der in den kurdischen Bergen tobte.

Eineinhalb Jahre später war die Enge in dem kleinen Zimmer überstanden. Ihr Sohn hatte das Studium mit Bravour beendet und danach einen gut bezahlten Job bei einer amerikanischen Wirtschaftsprüfungsgesellschaft gefunden. Schon nach wenigen Monaten hatte er genug verdient, um ihnen das Grundstück mit der kleinen Hütte außerhalb der türkischen Hauptstadt zu kaufen. Dort lebte der alte Mann heute noch, einsam und allein gelassen.

Nur kurz hatten sie als Familie die Nähe zu ihrem hochbegabten Sohn genießen können. Der war bald weitergezogen, zuerst nach Oxford, wo er promovierte, dann nach Harvard, um als Assistent eines Ökonomieprofessors zu unterrichten. Zwei Jahre später kam der Ruf von der Sorbonne in Paris. Das war auch die Zeit, als er wieder häufiger bei ihnen war. Sein Sohn ließ sich den Bart wachsen und hatte begonnen, streng nach dem Koran zu leben. Wenn er sie besuchte, dann reiste er weiter in die Berge ihrer alten Heimat. Meist ging es von dort aus in den Iran, nach Syrien oder in den Irak. Er wollte von seinem Vater wissen, wie es sich anfühlte, als Kurde in Ankara zu leben? Wie ihn die Türken behandelten?

Eines Abends fragte ihn sein Sohn, ob er Rache für den

Tod seines Bruders nehmen sollte? Der alte Mann hatte das abgelehnt. »Vergelte nie Unrecht mit Unrecht. Bleibe auf der Seite des Rechts. Lass nicht zu, dass die Trauer um deinen Bruder dein Leben zerstört. Der Hass auf die Türken und ihre Verbündeten wird dich sonst auch noch töten.«

Sein Sohn hörte nicht auf ihn. Er wollte die Qisās, die Wiedervergeltung, die der Koran vorsah. Eines Tages, so hatte er seinem Vater gesagt, werde er alle Feinde der Kurden und deren Verbündete zerstören. Auf seine Weise und mit der Geduld eines weisen Mannes. Das war vor fünfzehn Jahren gewesen. Seitdem wusste der alte Mann nicht mehr, wo sein Sohn sich aufhielt. Der hatte die Wohnung und seinen Job in Paris von heute auf morgen verlassen, war untergetaucht. Nie wieder war er in der Nähe seiner Familie gesehen worden. Zu diesem Zeitpunkt hatten auch die CIA, das BKA und der MI6 die Spur zu dem Mann verloren, den sie heute als Farqîn Birhat kannten und weltweit jagten.

Der Greis klopfte an das hintere Fenster des Taxis. Der Fahrgast, ein Ausländer, mochte den freundlichen Blick des Mannes. Er öffnete das Fenster, um ihm einen Fünfeuroschein in die Hände zu drücken. In dem Moment, als der alte Mann den Schein entgegennahm, zerfetzte die Detonation einer Autobombe in dem Fahrzeug vor ihm seine beiden Hände und trennte die Arme von seinem Körper ab. Innerhalb des Bruchteils einer Sekunde zerriss es dem Rosenverkäufer Leber, Milz, Herz und Nieren. Der Inhalt des Darms quoll durch die geöffnete Bauchdecke auf die Straße und vermengte sich mit den abgerissenen Körperteilen des Taxifahrers. Wenige Sekunden später rollte eine Feuerwalze über die Fahrzeuge hinweg, die an der Kreuzung warteten. Sie machte Asche aus den Überresten der zerfetzten menschlichen

Körper. Die Zeitungen berichteten am nächsten Tag, dass die von Terroristen, die das Regime stürzen wollten, gezündete Autobombe siebenundzwanzig Todesopfer und sechsundsiebzig Verletzte gefordert hatte.

Birhat wusste bereits Stunden vor dem Anschlag, dass es viele Tote geben würde. Hätte er gewusst, dass es zufällig auch seinen Vater treffen könnte, wäre der Befehl zum Zünden der Bombe von ihm nie erteilt worden. Seit dem 26. März 1994 hatte er sein Leben der Rache verschrieben. Schon bald wären die einfachen billigen Autobomben Vergangenheit. Nicht mehr lange und er würde über weit tödlichere Waffen verfügen, um seine Rache erfolgreich fortzusetzen.

Mittwoch, 29. März 2017 – 12:05 Uhr – London

Sie hatten sich für halb eins in der Terrace Bar der Tate Modern Gallery am Ufer der Themse verabredet. Irgendwann hatte sie ihm gestanden, dass sie es mochte, auf andere Menschen herabzublicken. Es gab ihr ein gutes Gefühl. Die ersten Worte, die er einst von ihr in Newark am Flughafen gehört hatte, waren ihm nie aus dem Kopf gegangen. Wie damals in dem eisigen Verhörraum ging es ihr auch heute noch darum, ihm ihre Macht zu zeigen. Aus irgendeinem ihm unbekannten Grund, der vermutlich in ihrer Kindheit oder noch davor, also in ihren Genen lag, bereitete es ihr Spaß, mit ihm zu spielen, ihn zu erniedrigen.

»An deiner Stelle würde ich den Overall hegen und pflegen. Das gute Stück wird die einzige Kleidung sein, die du in deinem neuen Zuhause tragen wirst«, hatte sie damals zu ihm gesagt.

Der Raum begann sich unter seinen Füßen zu drehen, seine Beine zitterten. Nur mit Mühe schaffte er es, den Overall anzuziehen. Kraftlos sackte er auf den Stuhl. Tränen flossen aus seinen Augen.

»Wer wird denn gleich weinen? Pass nur auf, dass du dich nicht anpisst. Riecht nicht gut. Und es zeigt den anderen Gefangenen, dass du bei unserem ersten Treffen ein Schwächling warst. Das wird dann für dich nicht einfach. Dort, wo du hinkommst, mögen sie Schwächlinge sehr.« Sie lächelte süffisant.

Gefangene, Schwächlinge, neues Zuhause? Worum ging es hier? Er versuchte, sich zu erklären.

»Das Ganze muss eine Verwechselung sein. Ich bin Amerikaner und auf dem Weg zu …«

»Ich weiß, Mr. Steve Dermott. Auf dem Weg zu deinem alten Arbeitgeber, um deinen Abschied zu nehmen.«

»Woher wissen Sie …?«

Auch diesen Satz ließ sie ihn nicht vollenden.

»Ich weiß alles über dich, Steve. Angefangen von deiner Krabbelgruppe, der Kommune in Amsterdam, deiner Mutter, der Hippie-Schlampe, die deinen naiven Vater verführt und dann genötigt hat, ihr die glücklich machenden Drogen zu besorgen. War keine schöne Kindheit unter all den Junkies, oder?«

Wieder kamen ihm die Tränen.

»Der Knast für deine Mutter, unschön, ihr Selbstmord … Ich verstehe, warum dein Vater weg ist, zu Uncle Sam … Wie alt warst du, fünf, sechs? Nach der Zeit im Heim, die komischen Pflegeeltern. Ich frage mich, wieso du trotzdem ein guter Schüler warst und studieren konntest? Geld hattet ihr ja keines …« Ihr Blick, ihre Haltung waren voller Arroganz. Alles deutete darauf hin, dass ihr eigenes Leben ganz anders verlaufen war. Harvard, Yale, Stipendium? Ihr Ostküsten-Akzent sprach dafür.

»Halt, warte. Du warst froh, als dein Erzeuger nach seiner Zeit in der Army verbuddelt wurde? Da gab es ein paar Dollar für dich. Dein Alter hat das Leben als tapferer Veteran im Rollstuhl nicht mehr ausgehalten. Der Schnaps hat ihm die Leber zerstört. Ein Wunder, dass du nicht auch säufst. Uncle Sam war einmal großzügig mit deiner Scheißfamilie. Ein zweites Mal gibt es nicht!«

Sie holte aus, als ob sie ihm ins Gesicht schlagen wollte. Dann streichelte sie ihm jedoch ganz sanft die Wange. Was war hier los? Er fühlte, wie sein Leben binnen weniger Minuten an ihm vorbeizog und gleichzeitig bedeutungslos wurde. Er sehnte sich nach der Freiheit, die noch vor wenigen Stunden wie selbstverständlich sein Dasein bestimmte.

»Du säufst doch nicht, oder?«

Er schüttelte den Kopf.

»Na, dann habe ich ja endlich etwas Positives an dir gefunden. Dort, wo du bald sein wirst, gibt es ohnehin keinen Alkohol.«

»Wo bringen Sie mich hin?«, schrie er sie verzweifelt an. Sie blieb ruhig, genoss diesen Moment ihrer Macht über ihn.

»Das hängt ganz von dir ab. Wenn du machst, was ich sage, dann hast du vielleicht noch ein paar schöne Stunden hier mit mir. Wenn nicht … Na, du kennst ja Al. Verdammt, der Kerl kann sehr impulsiv sein, wenn er jemanden nicht mag. Ich kann mir kaum vorstellen, dass ihr noch Freunde werdet.«

Jäh brach er vor ihr auf dem Boden zusammen. Danach ging alles sehr schnell. Al war innerhalb von Sekunden im Raum. Er hob ihn auf und wickelte seinen unterkühlten Körper in eine wollene Decke. Dann zog er ihm Tennissocken an, brachte ihm einen warmen Tee. Al verließ den Raum wieder. Das warme Getränk tat gut.

»Na, Kleiner, besser jetzt? Sag, wenn ich dir jetzt noch einen blase, ist die Welt dann wieder in Ordnung?«

Er blickte sie verstört an. Was hatte diese Frau mit ihm vor?

»Och, jetzt schaut mein Kleiner aber ängstlich! Keine Angst, das wird nicht passieren. Jedenfalls nicht heute. Dazu kennen wir uns noch zu wenig. Lass uns doch erst mal Freunde werden. Ein wenig plaudern und so ...«

Sie legte ihre Hand auf die Decke zwischen seinen Beinen. Er stieß sie angewidert zur Seite weg.

Breitbeinig baute sie sich vor ihm auf. Dann beugte sie sich tief zu ihm hinunter, stützte sich mit beiden Händen auf seinen Knien ab, sah ihm tief in die Augen. Es war nicht zu übersehen, dass sie keinen BH trug.

»Wir scheinen uns immer besser zu verstehen.« Unerwartet schlug sie ihm ins Gesicht. »So schaust du mich nicht mehr an. Klar, Madam?«

»Ja, Madam«, stammelte er.

»Na, geht doch. Erstens, ich rede mit dir ab sofort nur noch über Geschäfte. Zweitens, nimm das alles hier nicht so persönlich. Drittens, du hast Charakter. Das mag ich. Viel Wahlmöglichkeiten bleiben dir ohnehin nicht. Entweder du arbeitest mit uns zusammen, oder Al verpasst dir eine Tracht Prügel. Wenn er hier mit dir fertig ist, nimmt er dich mit in dein neues Zuhause ... Schade nur, dass sich manchmal die Tür des Helikopters über dem großen Wasser versehentlich öffnet. Die Dinger sind einfach schlecht gewartet. Ach, was sage ich, egal. Dich wird doch ohnehin niemand vermissen. Nicht einmal dein neuer Arbeitgeber in der Schweiz. Wir waren so frei, den Job in deinem Namen vor einer Woche abzusagen.«

»Was wollen Sie, Madam?«

Mittwoch, 29. März 2017 – 15:58 Uhr – Ankara

Die staatlichen Fernsehsender kannten den ganzen Tag kein anderes Thema als die Autobombe, die heute Morgen in der türkischen Hauptstadt explodiert war. Mit dramatischen Bildern, die in technisch aufwendigen Animationen den Tathergang nachvollzogen, wurden die Menschen im In- und Ausland von diversen TV-Reportern informiert. Jeder in Ankara sorgte sich um seine Sicherheit, umso stärker, je mehr neue Details veröffentlicht wurden. Die Kommentatoren rangen nach Worten. Augenzeugen berichteten von dem alten Mann, der neben dem Taxi gestanden hatte, kurz bevor es explodierte. Wie immer in solchen Situationen gab es unterschiedliche Aussagen. Ein Zeuge behauptete, der alte Mann hätte ein Baseballcap getragen und einen mindestens zwanzig Kilogramm schweren Rucksack. Darin sei die Bombe gewesen.

Gegen drei waren den Ermittlungsbehörden dann die Videos aus den öffentlichen Kamerasystemen zugespielt worden, welche die Kreuzung überwachten. Was die Spezialisten der türkischen Antiterroreinheit darauf erkannten, konnten sie kaum glauben. Sie mussten es mehrfach überprüfen, um Gewissheit zu erlangen. Wie konnte das sein? Die Bilder von dem Tathergang und dem alten Mann wurden streng vertraulich nach Washington, Paris, Berlin und London geschickt. Berlin reagierte als Erstes: Auch die deutschen Antiterroreinheiten hatten den alten Mann als den Vater von Birhat identifiziert. Was hatte das zu bedeuten? War er rein zufällig Opfer eines Attentats, das mit hoher Wahrscheinlichkeit von der Organisation seines Sohnes verübt worden war? Eindeutig zu erkennen war jedenfalls, dass die Bombe in dem Fahrzeug vor ihm explodiert war. Dass der alte Mann also an dem Attentat völlig unbeteiligt war, ein unschuldiges Opfer.

Paris meinte, dass der Alte ahnungslos zur falschen Zeit am falschen Ort gewesen sei. Nach der Einschätzung aus Washington war der Tod von Birhats Vater lediglich eine Ironie des Schicksals.

Die entscheidende Frage war, wie würde Birhat es aufnehmen, dass sein Vater in der türkischen Hauptstadt ums Leben gekommen war? Alle Experten stimmten darin überein: Aus Birhats Perspektive spielte es keine Rolle, dass sein Vater durch einen von ihm geplanten Anschlag getötet worden war. Der von Rache getriebene Mann würde den Tod seines Vaters nicht sich selbst, sondern der Türkei und ihren globalen Verbündeten zuschreiben. Es war die Regierung in Ankara, die mit schmutzigen Geschäften den Feinden Kurdistans und des Islams half. Jeder vermutete, dass jegliche Aktion, mit der die Türkei auf den jüngsten Anschlag reagieren würde, Wasser auf die Mühlen seiner Propagandamaschinerie war. In seiner Verblendung war zu befürchten, dass er unverzüglich den Druck seiner Terroreinheiten auf die westliche Welt erhöhen würde. Schließlich erfasste sein Hass auf das Regime in Ankara auch dessen NATO-Alliierte. Sie alle waren verantwortlich. Nicht nur für den Tod seines Bruders, sondern jetzt auch für den seines Vaters.

Washington warnte vor seiner möglichen Reaktion. Auch die Analysten in Paris und London beurteilten die Situation und deren Folgen sehr kritisch. Die Partner kamen überein, für Europa und die USA die höchste Terrorwarnstufe zu verhängen. Ihre Spezialeinheiten wurden in sofortige Alarmbereitschaft versetzt.

Zwei Minuten vor vier war es so weit. Birhat ließ ein Video online verbreiten, in dem er die Verantwortung für den Anschlag übernahm. Das Verhalten der Türkei und ihrer Verbündeten habe ihn gezwungen, so zu handeln und dafür ein hohes persönliches Opfer zu erbringen. Seine Organisation werde weiterhin Vergeltung üben. Niemand werde verschont, Allah wird ihm in seiner Weisheit den Weg aufzeigen, den er gehen sollte, um die Ungläubigen für ihre Taten zu bestrafen. Birhat sprach ruhig, gefasst, mit verzerrter Stimme. Zu erkennen war er aufgrund der Kopftücher, die sein Gesicht bedeckten, kaum. Allein seine warmherzigen, aber doch so listigen Augen ließen keinen Zweifel daran aufkommen. Für die Experten war es eindeutig, dass er selbst die Videobotschaft gesprochen hatte. Fieberhaft begannen sie, den Weg der digitalen Verbreitung nachzuverfolgen, um Hinweise auf seinen Standort zu bekommen.

Zeitgleich ging, was für Birhat völlig untypisch war, ein von ihm persönlich signiertes Bekennerschreiben beim türkischen Innenministerium ein. Als es von ihm kurze Zeit später ebenfalls online veröffentlicht wurde, glühten nicht nur die Drähte der nationalen Sicherheitsdienste.

Auch die Medien hatten auf sämtlichen Kanälen die Spekulationen über weitere Anschläge angeheizt:

»Heute wurde durch einen tapferen Kämpfer des Kalifats ein wertvolles Menschenleben geopfert, das nun Frieden bei anderen Mitgliedern seiner Familie findet. Dieses große Opfer soll den Gläubigen zeigen, dass die Qisās erst beendet sein wird, wenn alle Ungläubigen ihre gerechte Strafe erhalten haben. Wir befinden uns im Krieg und kämpfen bedingungslos weiter für unseren Sieg. Das Kalifat wird seinen Weg im Sinne Allahs fortsetzen und schon bald erfolgreich beenden. Kein Ungläubiger wird überleben. Die Verräter der türkischen Regierung werden mit den Ungläubigen sterben. Die Welt,

wie sie heute existiert, wird es in wenigen Monaten nicht mehr geben. Dafür ist kein Opfer zu groß. Allah zeigt uns den Weg.«

Mittwoch, 29. März 2017 – 17:17 Uhr – London

Sie hatte ihr Treffen verlegt. Das war typisch für ihre Vorgehensweise. Verabredungen, Treffpunkte, Pläne wurden meist kurzfristig geändert. Er musste stets höchste Flexibilität beweisen. Sie erwartete ihn jetzt im St. James's Park. Treffpunkt war der Marlborough Gate Kiosk, dort, wo die Marlborough Road auf The Mall traf. Schon aus einiger Entfernung hatte er sie trotz der aufziehenden Dunkelheit an ihrer Zigarette erkennen können. Auf den ersten Blick hielt man sie mit ihrem Schirm, Kopftuch, dem eleganten dunklen Trenchcoat und dem Burberry Schal für eine gebildete, gut verdienende Londoner Büroangestellte. Sicherlich nicht für eine Touristin. Wegen des regnerischen Wetters hatte es nur wenige Menschen in den Park gezogen.

Ihr Blick war ernst, als sie ihn – wie ein altes Ehepaar nach Büroschluss – mit einer flüchtigen Umarmung begrüßte. Kein Kuss, kein Lächeln. Irgendetwas zeigte ihm an ihrer nachdenklichen Art, dass aktuell etwas Außergewöhnliches passiert sein musste. Das Paar ging schweigend weiter in Richtung des Sees. Als sie sicher war, dass niemand ihnen folgte, beendete sie die Stille.

»Na, wie war es bei den Negern? Alles gut gelaufen? Spaß gehabt bei den dicken Mamas?«

»Kannst du nicht einmal deinen unerträglichen Zynismus und widerwärtigen Rassismus abstellen«, zischte er ihr zu. »Als ob es nichts Wichtigeres zu besprechen gäbe.«

Sie ignorierte seinen harschen Kommentar. Es zeigte ihr

nur, dass er sich trotz des jahrelangen Trainings, mit politisch nicht korrektem Verhalten umzugehen, immer noch nicht im Griff hatte, wenn er von ihr provoziert wurde.

»Und ob. Der Vater deines neuen Kunden wurde heute Opfer einer Autobombe, die sein Sohn zünden ließ. Tot.«

Er zeigte keinerlei Reaktion, sondern ging ruhig weiter. Maximal fünf Minuten würden sie miteinander reden können. Zeit für belanglosen Small Talk hatten sie nicht.

»Wann und wo?«, war seine knappe Rückfrage.

»Gegen elf Uhr am Vormittag, in Ankara.«

Als sie die Brücke über den See erreicht hatten, war er fieberhaft dabei, seine Gedanken zu ordnen. Also stimmte es, was er vermutet hatte, nachdem er flüchtig in den Nachrichten von dem Attentat gehört hatte. Es war Birhats Organisation. Überraschend war der Tod seines Vaters. Was würde der Tod des alten Mannes in Ankara für seinen Auftrag bedeuten?

»Bleibt es bei dem Deal?«, wollte er von ihr wissen.

»Wir haben alles vorbereitet, um endlich an deinen Kunden heranzukommen. Es wurde schon zu viel investiert. Kneifen können wir nicht, ohne dich auffliegen zu lassen. Wenn wir dich jetzt von dem Deal abziehen, wäre das nicht gut und du wärst für immer verbrannt. Willst du das?«

Natürlich wollte er das nicht, denn das wäre sein sicheres Todesurteil. Sein Gehirn arbeitete auf Hochtouren. Es signalisierte ihm, dass die ganze Situation gefährlich wurde. Was sie ihm eigentlich gesagt hatte, war, dass es keine Option war, den Deal platzen zu lassen. Überhaupt hatte er, wie schon damals in Newark, keinerlei Wahlmöglichkeit. Wenn er jetzt das Geschäft mit dem Terroristen abblasen würde, wäre er nutzlos für die Firma. Ohne diesen Handel wäre er wieder ein Nobody. Wahrscheinlich schon kurz darauf ein toter Nobody. Entweder würde sie ihn persönlich beseitigen, oder jemand würde von ihr den entscheidenden Tipp bekommen, wo er zu finden war. Verdammte Scheiße, er saß erneut in ihrer Mausefalle! Unter allen Umständen müsste er den Deal mit Birhat durchziehen, um dann für immer zu verschwinden. Unauffindbar werden für Birhat, für sie und die Firma. Dazu benötigte er Zeit. Ein Plan B war jetzt gefragt, aber in seiner Situation nicht so einfach aus dem Hut zu zaubern.

»Gibt es eine Reaktion von ihm?«, fragte er.

»Ja, ein Bekennerschreiben, das wir ernst nehmen müssen. Dein Kunde kündigt an, dass seine Rache erst beendet ist, wenn alle Ungläubigen ihre gerechte Strafe erhalten haben. Er spricht vom Ende der Welt, wie sie heute existiert. Wir dürfen seine Drohung nicht unterschätzen. Du musst dir rasch Zugang zu ihm beschaffen. Wir müssen wissen, wo wir ihn finden können, was genau er vorhat. Wer ihm hilft und wieso? Finde heraus, wie er diesen ganzen Terrorscheiß finanziert.«

Er überlegte kurz, dann sagte er: »Das wird mir nur gelingen, wenn er mir eine größere Summe schuldet und ich mit ihm die Zahlungsmodalitäten verhandele.«

»Bravo, mein Kleiner, gut erkannt. Genau darum geht es hier. Wir werden dieses Krebsgeschwür nie los, wenn wir seine Finanzierungsquellen nicht kennen. Biete ihm das an, womit du ihn angefüttert hast. Er soll an dem Zeug riechen, seine Macht spüren können, sehen, wie es wirkt, wenn es eingesetzt wird. Sein Hass ist jetzt noch größer. Vielleicht wird er unvorsichtig, will unter allen Umständen das, was du ihm liefern kannst. Er braucht dich und deine Ware, um seine Rache umzusetzen. Also bleib am Ball.«

Sie hatten das Ende des St. James's Park erreicht. Ein kurzes Nicken zum Zeichen seiner Zustimmung. Ohne lange Verabschiedung bog sie nach links in den Birdcage Walk ab. Er schlenderte geradeaus weiter, den Queen Anne's Gate entlang. In zweihundert Metern würde er nach rechts in die Gänge der U-Bahn der St. James's Station verschwinden.

Nach dem Gespräch waren sämtliche Zweifel bei ihm beseitigt. Sie hatte ihm völlig freie Hand gegeben, das Zeug auch einzusetzen, um an Birhat heranzukommen und ihn zu fassen. Hatte sie den Verstand verloren, einem Einsatz dieser Waffe zuzustimmen? War sie wirklich so skrupellos, unschuldige Menschenleben einzusetzen, nur um diesen Mann möglicherweise in die Hände zu bekommen? Was würde Washington sagen, was ihre Verbündeten? Hatte sie wirklich deren »Go« für diese Operation? War sie größenwahnsinnig? Und, warum nannte sie ihn immer noch »Kleiner«?

»Lass dir was dazu einfallen, wann und wie du ihm zeigst, was das Zeug kann«, hatte sie ihm gesagt.

Noch nie hatte er ihr vertraut, doch jetzt war er sich sicher. Dieser Job würde der letzte sein, den er jemals für sie und die Firma erledigen würde. Er musste weg, raus aus diesem Sumpf. Es war an der Zeit, seine neue Existenz zu aktivieren. Wenn das nicht funktionierte, wäre er bald ein toter Ex-Waffenhändler. Ein Nobody, den niemand vermissen würde, weil kaum jemand ihn kannte. Sie hatte ihm beigebracht, nach getaner Arbeit immer gut aufzuräumen. Das würde sie spätestens dann mit ihm tun, sobald er für sie wertlos war.

4. Kapitel

Donnerstag, 30. März 2017 – 22:57 Uhr – Alicante

Nachdem Ellen ihn abserviert hatte, war Jacques sich für einen kurzen Moment unschlüssig. Er hatte überlegt, den Flug und das Hotel in Alicante, wohin sie zusammen für ein verlängertes Wochenende verreisen wollten, zu stornieren. Doch nach dem frustrierenden Erlebnis bei EMV in München hatte er gespürt, dass er etwas Erholung gebrauchen konnte. Also blieb er bei seinem Plan. Angesichts des bevorstehenden Treffens mit dem Investor in Monaco nächste Woche wollte Jacques den Kopf freibekommen. Da weit und breit kein anderer Interessent in Sicht war, hatten sie derzeit nur noch diese eine Chance, die drohende Insolvenz abzuwenden. Die musste er nutzen. Ein wenig Abstand zu ihrem Labor tat da ganz gut. Er wollte nächsten Montag Peter Miller ihr Unternehmen mit klarem Kopf, wachem Verstand und in Topform präsentieren.

Jacques hatte die letzte Maschine um acht Uhr genommen. Gut zwei Stunden später war er gelandet. Vom Flughafen zu seinem Hotel, dem Suites del Mar, war es nur ein kurzer Weg mit dem Taxi. Das Hotel lag direkt am Meer, an einer interessanten Strandpromenade. Der Anblick des Meeres ließ ihn schlagartig all den Ärger der vergangenen Tage vergessen. Kurz vor elf stellte Jacques das Gepäck in seinem Zimmer ab.

Er entschloss sich, noch einen Spaziergang durch die nahe Altstadt zu machen.

Trotz der vorgerückten Stunde wurde hier gegessen, getrunken und gefeiert. Das war es, was er in der belgischen Provinz vermisste. In Charleroi waren um diese Uhrzeit längst die Bürgersteige hochgeklappt. Dort, wo sie ihre Firma und er seine Wohnung hatten, war es besonders trist. Nichts als Industrieruinen, alte Backsteingebäude ergänzt durch Baulücken und bröckelnde Betonfassaden. Das Leben tobte bei Jacques nur in den gläsernen Bioreaktoren und unter seinem Mikroskop. Der Belgier genoss den Anblick der lebenslustigen Menschen, insbesondere der rassigen spanischen Frauen. Dennoch vermisste er Ellen. Mann, war das blöd gelaufen!

Nachdem er eine Weile ziellos in den engen Gassen umhergeschweift war, beschloss er, in einer Bar noch ein Glas Sangria zu trinken. Nur eins, danach wollte er ins Bett gehen. Es konnte nicht schaden, morgen fit zu sein, denn für den Nachmittag hatte er einen Tauchgang bei Moraira geplant.

Die Landschaft nördlich von Alicante war eine der schönsten Küsten Europas, wild und zergliedert. Das Örtchen war in fünfundvierzig Minuten Fahrt zu erreichen. Jacques kannte mehrere Tauchbasen in der Region, aber Scuba Moraira war seine bevorzugte Anlaufstelle. Das Tauchcenter bot tägliche Ausflüge vom nahe gelegenen Hafen aus an. Jacques liebte das Cap d'Or. Dort konnte man Seesterne, Drachenköpfe, Tintenfische und Mönchsfische antreffen. Während seines Studiums der Mikrobiologie hatte er sich intensiv mit Fischen beschäftigt. Leider hatte das ewige Zählen, Auswerten und Dokumentieren des Vermehrungsverhaltens von Algen in ihren Labors nichts mit der Farbenpracht und Artenvielfalt der Unterwasserwelt zu tun.

Gedankenverloren bog Jacques von der Plaza Puerta del Mar in die Calle San Fernando ab. Die Taberna del Gourmet machte einen einladenden Eindruck.

Als er das Lokal betrat, fiel sein Blick unweigerlich auf eine Runde von vier Männern, die lauthals lachend an einem Tisch saßen. Die Tischplatte war überfüllt mit mehr oder weniger leeren Gläsern und einer Vielzahl an Tapas-Tellern. Die Männer übertönten alle anderen Gäste in dem ansonsten eher ruhigen Restaurant. Offensichtlich hatten sie etwas zu feiern. Jacques wollte sich gerade in eine ruhigere Ecke des Lokals verziehen, als er plötzlich eine Hand auf seiner Schulter spürte.

»Jacques, du hier?«, sprach ihn eine tiefe Stimme auf Französisch an.

Jacques fuhr herum und sah in ein braun gebranntes, bärtiges Gesicht. »Andy?«

Jacques und der deutsche Auswanderer kannten sich seit Ewigkeiten. Als Andy vor vielen Jahren die Tauchbasis in Spanien eröffnet hatte, war Jacques einer seiner ersten Schüler gewesen. Zwischen ihnen war eine enge Verbundenheit entstanden. Leider hatten sie sich irgendwann aus den Augen verloren, genau genommen seit Jacques' Heirat. Mit Patrice, seiner Ex, hatten sich seine Urlaubsziele geändert. Wandern statt Tauchen war angesagt. Die beiden Männer umarmten sich, völlig überrascht von dem unerwarteten Wiedersehen.

»Gut siehst du aus, fast wie früher«, bemerkte Jacques. Mit dem Bart und seiner zerzausten Frisur hatte Andy sich das Aussehen eines ewigen Abenteurers bewahrt. »Was macht die Taucherei? Na, endlich sesshaft, oder warum bist du immer noch hier in Spanien?«, wollte Jacques wissen.

Andy lächelte unbeholfen, fast entschuldigend.

»Na ja, so ähnlich. Neben meiner Tauchschule, die ich mittlerweile verpachtet habe, habe ich noch ein Unternehmen für Unterwasserspezialaufgaben gegründet.«

»Unterwasserspezialaufgaben? Spannend!«, war Jacques' Kommentar.

»Ja schon. Wir arbeiten überwiegend für Geologen, an Forschungsaufträgen und so was in der Art. Am lukrativsten sind aber die Aufträge mit Unterwasserschweißarbeiten für Ölbohrplattformen ... Den meisten Spaß haben wir bei unserer Arbeit für Filmcrews. Wir konzipieren und drehen Unterwassermorde à la James Bond.«

»Mann, Andy! Du und James Bond?«, musste Jacques lachen. »Das ist ja so, als ob ich unter Wasser grillen würde.«

Die beiden Freunde umarmten sich ein weiteres Mal und stellten fest, dass sie nach wie vor denselben flachen Humor wie früher hatten. Dafür, dass es nicht Andys Ding war, viel über sich zu erzählen, hatte er mit den wenigen Sätzen vor Jacques quasi seine komplette Lebensgeschichte in einem Epos ausgebreitet. Andys Schweigen war legendär, ebenso wie seine Begeisterung für die Stille unter Wasser.

»Und bei dir? Hast du die Firma gegründet, die dir immer vorschwebte?«, wollte er nun wissen.

Bevor Jacques antworten konnte, hatte Andy sich suchend umgesehen. »Wo ist denn eigentlich Patrice? Bist du gar nicht mit deiner Frau hier?«

»Nein, keine Patrice, keine andere Frau, nur ich allein. Ich bin seit ein paar Tagen wieder Single und von Patrice schon eine Weile geschieden. Lange Geschichte.«

Andy legte Jacques eine Hand auf die Schulter. »Tut mir leid, soll vorkommen. Jetzt setz dich erst einmal zu uns. Ich bin mit meinem Team hier. Die Jungs dahinten ...«

Andy schob Jacques in Richtung des Tisches mit den grölenden Kerlen. Die Männer unterbrachen ihre lautstark geführten Gespräche über die Vor- und Nachteile kleinerer oder größerer weiblicher Oberweite, verpackt in Neoprenanzügen, und wandten sich interessiert Andy und seinem Bekannten zu.

»Also Leute, das ist Jacques, ein alter belgischer Freund, Biologe und begeisterter Taucher.«

Damit war alles Notwendige gesagt. Jacques wurde als einer von ihnen angesehen und sofort herzlich willkommen geheißen. Man rückte enger zusammen, zog einen Stuhl für den neuen Gast heran. Nachdem jeder der vier Männer seinen Namen in die Runde geworfen und Jacques mit Handschlag begrüßt hatte, wurde es wieder laut am Tisch. Schnell war der Belgier bei Thomas, Hans, Pedro und Carlos integriert. Als das Gespräch irgendwie auf Eusebio kam, hatte jeder der bunten Vögel einen anderen »todsicheren« Vorschlag, wie mit dem Vieh zu verfahren sei, um doch noch Jacques' Beziehung zu Ellen zu retten. Nur gut, dass kein Tierschützer zuhörte. Einmal mehr spürte Jacques, wie sehr er dieses ganz normale Leben, das Lachen und Scherzen außerhalb ihres Labors vermisste.

Donnerstag, 30. März 2017 – 23:05 Uhr – Kayes

Widerwillig hatte Balla zugestimmt, Sidibé auf seiner Flucht weiterzuhelfen. Viel lieber hätte er es gesehen, wenn der bei ihm geblieben wäre. Er sah in ihm das Ebenbild seiner Söhne, die er sehr vermisste, nicht nur weil sie bei der körperlich harten Arbeit fehlten.

»Wenn es unbedingt sein muss«, sagte der alte Mann zu Sidibé, nachdem der Laster gegen Abend endlich beladen war. »Frag in Kiffa nach Omar Boussoufa. Sag ihm einen schönen Gruß von Bou-Bou. So hat er mich immer genannt, als ich noch für ihn und seine Organisation gefahren bin. Er ist ein Scheißkerl, hat aber ein gutes Herz. Wenn er weiß, dass ich dich schicke, dann ist die Chance groß, dass er dich mit auf einen seiner Laster lässt. Sag ihm, dass du für mich als Mechaniker gearbeitet hast, dann lässt er dich wenigstens am Leben. Für ihn gibt es nichts Schlimmeres, als dass einer seiner alten Laster auf halber Strecke mit einem Defekt in der Wüste liegen bleibt. Dann kann er nur auf die Hilfe seiner Passagiere hoffen. Die meisten seiner Fahrer kennen sich mit Drogen und Waffen bestens aus, wissen aber nicht, wie man einen Reifen wechselt.«

Sidibé wusste, dass der alte Mann damit etwas übertrieben hatte. Doch er kannte diese unnützen Typen in den größeren Städten, die rücksichtslos mit diversen Drogen handelten. Rauschgifte, die von weit weg zu ihnen kamen, um dann nach Europa gebracht zu werden. Er hatte gesehen, wie im Gegenzug Waffen Teil der schmutzigen Geschäfte wurden. Jedenfalls war der Kontakt, den Balla ihm verschaffte, äußerst hilfreich.

Die Ware für das Militär war auf dem Laster verstaut, und Balla brach mit ihm Richtung Mauretanien auf. Wäre da nicht die Erinnerung an die eiskalten blauen Augen des Weißen, hätte Sidibé sich vorstellen können, für Balla zu arbeiten. Die ganze Fahrt über erzählte Balla ihm davon, wie viel Technik in einem Laster steckte. Er wusste jetzt, was ein Ölwechsel bedeutete, was Bremsflüssigkeit war und dass man vor der Fahrt in die Wüste den Druck der Reifen herabsetzten musste, damit man im Sand nicht stecken blieb. Balla hatte ihm erklärt, wofür die Bleche an den Seiten der Laster waren und wie man sie richtig einsetzte, sollte man in einer Düne festhängen. Gerne wäre er sein Gehilfe geblieben, denn die technischen Dinge, die er bei ihm lernte, interessierten ihn. Balla hatte ihm bestätigt, dass er handwerklich sehr geschickt sei und die Zusammenhänge schnell verstand. Dennoch beharrte er darauf, dass Sidibé unglaublich dumm sein musste, sein Angebot auszuschlagen und die ungewisse Flucht nach Europa zu wagen. Sidibé hatte keine Wahl, er musste aufbrechen, um die Chance zu haben zu überleben.

Freitag, 31. März 2017 – 02:57 Uhr – Alicante

Einige Gläser Sangria später war Jacques einigermaßen darüber informiert, wie es Andy seit ihrem letzten Treffen ergangen war. Aus dem früheren Tauchlehrer war ein erfolgreicher Unternehmer geworden. In seiner Branche genoss der Deutsche weltweit einen erstklassigen Ruf. Seine waghalsigen Einsätze ließ er sich mit gutem Geld bezahlen. Die Geschichten, die Andy und sein Team erzählen konnten, klangen wie aus einem Abenteuerroman. Damit konnte Jacques nicht mithalten. Er erkundete nicht die Meere der Welt, sondern war seit fünf Jahren die meiste Zeit des Tages in eine verfallende Fabrikhalle eingesperrt und starrte in Mikroskope. Trotzdem war das, was er tat, für ihn ebenfalls ein Abenteuer. Als er Andy von Algamondo berichtete, war Leidenschaft in Jacques' Stimme.

»Glaub mir, Andy, wir sind kurz davor durchzustarten. Unser Unternehmen wird dazu beitragen, die Armut auf der Welt nachhaltig zu bekämpfen. Überall, wo Meere sind, existieren ideale Produktionsbedingungen. Wir können selbst mit Zugang zu Abwasser in Afrika blühende Oasen schaffen. Afrika, Andy! Der Kontinent, den wir Europäer bisher immer nur ausgebeutet haben!« Jacques war ins Schwärmen geraten.

Andy hörte seinem alten Freund fasziniert zu. Er spürte dessen Begeisterung für seine Technologie.

Plötzlich veränderte sich Jacques' Gesichtsausdruck. Der Optimismus, den er eben noch ausgestrahlt hatte, war aus seiner Stimme verschwunden.

Leise sagte er: »Ausgerechnet jetzt, kurz vor dem Ziel, droht unserem Unternehmen das Geld auszugehen. Es ist so wichtig für uns, dass wir schnellstmöglich eine erste größere Pilotanlage finanziert bekommen. Mit der Anlage können wir stabile Umsätze generieren und werden nicht im Labor versauern. Wir wissen, dass unser Verfahren funktioniert. Zum Glück habe ich einen hervorragenden Partner. Al-Gé heißt er, eigentlich Louis Guigou. Klasse Typ! Der setzt in großem Maßstab um, was ich unter dem Mikro entdecke. Du würdest ihn mögen. Er ist genauso besessen wie ich von dem Gedanken, was wir erreichen können.«

»Eine Pilotanlage? Wofür genau?«, wollte Andy wissen. »An was seid ihr da dran?«

Jacques warf seinem langjährigen Bekannten einen ernsten Blick zu und deutete auf die Tür. Er wusste, dass er ihm voll und ganz vertrauen konnte, aber vor den anderen Jungs wollte er sich nicht näher dazu äußern. »Lass uns eine Runde drehen. Dann erzähl ich dir mehr.«

Die beiden Männer gingen eine Weile schweigend durch die einsamen Seitenstraßen der Altstadt.

»Andy, ich muss dich um strenge Vertraulichkeit bitten«, begann Jacques schließlich. »Ich kann dir vorerst nur erzählen, was wir auch etwaigen Investoren gegenüber preisgeben. Keinerlei Details. Dafür steht für uns zu viel auf dem Spiel.«

Andy nickte verständnisvoll.

»Also, wir bauen Anlagen zur Produktion von Treibstoff aus Algen. Die grüne Revolution, wenn du so willst.«

»Sprit aus Algen? Ist das wirklich schon technisch machbar?«, wollte Andy wissen. Interessiert hörte er Jacques weiter zu.

»Ja, wir züchten genmanipulierte Algen. Unser Team aus Mikrobiologen, Chemikern und Informatikern pflanzt den Algen neue Erbinformationen ein. Man nennt das ›Synthetische Biologie‹. Unsere Algen produzieren dadurch mehr Öl als in der Natur. So gewinnen wir in kürzester Zeit eine ölhaltige Biomasse, aus der wir Treibstoff erzeugen. Die perfekte Form erneuerbarer Energie.«

Andy nickte. »Revolutionär. Mir scheint, als hättet ihr eine Lösung, da wo andere Technologien versagen.«

»In der Tat. Die bekannten Methoden zur Erzeugung erneuerbarer Energie werden seit Langem wegen ihrer Ineffizienz heftig kritisiert. Fotovoltaik kannst du vergessen. Die Sonne scheint ja nur tagsüber, und der Transport von Strom aus afrikanischen Solarkraftwerken nach Europa bereitet massive Probleme. In der Windenergie sind europaweit gute Standorte an Land nahezu erschöpft. Andere Biomasse, wie Mais zum Beispiel, steht im Wettbewerb mit der Erzeugung von Lebensmitteln.«

»Und Algen?«

»Werden kaum beachtet. Dabei sind genetisch veränderte Algen der Hoffnungsträger für die grüne Energie der Zukunft. Während meines Studiums habe ich gelernt, Algen in verschiedene Kategorien zu gruppieren. Sie mit oder ohne Licht zu züchten. Ich habe herausgefunden, welche Nährstoffe erforderlich sind, um ihre Reproduktion anzuregen. Das enorme Wachstum winzig kleiner Algen zu einer breiigen

Biomasse zu berechnen, ist unglaublich spannend. Heute sind wir in der Lage, die Vermehrung von Algen in unserem Labor exakt zu planen. Wir wissen genau, wie viel Algenmasse erforderlich ist, um daraus Biotreibstoff zu erzeugen. Mit der von uns genetisch manipulierten Algensorte könnten schon bald Autos und Flugzeuge angetrieben werden.«

Andy sah Jacques fasziniert an. »Hm«, meinte er, »ich erinnere mich in einem Inflight-Magazin mal etwas darüber gelesen zu haben. Dort hieß es, dass ein mit Hunderten von Millionen Dollar finanziertes amerikanisches Start-up-Unternehmen mit Boeing, Lufthansa und United Airlines eine Partnerschaft eingehen möchte. Die wollen in etwa fünfzehn Jahren Kerosin aus Algen erzeugen. Verdammt lange Zeit! Nimm mir die Frage nicht übel, Jacques, aber könnt ihr das wirklich schon heute? Falls ja, was ist denn dann so einzigartig an eurer Erfindung? Was könnt ihr, was andere, die mit Hunderten Millionen Dollar finanziert wurden, nicht können?«

Jacques überlegte kurz, wie offen er mit Andy reden konnte.

»Andy, das was ich dir jetzt sage, ist wirklich streng vertraulich. Wir können nicht nur das Wachstum der Algen-Biomasse exakt berechnen. Unser Know-how liegt darin, dass die Aufzucht der Algen in einem fortlaufenden Verfahren passiert. Wichtig ist auch die anschließende Ernte.«

»Ernte?«, hakte Andy nach.

»Ja, das ist verdammt schwierig, denn es handelt sich bei unseren Algen um mikroskopisch kleine Lebewesen. Wir müssen die zur Ölerzeugung relevanten Feststoffe von der Flüssigkeit, in der sie wachsen, trennen. Nur aus der aus den Algen gewonnenen Biomasse lässt sich ein ölhaltiger Brei erzeugen. Nebenbei reinigen die kleinen Biester auch noch das Abwasser, in dem wir sie züchten. Das wird gesäubert und wieder für andere Prozesse verwendet.«

»Macht Sinn«, staunte Andy.

»Nun, die Algenzucht beherrschen heute schon einige Unternehmen. Unsere Besonderheit ist aber die spezielle Gentechnik, mit der wir die Algen besonders ertragsstark machen. Den einzigartigen Bioreaktor für die Aufzucht der Mikroorganismen hat Al-Gé entwickelt. Dank des Designs des transparenten Behälters steht das Ausgangmaterial bei richtiger Düngung und Nahrungszufuhr praktisch unendlich zur Verfügung. Und das alles extrem günstig.«

»Wie günstig?«, unterbrach ihn Andy.

»Wir stellen unser Öl in etwa zu einem Viertel der Kosten von Erdöl her.«

Andy war nach Jacques' letztem Satz stehen geblieben.

»Was, nur ein Viertel der Kosten von Erdöl?« Er sah seinen Freund mit großen Augen an. »Und du sagst, ihr habt ein Verfahren entwickelt, wie ihr die Algen praktisch unendlich reproduzieren könnt?«

Jacques nickte. »Ja. Dennoch droht jetzt alles zu scheitern. An 12,5 Millionen Euro, die eine größere Pilotanlage kosten würde.«

Andy schwieg. Er machte sich offensichtlich so seine eigenen Gedanken.

Jacques fuhr in seinem Bericht fort.

»Das Problem ist, je länger wir warten, desto riskanter wird unsere Situation. Wenn wir keinen Geldgeber finden, müssen wir Insolvenz anmelden. Um Geldgeber zu finden, müssen wir Investoren über unsere Technik informieren. Das Ganze ist ein Henne-Ei-Problem. Die Gefahr ist, dass unsere Suche nach einem Investor nicht unbemerkt bleibt. Über kurz oder lang geraten wir möglicherweise ins Visier der Ölmultis und der Staaten, die bislang im Wesentlichen von ihren Ölverkäufen leben. Wenn wir erfolgreich sind und weiterhin finanziert werden, steht für die viel auf dem Spiel, sehr viel. Wir stellen eine reale Gefahr für sie dar.«

Andy nickte. Eine Welt, die sich unabhängig machen würde von teurem Öl, wäre nicht mehr die gleiche wie zuvor. Ganze Industriezweige müssten sich verändern. Staaten würden pleitegehen, wenn ihnen Erdöl als Einnahmequelle fehlte. Die politischen Verhältnisse in bestimmten Regionen könnten sich komplett verschieben. Jacques und sein Kompagnon nahmen es hier mit Gegnern auf, gegen die man als Einzelner machtlos war. Gegner, die über unbegrenzte Mittel verfügten. Gegner, die vermutlich keinerlei Skrupel kannten, diese Mittel einzusetzen, wenn es galt, ihre Interessen zu wahren.

»Jacques, was ihr braucht, ist nicht nur ein Geldgeber, sondern jemand, der in der Liga der Global Player spielt. Jemand, der in der Lage ist, denen die Stirn zu bieten.« Andy hielt kurz inne, bevor er fortfuhr: »Es mag verrückt klingen, aber ich kenne vielleicht einen Investor für euch.«

Freitag, 31. März 2017 – 03:16 Uhr – Charleroi

Al-Gé hatte einen langen anstrengenden Tag im Labor hinter sich, den er vor allem mit Berechnungen zugebracht hatte. Todmüde war er gegen elf Uhr in seine Wohnung gefahren, ins Bett gefallen und sofort eingeschlafen.

Der Alarm wurde exakt um 03:16 Uhr aktiviert. Zeitgleich ging ein automatischer Notruf mit der Meldung über einen versuchten Einbruch an den lokalen Sicherheitsdienst und die örtliche Polizeibehörde. Außerdem wurde der Alarm an die Handys der beiden Firmeninhaber geschickt. Bei den ersten Akkorden von *Eye of the Tiger* war Al-Gé hellwach. Als der Gesang von Dave Bickler einsetzte und er »*risin' up, back on the street …*« anstimmte, taumelte er bereits ins Bad. Seine Jeans lag noch vom Vortag auf dem Boden. Bei »*just a man and his will to survive*« hatte er sich einen Kapuzenpulli, Jeans und Sneakers übergezogen. Er schnappte seine Daunenjacke und lief zum Auto.

Noch während er den Wagen ausparkte und Richtung Hauptstraße fuhr, rief er über die Freisprechanlange seinen Geschäftspartner an. Er erreichte nur dessen Mailbox.

»Hallo, Jacques. Al-Gé hier. Ich fahre gerade zur Firma, weil ich eine Alarmmeldung erhalten habe. Offensichtlich hat jemand versucht, bei uns einzubrechen. Melde mich, wenn ich mehr weiß …«

Trotz des mit Schnee vermischten Nieselregens, der eingesetzt hatte, schnitt Al-Gé die Kurven und missachtete die Geschwindigkeitsbegrenzung. Er spürte seinen Herzschlag in den Schläfen. Ein Einbruch war in jedem Fall bedrohlich. Die Geräte und Maschinen waren versichert, aber jede Unterbrechung ihrer Arbeit würde sie um Wochen oder gar Monate zurückwerfen. Nicht auszudenken, wenn ihre Erfindung in die falschen Hände geriet. Fünf Jahre intensiver Arbeit wären verloren. Alles wäre verloren.

Knapp zehn Minuten später erreichte Al-Gé den Parkplatz in der Nähe des Firmengeländes. Das Gebäude war hell erleuchtet durch die Scheinwerfer von zwei Streifenwagen, die mit Blaulicht vor der Zufahrt parkten. Ein Fahrzeug des privaten Wachdienstes stand innerhalb des Geländes. Das Schiebetor zur Hofeinfahrt war weit geöffnet. Zwei Wachmänner mit einem Schäferhund an der Leine patrouillierten auf der Straße.

Als sie ihn sahen, kamen sie näher und fragten ihn, wer er sei. Al-Gé gab sich als Firmeninhaber zu erkennen. Dann ließen sie ihn passieren. Er wurde zu einem Polizisten geschickt, der gerade ein Gespräch am Funkgerät beendete. Der Mann war in den Vierzigern und schien trotz der frühen Stunde überraschend gut gelaunt.

»Guten Morgen, ich bin Inspecteur Michel Bartier, Polizei Carolorégienne. Sie haben Glück gehabt. Die Einbrecher versuchten, durch den Nebeneingang einzudringen. Sie wurden dabei von ihrem Wachdienst überrascht. Die Security war zufällig gegen drei Uhr hier. Routinemäßiger Kontrollgang. Der Hund hat bei der Umrundung des Gebäudes angeschlagen. Die Wachmänner haben dann sofort den Alarm ausgelöst. Die Eindringlinge verschwanden durch ein Loch im Zaun, das sie mit einer Drahtschere geschnitten hatten. Es waren laut Wachdienst drei Männer. Ein vierter saß im Fluchtauto. Die Tür zu Ihrem Gebäude wollten sie offenbar mit Sprengstoff öffnen.«

»Mit Sprengstoff?«

Al-Gé war geschockt. Wenn er an einen Einbruch dachte, stellte er sich für gewöhnlich Männer mit Dietrichen oder Stemmeisen vor. Aber Sprengstoff?

Der Polizist nickte. »Ja, recht ungewöhnlich, gerade für diese Gegend. Wir haben die Reste einer Sprengschnur mit Nitropenta-Sprengstoff gefunden. Ich habe mich bereits schlaugemacht. Ist relativ leicht zu beschaffen. Wird normalerweise im Bergbau verwendet oder vom Militär. Der Nachteil ist, es dauert selbst für einen Profi eine Weile, da es in einem Hohlraum zwischen dem Türfutter angebracht werden muss. Das war Ihr Glück. Ein guter Mann braucht dafür fünf bis zehn Minuten. Der Krach allein hätte hier draußen in der Pampa sicher niemand gestört.«

Freitag, 31. März 2017 – 05:01 Uhr – Kiffa

Gegen fünf Uhr am Morgen setzte Balla Sidibé in Kiffa ab. Der Abschied fiel den beiden Männern schwer. Balla musste sofort zurück nach Kayes, da er eigentlich schon wieder mit seinem Laster nach Léré unterwegs sein sollte. Zeit, ihn persönlich zu Omar zu fahren, hatte er nicht. Zudem war er sich nicht sicher, ob dieser Gauner ihn zu dieser frühen Uhrzeit überhaupt wiedersehen wollte. Dennoch wusste er, als er Sidibé seinem weiteren Schicksal überließ, dass er in guten Händen sein würde.

Im Lauf des Tages war dann alles genauso gekommen, wie Balla es ihm prophezeit hatte. Etwas außerhalb von Kiffa hatte Sidibé Omar Boussoufa beim Frühstück vorgefunden. Im Ort war der dicke Mann bekannt wie ein bunter Hund. Schließlich sah er auch so aus. Seine unförmigen Handgelenke waren mit farbigen Armbändern behängt. Um seinen wulstigen Hals baumelten etliche goldene Ketten. Kaum ein Finger war nicht von einem protzigen Ring mit bunten Edelsteinen und Diamanten besetzt. Er residierte in einem modernen Bungalow, umgeben von einer hohen Mauer und einer stattlichen Wachmannschaft. Sidibé wurde zu einer Terrasse neben dem ausladenden Swimmingpool geführt. Dort saß Omar Boussoufa im Schatten vor Unmengen von Lebensmitteln. Seine listigen Augen musterten Sidibé von oben bis unten. Was wollte dieser armselige Bittsteller von ihm?

»Bou-Bou schickt dich zu mir?«

Verlegen antwortete Sidibé mit »Ja«. Er war sich unsicher, wie mutig oder demütig er dem Mann begegnen sollte. Solche Typen mochten es nicht, wenn man ihre Persönlichkeit ignorierte oder gar beleidigte. Omars Schweineaugen fixierten Sidibés muskulösen Körper. Aufrecht und gerade stand er vor ihm und hielt seinem Röntgenblick stand. Sidibé erkannte den Anflug eines Lächelns auf Omars Gesicht.

»Lebt das alte Genie denn überhaupt noch?«

Abermals nickte Sidibé.

»Gut«, war Omars knapper Kommentar. »Unkraut vergeht nicht. Der hat mir meine Fahrzeugflotte aufgebaut, damals als das Geschäft mit den Transporten losging. Fahren konnte er die Dinger nicht gut, aber Bou-Bou kann aus Schrott auf Rädern wüstentaugliche Fahrzeuge bauen. Der Mann kann Wunder bewirken. Woher kennst du ihn?«

Jetzt war es an der Zeit, zu antworten und nicht nur scheu zu nicken. Sidibés Lüge musste überzeugend auf Omar wirken.

»Ich habe für ihn als Mechaniker gearbeitet und viel von ihm gelernt.«

Omar sah ihn durchdringend an. Sidibé notierte seinen überraschten und respektvollen Blick.

»Als Mechaniker? Was genau kannst du?«, wollte Omar von Sidibé wissen.

»Ich kenne mich mit allen Modellen aus. Daimler, Dongfeng, MAN, Tata, Scania«, log er. Das waren genau die Namen, die Balla ihn hatte auswendig lernen lassen.

Omar schien ihn schon etwas mehr zu mögen.

»Suchst du Arbeit bei mir?«

»Nein«, sagte Sidibé. »Ich muss nach Europa.«

Omar nickte mitleidig. »Du musst, ja? Hast du Geld?«

Balla hatte Sidibé gesagt, wenn Omar nach Geld fragen würde, hätte er seinen Platz auf dem Laster schon ziemlich sicher.

»Bou-Bou hat mir gesagt, dass Sie ihm noch einen Gefallen schulden …«

Omar nickte. Auch wenn er ansonsten so korrupt wie ein afghanischer Drogenfahnder war, bei Bou-Bou stand er im Wort und würde sich daran halten. »Wie viel?«, fragte er kurz angebunden.

»Zweihundertfünfzig Dollar«, antwortete Sidibé. »Mehr habe ich nicht.«

Freitag, 31. März 2017 – 05:53 Uhr – Alicante

Es war gegen sechs Uhr morgens, als Jacques in sein Hotel zurückkehrte. Er und Andy hatten sich für zwölf Uhr zum Frühstück verabredet. Bis dahin sollte er wieder nüchtern sein. Jetzt musste er erst einmal ein paar Stunden Schlaf finden. Den geplanten Tauchgang konnte er vergessen. Egal. Der Abend und die durchzechte Nacht hatten ihn für vieles entschädigt, auf was er seit Jahren verzichtet hatte. Pflichtbewusst, wie er war, und aus alter Gewohnheit hörte er noch schnell die Mailbox seines Handys ab, das er in seinem Zimmer zum Aufladen zurückgelassen hatte. Wie er sah, hatte Al-Gé ihm um 03:35 Uhr auf die Mailbox gesprochen, was ungewöhnlich war. Hoffentlich nichts Schlimmes. Als er die Nachricht abhörte, war ihm, als sei er schlagartig wieder nüchtern.

»Hallo, Jacques. Al-Gé hier. Ich fahre gerade zur Firma, weil ich eine Alarmmeldung erhalten habe. Offensichtlich hat jemand probiert, bei uns einzubrechen. Melde mich, wenn ich mehr weiß …«

Was war da los in ihrer Firma? Es gab glücklicherweise noch eine zweite Nachricht, die ihn etwas beruhigte und die Al-Gé eine gute halbe Stunde später auf der Mailbox hinterlassen hatte. Mit Erleichterung hörte er, dass es den Tätern nicht gelungen war, ins Gebäude einzudringen. Wie Al-Gé berichtete, hatte die Polizei Sprengstoff am Tatort gefunden. Tausend Gedanken rasten Jacques durch den Kopf. Sprengstoff? Bei einem Einbruch in der belgischen Provinz? Jacques war beunruhigt. Da konnten nur Profis am Werk gewesen sein. Wer kam dafür infrage?

Aufgeregt wählte Jacques Al-Gés Nummer. Einmal, zweimal, dreimal. Er erreichte ihn nicht. Es meldete sich immer nur seine Mailbox. Jacques gab auf. Wahrscheinlich schlief er, oder sein Handy hatte keinen Akku mehr. Jacques überlegte, ob er irgendetwas unternehmen konnte. Aktuell und um diese Uhrzeit fiel ihm aber nichts ein. Alles Weitere würde sich im Laufe des Tages ergeben. Jacques schickte Al-Gé eine SMS, in der er seinen Partner bat, ihn zu kontaktieren, sobald er erreichbar war. Jacques hatte einen Zustand erreicht, in dem die Müdigkeit und der Alkohol den plötzlichen Adrenalinstoß rasch verdrängten. Sein Gehirn überlegte fieberhaft, wer den Einbruch versucht haben könnte. Wer wusste Bescheid über das, was da in der unauffälligen alten Halle stattfand? Ihm fiel beim besten Willen niemand dazu ein, der verdächtig war. Während er sich noch sein Gehirn darüber zermarterte, wer hinter dem Einbruchsversuch stecken konnte, schlief er binnen weniger Minuten völlig erschöpft auf seinem Bett ein. Er hatte es noch nicht einmal mehr geschafft, sich auszuziehen.

Freitag, 31. März 2017 – 08:56 Uhr – Kiffa

Omar lachte lauthals, als Sidibé ihm sagte, dass er zweihundertfünfzig Dollar für die Fahrt habe. Nur aus Respekt vor Balla hatte er ihn vermutlich nicht gleich rausgeschmissen. Sidibé wusste nicht, wie er sich verhalten sollte. Völlig überraschend bat Omar ihn um einen Gefallen.

»Ich habe da ein Paket. Wenn du das für mich mitnehmen kannst und an jemanden in Tanger übergibst, lasse ich dich auf den Laster. Du scheinst stark und schlau genug zu sein, um die Zöllner zu überzeugen, dass das Paket niemanden etwas angeht … Verstehst du?«

Sidibé nickte. Er hatte verstanden.

Omar steckte die zweihundertfünfzig Dollar ein und rief lauthals einen seiner Helfer herbei, dem er etwas ins Ohr flüsterte. Als der zu ihnen zurückkehrte, brachte er seinem Boss ein schweres Paket und einen alten Rucksack. Omar nahm das Paket und stopfte es in den Rucksack.

»Hier, der ist für dich. Auf dem Boden des Rucksacks ist ein Metallschild mit einer Telefonnummer eingenäht. Die rufst du an, wenn du in Tanger bist. Ein Mann wird dir dann sagen, wo du den Rucksack abgeben wirst. Du bewachst das Paket wie dein eigenes Leben. Wenn du fliehen musst, nimm den Rucksack mit. Wenn ihn dir jemand stehlen will, töte ihn. Wenn dich unterwegs Straßenräuber aufgreifen, lass sie wissen, dass du für mich arbeitest. Verstanden?«

Sidibé nickte.

»Du bist schlau und stark.« Omar fixierte den Jungen. »Kann ich dir denn auch vertrauen?«

»Voll und ganz«, war Sidibés rasche Antwort.

Omars Blick durchleuchtete ihn ein weiteres Mal wie ein Röntgengerät. Er schien zufrieden mit ihm. Bou-Bou hatte ihm bestimmt erzählt, womit er sein Geld verdiente. Der Junge schien ihm anständig und ängstlich genug zu sein, um ihn nicht bestehlen zu wollen. Ohnehin wäre er schon bei dem leisesten Zweifel an seiner Integrität und Loyalität zu ihm sofort tot. Dafür würde sein Mann auf dem Laster schon sorgen.

»Das Geld, das du mir gegeben hast, wird dir der Empfänger des Pakets in Tanger zurückgeben. Lass dich nicht darauf ein, dass er dir erzählt, er hätte Mühen mit dir gehabt, was ihm Geld gekostet hat. Wenn er loyal zu mir ist, gibt er dir die vollen zweihundertfünfzig Dollar zurück. Wenn nicht, erledigt das ein Mann von mir, der dich auf dem Transport begleitet. Ist alles klar?«

Sidibé nickte, obwohl er nicht wusste, auf was genau er sich da eingelassen hatte. Er wollte es aber auch gar nicht verstehen, sondern nur weg, möglichst schnell nach Europa.

Gegen Abend brachen sie in einem Konvoi aus vier Lastern auf. Es wurde Nacht, die Gluthitze des Tages wich einer angenehmen Kühle. Sidibé saß auf dem vorletzten Laster im Konvoi. Omars Schläger, die den Konvoi begleiteten, hatten dafür gesorgt, dass er einen möglichst sicheren Platz bekommen hatte. Dort saß er seit Stunden auf dem ominösen Rucksack, die Knie angezogen, den Kopf auf die Arme gelegt. Jede Bodenwelle ging ihm durch Mark und Bein. An Schlaf war nicht zu denken. Er dachte an seine Familie, Vater, Mutter, die Geschwister, seine Kindheit. Vor gut zehn Jahren hatte er mit knapp dreizehn seine glücklichste Zeit erlebt. Ob er Salim in Spanien wiedersehen würde?

Salim Kouyaté stammte aus seinem Dorf. Sein bester Kumpel von damals war zufällig beim Fußballspielen von einem fremden Weißen beobachtet worden. Das war ein Glücksfall für ihn, denn der Spanier war früher Profifußballer gewesen. Heute arbeitete er als Talentscout für einen namhaften spanischen Erstligisten. Zusammen mit seiner Frau machte er Urlaub in ihrer Region. Die Zeiten waren besser und Mali noch nicht durch den Bürgerkrieg völlig zerstört. Als er erkannte, mit welchem Talent der Junge den Ball immer wieder ins Tor drosch, ohne weder dem Torwart noch den gegnerischen Abwehrspielern eine Chance zu lassen, hatte er mit Salims Eltern gesprochen. Er wollte es dem damals Dreizehnjährigen ermöglichen, mit ihnen nach Europa zu kommen. Immer noch verfügte der Spanier über beste Beziehungen zu den Funktionären der europäischen Ligen. Ein kurzer Anruf beim spanischen Fußballverband genügte, und ihm war zugesagt worden, dass man sich sofort um alles kümmern würde. Binnen weniger Tage waren Einreise- und Aufenthaltserlaubnis besorgt, Flugticket, Schule, Unterkunft, Verein und Training organisiert.

Aufgeregt und ängstlich zugleich war er, als Salim ihm damals von der einmaligen Chance erzählte, die ihm der fremde Spanier geboten hatte. Wie oft hatten sie als Jugendliche gemeinsam von einer Karriere als Profifußballer geträumt? Während Salim mit dem Spanier und seiner Frau nach Europa reisen durfte, musste Sidibé in der Trostlosigkeit der Wüste zurückbleiben.

Seit zehn Jahren hatte er keinen Kontakt mehr zu ihm. Sidibé wusste nur aus der Zeitung, dass Salim in Spanien den Durchbruch zum Fußballprofi geschafft hatte. Jetzt spielte er beim FC Valencia, in der ersten spanischen Liga. Sidibé war stolz darauf, was sein früherer Kumpel erreicht hatte. Irgendwann, hoffentlich schon bald, würde er in einem der großen spanischen Fußballstadien sitzen, um ihn anzufeuern.

Dass der Weg dahin lang und schwierig war, spürte Sidibé mit jedem weiteren Schlagloch, durch das der klappernde Laster raste. Sidibé schloss die Augen. Er wusste, dass diese qualvolle Haltung noch mehrere Tage anhalten würde, nur unterbrochen von kurzen Pausen, um ihre Notdurft zu verrichten. Wenn sie stoppten, musste alles schnell gehen. Wer zu langsam war oder zu schwach, um wieder rechtzeitig auf den völlig überladenen Laster zu klettern und um seinen Platz zu kämpfen, lief Gefahr, rücksichtslos zurückgelassen zu werden. Balla hatte nicht übertrieben, als er sagte, die Schlepper seien Monster. Er wurde von den Schlägern verschont, dank Omars speziellem Auftrag, den er ausführen sollte.

Tage später lud der Lastwagen seine menschliche Fracht ab, zumindest die Stärksten unter ihnen, die den Höllentrip überstanden hatten, unweit der Grenze zur Region Westsahara.

Freitag, 31. März 2017 – 16:40 Uhr – Monaco/Washington, D.C.

Zum vereinbarten Termin ließ sich John mit Peter in Monaco verbinden. Wie immer flirtete er zunächst eine Weile mit Angélique, Peters reizender Assistentin, die den »offiziellen« Bürokram für ihn erledigte. Die Frau war eine Externe, die über keinerlei Insiderwissen verfügte und nie verfügen würde. Angélique wusste nicht, für wen er und Peter in Wahrheit tätig waren. Das war gut so und sollte auch so bleiben. Kurz bevor er sich mit Peter verbinden ließ, wünschte John ihr noch ein schönes Wochenende, das für sie jetzt gleich begann.

»Bis bald, Mr. Lewellen. Auch Ihnen dann in einigen Stunden ein schönes Wochenende. Hoffentlich haben Sie in Washington ähnlich schönes Wetter wie wir hier in Monaco. Ich verbinde Sie jetzt.« Nachdem sie das gesagt hatte, schnappte Angélique sich ihre Tasche, winkte Peter kurz durch die offene Tür seines Büros zu, fuhr mit dem Aufzug in die Tiefgarage, um ins Wochenende in Richtung Nizza aufzubrechen.

Peter war jetzt allein im Büro. Er legte auf und rief John über eine verschlüsselte Leitung zurück.

»Wie lief dein Meeting? Ist das Budget gesichert?«

»Bestens. Scheint alles klar zu sein mit dem neuen Budget. Du kennst ja die charmante Art, mit der Doug und Tom für Stimmung und Verteidigungsdollar sorgen können.«

»Klar, haben sie schließlich von dir gelernt.«

»Ich denke, dass jetzt auch dem letzten Zivilisten deutlich geworden ist, womit wir uns bis zu unserer Pensionierung und darüber hinaus beschäftigen müssen. Sie haben verstanden, dass wir uns zukünftig nicht nur um die Sicherung der Erdölquellen kümmern sollten, sondern auch um die Wasserressourcen.«

»War bestimmt nicht einfach, ihnen die Zusammenhänge zu verdeutlichen?«, fragte Peter Miller.

»Wohl wahr. Auch ich habe eine Weile gebraucht, als du mir das erklärt hast. Umso mehr müssen wir jetzt aufpassen, was in der Welt passiert. Aber dafür haben wir ja Experten wie dich, die sich in Urlaubsparadiesen auf Kosten der amerikanischen Steuerzahler teuren Rotwein hinter die Binde kippen.«

Miller verkniff sich die Bemerkung, dass man in Monaco, sobald es im Frühjahr warm wurde, lieber einen gut gekühlten, leichten Rosé trank.

»Nun, damit du die Steuerzahler beruhigen kannst. Um diese Jahreszeit arbeite ich gelegentlich. Für den Strand ist es noch zu kalt, und ins Wasser kann man vernünftigerweise erst ab Ende April. Der Schnee in den Seealpen ist mir derzeit nachmittags einfach zu sulzig. Also was bleibt mir da anderes übrig, als mich ab und zu an meinen Schreibtisch zu setzen und den Blick auf das sonnige Mittelmeer zu ertragen …«

John musste lachen. »Gut gekontert. Schieß schon los, Peter, was gibt es an Neuigkeiten?«.

»Mir ist zu Ohren gekommen, dass die Araber starkes Interesse an europäischen Umweltschutzunternehmen bekunden. Hoffentlich kommen die uns nicht in die Quere. Ich spüre, da läuft was, kann aber noch nicht genau sagen, was.«

»Okay«, meinte John militärisch knapp. »Ist notiert.«

»Ich werde das weiter beobachten und mich jetzt endlich mit diesem belgischen Start-up treffen. Sie behaupten, aus speziell gezüchteten Algen Biotreibstoff auf einer enorm günstigen Kostenbasis produzieren zu können.«

John konnte sich trotz aller Frotzeleien darauf verlassen, dass Peter nichts entging, was sie in Washington wissen mussten. Sein Mann in Europa wusste verantwortlich mit den Fondsgeldern umzugehen, die die CIA ihm genehmigt hatte. Peter war stets bestens vorbereitet und über alle aktuellen Entwicklungen informiert.

»Gut. Bleib an dem Start-up dran. Lass mich wissen, was von diesem Biotreibstoff zu halten ist. Wenn deren Technik was taugt, müssen wir umgehend aktiv werden. Es bleibt bei meinem geplanten Besuch. Spätestens in zwei Wochen sehen wir uns. Die genauen Flugdaten lasse ich dir rechtzeitig zukommen.«

5. Kapitel

Samstag, 01. April 2017 – 10:37 Uhr – London

Eine wichtige Grundregel in seinem Geschäft lautete: Versuche nie, den Helden zu spielen. Stecke Schläge ein, Tritte, Hiebe in die Nieren. Sieh dabei zu, wie deine Kunden vor dir ihre Gegner abschlachten. Was immer du hörst, siehst oder erlebst, halte dich raus! Wenn du dir einbildest, du könntest deine Kunden kritisieren, dann bist du so gut wie tot. Die wichtigste Regel war aber: Bleib immer auf den Beinen, wechsle ständig deine Standorte. Nur wenn du permanent unterwegs bist, wissen sie nicht, wo du zu finden bist. Lass dir von niemandem in die Karten schauen, von der Firma schon gleich gar nicht. Sie schicken dich raus in die Hölle. Offiziell gibt es dich nicht. Du hast seit einigen Tagen zwei neue Pässe, die von den Jungs im Backoffice in Washington exzellent gefälscht wurden, und doch kennt dich dort niemand. Welches Recht haben sie dann, jeden deiner Schritte zu verfolgen? Da er sich an diese Regeln hielt, lebte er noch. Bis heute waren seit Newark bald fünfzehn Jahre vergangen.

»Ja, Madam …«

So demütig musste er sie heute nicht mehr anreden. Was Lucy tatsächlich mit ihm gemacht hätte, wusste er nicht. Sie und ihre Truppe waren voller schmutziger Tricks, so wie die

Straßenhunde in Apulien voller Flöhe waren. Hatte man sie einmal im Fell sitzen, wurde man sie nicht mehr los.

»Was haben wir denn da?«, hatte sie ihn gefragt, als sie ein kleines Päckchen mit weißem Pulver aus seiner ledernen Reisetasche zog und vor ihm auf den Tisch in dem eiskalten Raum warf. Al hatte lächelnd daneben gestanden.

»Keine Ahnung«, hatte er damals völlig überrascht geantwortet.

»Keine Ahnung«, äffte sie ihn nach. »Was meinst du, Al? Mindestens fünfzehn Jahre, oder?«

Al nickte bestätigend.

»Aber Drogenschmuggel ist ja noch nicht alles. Wenn ich mir ansehe, was du als Controller bei den Öljungs so alles angestellt hast …«

Al reichte ihr eine dicke Akte mit der Aufschrift »strictly confidential«.

»Was meinen Sie? Ich habe nie einen Fehler gemacht. Immer auf die Einhaltung sämtlicher Standards unserer Corporate Policy geachtet …«

»Schnauze«, unterbrach sie ihn erneut. »Findest du es etwa in Ordnung, dass ihr Uncle Sam kräftig abgezockt habt, damals, im Irak? Du wusstest, dass ihr Leistungen in Rechnung gestellt habt, die völlig überteuert waren? Ganz schön skrupellos, für eine Scheißkiste Zuckerbrause fünfundvierzig Dollar zu verlangen. Wie hoch war dein Anteil an dem Geschäft? Zehn, fünfzehn Dollar?«

»Wovon sprechen Sie, Madam?«

»Hör auf, mich zu verarschen! Mann, fünfundvierzig Dollar. Dafür kannst du dir als einfacher Soldat, der im Irak in der Wüste hockt, jeden Tag eine Flasche Bourbon in dein hohles Hirn kippen … Du bist so ein mieses Stück Scheiße. Ich könnte kotzen, wenn ich daran denke. Dann noch all deine anderen Scheißstraftaten. Geheimnisverrat, Steuervergehen, Drogen.«

Sie kramte erneut in seiner Reisetasche und zog ein weiteres Päckchen, das er noch nie zuvor gesehen hatte, hervor.

»Macht dich das weiße Pulver an? Hast du es gerne, wenn man es dir auf deinen kleinen Schwanz reibt?«, flüsterte sie ihm ins Ohr. »Al, was meinst du? Der Kerl ist am Arsch, oder?«

Al nickte stoisch.

»Mann, bist du am Arsch«, entfuhr es ihr. »Deine Enkel werden dich in ungefähr fünfundfünfzig Jahren wiedersehen.«

Er war völlig verunsichert angesichts der Lügen und haltlosen Vorwürfen, die sie da vor ihm ausbreitete. In der jetzigen Situation wagte er es nicht, ihr zu widersprechen. Das müsste sein Anwalt für ihn klären.

Sie musterte ihn, sah, wie eine Träne aus seinen Augen floss, wie sein ganzer Körper zitterte. Dann lächelte sie ihn belustigt an. Die Frau legte abermals ihre Hände auf seine Knie. Sie beugte sich zu ihm hinunter und raunte ihm zu: »Ach, ich habe da ja was vergessen. Unser Kleiner hat ja gar keine Kinder machen können …«

Fünfzehn Scheißjahre …

Er war gut, in dem was er heute machte. Dabei arbeitete er an einem Deal stets allein. Nur für den »sonstigen Support« arbeitete er mit ihr zusammen. Das war seine große Stärke, so hatten sie ihn ausgebildet. Das bedeutete aber auch, dass er allein lebte, niemals Spuren hinterließ, weltweit Häuser, Autos, Jachten besaß, aber nirgends zu Hause war. Einsamkeit war sein bester Schutz. Wenn er doch einmal Unterstützung für »Sonderaufgaben« benötigte, wusste er, wo er diese bekommen würde.

Geld für ein schönes Leben hatte er mittlerweile genug. Für ihn ging es seit vielen Jahren nur noch um die ganz großen Summen. Die kleineren Waffendeals überließ er gerne der italienischen, russischen, chinesischen oder japanischen Mafia. Seit Neuestem auch den Mexikanern. Das Drogenkartell der Zetas war gut. Gegründet hatten es abtrünnige Spezialeinheiten der mexikanischen Armee. Die Führungsriege war militärisch hervorragend ausgebildet. Sie kannte sich mit modernster Waffentechnologie bestens aus. Die Bosse wussten, wie und wo sie die Spielzeuge der Diktatoren und Drogenbarone auf der anderen Seite der Grenze, bei ihren amerikanischen Nachbarn, beschaffen konnten. Der Fehler der Mexikaner war, dass sie zu brutal agierten.

Auf der ganz großen Bühne, auf der er sich bewegte, würde man solche Leute nie mitspielen lassen. Als Lieferant der Waffen waren sie dennoch gut zu gebrauchen. Die CIA versorgte die Mexikaner, die Mexikaner versorgten ihn. So lief das Spiel. Niemand wusste, wer wer war, wer für wen arbeitete, und wo die von Uncle Sam gespendeten Waffen schlussendlich herkamen und bei wem sie landeten. Die CIA verdiente an den Drogenkartellen der Mexikaner mit, und die hielten die Klappe. Eine Hand wäscht die andere.

Ihm konnte es nur recht sein. Über sein Netzwerk kam er an die neuesten technologischen Errungenschaften heran. Auch an sehr, sehr schmutzige technologische Errungenschaften. So wie das Zeug, das er jetzt an Birhat liefern sollte.

Samstag, 01. April 2017 – 11:03 Uhr – Alicante

Als um elf Uhr das Zimmermädchen an die Tür klopfte, um das Zimmer zu reinigen, wachte Jacques auf. In brüchigem Englisch rief sie: »Room service, room service!«

Jacques brauchte einen Moment, bis er sich daran erinnerte, wo er war. Nur gut, dass er nicht mehr genau wusste, was er alles getrunken hatte. Ihm blieb eine gute Stunde, die Situation zu Hause mit Al-Gé zu klären. Um zwölf war er mit Andy verabredet.

Jacques setzte sich auf und griff zum Handy. Immer noch keine neue Nachricht von Al-Gé. Er wählte seine Nummer. Keine Antwort. Sein Handy war offenbar ausgeschaltet. Auch in seinem Büro ging niemand ran. Bei den anderen Mitarbeitern wollte Jacques an einem Samstag nicht anrufen, um sie nicht unnötig zu beunruhigen. Es schien ja alles glimpflich abgelaufen zu sein. Al-Gé würde sich schon noch melden.

Als Jacques geduscht und sich umgezogen hatte, war es Zeit für sein Treffen mit Andy. In der Lobby kam der ihm pünktlich entgegen. Er trug Shorts, ein schwarzes T-Shirt und eine sehr dunkle Sonnenbrille. Sein Grinsen war nicht ganz so breit wie sonst. Das konnte an letzter Nacht liegen. Alternativ aber auch daran, dass die Männer sich in nüchternem Zustand nochmals ernsthaft über die Zukunft von Jacques' Unternehmen unterhalten wollten.

»Hola, amigo. Qué tal? Wie wäre es mit einem kleinen Whisky zum Frühstück?«

Jacques schüttelte sich angewidert. »Dann doch lieber einen Orangensaft.«

»Komm«, lachte Andy und hakte ihn unter. »Ich kenne da was Nettes, gleich um die Ecke.«

Kurz darauf saßen sie in einer Bar in der Altstadt bei Milchkaffee, Croissant und zwei Gläsern frisch gepresstem Orangensaft.

»Der Investor, von dem du gesprochen hast?«, fragte Jacques mit Blick auf das Handy knapp. Heute war er der deutlich schweigsamere der beiden Männer. Sicherlich lag das nicht nur an dem Kater, sondern auch daran, dass er anfing, sich Sorgen um Al-Gé und ihr Unternehmen zu machen. Konnte sein Freund all den zusätzlichen Stress im Zusammenhang mit dem Einbruch nervlich gut wegstecken? War Al-Gé der Situation gewachsen?

Andy sah seinen Kumpel an. »Jacques, hörst du mir zu? Du starrst auf dein Handy, dabei habe ich interessante Neuigkeiten.«

»Ja, natürlich, ich habe nur schnell etwas überprüfen müssen. Alles gut, schieß los, Alter.«

»Du weißt, dass ich einige Jahre in Kenia verbracht habe, um dort eine Tauchschule aufzubauen?«

Jacques nickte. Er konnte sich in der Tat noch gut an die Unterwasserbilder erinnern, die ihm sein Freund von den Walhaien geschickt hatte, die er vor der Insel Lamu aufgenommen hatte.

»Im letzten Herbst war ich dort, um sie zu verkaufen. Auf dem Rückflug habe ich den möglichen Investor kennengelernt. Er heißt Marc van Teese«, fuhr Andy fort. »Ich hatte auf dem Flughafen in Bamako einen Zwischenstopp. Bei der Airline gab es ein Problem mit dem Reservierungssystem. Die Maschine der Air France für den Weiterflug nach Paris war hoffnungslos überbucht. Ich hatte Glück. Da ich früher am Gate war, bekam ich einen Boarding Pass. Marc war zu spät und sollte warten. So sind wir zufällig ins Gespräch gekommen. Jedenfalls musste Marc noch am selben Tag zu einem dringenden Termin nach Europa. Seine kleinste Tochter hatte am nächsten Tag Geburtstag. Also bat er mich, ob ich ihm mein Ticket abtreten könnte. Er hat mir im Gegenzug für den nächsten Flug ein Businessclass-Ticket überlassen.«

Jacques nickte. »Das mit den Überbuchungen kenne ich auch, nicht nur von Afrika.«

»Marc erzählte mir, dass er geschäftlich immer wieder in Afrika zu tun habe. Im Laufe unseres Gesprächs erfuhr ich, dass er es finanziell eigentlich gar nicht mehr nötig hat zu arbeiten. Aufgrund einer gigantischen Erbschaft und Immobilien überall auf der Welt hat er längst ausgesorgt. Als ich ihn danach fragte, sagte er, dass er Geschäfte nur noch machen würde, wenn er Menschen damit helfen könne.«

Jacques hörte aufmerksam zu. Ein wohlhabender Investor, der Afrika kannte und dem es um die gute Sache ging? Das klang zu schön, um wahr zu sein.

Andy sprach weiter. »Wir sind locker in Kontakt geblieben. Nun, um es kurz zu machen – Marc hat mir mehrfach versichert, wenn ich einmal im Leben Hilfe benötigen würde, solle ich ihn kontaktieren. Er besitzt ein weltweites Netzwerk von sehr einflussreichen Freunden.«

Jacques wusste nicht, was er von der Sache halten sollte. »Und du meinst, er würde sich für uns interessieren? Du weißt, die Zeit läuft uns davon. Nächste Woche bin ich in Monaco. Bis dahin müsste ich Genaueres wissen. Ich …«

Andy grinste. »Mach dir darum keine Gedanken. Ich habe heute Morgen schon Kontakt zu ihm aufgenommen, so wie wir es gestern vereinbart hatten.«

»Ehrlich? Das ist ja super. Und wo finde ich diesen Marc? Lebt er in Deutschland?«

»Marc hat mehrere Wohnsitze. Mit seiner Frau und seinen Kindern ist er häufig in Spanien. Sie haben ein Ferienhaus, hier ganz in der Nähe von Alicante. Ich war zwar noch nie bei ihm, aber ich bin mir sicher, wenn er in der Gegend ist, wird er sich bestimmt mit dir treffen wollen.«

In diesem Moment blinkte Andys Handy auf, eine WhatsApp-Nachricht war eingegangen. Andy ballte die Faust, als ob er mit seinem letzten Aufschlag das Tennisturnier in Wimbledon gewonnen hätte.

»Yessss! Marc ist in Spanien und will dich sehen. Er möchte deine Hoteladresse und wird dich kontaktieren. Entweder soll noch heute ein Treffen stattfinden oder ansonsten morgen Vormittag.«

Samstag, 01. April 2017 – 13:13 Uhr – London
Es war ungewöhnlich, dass sie ihn an einem Flughafen treffen wollte, mit all den Unwägbarkeiten durch die Security sowie den Überwachungskameras. Gatwick war die einzige Möglichkeit, sich noch einmal persönlich zu sehen, bevor er weiterreisen würde und sie zurück in die USA musste. Sie hatte ihm gestern Nacht noch signalisiert, dass der Deal und das Treffen mit Birhat organisiert sei. Die von ihr für ihn konstruierte »Legende« sei bei Birhat auf großes Interesse gestoßen. Das »Go« von den hohen Tieren aus Washington werde er heute bekommen – oder auch nicht.

Er wusste, dass der Flughafen dank der ständigen Umbaumaßnahmen und der großzügigen Zeitschriftenläden immer eine Möglichkeit bot, unauffällig Nachrichten auszutauschen. Und sie könnte ihn in Gatwick nicht einfach abfangen, so wie das damals in Newark, auf amerikanischem Boden, gelaufen war. Ihn hier und heute beseitigen zu lassen, wäre unklug und zu auffällig. Er fühlte sich vorerst sicher. Er wäre es nach Freigabe des Deals durch Washington umso mehr.

Als er sich ihr näherte, war unschwer zu erkennen, dass sie wieder einen ihrer atemberaubend tief ausgeschnittenen Hosenanzüge trug. Sie liebte es, sich in diesen eleganten

Stofffetzen zu zeigen, und er fand sie an ihr wahnsinnig sexy. An der Wand mit den Bestsellern sollte die Übergabe der alles entscheidenden Information stattfinden. In dem auf Rang drei liegenden Buch *I am Pilgrim* von Terry Hayes würde er die Nachricht aus Washington für oder gegen die Kontaktaufnahme und den Deal mit Birhat finden. Oder, aus seiner Perspektive betrachtet, sein mögliches Todesurteil. Er stand in dem Gang links hinter ihr und beobachtete, wie sie durch das Buch mit dem gold-schwarzen Einband blätterte. Nur für wenige Sekunden hatte sie es dem Regal entnommen, um es nach kurzem Überfliegen wieder zurückzustellen. Dann beschäftigte sie sich in ähnlicher Weise mit den nächsten beiden Flughafen-Bestsellern. Sie spürte, dass sein Blick auf ihrem Arsch und ihren Titten ruhte. Das mochte sie. Inzwischen würde sie ihm dafür nicht mehr ins Gesicht schlagen. Gut sah er aus. Nicht wirklich erholt, aber die Tage im Kongo, von denen er ihr berichtet hatte, hatten ihm eine gesunde Bräune gegeben. Wie es kaum anders zu erwarten war, waren sie sich nähergekommen. Näher, als er es jemals gewollt hatte, aber auch in diesen Dingen war er machtlos gegen sie. Gerne hätte sie ihm jetzt einen geblasen, doch dafür war gerade nicht der richtige Zeitpunkt. Es ging darum, professionell zu bleiben, ihm die Information zu geben, die er dringend brauchte, um zu wissen, ob er noch im Spiel war.

Wenn sie ein Buch mitnehmen und damit zur Bezahlung an die Kasse gehen würde, wäre der Deal geplatzt. Für den Fall, dass sie verfolgt worden wäre, hätte sie in einem der drei Bücher, die sie aus dem Regal genommen hatte, eine völlig nutzlose Nachricht hinterlassen. So etwas wie einen zusammengefalteten Boarding Pass eines früheren Fluges. Wer immer ihn finden würde, müsste seine Analysten und

Krypto-Tüftler einige Zeit damit beschäftigen. Verzweifelt würden die sich überlegen, welche Nachricht in diesem alten Dokument versteckt sein könnte. Sie hätte genauso in das Buch schreiben können: »Fickt euch!« Die Aussage wäre identisch, aber klarer und etwas verständlicher formuliert gewesen.

Er hatte in der Zwischenzeit in einem Magazin mit bunten Motorjachten geblättert. Ohne sich zu ihm umzusehen, war sie gegangen. Sie hatte kein Buch zur Kasse getragen. Jetzt musste er rasch agieren. Er legte das »Magazin zurück, ging die wenigen Schritte zu dem Regal mit den Bestsellern und griff nach dem Roman von Terry Hayes. Wo war ihre Nachricht? »The only thriller you need to read this year« stand auf dem Cover. Was für eine humorvolle Idee, die Nachricht in einem Thriller zu verstecken, irre! Erlaubte sie sich dumme Scherze mit ihm? Rasch, aber sorgfältig blätterte er das umfangreiche Taschenbuch durch. Dann fand er, was er suchte. Die linke obere Ecke der Seite 514 war leicht umgeknickt. Kapitel 33 stand dort als Überschrift. »33« – CC im Alphabet. In seiner Welt bedeutete dies »clearance confirmed« – Freigabe bestätigt. Die Aussage war eindeutig. Washington wollte den Deal. Er würde schon in wenigen Minuten seinen Flug antreten, um sich auf den Weg zu Birhat zu machen.

Samstag, 01. April 2017 – 15:33 Uhr – Alicante

»Das mit Marc klingt zu gut, um wahr zu sein. Was weißt du alles über ihn?«, fragte Jacques neugierig.

Andy überlegte. Er hatte Marc van Teese nur einmal kurz getroffen, und das war mehrere Monate her. Was wusste er über ihn, außer dass er offenbar sehr vermögend war?

»Das Wichtigste neben all der Kohle ist wohl, Marc ist ein

richtig guter Typ. Er dürfte etwa zehn, zwölf Jahre älter sein als wir und besitzt eine Investmentgruppe aus mindestens zehn Unternehmen. Immobilien, Energie, Anlagenbau, Logistik, Getränke, Lebensmittel, IT, Sicherheitstechnik. Selbst ein Import-Export-Autohandel für diverse Premiummarken, irgendwo in Nordafrika, gehört ihm. Marc ist sehr vielseitig. Er hat ganz viel Erfahrung in Afrika. Und, was für dich wichtig ist, sein Bestreben ist es, mit seinem Vermögen Ausbildungs- und Arbeitsplätze zu schaffen. Er besucht häufiger Regionen, die von Bürgerkriegen zerstört wurden, um dann persönlich und mit seinen Investments bei dem Wiederaufbau zu helfen.«

»Klingt klasse«, sagte Jacques. »Ist der Typ denn auch authentisch, oder macht er das nur, um irgendwie Steuern zu sparen?«

»Nein, das glaube ich nicht. Auf mich machte er einen sehr zurückhaltenden und bodenständigen Eindruck. Marc ist clever und mag es nicht, mit irgendeinem zwielichtigen Staatschef in der Öffentlichkeit fotografiert zu werden. Er hat es bestimmt nicht nötig, damit anzugeben, wen er alles kennt. Wie andere Investoren auch ist er sehr zurückhaltend und scheut die Öffentlichkeit.«

Andy war sich nach den wenigen Stunden am Flughafen in Mali sicher gewesen, dass Marc ein unkomplizierter, fairer Geschäftsmann der Sorte Kumpeltyp war, auf den man sich bedingungslos verlassen konnte. Er glaubte, dass Marcs Vermögen nicht im Weg stand, um in einer Zusammenarbeit mit Jacques auch Spaß zu haben. Marc hatte bei ihm den Eindruck eines ehrlichen, emotionalen und liebenden Familienvaters hinterlassen. Deshalb hatte er ihm auch sein Ticket abgetreten. Sein damaliges Angebot, ihm im Gegenzug ebenfalls zu helfen, sollte er jemals Hilfe benötigen, war spontan, ernsthaft und verlässlich rübergekommen. Jetzt wollte Andy das Angebot zugunsten eines Gesprächs zwischen Marc und Jacques einlösen.

Jacques war voller freudiger Erwartung, van Teese bald zu treffen. Der erste Eindruck war nach Andys Schilderungen perfekt. Genauso einen Investor hatten sie bislang vergeblich gesucht. Es schien, dass Marc – anders als ein Venture Capital Fonds – nicht das schnelle Geld aus dem Weiterverkauf einer Beteiligung benötigte. Er war nach Andys Schilderung jemand, der perfekt in ihr Team passen könnte. Jacques hoffte, dass er ihnen mit seinem globalen Netzwerk und seiner Erfahrung in Afrika helfen würde, ohne sie zu dominieren.

Voller positiver Energie machte Jacques sich gegen drei Uhr auf den Rückweg zu seinem Hotel. Dann holten ihn die Gedanken an den Einbruch wieder ein. War es naiv gewesen zu glauben, er könne hier in Alicante für ein paar Tage alles Geschäftliche vergessen? Den geplanten Tauchgang an diesem Nachmittag hatte er abgesagt. Wieder war es ein Kater, allerdings kein vierbeiniger, der seine Pläne durchkreuzte. Mit seinem Hangover wäre er nicht in der Lage zu tauchen. Das konnte mit einem instabilen Kreislauf gefährlich werden. Zudem spürte er diese innere Unruhe wegen der Situation zu Hause. Zurück im Hotelzimmer versuchte er als Erstes, Al-Gé zu erreichen. Und diesmal hatte er Glück.

»Mann, Al-Gé! Was ist los bei dir? Ich habe mir schon Sorgen gemacht, weil ich dich nicht erreichen konnte!«

»Immer mit der Ruhe, Alter. Ich habe hier alles im Griff. Jetzt chill mal, Jacques. Amüsierst du dich gut?«

»Ich soll chillen? Idiot! Lenk nicht ab und rede nicht so einen Stuss, Al-Gé. Los, sag schon, wie ist die Lage?«

»Okay«, antwortete Al-Gé jetzt mit ernsterer Stimme. »Die Polizei meinte, es sei eine Drogendealerbande gewesen, die einem Konkurrenten eins auswischen wollte. Anscheinend haben die das Gebäude verwechselt. Die alten Fabrikhallen in unserer Gegend werden wohl häufiger als Drogendepots rivalisierender Banden genutzt.«

»Glaubst du diesen Käse?«

»Na ja, um ehrlich zu sein ...« wich Al-Gé verunsichert aus.

»War irgendjemand von der Polizei mit dir im Labor?«

»Nein, nein. Mach dir keine Gedanken, Jacques. Keiner hat irgendetwas gesehen. Ich habe den Polizisten erzählt, dass ich nicht wüsste, warum man versucht haben könnte, bei uns einzubrechen. In unseren Labors gibt es doch nichts von Interesse. Und Geld gibt es bei uns schon gleich gar nicht zu holen. Allenfalls ein paar ältere Computer stehen rum. Geld würden wir selbst benötigen, denn wir entwickeln schon seit Jahren so einen Energy-Drink aus Algen. Völlig harmlos.«

»Und das haben dir die Bullen geglaubt?«

»Ja, damit haben die sich zufriedengegeben. Ich habe auch den Mitarbeitern gesagt, dass sie sich keine Sorgen machen müssen. Dann habe ich dafür gesorgt, dass der Wachdienst ab sofort häufiger kommt und immer mit Hunden. Zusätzlich werden heute weitere Kameras installiert. Also, wie gesagt, alles unter Kontrolle. Und bei dir?«

Jacques spürte, wie der Druck in der Magengegend weniger wurde und die Anspannung von ihm abfiel. Das waren beruhigende Neuigkeiten, auch wenn das alles wieder zusätzliches Geld kosten und ihr Budget schmälern würde.

»Puh. Gut gemacht, Alter. Freut mich, dass du alles im Griff hast ...«

»Was hast du denn erwartet?«

»Nun, da du schon fragst. Vor allem, dass du dich früher bei mir meldest. Ganz schön blöd, so lange auf Neuigkeiten warten zu müssen. Was, wenn es keine Drogendealer waren und es irgendjemand ohne Rücksicht auf Verluste darauf angelegt hätte, uns zu schaden und unsere Technologie zu stehlen? Du hättest in Lebensgefahr sein können, wenn die dich spätabends allein im Labor angetroffen hätten.«

»Mach mal halblang, Kumpel. Mich knockt so schnell niemand aus. Denk an meinen schwarzen Gürtel in Karate.«

»Guter Punkt, Al-Gé. Es ist allerdings mindestens zwanzig Jahre her, dass du in Form warst. Überschätz dich mal nicht. Du bist schon lange nicht mehr der Alte. Gegen solche Profis, wie die, die bei uns einbrechen wollten, bist du machtlos.«

Al-Gé wusste genau, worauf Jacques hinauswollte. Seit er angefangen hatte zu saufen, war es mit seiner Kondition und Reaktionsschnelligkeit nicht allzu gut bestellt. Jeder Trottel hätte ihn mit einfachen Tricks überwältigen können. Seit er »trocken« war, kam er zu nichts mehr, außer im Labor über die Verbesserung ihrer Verfahren zu brüten und ihre Pilotanlage zu optimieren. Die Gewichtszunahme war ihm deutlich anzusehen. Jacques spürte, dass es besser wäre, ihm jetzt keine weitere Moralpredigt zu halten. Al-Gé hatte die Situation im Griff gehabt, Punkt.

»Okay. Lassen wir es dabei. Wir können alles Weitere nach meiner Rückkehr immer noch klären. Jetzt was ganz anderes. Von mir gibt es nämlich gute Neuigkeiten.«

»Wie heißt sie?«, wollte Al-Gé wissen.

»*Er* heißt Marc. Ein flüchtiger Bekannter von einem alten Kumpel. Erinnerst du dich an Andy Guggemoos, den deutschen Tauchlehrer, den ich schon ewig kenne?«

»Andy Guggemoos? Ach ja, klar. Der verrückte Allgäuer?«

»Genau der.«

»Höhlentaucher, nicht wahr? Hatte er dir nicht diese tollen Bilder von den Walhaien vor Afrikas Küste geschickt?«

Al-Gés Gedächtnis war einfach phänomenal, dachte Jacques.

»Ja, genau. Ich habe ihn gestern Nacht zufällig in der Altstadt von Alicante getroffen.«

»Was? Und weiter?«

»Andy hat vor Kurzem einen gewissen Marc van Teese auf einem afrikanischen Flughafen kennengelernt. Dieser Marc ist steinreich und in Afrika als Investor aktiv. Er hat ein Ferienhaus hier in der Gegend und will mich heute oder morgen treffen, um über Algamondo zu reden.«

»Das ist nicht wahr, oder?«, rief Al-Gé. »Nicht schon wieder so ein unausstehlicher Typ, der sich über sein Geld definiert.«

»Abwarten«, besänftigte ihn Jacques. »Andy wusste nicht allzu viel über ihn. Aber Marc hatte ihm erzählt, dass er es finanziell nicht mehr nötig hat zu arbeiten. Er beteiligt sich daher nur noch an Unternehmen und finanziert Projekte, die ihm Spaß machen. Ausschließlich Dinge, die er für ethisch einwandfrei hält. Gerade auch in Afrika.«

Es herrschte kurzfristiges Schweigen in der Leitung. Dann meinte Al-Gé: »Na schön, wir müssen alles versuchen. Verrate dem Typen aber nicht zu viel über unser Know-how. Dazu kennst du zu wenig über seinen Background. Denk daran, Priorität hat das Treffen am Montag in Monaco.«

»Yes, Sir! Mache ich. Ich gebe aber die Hoffnung nicht auf, dass uns vielleicht doch noch ein kleines Wunder retten wird.«

»Abwarten. In jedem Fall viel Glück.«

Samstag, 01. April 2017 – 16:13 Uhr – Alicante

Andy hatte sich sehr über das unverhoffte Treffen mit Jacques gefreut. Dennoch war er nach ihrem gemeinsamen Frühstück zügig aus Alicante aufgebrochen. Bis zu dem Campingplatz El Moralet, ganz in der Nähe, wo er mit seinem Team seit ein paar Wochen hauste, benötigte er gut fünfunddreißig Minuten. Die Arbeiten an dem Projekt Oro Azul liefen auf Hochtouren. Die gestrige Nacht hatten sie zum Feiern ihrer ersten Erfolge genutzt. Für den Nachmittag rief Andy sein Team zu einer Nachbesprechung der bisherigen Tauchgänge zusammen. Jeder sollte sagen, was sie verbessern konnten.

Vier übernächtigte Männer saßen auf weißen Plastikstühlen unter der Markise vor dem Wohnmobil, das ihnen während ihres Vorhabens als Labor und Büro diente. Man merkte den harten Jungs die Spätfolgen der vergangenen Nacht deutlich an. Thomas und Hans tranken still aus ihren Wasserflaschen. Pedro und Carlos hatten dunkle Augenringe und gähnten vor sich hin. Andy nahm ermattet auf dem fünften Stuhl Platz. Er kam augenblicklich zur Sache.

»Also, Jungs. Gestern war gestern, und heute ist heute. Wer feiern kann wie ein Weltmeister, kann auch so arbeiten.«

Ein typisch deutscher Spruch, wie Carlos fand. Hätte er sich diese Intro nicht sparen können? Ach egal, mit einem Sturkopf wie Andy wollte er sich heute nicht anlegen. Ihm reichte es, dass sein Schädel ihm unmissverständlich mitteilte, dass er es gestern wohl etwas mit dem Alkohol übertrieben hatte. Andy war ihr Boss, und der drückte mächtig auf die Tube, um ihren Zeitplan einzuhalten. Zudem wollte Andy ihnen sagen, was er glaubte, was in dem Deal für jeden Einzelnen von ihnen finanziell drin war.

»Jungs, ich bin stolz darauf, euch an Bord zu haben. Jeder

von euch ist auf seinem Gebiet der Beste. Deswegen seid ihr alle hier. Lasst uns hart daran arbeiten, dass wir erfolgreich sind. Ich vertraue euch. Wir werden die Süßwasserquelle finden. Aber, es wird nicht leicht. Früher oder später stoßen wir an unsere Belastungsgrenze. Damit das ein für alle Mal klar ist – wir gehen niemals darüber hinaus. Safety first! Und nach wie vor gilt absolute Geheimhaltung! Wenn die Sache an die Öffentlichkeit dringt, sind wir erledigt. Unser Honorar können wir dann abschreiben. Apropos Honorar …«

Seine Jungs waren plötzlich hellwach und schauten ihn erwartungsfroh an.

»Ich habe vor, den Vorstand von Aguas Bravas zu kontaktieren und ihnen von unseren Überlegungen zu berichten. Die können Investments in Milliardenhöhe sparen, wenn wir fündig werden. Ich denke, für uns ist dann über mehrere Jahre ein Honorar nicht unter zwei Millionen pro Jahr drin, um bei der Exploration des Wassers zu unterstützen. Das Wissen, das wir bis dahin zu der Höhle und dem Verlauf des Flusses aufgebaut haben, werden die uns teuer bezahlen.«

Carlos reagierte als Erster.

»Mann, Andy. Glaubst du wirklich, dass die uns so viel bezahlen werden? Mehr Geld, als ich mir jemals erträumt hätte. Wahnsinn!«

»Ja, das hat mir meine Kontaktperson bei Aguas Bravas bestätigt. Die können uns nur zum jetzigen Zeitpunkt noch nicht beauftragen. Ethisch ist das für die nicht vertretbar. Die Krawattenträger kennen das Risiko und die vielen Toten, die die Erforschung der Höhle bislang gefordert hat.«

Die Männer wussten, was für sie alle auf dem Spiel stand, auch wenn Andy das höchste Risiko ging, da er derjenige war, der Stunde um Stunde unter Wasser in der Höhle zubrachte.

»Damit das klar ist, jeder von uns bekommt einen identischen Anteil. Auch ich. Denkt daran: Wir sind ein Team. Mein Leben hängt von euch allen ab. Es dürfen keine Fehler passieren. Sicherheit steht immer an erster Stelle. Wir müssen ab sofort wie Leistungssportler leben. Das gestern war während der nächsten Monate die einzige Ausnahme. Alkohol wird es nur noch in begründeten Fällen geben. Einverstanden?«

Die Männer nickten entschlossen.

Samstag, 01. April 2017 – 16:33 Uhr – Alicante
Nachdem er das Telefonat mit Al-Gé beendet hatte, überlegte Jacques, wie er den Rest des Tages zubringen wollte. Er entschloss sich, an den Strand zu gehen. Wenn er schon nicht zum Tauchen kam, wollte er wenigstens das Meer genießen. Zuvor checkte er routinemäßig die E-Mails auf seinem Smartphone. In dem Moment klopfte es an der Zimmertür. Ein Zimmermädchen überbrachte ihm eine Nachricht. Absender war Marc van Teese.

Sehr geehrter Monsieur Devilliers,
Andy hat mir von Ihnen berichtet. Ich würde mich gerne mit Ihnen treffen. Wäre dies am Sonntag, den 02. April, möglich? Passt 11 Uhr? Ich erwarte Sie am Ende der Promenade, die von Ihrem Hotel zum Strand führt. Wenn Sie die heutige Ausgabe der Financial Times bei sich haben, werde ich Sie erkennen. Freue mich, bis dahin,
Marc van Teese

6. Kapitel

Sonntag, 02. April 2017 – 05:56 Uhr – Alicante
Am nächsten Morgen stand Jacques früh auf. Er war zeitig zu Bett gegangen, da er morgens noch ihre PowerPoint-Präsentation ein wenig ändern wollte. Marc van Teese sollte möglichst viele Fakten zu den Vorteilen ihrer Technologie, gerade für Afrika, präsentiert bekommen. Vermutlich wusste Marc nicht, dass sechsundachtzig der hundert weltweit am schnellsten wachsenden Städte in Afrika liegen. Deren weitere Existenz ist durch den Klimawandel extrem gefährdet. Die Biotreibstofferzeugung vor Ort mittels der Algamondo-Technologie würde für die Energieprobleme dieser Megacitys eine »smarte Lösung« sein. Davon galt es Marc van Teese zu überzeugen.

Gegen zehn machte der Belgier sich auf den Weg in die Hotellobby, um die gestrige *Financial Times* zu kaufen und kurz einen Espresso zu trinken. Viel Lust auf ein größeres Frühstück verspürte er nicht. Dazu war er viel zu aufgeregt.

Beim Durchblättern des Wirtschaftsteils entdeckte er verwundert einen knapp gehaltenen Artikel. Dort hieß es, der europäische Investor Marc van Teese habe durch seine Beteiligungsfirma Red Barron Invest in einer überraschenden Transaktion einen landwirtschaftlichen Betrieb in der Nähe von Moskau erworben. Er beabsichtige, dort eine Fabrik zur

Herstellung von Quark zu errichten. Damit habe sich Red Barron Invest erfolgreich als eines der großen unabhängigen Unternehmen der Lebensmittelindustrie in einem für Russland wichtigen Segment positionieren können.

Das konnte kein Zufall sein. Der geheimnisvolle Herr van Teese hatte sicherlich Kenntnis von diesem Artikel, als er ihn aufgefordert hatte, die *Financial Times* zu kaufen. Immerhin erfuhr Jacques damit wieder etwas mehr über ihren potenziellen Geldgeber.

Als er knapp eine Stunde später das Hotel verließ, die *Financial Times* und sein Tablet unter dem Arm geklemmt, fiel ihm ein Mann mittleren Alters auf. War das Marc van Teese? Der Mann unterschied sich von den vielen Touristen und Joggern, die den warmen Frühlingstag für einen Ausflug ans Meer oder einen Lauf entlang der Promenade nutzten, durch seine wahrnehmbare Gelassenheit. Während um ihn herum jeder beschäftigt und in Bewegung war, schlenderte der braun gebrannte Mann langsam und ziellos umher. Er genoss offensichtlich den Blick auf das Meer. Der blaue Himmel hatte einen unendlich großen Spiegel gefunden und ließ das Meer in kräftigem Blau leuchten. Jacques ging unweigerlich in Richtung des Mannes. Als er kurz vor ihm war, wurde er davon überrascht, dass eine attraktive Spanierin den Unbekannten mit herzlichen Küssen begrüßte. Der Mann und die Frau hakten sich unter und verließen die Promenade in Richtung Altstadt. Plötzlich hörte Jacques hinter sich eine Stimme. Verdutzt drehte er sich um.

»Guten Morgen, Sie müssen Monsieur Devilliers sein. Marc van Teese.«

Zum Schutz vor der Sonne trug der mittelgroße Mann ein Baseballcap und eine dunkle Sonnenbrille. In seinen beigefarbenen Chinos und dem dunkelblauen Poloshirt fiel er kaum auf unter all den spanischen Familien, die den sonnigen Tag für einen Strandausflug nutzen wollten. Er streckte Jacques seine Hand entgegen. »Marc, wenn es recht ist.«

»Jacques Devilliers«, sagte der Belgier, »gerne auch nur Jacques«. Er drückte die ausgestreckte Hand seines Gegenübers, der seine Sonnenbrille abgesetzt hatte.

Marc van Teese lächelte freundlich aus stahlblauen Augen. Er wirkte unbekümmert, neugierig und interessiert. Dass er viel arbeitete, sah man ihm an seinem müden Gesichtsausdruck an, der auch von dem gebräunten Teint nicht überdeckt wurde. »Kommen Sie, lassen Sie uns zum Strand hinuntergehen.«

Alles hätte er erwartet, aber nicht, dass er einmal mit einem unbekannten potenziellen Investor in Alicante am Strand über gemeinsame Geschäfte reden würde. Jacques war noch nicht ganz klar, wie er sich in der eigenartigen Situation verhalten sollte.

Van Teese warf einem Blick auf Jacques' *Financial Times*. »Steht da etwas Interessantes drin?«

Jacques lächelte. »Ja, schon. Viel weiß ich ja nicht über Sie. Jetzt aber immerhin etwas mehr über die Red Barron Invest.«

»Ach, Sie meinen den Deal in Russland? Ja, ich bin erst vorgestern Nacht aus Moskau zurückgekehrt. Wir haben unsere Aktivitäten im Lebensmittelsektor in Russland strategisch erweitert. Sie glauben gar nicht, wie wichtig es Präsident Putin ist, dass in Russland eine starke Lebensmittelindustrie entsteht, die in der Lage ist, lokal erzeugte Rohstoffe direkt im Land zu verarbeiten.«

Jacques war überrascht. »Sie kennen Putin?«

»Nicht persönlich. Aber meine Geschäftsführer sind in

Moskau und in St. Petersburg gut vernetzt. Sie können sich bestimmt denken, dass eine Investition in Russland nur bei der richtigen Protektion und mit den richtigen Beziehungen erfolgreich ist. Es gibt ›lokale Gepflogenheiten‹, ohne die man nun einmal in Russland keine Geschäfte machen kann. Aber damit will und muss ich mich nicht befassen. Schließlich erhalten unsere Berater einige Millionen Dollar im Jahr, um uns bei den richtigen Stellen angemessen zu repräsentieren.«

Jacques war überrascht von der Offenheit, mit der Marc van Teese ihm hier von Geschäften berichtete, die nach westlichem Verständnis nicht ganz ordnungsgemäß waren.

Marc van Teese schien Jacques' Gedanken zu lesen. »Keine Sorge. Das, was wir dort tun, ist absolut legal. Wir verfolgen in unseren Unternehmen stets eine Nulltoleranzstrategie. Bei all meinen in- und ausländischen Beteiligungen gilt ein strenger Corporate-Governance-Kodex. Ich will damit strafbares Verhalten unterbinden. Glauben Sie mir, ich agiere auch in Russland nicht naiv. Leider kann ich mich der Realität aber nicht immer verschließen.«

Jacques war sprachlos. Andy hatte ihm nicht zu viel versprochen. Marc van Teese war ganz offensichtlich kein gewöhnlicher Investor, sondern sehr pragmatisch.

»Nun, Jacques, was kann ich für Sie tun?«

Jacques überlegte, ob er Marc bitten sollte, ihren Spaziergang bei der nächsten Strandbar zu unterbrechen, um ihm in Ruhe die Präsentation zeigen zu können. Wieder war Marc ihm gedanklich einen Schritt voraus, denn er nahm ihm die Entscheidung ab.

»Ich gehe davon aus, dass Sie eine Präsentation vorbereitet haben. Die interessiert mich erst einmal nicht. Ich möchte zunächst etwas mehr von Ihnen erfahren.«

»Gerne«, antwortete Jacques. »Was möchten Sie wissen?«

»Die wichtigste Frage, die ich mir stelle, ist, was treibt Sie an? Warum sind Sie Unternehmer?«

Mit allem hatte Jacques gerechnet, aber nicht mit dieser so schwierig zu beantwortenden Frage. Sie war sehr persönlich. Lange dachte Jacques nach. Er war sich sicher, dass van Teese es spürte, wenn er sich verstellen würde, nur um eine vielleicht opportune Antwort zu geben. Daher antwortete Jacques wahrheitsgetreu: »Mich treibt mein Team an. Die Begeisterung, mit der unsere mittlerweile sechzehn Mitarbeiter jeden Tag ihr Bestes geben, weil sie, wie ich auch, an unser Projekt glauben.«

»Das ehrt sie«, bemerkte Marc. »Also, worum geht es Ihnen? Wie kann ich Ihnen helfen?«

»Gut, ich will nicht lange um unser Problem herumreden, Marc. Uns wird in wenigen Wochen das Geld ausgehen. Nicht nur, dass meine Mitarbeiter bezahlt werden müssen. Es gibt da noch die Miete für das Gebäude, Versicherungen, Patentanmeldungen, Reisekosten, Kosten für Anwälte, Steuerberater und so weiter. Um unsere Erfindung weiterzubringen, benötigen wir kurzfristig rund 2,5 Millionen Euro. Mit diesem Geld könnten wir unsere Fixkosten für ungefähr ein Jahr abdecken und währenddessen eine kleine Pilotanlage errichten. Die Umsätze mit der Pilotanlage führen nach unseren Plänen zum Break-even des Unternehmens. Mit weiteren zehn Millionen könnten wir im Anschluss eine größere Freilandanlage errichten.«

»Überschaubare Summen«, kommentierte Marc.

»Mein bester Mann im Team, Mitgründer und langjähriger Freund, Al-Gé … Pardon, er heißt in Wirklichkeit Louis Guigou, ist ein genialer Tüftler und Prozesstechniker. Er hat es geschafft, unsere Erfindung vom Batch-Verfahren auf ein Continuous-Flow-Verfahren umzustellen ...«

Marc war stehen geblieben und sah Jacques stirnrunzelnd an. »Einen Moment. Ihre Ausführungen sind etwas zu schnell für mich. Worum geht es da genau?«

»Nun, wir experimentieren mit genmanipulierten Algen, um daraus Treibstoff zu gewinnen.«

»Gentechnik?«, wollte Marc wissen.

»Ja. Synthetische Biologie, um es präziser zu formulieren. Unsere Algen haben wir in Computersimulationen auf die übermäßige Produktion von Fettanteilen, also Ölen, programmiert. Jede Eigenschaft, die dabei stört, haben wir aus dem Erbgut unserer Algen entfernt.«

Marc blickte ihn fragend an: »Ist das zulässig? Kann diese Art von genetischer Veränderung den Algen nicht auch ganz andere, schlimmstenfalls tödliche Eigenschaften einpflanzen?«

»Theoretisch, ja. Aber unser Verfahren läuft in einem geschlossenen Kreislauf ab, über den wir völlige Kontrolle haben. Und wenn Sie die tödliche Veränderung ansprechen, davon habe ich gehört, aber das ist nichts, womit wir uns beschäftigen. Wir zählen zu den Guten«, lachte Jacques. »Wir nutzen die ›grüne‹ Gentechnik ausschließlich, um Menschen in der Dritten Welt zu helfen, an billigeres Öl zu kommen. Wenn Sie so wollen, sind wir das Gerechtigkeitskorrektiv, das die Welt braucht, um Ölvorkommen angemessener aufzuteilen. Nur darum geht es uns. Und, nicht zu vergessen, wir haben das Wissen und die Technik, die Algen in einem fortwährenden Prozess zu züchten. Das bezeichnen wir als Continuous-Flow-Verfahren.«

»Verstehe. Aber rein theoretisch sind auch weniger friedliche Anwendungen Ihres Verfahrens denkbar?«

»Denkbar ja, aber praktisch ausgeschlossen. Weltweit gibt es nur ganz wenige Spezialisten. Vielleicht ein, zwei Handvoll.«

»Und Sie und Ihr Team gehören dazu?«

»Soweit es ›grüne‹ Gentechnik betrifft, ja. Alles andere ist theoretisch machbar, interessiert uns aber nicht.«

Marc schien sich mit der Antwort zufriedenzugeben.

»Nun, entscheidend ist, dass sich unsere Algen in einem geschlossenen Kreislauf von selbst und in rasendem Tempo vervielfältigen. Das spart Kosten und sichert einen deutlich höheren Ertrag in der Anzucht, als es in allen anderen Verfahren machbar ist. Dort muss immer wieder neue Biomasse, zum Beispiel in Teichen, gezüchtet werden. Keiner unserer Wettbewerber ist heute dazu in der Lage, das zu tun, was wir können.«

Marc nickte anerkennend. »Erzählen Sie bitte mehr dazu.«

»Selbst in hoch salzhaltigem Wasser oder auch in Abwasser überleben und vermehren sich unsere Algen. Ihre gentechnische Veränderung führt dazu, dass sie während der Wachstumsphase weniger Energiezugabe benötigen. Spezielles künstliches Licht in geschlossenen Räumen zu erzeugen, wie zum Beispiel in Produktionshallen, findet unter hohem Energieaufwand statt. Wir bevorzugen einen Glasreaktor, der bei Sonnenschein im Freiland eingesetzt werden kann. So können wir ohne externen Energieeinsatz die Ausgangsmaterie innerhalb von drei Stunden verachtfachen. Das ist ausreichend, um einen Prozess in Gang zu setzen, der am Ende zu einer extrem ölhaltigen Masse führt. Aus dieser ölig-wässrigen Biomasse wird durch Extraktion Rohöl gewonnen, das wir zu Biotreibstoff aufbereiten können.«

Jacques war klar, dass er ein großes Risiko einging. Aber

sein Bauchgefühl sagte ihm, dass er Marc vertrauen konnte. Deswegen erklärte er ihm weitere Details.

»Al-Gé und ich glauben, dass wir es bereits mit der ersten kleinen Pilotanlage schaffen werden, Treibstoff zu erzeugen, der in der Herstellung deutlich billiger wäre als die derzeit üblichen Kosten für konventionelle Treibstoffe.«

Marc blieb kurz stehen, um zu einer Strandbar zu deuten.

»Kommen Sie, Jacques. Lassen Sie uns dort einkehren. Dann verraten Sie mir, wie viel billiger Sie den Treibstoff produzieren können.«

Sonntag, 02. April 2017 – 06:43 Uhr – Monaco

Der Sonntagmorgen hatte für Peter früher als sonst am Wochenende üblich begonnen. Er wollte den bevorstehenden Besuch des Belgiers vorbereiten. Was er über dessen Erfindung erfahren hatte, war grandios. Für solche Erkenntnisse war er nach Europa geschickt worden. Um bald am Schreibtisch zu sitzen, begann er um sieben Uhr mit seinem Training auf dem Concept 2 Indoor-Ruder-Ergometer. Schnell erreichte er eine Schlagzahl von über dreißig, mit der er fünfundvierzig Minuten ruderte. Als er noch in Harvard und Yale Jura und Betriebswirtschaftslehre studiert hatte, war das ein Aufwärmtraining für ihn. Jetzt war er froh, wenn er regelmäßig drei bis vier Trainingseinheiten von dreißig bis fünfundvierzig Minuten in seinen vollen Terminkalender einplanen konnte. Mit seiner stattlichen Größe von 1,96 Meter war Peter einst Teil des Ruderteams von Harvard gewesen. Das erklärte seinen noch immer tadellos durchtrainierten Körper.

Nur selten verbrachte Peter die Sonntagvormittage nach seinem Rudertraining im Büro. Heute war eine dieser Ausnahmen. Morgen würde er diesen Belgier mit der Wahnsinnstechnologie treffen. Aaron Moskowicz und Paul Grieger, seine beiden Technologieexperten, sollten ebenfalls an dem Meeting teilnehmen. Sie hatten einen umfangreichen Bericht zu dem belgischen Unternehmen namens Algamondo für ihn vorbereitet. Fasziniert von dessen Technologie hatte Peter alles gelesen, was seine Experten darüber herausgefunden hatten. Dafür hatte er gut drei Stunden gebraucht. Die technische Bewertung durch Aaron und Paul war geradezu überschwänglich. Die Belgier besaßen offenbar eine echte disruptive Technologie, die die Weltwirtschaft auf den Kopf stellen konnte.

Peter war gut vorbereitet. Er wollte alles versuchen, um seinen Gesprächspartner von einem Investment durch seinen Fonds zu überzeugen. Einfach würde das sicherlich nicht, insbesondere dann nicht, wenn er andeuten würde, dass die CIA involviert wäre. Früher oder später musste er jedem ihrer Beteiligungsunternehmen darüber reinen Wein einschenken. Da es damals bei Google und Facebook gelungen war, würde ein Investment durch die CIA hoffentlich auch bei den Belgiern kein Problem darstellen. Wenn doch, würde er zu anderen Mitteln als nur Gespräche greifen.

Dank des frühen Tagesbeginns konnte er zur Mittagszeit gut gelaunt sein Büro verlassen, um das Meer und den mit Bruno geplanten Ausflug mit dem Mountainbike zu genießen. Dann konnte er auch die eine Sache mit ihm besprechen, die ihm am Herzen lag. Es betraf Angélique Vasseur, seine Assistentin. Sie war erst seit Kurzem bei ihm und bisher unauffällig und zuverlässig.

Peter hatte die Erfahrung gemacht, dass er mit einem Blick aus seinen stahlblauen Augen die meisten Menschen aus dem Konzept bringen konnte. Angélique hatte ihm in ihrem

Bewerbungsgespräch souverän standgehalten. Sonst hätte sie die Stelle in dem schönen Büro auf dem Boulevard Princesse Charlotte in Monaco nie bekommen. Während des Einstellungsgesprächs wunderte sie sich über seinen aufgeräumten Schreibtisch. Kein Bild von Frau und Kindern, wie das in den Büros amerikanischer Manager so üblich war. Kein Bild eines Hundes oder von Freunden. Seit gut sechs Monaten arbeitete sie jetzt für ihn und wusste nichts über sein Privatleben. Was Angélique nicht bemerkt hatte, war, dass Peter sie seit dem Vorstellungsgespräch sorgfältig überwachen ließ. Über ihr Privatleben wusste er mehr, als ihr lieb gewesen wäre.

Sonntag, 02. April 2017 – 12:13 Uhr – Alicante

Als er und Marc die kleine Strandbar erreichten, erinnerte Jacques sich daran, was er Andy kurz vor ihrem Abschied gestern gefragt hatte.

»Andy, kann ich Marc vertrauen?«

Andy hatte sehr besonnen darauf reagiert. »Das musst du selbst entscheiden. Marc ist ein Profi auf seinem Gebiet. Er ist es gewohnt zu investieren, aber nur dann, wenn ihm an einem Unternehmen dessen Menschen und die Geschäftsidee gefallen. Er ist ein Abenteurer, der über ausreichend Geld verfügt, um sein Leben frei zu gestalten. Geld ausgeben wird er nur dann, wenn er von etwas hundertprozentig überzeugt ist.«

Auf dem Weg zu ihrem Tisch hatte Jacques seine Entscheidung getroffen. Während der wenigen Minuten, die ihr Spaziergang gedauert hatte, hatte er gespürt, dass Marc genau der richtige Investor für sie sein würde. Und was hatten sie schon zu verlieren, so kurz vor der Insolvenz? Als sie sich an einen schattigen Tisch in der hinteren Ecke der Strandbar setzten, sagte Jacques: »Marc, wir können Benzin zu einem Viertel der heutigen Kosten produzieren.«

Ein Lächeln huschte über Marcs Gesicht, war aber gleich wieder verschwunden. »Wenn ich Sie richtig verstehe, dann kann man mit Ihrer Technologie überall auf der Welt Biotreibstoff herstellen?«

»Richtig«, antwortete Jacques. »Überall dort, wo sich aufgrund der günstigen Sonneneinstrahlung Algen ohne hohen Energieeinsatz züchten lassen. Die Preise für den Treibstoff werden umso günstiger, je weniger externe Beleuchtungsenergie benötigt wird.«

»Ich erinnere mich, dass meine Kinder in der Schule jüngst das System der Fotosynthese lernen mussten. Wie ist das eigentlich bei Ihren Algen?«, wollte Marc wissen.

»Nun, Algen betreiben ähnlich wie Pflanzen an Land Fotosynthese, allerdings im Wasser. Dank der Energie aus dem Sonnenlicht, dem Eintrag von CO_2 und weiteren Nährstoffen, bilden sie organische Kohlenstoffverbindungen. Die dabei entstehende Biomasse extrahieren wir. Anschließend kann in einer herkömmlichen Raffinerie daraus Treibstoff gewonnen werden.«

Marc war fasziniert. Nie zuvor hatte er davon gehört.

»Neben meinem Geld, was benötigen Sie noch, um Ihre Pilotanlage zu bauen?«

»Eigentlich nur eine größere Landfläche, idealerweise in der Nähe des Meeres. Wenn dann noch Kraftwerke oder eine Zementfabrik mit überschüssigem CO_2-Ausstoß vor Ort sind, haben wir schon einen Teil der Nährstoffe, den unsere Algen benötigen. Mit unserem Verfahren können selbst die ärmsten Länder der Welt zu Ölproduzenten werden.«

Marc wurde nachdenklich. »Ich muss Ihnen nicht sagen,

dass Sie sich mit Ihrer Technologie nicht nur Freunde machen werden.«

»Das wissen wir«, pflichtete Jacques ihm bei.

»Die Ölmultis dürften dabei noch das geringste Problem sein. Bei Öl geht es um eine strategische Ressource. Öl ist der Schmierstoff Tausender korrupter Politiker, Banker, Staatschefs und Investoren. Es geht um Arm gegen Reich, um Nord gegen Süd.«

Jacques nickte. Sein Gesprächspartner hatte in wenigen Augenblicken erfasst, welches Potenzial und welches Risiko in der Algamondo-Technologie lagen.

Marc sah sich nach dem Kellner um, machte ihm Zeichen, dass sie bestellen wollten. Dann sprach er weiter.

»Jacques, es muss Ihnen klar sein, dass Sie nicht nur Geld benötigen, um Ihr Unternehmen zum Erfolg zu führen. Es wird zu einem unerbittlichen Kampf kommen. Sie müssen bereit und stark genug sein, diesen Kampf zu führen. Notfalls über Jahre. Um nicht erbarmungslos unterzugehen, sollten Sie nicht alleine kämpfen. Sie brauchen Verbündete. Ich könnte Ihnen ein solcher Verbündeter sein.«

Der Kellner war zu ihnen getreten. Marc sah Jacques an.

»Wäre ein Chardonnay recht?«, fragte er.

Jacques nickte geistesabwesend. War das gerade etwa ein Angebot von Marc?

Marc gab bei dem Kellner den Wein in Auftrag.

»Mich reizt nicht das große Geld«, fuhr Marc kurz darauf fort. »Mich reizt, was Sie mit Ihrer Erfindung erreichen können. Sie sind in der Lage, ganze Volkswirtschaften umzukrempeln. Staaten vor der Armut zu bewahren und Millionen von Arbeitsplätzen zu schaffen. Statt weiter sinnlose Militärausgaben in die Höhe zu schrauben, kann Ihre Umwelttechnologie helfen, Kriege, die aus Armut und Unterdrückung geführt werden, zu verhindern. Wie gesagt, nicht jedem wird dieser Gedanke gefallen. Mir allerdings gefällt er sehr.«

Jacques schluckte. Das Gespräch schien in die richtige Richtung zu gehen. »Und was heißt das konkret?«

»Konkret heißt das«, antwortete Marc, »ich werde die erforderlichen 12,5 Millionen Euro in Ihr Unternehmen investieren, zu den üblichen Bedingungen. Sie werden und sollen die Mehrheit behalten. Ich will aber im Falle eines späteren Verkaufs oder Börsengangs eine Liquidationspräferenz. Zudem will ich die Möglichkeit, etwaige Darlehen, die ich bei Bedarf zusätzlich als Gesellschafter gebe, in Eigenkapital zu einer fairen und marktüblichen Bewertung umzuwandeln. Mit anderen Worten: Wenn Sie mich wollen, Jacques, bin ich an Bord.«

In diesem Moment kam der Kellner mit dem Wein. Er stellte ihn in einem Kühler zusammen mit zwei Gläsern auf den Tisch. Marc übernahm die Rolle des Kellners und füllte ihre Gläser.

»Zum Wohl, auf unseren Erfolg, wenn ich so sagen darf.«

Jacques konnte sein Glück kaum fassen. Ihn irritierte allerdings, wie schnell und leicht Marc einem Investment von mehreren Millionen Euro zugestimmt hatte. Jacques war monatelanges Warten und Hunderte Fragen zu allen möglichen unwichtigen Details gewohnt, die üblicherweise einer ersten Präsentation und der Vorlage vertraulicher Daten und Fakten folgten. Hier und heute kam er gar nicht dazu, sein Tablet zu öffnen, um Marc ihre Präsentation zu zeigen. Das machte Jacques argwöhnisch.

»Wieso haben Sie sich so schnell entschieden?«, fragte er daher.

Marc van Teese lächelte. Die Frage schien ihn nicht zu überraschen. »Mir hat gefallen, dass Sie die gestrige *Financial Times* nicht nur gekauft, sondern sie auch aufmerksam gelesen haben. Ich wusste, dass darin der Artikel über Red Barron Invest erscheinen würde. Ich investiere nie in ein Unternehmen, dessen Chef sich nicht täglich mit den aktuellen Geschehnissen des Wirtschaftslebens beschäftigt.«

Jacques sah seinen Gesprächspartner verwundert an. »Die *Financial Times* war ein Test?«, fragte er. »Was, wenn ich ihn nicht bestanden hätte, nicht gewusst oder bemerkt hätte, dass Sie über Red Barron Invest in Russland investiert haben?«

»Dann wäre es nicht zu meiner Investmentzusage gekommen. Sie müssen verstehen, dass das, was wir zukünftig gemeinsam aufbauen wollen, mehr als nur Technologie und Patente sind. Sie werden auf Politiker treffen, die sich mit Ihnen schmücken möchten. Auf Banker, die Ihr Geld wollen. Auf Wettbewerber, die Ihr Wissen erschleichen und dann kopieren wollen. Möglicherweise auch auf Männer mit dunklen Anzügen und Sonnenbrillen.«

Jacques war irritiert. »Wenn Sie mich das nächste Mal testen, habe ich dann auch nur eine einzige Chance?«

Ohne Zögern antwortete Marc: »Ja, eine Chance. So sind meine Spielregeln. Sie müssen lernen, mir zu vertrauen. Die Regeln, die wir dazu benötigen, werden wir gemeinsam festlegen. Ich mag Ihre offene Art. Sie scheuen nicht davor zurück, mir kritische Fragen zu stellen. Das erwarte ich von jemandem, dem ich mein Geld anvertraue. Ich werde keine Spielchen mit Ihnen treiben. Sie sollten das aber auch nicht mit mir probieren.«

»Dann haben wir einen Deal?«, fragte Jacques zögerlich.

»Ja, meine Zusage gilt. Ich lasse Ihnen in den nächsten

Tagen über meinen Rechtsanwalt in Frankfurt einen Vertragsentwurf zukommen. Er heißt Dr. Hans-Georg Rhode«, sagte Marc. »Meinen Namen als Investor werden Sie darin nicht finden. Wahrscheinlich wird sich eine meiner Gesellschaften von den Bahamas oder den Cayman-Inseln beteiligen. Eventuell aber auch eine Luxemburger Gesellschaft. Das kläre ich mit meinen Steuerexperten. Daraus werden Sie keine Nachteile haben.«

Nie wäre Jacques auf die Idee gekommen, sich steuerlich Gedanken über die anstehende Investmentrunde zu machen.

»Bis wann muss denn die Überweisung der ersten Millionen erfolgen?«

»Am besten gestern«, antwortete Jacques, ehrlich wie er war. »Wir haben noch für gut sechs weitere Wochen Liquidität. Wenn wir sparsam mit den Investments in neue Mikroskope umgehen, vielleicht auch für acht.«

»Okay«, sagte Marc, während er den Kellner rief, um die Rechnung zu bestellen. »Dann soll sich Dr. Rohde beeilen. Es ist nicht das erste Mal, dass ich Feuerwehr bei einem Unternehmen spiele. Meist sind es jedoch deutlich größere Summen und deutlich schwierigere Situationen. Hier sehe ich keinerlei Probleme. Vor der Überweisung des Geldes werde ich selbstverständlich noch Ihre Bilanzen checken lassen. Auch um zu sehen, welche Verlustvorträge wir gegebenenfalls nutzen können. Möglicherweise lassen sich Teile der Entwicklungskosten aktivieren. Ich werde das durchrechnen lassen. Das liegt in unserem gemeinsamen Interesse.«

»Ja, ja, natürlich«, antwortete Jacques überglücklich.

»Was die Gewinnverteilung angeht … Nun, ich bin der Meinung, dass Sie es verdient haben, von Ihrer Erfindung auch langfristig zu profitieren. Ich wäre daher einverstanden, wenn die Mehrheit der Anteile bei Ihnen verbleibt. Sagen wir, dauerhaft dreiunddreißig Prozent für mich?«

Jacques konnte es kaum glauben. »Dauerhaft« hieß, dass er und Al-Gé die Mehrheit behalten würden, auch wenn Marc später noch viel höhere Summen investieren würde. Hatte Marc gerade einen Verwässerungsschutz akzeptiert?

»Ich verlange von Ihnen lediglich, dass Sie das Unternehmen stabil und nachhaltig ausbauen.«

»Darauf können Sie sich verlassen«, sagte Jacques.

»Leider muss ich los, da ich heute noch einen Flieger ins Ausland erwischen muss.« Marc erhob sich. »Haben wir einen Deal?«

Jacques war aufgestanden und ergriff voller Freude die Hand, die Marc van Teese ihm entgegenstreckte. »Deal! Abgemacht. Ich muss all das natürlich noch mit meinem Kompagnon besprechen. Aber ich denke, Al-Gé wird genauso begeistert sein wie ich!«

»Nehmen Sie sich die Zeit, die Sie brauchen. Dr. Rhode wird sich via E-Mail bei Ihnen melden. Ich lasse ihn noch heute wissen, dass er von mir die Vollmacht hat, das Investment an Algamondo freizugeben. Verzeihung, dass er solche Dinge für mich erledigt. Ich bin furchtbar viel unterwegs. Sie werden Dr. Rhode mögen.«

Mit diesen Worten verabschiedete sich Marc van Teese. Nach einem Gespräch, das nicht einmal eine Dreiviertelstunde gedauert hatte, war Algamondos Zukunft voraussichtlich gesichert. Marc rückte das Baseballcap und die Sonnenbrille zurecht. Jacques blieb am Strand von Alicante mit einer halb vollen Flasche Chardonnay und dem Gefühl zurück, gerade der glücklichste Mensch der Welt zu sein.

Sonntag, 02. April 2017 – 02:05 Uhr – Washington, D.C.

John Lewellen ließen die Ereignisse der vergangenen Tage nicht zur Ruhe kommen. Die Summe seiner langjährigen Erfahrungen sagte ihm, dass der Tod von Birhats Vater Konsequenzen nach sich ziehen würde. Weder er noch seine Experten konnten derzeit deren Tragweite auch nur im Ansatz abschätzen. Was konnte die Nachricht und die Ankündigung vom »Ende der Welt« in dem kranken Hirn eines Terroristen bedeuten? Seine eigene Unwissenheit beunruhigte Lewellen. Das Gefühl zu versagen, war seit vielen Jahren Teil seines Jobs. Der Gedanke, was alles passieren konnte, wenn er nicht aufmerksam genug war, verfolgte ihn in den Schlaf und darüber hinaus.

Den Zivilisten ein Fünfjahresbudget in Höhe von fünfzehn Milliarden Dollar für Innovationen aus den Rippen zu schneiden, war das eine. Aktive Angriffe von Terroristen vorherzusehen und zu stoppen, das andere Betätigungsfeld von Lewellens Spezialeinheit. John und seine weltweiten Lauschtruppen waren unabhängig von all den weiteren amerikanischen Sicherheitsbehörden auf ausdrücklichen Wunsch des Stabschefs des Weißen Hauses eingesetzt worden. Vertrauen in die verschiedenen Sicherheitsdienste war gut, Kontrolle besser. Während die großen Behörden und Teams agierten wie ein schwerfälliger Tanker, war der Vorteil von Lewellens hochkarätigem Team, dass es schnell, unbürokratisch und mit eigenen Leuten vor Ort vorgehen konnte. Auf Peter Miller, der für Europa und die Türkei zuständig war, konnte infolge des Ankara-Attentats mehr Arbeit warten, als ihnen allen lieb war.

John Lewellen hatte, kurz bevor er ins Bett ging, Peters Bericht zu den europäischen Start-ups im Energie- und Wassersektor gelesen. Diese belgische Algamondo war hervorgestochen. John wunderte sich immer wieder, was es so an Neuerungen gab und mit wie viel Einsatz viele Unternehmensgründer an die persönliche Schmerzgrenze und darüber hinaus gingen, um an ihren brillanten Ideen und deren Weiterentwicklung zu arbeiten. Er war gespannt auf das Telefonat, das er mit Peter führen würde, sobald der die Belgier in Monaco getroffen hätte.

Der zweite Bericht, den er vor dem Einschlafen gelesen hatte, war die Risikoabschätzung, die Doug und Tom auf seine Bitte hin nochmals ungefiltert und mit der militärischen Brille geschrieben hatten. Der Fokus lag auf Kalifornien, denn den Bericht wollte John der störrischen Liz Bartlet zur streng vertraulichen Lektüre zuleiten. Wenn Bartlets Zuhause in der Nähe von Anaheim beim Chino Hills State Park konkret bedroht sein würde, stieg die Wahrscheinlichkeit, dass sie als einzig noch verbliebene Widersacherin dem beantragten Budget schließlich ebenfalls zustimmen würde.

»Zusammenfassung diverser Drohszenarien des Umweltterrorismus für Kalifornien« war der Bericht betitelt. John hatte bei den letzten Seiten mehr als einmal geflucht. Sie zeigten ihre völlige Hilflosigkeit in erschreckender Klarheit.

»Der Umweltterrorismus stellt eine konkrete Gefährdungslage für Kalifornien dar. Es ist davon auszugehen, dass mit wenigen gezielten Maßnahmen Schäden bei Anwohnern und Sachwerten in nie zuvor erlebter Höhe entstehen werden. Dazu kommt die zu befürchtende Massenpanik von Millionen Anwohnern …«

Lewellen spürte den Druck, der auf ihm lastete. Die Vergleiche mit den bislang schlimmsten Atomkatastrophen waren erschreckend. Wie recht seine Jungs hatten mit ihrem Fazit »nie zuvor erlebt«. Ihre nüchtern aufgelisteten Zahlen machten deutlich, wie Terroristen mit einfachen Mitteln Kalifornien infolge eines Angriffs eine Apokalypse ungeahnten Ausmaßes bescheren konnten. Die Aussage, die ihn bis in den Schlaf verfolgte, war: »Zu befürchten ist der Tod von bis zu vier Millionen Menschen.«

Sonntag, 02. April 2017 – 14:13 Uhr – Alicante

Dem glücklichsten Menschen der Welt blieben nur wenige Minuten, sein Glück in vollen Zügen zu genießen. Unruhe machte sich breit. Ein Gefühl, wie er es schon lange nicht mehr empfunden hatte.

Unmittelbar nachdem Marc sich von ihm verabschiedet hatte, rief Jacques Al-Gé an, um ihm die tollen Neuigkeiten zu berichten. Al-Gé ging nicht ans Telefon. Das kannte er so nicht von ihm. Zumindest nicht in den letzten fünf Jahren, seit er ihn aus der tiefen Depression und der Flucht in den Alkohol befreit hatte. Sie hatten ab da fast alles gemeinsam erledigt, sich immer eng über die jeweiligen Schritte abgestimmt. Ihre unausgesprochene Regel war, 24/7 für den anderen erreichbar zu sein. Wieso war Al-Gé, wie schon gestern Nacht, auch heute nicht erreichbar? Al-Gé wusste doch, dass er sich mit Marc traf und wie wichtig das Ergebnis für sie sein konnte. So oft Jacques es auch probiert hatte, immer wieder meldete sich nur Al-Gés Mailbox. Kurz nach zwei Uhr war es Zeit, in Richtung Flughafen aufzubrechen. Die Flasche mit dem Wein ließ Jacques halb voll in der netten Strandbar zurück. Ihm war trotz der Freude über Marcs Zusage nicht nach Alkohol zumute. Seine Stimmung war gedrückt. Verdammt, was war los mit seinem Geschäftspartner?

Jacques traf nach einem halbstündigen Fußmarsch wieder in seinem Hotel ein. Er bezahlte die noch offene Rechnung und schulterte sein Gepäck. Der Portier rief ihm ein Taxi, das ihn zum Flughafen brachte. Am Abfluggate fiel Jacques ein, dass er völlig vergessen hatte, Andy über Marcs Zusage zu informieren. Kurz bevor er in seinen Flieger Richtung Brüssel stieg, erreichte er den Taucher.

»Mann, Jacques, das ist ja fantastisch. Ich freue mich riesig für dich. Ich muss leider auflegen. Halt mich bitte auf dem Laufenden.« Andy hatte offenbar gerade andere Dinge zu tun. Nach wie vor wusste Jacques nicht, woran Andys Team aktuell arbeitete. Auch den Grund, warum sie in der gemeinsamen Nacht so wild gefeiert hatten, kannte er nicht. Egal, er musste nicht alles wissen.

Jacques begab sich zu seinem Sitzplatz im Flieger. Ein letzter Versuch – Al-Gé ging immer noch nicht an sein Handy.

7. Kapitel

Montag, 03. April 2017 – 00:13 Uhr – Ankara

Kurz nach Mitternacht hatte er den Flughafen Ankara-Esenboğa sicher verlassen. Er hatte mit strengeren Kontrollen am Flughafen gerechnet. Schließlich war in der Innenstadt erst am Mittwoch eine Bombe explodiert, die etliche Todesopfer gefordert hatte. Davon unbeeindruckt, herrschte bei der Einreise wieder die übliche oberflächliche Routine. Niemandem fiel auf, dass er einen der beiden gefälschten Pässe nutzte, die er in dem Schließfach in Paris vorgefunden hatte. Der deutsche Geschäftsmann Friedrich Karl Meyer erhielt problemlos einen weiteren Stempel in seinen Reisepass, der häufige Besuche in Ankara auswies. »Herr Meyer« war unauffällig gekleidet, Armani-Jeans, Polohemd, dunkelblaues Brioni-Sakko. Um auf Nummer sicher zu gehen, trug er eine dunkelblaue Kappe, auch wenn sie zu seinem übrigen Outfit nicht so recht passte. Solange er am Flughafen war, musste er vorsichtig sein.

Zwei Minuten später saß er in einem unscheinbaren Renault-Kleinwagen, der ihn zu dem Wyndham-Hotel in der Yaşam Caddesi bringen würde. Dort hatte er auf Anraten seines Kunden ein Executive-Zimmer im neunten Stock reserviert. Er zweifelte nicht eine Sekunde daran, dass das Zimmer von seinen Geschäftspartnern vor Ort mit Bedacht ausgesucht worden war. Sicherlich hatten sie es mit Wanzen und Kameras ausgestattet. Er würde sein Verhalten darauf abstimmen. Als er in seinem Zimmer ankam, erkannte er einen weiteren Grund für die Wahl genau dieses Hotels. Er ging zum Fenster, um den nächtlichen Blick auf sich wirken zu lassen. Über einen kleinen Park hinweg, aus dem das Gekläffe streunender Hunde zu hören war, öffnete sich ein direkter Blick auf ein imposantes, golden beleuchtetes Gebäude. Es wusste, dass das der Sitz der von Birhat so verhassten türkischen Regierungspartei AKP war. Warum diese Geste? Wollte er ihm den Prunk zeigen, mit dem seine Gegner ihre Macht demonstrierten?

Noch konnte er Birhats Überlegungen nicht richtig deuten. Eines war ihm jedoch klar: Mit diesem Kunden war nicht zu spaßen. Jahre hatte es gedauert, bis Lucy und ihr Backoffice es geschafft hatten, an den aktuell meistgesuchten Terroristen der Welt heranzukommen. Sorgfältig hatten sie seine Legende als Friedrich Karl Meyer über Monate aufgebaut. Die falsche Identität würde selbst einen so cleveren Terroristen wie Birhat beeindrucken.

Geboren Anfang der Sechzigerjahre in Ostberlin. Beide Eltern früh verstorben. Über außergewöhnliche Leistungen in der Schule hatte der junge Meyer auf sich aufmerksam gemacht. Später folgte eine tadellose Kaderkarriere an einer führenden Hochschule in der DDR. Parallel dazu Parteiämter, Freistellung von den universitären Lehrverpflichtungen, Abordnung zu einer geheimen Forschungstruppe für chemische und biologische Waffen nach Moskau. Dort wurde Meyer erstmals von westlichen Geheimdiensten angesprochen. Kurze Zeit war er als Doppelagent aktiv, bevor die Flucht in den Westen gelang. Mit dem Fall der Mauer 1989 waren seine

Fähigkeiten in Vergessenheit geraten, bis Meyer sein Talent für die »freie Marktwirtschaft« entdeckte. Meyer begann, seine früheren Verbindungen geschickt und äußerst erfolgreich als Waffenhändler zur Mehrung seines Vermögens zu nutzen. Der Handel mit einfachen Waffen aus russischen Beständen wurde nach und nach ergänzt durch Meyers Zugang zu strategisch bedeutenden Waffen aus amerikanischen Arsenalen. Kurz, Meyer war der bevorzugte Ansprechpartner für alle, die ihre Waffenkäufe nicht über großzügige Verteidigungsetats finanzierten, sondern sich stattdessen gegen Unsummen illegalen Zugang zu Waffen der schlimmsten Sorte sichern wollten. Als diese Legende geschickt über eine Vielzahl von Verbindungsleuten und Mittelsmännern in Richtung nahöstlicher Terroristen gestreut worden war, ging der Fisch ins Netz. Birhat hatte ihn über eine Organisation in Afrika kontaktieren lassen und ihn danach um ein vertrauliches Gespräch gebeten. Ihm hatte gefallen, was Meyer ihm liefern konnte.

Ob der aktuell meistgesuchte Terrorist der Welt sich tatsächlich in der Türkei aufhielt, wusste Meyer nicht. Auch nicht, ob er ihn, wie angekündigt, wirklich treffen würde. Er konnte es nur vermuten. Die Chancen standen gut. Die Wirtschaftskrise in der Türkei im Zusammenhang mit dem Syrien-Konflikt und die verhärteten Fronten zwischen Russland, Europa, der Türkei und den USA schufen ideale Bedingungen für jemanden wie Birhat. Sein Ziel war der Sturz des verhassten Regimes in Ankara. Nichts wünschte sich Birhat mehr, als dass die strahlenden Lichter des Gebäudes, auf das Meyer von seinem Hotelzimmer aus blickte, demnächst erlöschen würden.

Was sollte Birhat davon abhalten, mit seinen Drohungen Ernst zu machen und die Welt, wie sie heute existierte, zu vernichten? Jetzt, da Birhats Vater bei dem Anschlag am Mittwoch unglücklich ums Leben gekommen war, wäre der geeignete Zeitpunkt, die Türkei und ihre Hauptstadt ins Chaos zu stürzen und sie als Ziel weiterer, noch viel grauenvollerer Anschläge auszurufen. Die Experten der Sicherheitsdienste waren sich darin einig.

Montag, 03. April 2017 – 09:40 Uhr – Monaco

Der Landeanflug auf Nizza war atemberaubend. Der Pilot drehte sogar eine zusätzliche Runde über dem Mittelmeer, als wollte er sichergehen, dass auch wirklich alle Passagiere diesen gewaltigen Anblick ausreichend gewürdigt hatten.

Jacques konnte es kaum fassen, dass er schon wieder im Flieger saß. Gegen sieben war er gestern Abend erst aus Alicante zurückgekommen. Kaum gelandet hatte Al-Gé ihn endlich angerufen.

»Na, Alter, wieder im Lande? Was für ein Typ war denn dieser Marc, der mit seiner vielen Kohle nur so um sich wirft? Ist das, was du mir auf die Mailbox gesprochen hast, alles nur ein verspäteter Aprilscherz?«

Was ging eigentlich im Kopf seines sonst so ernsthaften und gewissenhaften Geschäftspartners vor? Wieso war er seit ihrem Besuch in München so zynisch und verhielt sich kindisch und aufgedreht?

»Mann, Al-Gé, wo warst du? Ich konnte dich über Stunden nicht erreichen und habe schon angefangen, mir echte Sorgen um dich zu machen!« Jacques war einerseits erleichtert, andererseits aber auch richtig wütend, dass Al-Gé so wenig Interesse an den jüngsten positiven Entwicklungen ihrer Finanzierungsrunde gezeigt hatte.

»Jetzt mal ganz ruhig, Alter. Kennst du das Wort ›Privatleben‹? Du tobst dich mit irgendwelchen Jungs in den Bars von Alicante aus, und wenn ich dann nicht binnen dreißig Sekunden am Telefon bin, machst du mir die Hölle heiß? Mann, du klingst schon wie meine Mutter. Ich bin doch kein kleines Kind mehr!«

»Dann verhalte dich auch so«, hatte Jacques verärgert ins Telefon gebrüllt und aufgelegt.

Al-Gé hatte ihn seitdem nicht zurückgerufen. Jacques hatte auf dem Flug nach Monaco über Al-Gés Kritik nachgedacht. Vielleicht hatte er es in den letzten Jahren wirklich etwas damit übertrieben, eine Mutterrolle für seinen besten Kumpel einzunehmen. Dennoch gingen ihm die Bilder nicht aus dem Kopf. Bilder, wie er einen nicht mehr ansprechbaren Al-Gé neben mehreren Flaschen Wodka zusammengekrümmt inmitten seiner eigenen Exkremente auf dem Fußboden in seiner total verwahrlosten Wohnung vorgefunden hatte. Hilflos ihn um mehr Schnaps anflehend. Fünfeinhalb Jahre war das her. Jacques wusste, dass nur ein falscher Moment sehr schnell wieder zu einem Rückfall führen konnte. In den letzten Wochen hatten sie viele stressige Situationen erlebt, die die Frustration über das drohende Scheitern ihres Unternehmens unwahrscheinlich anwachsen ließen. War mit Al-Gé alles in Ordnung, oder verbarg sich mehr hinter dessen Nichterreichbarkeit? Er würde es erst nach seiner Rückkehr aus Monaco herausfinden können.

Montag, 03. April 2017 – 04:00 Uhr – Washington, D. C.

War es nur ein dummer Zufall, dass John Lewellen gegen vier Uhr am Morgen schweißgebadet aufgewacht war? Er glaubte nicht an Zufälle, nicht bei der Schwere seiner Aufgabe. Die enorme Verantwortung für seine amerikanischen

Mitbürger raubte Lewellen immer öfter den Schlaf. Die unterbewusste Angst, dass etwas Schreckliches passieren könnte, wurde jetzt durch eine Zahl manifestiert: vier Millionen Tote! Er nahm sich nochmals den Bericht, der neben seinem Nachttisch lag, und begann ihn abermals ab der Stelle zu lesen, wo stenografisch knapp die Anzahl der Toten nach Unfällen in Atomkraftwerken aufgezählt waren.

»1979 – Harrisburg – keine Angaben zu Toten – 200.000 Menschen flüchteten panikartig. Die Aufräumarbeiten von 1979 bis 1993 kosteten eine Milliarde US-Dollar. Eine weitere Milliarde Dollar an Ausgaben ist sicher zu erwarten.

2005 – Tschernobyl- weniger als 50 Tote, 4000 Menschen werden infolge der Katastrophe noch an Krebs sterben. 350.000 Menschen wurden evakuiert.

2011 – Fukushima – 18.500 Tote – 10.000 neue Krebsfälle werden erwartet. 200.000 Anwohner wurden evakuiert.«

Angriffe auf Atomkraftwerke durch Terroristen waren eher unwahrscheinlich. Zu gut waren die Atommeiler gesichert, viel zu kompliziert die Umsetzung eines Angriffs. Das hatten Experten schon immer behauptet. Lewellen glaubte, das Risiko eines atomaren Terroranschlags als »beherrschbar« einstufen zu können, auch wenn bis zu zwanzigtausend Tote denkbar wären.

Wie lächerlich war dagegen die Anzahl der Todesopfer nach 9/11. Wenn man nur die nackten Zahlen nahm, hatten dreitausendzweiundfünfzig Menschen in den Twin Towers ihr Leben gelassen. Zu zwei der dreitausendzweiundfünfzig Menschen hatte Lewellen eine besondere Beziehung. Ihm, dem harten Kämpfer für den Schutz Amerikas, kamen die

Tränen bei dem Gedanken an den Anschlag. Das Bett neben ihm war leer. Darüber war er nach all den Jahren immer noch nicht hinweg. Was plante jetzt der nächste Wahnsinnige? Wie wollte Birhat das von ihm angekündigte Ende der Welt besiegeln, um seine Rache zu vollenden? Wo würde der Terrorist zuschlagen?

Er konnte diese Fragen nicht beantworten, hatte aber einen Verdacht. Die Apokalypse drohte laut Doug und Tom von einer Gefahr auszugehen, über die kaum etwas zu lesen war.

»Wir sehen in dem aufkeimenden Umweltterrorismus eine unmittelbare Bedrohung für viele Länder. Auch die Infrastruktur der USA ist gefährdet. Konkret besteht das Risiko eines Angriffs auf eine der über fünfundsiebzigtausend Talsperren in den USA.«

Fünfundsiebzigtausend Talsperren! Eine unkontrollierbar hohe Anzahl. Ein massiver Angriff an entscheidender Stelle und die Folge wären Zerstörung, Verseuchung, Wassermangel. Das war es also, was sie nach Meinung von Doug und Tom vorrangig zu befürchten hatten. Sie meinten, der Terror würde sich gegen die lebensnotwendige Infrastruktur der westlichen Welt richten.

»Staudämme könnten das Ziel von Angriffen werden. Reale Gefahr besteht für drei Wasserspeicher, welche die kalifornischen Großstädte an der Küste versorgen.

Erstens: der Prado Damm. Der Prado Damm und seine sechsundsiebzig Jahre alte Infrastruktur könnte Ziel eines massiven Angriffs werden. Bei einem Bruch der Staumauer oder einer plötzlichen Überlastung der Notüberläufe (z. B. auch verursacht durch einen Hackerangriff auf Steuerungssysteme und Pumpen oder Schleusen) besteht höchste Alarmstufe für 1,4 Millionen Menschen. Betroffen sind das Orange County und Städte wie Newport Beach, aber auch Disneyland in Anaheim.«

»Verdammte Scheiße«, entfuhr es John Lewellen. Eine ganz neue Dimension. Viel schlimmer als 9/11 oder selbst als die bisher größten Atomkatastrophen. 1,4 Millionen mögliche Opfer, verursacht durch einen einzigen Anschlag! Und dann auch noch Disneyland im Überschwemmungsgebiet. Das Wahrzeichen des freien Amerikas. Der Traum unzähliger Kinder, das Urlaubshighlight von Millionen Menschen jährlich, die sich an diesem Urgestein der amerikanischen Unterhaltungsindustrie erfreuen wollen. Disney, der Inbegriff des amerikanischen Vergnügungskapitalismus, der doch so im Gegensatz zu der Armut in vielen Teilen der Welt steht. Disneyland wäre ein symbolträchtiges Ziel, wie damals die Twin Towers in New York. Lewellen las weiter.

»Zweitens: der Oroville Staudamm. Jüngste Medienberichte zeigten ausführlich, was im Falle eines Dammbruchs passieren wird. Im Februar 2017 drohte der Oroville Staudamm wegen zu heftiger Regenfälle zu brechen. Die Evakuierung von 200.000 Menschen wurde angeordnet. Nur durch ein Wunder konnte das Leben von einer Million Menschen gerettet werden.«

Auch Terroristen lasen Zeitung, dachte sich Lewellen. Was, wenn sie mit modernen Lenkflugkörpern oder konventionellen Bomben und Sprengstoff einen der riesigen Dämme Kaliforniens zerstörten? Mehrere Explosionen, die eine Flutwelle auslösten, würden eine Spur der Verwüstung durch Kalifornien ziehen. Die Logistik wäre möglicherweise zu auffallend, zu anspruchsvoll. Lewellen befürchtete daher ein ganz anderes Problem. Selbst ältere Dämme und die Infrastruktur drum herum wurden von moderner Technik gesteuert. Pumpen wurden durch Software aus der Ferne an- und abgeschaltet. Fluttore wurden geöffnet oder geschlossen. Daten aus Tausenden von Sensoren wurden dezentral erfasst. Was immer sie meldeten, wurde in SCADA-Systemen verarbeitet. Entscheidungen wurden durch automatisierte Steuerungstechnik auf der Basis von Computeranalysen binnen Minuten getroffen. Was, wenn das ein Hacker übernehmen würde oder die Manipulation der Daten zu unsinnigen und gefährlichen Aktionen führte?

Die Regierung hatte vorgesorgt, Gesetze zum Schutz der Infrastruktur erlassen. Experten hatten Horrorszenarien durchgespielt, Sicherungsmaßnahmen geprüft, aber war ein Irrtum ausgeschlossen?

Mindestens 1,4 Million Tote wären bei einem Bruch des Prado Damms zu befürchten. Dazu die eine Million Tote bei einer Zerstörung des Oroville Staudamms. Macht allein aus zwei Staudämmen 2,4 Millionen Tote. Was, wenn man den Shasta Lake, Trinity Lake, Folsom Lake dazunehmen würde? Vier Millionen Tote wären keine Übertreibung. Allein die Ankündigung eines solchen Anschlags konnte eine unkontrollierbare Massenpanik auslösen. Was Lewellen am meisten fürchtete, war Kontrollverlust. Zweihunderttausend Menschen mussten im Februar evakuiert werden. Ein unbeherrschbares, heilloses Chaos war die Folge. Was würde passieren, wenn nicht zweihunderttausend Anwohner, sondern 1,5 Millionen Menschen voller Panik flohen? Terrorismus hatte zum Ziel, Angst zu schüren, zu verunsichern, Kurzschlusshandlungen von Millionen ängstlicher Bürger zu provozieren. War es das, was Birhat bezweckte? Nach dem, was Lewellen weiterlas, wäre eine panikartige Flucht nur der Anfang der Katastrophe. Die wirtschaftliche Verwundbarkeit in Folge der Dammbrüche war erschreckend.

»Allein im Bereich des Prado Damms würden Häuser, Tankstellen, Schulen, Supermärkte, Lager, Vergnügungsparks im Wert von einundsechzig Milliarden Dollar zerstört ...«

Einundsechzig Milliarden Dollar Schaden. Das würde weder die amerikanische Seele noch die Wirtschaft des Landes wegstecken. Jahrzehntelang wären die Folgen zu spüren.

»... neunundzwanzig Städte vernichtet, ein Drittel des Trinkwassers zerstört, Los Angeles und San Diego mit neunzehn Millionen Einwohnern wären ohne Versorgung ...«

Birhat war, bevor er in den Untergrund ging, ein weltweit anerkannter Wirtschaftsexperte gewesen, sein Fachgebiet die Finanzierung von Infrastrukturprojekten. Der Kerl wusste genau, welch wirtschaftlichen Schaden er den USA mit einer einzigen gezielten Attacke auf die Staudämme zufügen würde. Das Ende der Welt – für die USA!

John Lewellen war erschöpft und in Gedanken an den Bericht irgendwann eingeschlafen. Er hatte Kinder gesehen, die sich in Disneyland eine Micky-Maus-Maske kauften. Sie umzingelten ihn, lachten ihn an, drehten sich in immer schneller werdendem Tempo um ihn herum. Keines der Kinder lächelte mehr. Ihre Masken wurden durch die Rotation zu einer scheußlichen Fratze. Die Fratze öffnete ihren Mund ganz leicht. Langsam begann Wasser daraus zu sprudeln, schönes blaugrünes Gebirgswasser. Die Maske öffnete ihren Mund weiter, löste sich dabei langsam in sich selbst auf. Mickys Lachen war zu einer braunen Brühe aus Schlamm und Ästen geworden. Ein tosender Wasserfall stürzte plötzlich mit unglaublicher Wucht auf Lewellen hinab. Sein Puls raste, er rang nach Luft, befürchtete, in den Wassermassen zu ertrinken, wollte vor ihnen flüchten. Er wurde weggespült, sah die Twin Towers vor sich auftauchen, kurz bevor sie in sich zusammenstürzten. Staub und Wasser vermischten sich, er spürte eine unglaubliche Hitze und war doch von einer schlammigen Brühe umschlossen. Dann schreckte Lewellen, von seinem Schweiß völlig durchnässt, hoch. In den Händen hielt er den Bericht, den er zitternd auf seinen Nachttisch legte.

Montag, 03. April 2017 – 10:05 Uhr – Monaco

Noch im Flieger hatte Jacques sein Handy wieder eingeschaltet, um etwaige Nachrichten abzuhören. Wie angekündigt hatte sich Marc van Teeses Anwalt morgens gegen halb zehn bei ihm gemeldet. Dr. Rhode hatte eine Bitte um Rückruf auf seiner Mailbox hinterlassen. Jacques wollte das Treffen in Monaco auf keinen Fall absagen. So vielversprechend das Angebot von Marc auch war, er musste auf Nummer sicher gehen. Noch war nichts unterschrieben. Wenn es am Ende zwei Angebote gab, umso besser. Dann müsste sein Bauchgefühl entscheiden – und natürlich Al-Gé, mit dem er sich bisher bei allen wichtigen Entscheidungen immer einig gewesen war. Der Ärger darüber, wie Al-Gé sich seit dem Einbruch verhalten hatte, beschäftigte ihn. Als Jacques wenig später die Ankunftshalle betrat, wurde er erwartet. Ein Mann, Ende vierzig, Anfang fünfzig in Jeans, T-Shirt und mit Dreitagebart hielt ein Schild mit seinem Namen in die Höhe.

»Bonjour, Monsieur Devilliers«, begrüßte er Jacques freundlich lächelnd. Dem Akzent nach zu urteilen, stammte er aus der Gegend um Marseille. »Ich hoffe, Sie hatten einen angenehmen Flug. Nizza anzusteuern ist nicht immer ganz einfach für die Piloten.«

Der Mann, der sich als Bruno vorstellte, wusste bestens über das Fliegen Bescheid. Munter plauderte er am Steuer eines älteren 3er-BMW vor sich hin und berichtete Jacques, dass er früher Pilot eines Kampfhubschraubers war. Heute unterstützte er Peters Investmentfirma als Fahrer und bei »dies und das«, wie er sagte. Bruno war ein lässig gekleideter, lustiger Typ, der sicherlich schon viel im Leben gesehen hatte. Jacques mochte ihn auf Anhieb. Nach zwanzig Minuten fuhren sie von der Autobahn ab und folgten weitere zehn Minuten dem Verlauf einer steilen Landstraße Richtung Küste, bis sie die Innenstadt von Monaco erreichten.

»Wenn Sie sich mal wieder ein Geschäftsmodell ausdenken, um richtig Kohle zu machen, probieren Sie es mit Investments in Parkhäuser in Monaco«, sagte Bruno, als er die Fernbedienung zur Tiefgarage am Boulevard Princesse Charlotte betätigte. »Sie werden gleich feststellen, dass die Reichtümer Monacos nicht die Hochhäuser mit den sündhaft teuren Einzimmerapartments sind. Die wahren Schätze liegen unter der Erde, im Verborgenen.«

Bruno fuhr die steile Abfahrt ins erste Untergeschoß hinunter. Mit einem Kopfnicken deutete er auf einen roten Jaguar

E-Type, der unter einer hochwertigen Abdeckplane zu erkennen war. Der Weg zu ihrem Parkplatz war gesäumt von Bentleys, Lamborghinis und Ferraris. Jacques hoffte, dass all diese Fahrzeuge bald von seinem Algentreibstoff angetrieben würden.

Kurz darauf standen sie in einem Aufzug, der sie in den sechsten Stock des Gebäudes brachte. Oben führte Bruno ihn durch einen eleganten Flur zu einer schweren Tür aus edlem Holz. Er drückte einen Klingelknopf, aber offensichtlich nur, um ihr Kommen anzukündigen, denn er öffnete die Tür zur gleichen Zeit mit einer Codekarte und einem Irisscan.

»Auch in Monaco gibt es Diebe, selbst wenn das ausnahmsweise mal keine Steuereintreiber sind«, grinste Bruno in Jacques' Richtung gewandt. Er hatte dessen aufmerksamen Blick ob der aufwendigen Sicherheitsvorkehrungen bemerkt. »Da Peter ja immer mindestens ein bis zwei Geldsäcke in seinem Büro zwischenlagert, bevor er sie an talentierte Unternehmer weiterleitet …«

»Glatte Lüge«, unterbrach ihn die Frau, deren Stimme Jacques vom Telefon her erkannte. »Hören Sie nicht auf diesen Witzbold. Er bringt mir unsere reizenden Gäste immer total verstört hier in unser hübsches Büro. Die meisten möchten noch nicht einmal mehr einen Kaffee zur Begrüßung, nachdem Bruno ihnen seine Schauermärchen von den schrecklichen Start- und Landebedingungen am Flughafen Nizza geschildert hat.«

»Darf ich vorstellen«, sagte Bruno mit galanter Geste, »unsere gute Seele, Angélique Vasseur.«

Jacques war von ihrem Anblick überwältigt. Schwarze Locken säumten ein schmales, südländisch gebräuntes Gesicht mit mandelförmigen, grünen Augen, die ihn freundlich musterten. Volle Lippen, dezentes Make-up. Wie um von ihrer aufregenden Figur abzulenken, hatte sie eine hochgeschlossene blaue Bluse zu einer weißen Jeans gewählt.

»Willkommen in Monaco«, begrüßte sie Jacques. »Ich hoffe, Sie hatten einen angenehmen Flug. Darf ich Ihnen etwas zu trinken anbieten? Einen Kaffee vielleicht?«

»Sehr gern.« Von ihr hätte Jacques alles angenommen.

»Monsieur Miller ist in fünf Minuten bei Ihnen. Er muss nur schnell ein Telefonat beenden.«

Damit begab sie sich in einen schmalen Flur, von dem links und rechts zwei Räume abgingen. Sie verschwand in dem linken, in dem sich vermutlich eine Küche befand, denn Jacques hörte sie im nächsten Moment mit Kaffeemaschine und Geschirr hantieren.

Kurz darauf öffnete sich die rechte Tür. Ein fast zwei Meter großer, braun gebrannter, muskulöser Mann Ende vierzig in lässiger Jeans und offenem weißem Hemd kam mit schnellen Schritten auf Jacques zu. Er hielt ihm eine behaarte Pranke hin. »Peter Miller. Sehr erfreut, Monsieur Devilliers.«

Jacques erwiderte den kräftigen Händedruck. »Schön haben Sie es hier«, sagte er mit Blick auf den Empfangsbereich. Peter Miller nickte. »Ja, nicht wahr? Aber bitte, kommen Sie doch in mein Büro. Die Aussicht dort wird Ihnen gefallen.«

Miller ging voraus. Jacques folgte ihm in ein geräumiges Büro, durch das man an den übrigen Gebäuden vorbei etwas weiter hinten das Meer sah. Der Ausblick war wirklich spektakulär. Er passte bestens zu dem sonnigen Tag.

»Ich habe jahrelang im Bereich Business Development gearbeitet«, sagte Miller und deutete auf einen der Gästestühle vor seinem Schreibtisch. Sein Französisch war erstaunlich akzentfrei für einen Amerikaner.

»Ich bin viel um die Welt gereist, unter anderem für einen Hersteller von Softdrinks, um überall neue Produktionsstätten zu erkunden. Laos, Uganda, Angola, Algerien, Nordchina. Drinks gab es dort viele, aber die waren nicht immer ›soft‹. Nirgends hat es mir so gut gefallen wie hier in Monaco. Und der leichte Rosé, den man hier trinkt, ist geradezu eine Wohltat für meine gestresste Leber.«

In diesem Moment kam Angélique herein, die auf einem Tablett eine Flasche Mineralwasser mit Gläsern und vier Tassen Kaffee brachte. Ihr folgten zwei Herren, die Miller als Aaron Moskowicz und Paul Grieger vorstellte. Eine Weile sprachen sie über Belangloses, während Angélique charmant lächelnd die Getränke verteilte. Jacques war hin und weg von dieser hübschen, humorvollen Frau. Er durfte dies in keinem Fall vor Peter und seinen Mitarbeitern zeigen. Das wäre höchst unprofessionell und könnte schon das Ende aller Hoffnungen auf ein Investment durch Peters Fonds bedeuten. Miller tat so, als hätte er Jacques' Interesse an Angélique nicht registriert.

»Bitte setzen Sie sich doch«, forderte er Jacques auf. »Ich nehme an, dass Sie eine Präsentation vorbereitet haben. Bitte sehr, hier ist das Kabel für den Beamer.«

Jacques holte den Laptop aus der Reisetasche, schloss ihn an das Kabel an und startete seine Power-Point-Präsentation.

»Wenn Sie Fragen haben, unterbrechen Sie mich ruhig«, forderte Jacques seine Gesprächspartner nach der vierten Folie auf. Paul und Aaron ließen sich nicht zweimal bitten. Sie bombardierten ihn nur so mit ihren Fragen.

»Erklären Sie uns bitte, wie Sie aus Ihrem jetzigen kleinen Labor die Übertragung der Technologie in die Freilandanlage schaffen wollen? Sehen wir das richtig, dass bei der Skalierung der Anlage der Energieeinsatz ein kritischer Kostenfaktor ist? Stimmt es, dass Sie nachts und insbesondere in nördlichen Regionen Lampen nutzen müssen, um die Algen mit ausreichend Licht zu versorgen? Wie filtern Sie die Algen aus der trüben Brühe, die bei richtiger Nährstoffzufuhr entsteht? Wie war das mit der Verweil- und Durchlaufdauer, um nach einem ersten Anstoßen des Prozesses zu einer Ernte der fertigen Biomasse zu gelangen? Bitte erläutern Sie uns grob das Verhältnis der Reaktorfläche zu den Kosten für den Energieeinsatz. Wie hoch ist Ihr Preis pro Barrel Algentreibstoff?«

Millers Mitarbeiter waren zweifelsohne Experten. Im Gegensatz zu EMV in München hatten sie sich bestens vorbereitet. Sie zogen alles in Zweifel, versuchten, jeden Verfahrensschritt zu verstehen und Jacques' Berechnungen nachzuvollziehen. Mit halbherzigen Antworten gaben sie sich nicht zufrieden. Jacques musste sehr ins Detail gehen, um ihren Wissensdurst zu stillen. Fast zwei Stunden dauerte die Befragung, die Jacques eher wie ein Verhör vorkam. Ab und zu hatte Jacques darauf verwiesen, dass er bestimmte Informationen im jetzigen Stadium ihrer Gespräche nicht preisgeben konnte. Schließlich steckten fünf Jahre aufwendiger Forschung dahinter und man war sich hinsichtlich eines Investments ja auch noch nicht einig. Details würde er gerne nach Vorlage eines Term-Sheets während der Due Diligence offenlegen.

Peter Miller blieb während dieser Zeit stiller Beobachter. Aufmerksam hatte er auf jedes Wort geachtet, das Jacques im Austausch mit seinen Technikern benutzt hatte. Schließlich gab es keine weiteren Fragen mehr.

Peter Miller nickte Jacques anerkennend zu. »Vielen Dank! Wirklich sehr beeindruckend, Monsieur Devilliers. Ich hoffe, Sie sehen es meinen Jungs nach, dass sie Sie derart gelöchert haben. Aber sie lieben nun einmal neue Technologien, auch wenn sie es im Eifer des Gefechts mit ihrem Wissensdurst gerne ein wenig übertreiben.« Dann grinste er breit. »Apropos Durst. Es ist Mittagszeit! Ich habe uns einen Tisch in einem Restaurant ganz in der Nähe reservieren lassen. Ich nehme an, Sie als Belgier haben nichts gegen Meeresfrüchte?«

Montag, 03. April 2017 – 12:45 – Ankara

Meyer hatte das Hotel verlassen und war den kleinen Hügel die wenigen Schritte die Yaşam Caddesi hinaufgelaufen. Der vereinbarte Treffpunkt lag an der Straßenecke zum Dumlupınar Bulvarı. Dort hatte er sich an einer provisorischen Bushaltestelle neben der dreispurigen Straße in die wartende Menge eingereiht. Meyer war sich sicher, dass sie ihn schon seit dem Verlassen des Hotels beobachtet hatten, kaum dass er aus dem Blickfeld der Hotelkameras getreten war. Wahrscheinlich hatten sie geflucht, als er den kleinen Stichweg durch den Park beim benachbarten Anadolu Hotel zu Fuß genommen hatte. Mit einem Auto konnten sie ihn hier nicht verfolgen. Nach nicht ganz fünfhundert Metern zu Fuß war er pünktlich zu dem Treffpunkt gelangt.

Plötzlich tauchte aus dem Nichts ein schwarzer Mercedes SUV mit abgedunkelten Scheiben auf. Das Fahrzeug raste auf die Menge zu, blieb unmittelbar neben ihm stehen. Meyer konnte sich das Nummernschild nicht merken, da alles viel zu schnell ging. Schlagartig öffneten sich die Türen auf der Beifahrerseite. Zwei groß gewachsene, muskulöse Männer in eleganter Kleidung sprangen heraus, hakten ihn unter. Der eine drückte seinen Kopf nach unten, der andere stieß ihn in Sekundenschnelle auf die Rückbank. Im gleichen Moment hastete der Kerl auf den Sitz rechts von ihm und schloss krachend die Tür neben sich. Im Fahrzeug wartete ein weiterer Typ auf dem Rücksitz hinter dem Fahrer auf ihn. Bevor Meyer irgendetwas sagen konnte, verpasste der Mann ihm einen Ellbogencheck in den Magen, sodass er zusammensackte. Keine dreißig Sekunden später streiften sie ihm eine schwarze Kapuze über den Kopf. Dann raste der SUV mit spürbarer Geschwindigkeit los und reihte sich, keine Minute nachdem er an der Bushaltestelle gestoppt hatte, wieder in den fließenden Verkehr der dreispurigen Straße ein.

Meyer blieb ruhig, auch wenn er nichts mehr sah und seine Hände zu schwitzen begannen. Er kontrollierte seinen Puls, beruhigte ihn durch gleichmäßiges Atmen. Das hatten sie ihm so antrainiert. Es würde helfen, sich zu konzentrieren, um mit allen Sinnen auf jedes Detail zu achten. Richtungsänderungen, Geräusche, Gerüche, Halteperioden, Zeit. Meyer registrierte das alles hoch konzentriert. Er zählte die Sekunden von einer Richtungsänderung zur nächsten, addierte dies zur Gesamtfahrzeit. Der Mann links von ihm, der ihm den Ellbogencheck verpasst hatte, durchsuchte sein Sakko, nahm Handy, Geldbörse und Reisepass an sich.

Meyer dachte an die Zeit vor fünfzehn Jahren zurück. In Newark war es ganz ähnlich abgelaufen. Nach diesem Deal wäre endgültig Schluss. Er würde ihnen allen den Stinkefinger zeigen, sollte er das hier überleben.

Montag, 03. April 2017 – 13:05 Uhr – Monaco

»Wir sind in zwei Stunden zurück. Sagen Sie Bruno bitte, dass er sich bereithalten soll. Monsieur Devilliers' Flieger geht um halb sechs. Da das Essen etwas dauern kann, soll Bruno am besten unmittelbar im Anschluss vor dem Büro auf uns warten.«

Angélique nickte und winkte Jacques zum Abschied kurz zu. War da ein leichtes Zwinkern in ihren Augen? Jacques bedauerte, dass er nicht mehr Zeit mit dieser Traumfrau würde verbringen können. Er nahm seine Aktentasche und folgte dem vorauseilenden Miller, ohne sich angemessen von Angélique verabschieden zu können.

»Aaron und Paul können uns leider nicht begleiten«, erklärte Peter Miller. »Arbeit wartet auf sie. Das Restaurant, das Angélique für uns gebucht hat, heißt Terrazzino. Es ist nur wenige Minuten zu Fuß von unserem Büro entfernt. Sie haben doch nichts gegen einen kurzen Fußmarsch?«

»Keineswegs«, hatte Jacques geantwortet, und sie machten sich auf den Weg. Peter hatte vorgeschlagen, statt des Aufzugs die Treppen zu nutzen. Unterwegs sprach Miller von dem Leben in Monaco, seinen vielen Reisen und den Erfahrungen mit Start-up-Investments. An einer belebten Straße blieben sie stehen. Peter deutete auf die andere Straßenseite. »Da ist es schon.«

Jacques blickte in Richtung des Lokals. Peter plauderte munter weiter.

»Wissen Sie, Jacques, wir Amerikaner neigen dazu, uns selbst als die größte Nation der Welt zu sehen. Wir denken, das Silicon Valley ist das Maß aller Dinge, wenn es um Wagniskapital geht. Aber seien wir doch einmal ehrlich, die Erfolge von Unternehmen wie Google, Facebook, Amazon, Netflix, WhatsApp sind staatlich gewollt. Washington hat früh genug begriffen, dass Nutzerdaten eine Goldmine sind. Mittlerweile kann man Profile über alles und jeden erstellen. Ich bin mir sicher, dass irgendein junger Analyst im Pentagon dreimal täglich hinter Ihnen herschnüffelt. Bestimmt wissen die, dass Sie bevorzugt blaue Sportschuhe Größe 43,5 von

Geox tragen, und dass Ihre Unterhosen aus Microfaser sind und von Comazo stammen.«

Jacques zuckte unwillkürlich zusammen. Beides traf zu!

»Und glauben Sie mir, Jacques, das ist nicht alles, was Mr. Supernerd in seinem Kämmerchen so über Sie weiß.«

Was ging da vor? Was wollte Peter ihm sagen? Wieso waren seine Kollegen vorhin so verdammt gut informiert gewesen?

»Beunruhigt Sie das nicht, Jacques?«

Die Straße war für einen Moment frei, Peter machte Anstalten hinüberzugehen, so als ob es das Normalste auf der Welt sei, Jacques durch die Blume zu sagen, dass er Dinge von ihm wusste, von denen selbst Al-Gé keine Ahnung hatte. Jacques fehlten die Worte. Was ihn am meisten erschreckte, war die Gelassenheit, mit der Peter ihn gerade mit intimen Details aus seinem Alltag konfrontiert hatte, die man nicht einfach mal so im Internet finden konnte.

Peter lächelte. »Hey, Jacques, alles gut? Ich ziehe jetzt nicht meinen Revolver und lege Sie auf offener Straße um. Und ich stoße Sie auch nicht vor den Ferrari, der da gerade heranrauscht. Achtung!«

Peter hielt Jacques mit einem entschlossenen Griff zurück. Noch völlig irritiert von Peters Verhalten war der Belgier, ohne auf den Verkehr zu achten, losmarschiert. Peter packte seinen Arm und zog ihn von der Straße auf den Bordstein zurück. Er lächelte. »Kommen Sie, da drüben sind Sie in Sicherheit.«

Jacques wurde mulmig. Irgendetwas stimmte nicht mit dem riesigen Amerikaner, der so unglaublich cool auf ihn wirkte. Auf der anderen Straßenseite gingen sie die fünf Stufen zu dem kleinen Lokal hinauf. Als sie den freundlichen Raum betraten, kam ihnen der Besitzer bereits entgegen.

»Peter, lange nicht gesehen!«

»Geschäfte, Raffaele, Geschäfte. Wir hätten gern einen ruhigen Tisch. Kommen Sie, Jacques, folgen Sie bitte Raffaele. Er wird sich ab jetzt bestens um Ihr Wohlergehen kümmern.«

Jacques wusste nicht, wo er zuerst mit seinen Fragen ansetzen sollte. Der Hüne, der da neben ihm Platz nahm, erschien ihm plötzlich in einem ganz anderen Licht. Jacques starrte unaufmerksam in die Speisekarte, die der Restaurantbesitzer ihnen gereicht hatte. Seine Gedanken rasten. Weder konnte er sich auf die dort angebotenen Köstlichkeiten konzentrieren noch einen Reim auf Peters merkwürdiges Verhalten machen. Am Ende nahm er wie Peter das Mittagsmenü, zu dem der Amerikaner eine Flasche Rosé der Marke Clos des Roses aus Fréjus bestellte. Als ob nichts gewesen wäre, fuhr Peter nach der Bestellung unbeirrt fort.

»Ich mag Ihre Erfindung. Aaron und Paul sind ebenfalls sehr angetan. Das Thema Algen ist den beiden nicht ganz fremd. Wir wissen, dass die Silicon-Valley-Nerds schon vor Jahren begonnen haben, sich ein grünes Mäntelchen umzulegen. Umwelttechnologie verkauft sich bei den großen institutionellen Investoren gut. Pensionsfonds wie CalPERS, die Universitäts-Stiftungen von Harvard, Yale und Stanford, die Versicherungen und Banken. Alle glauben an den Trend zur Diversifizierung. Sie haben daher mehrere Milliarden jährlich für alternative Investments in den Cleantech-Bereichen freigemacht. Davon sind circa vier Milliarden Dollar in ›biofuel‹ geflossen. Die getätigten Investments haben wir uns intensiv angesehen. Aktuell ist es wieder etwas ruhiger geworden. Die ›big guys‹ der Branche haben auf Fracking gesetzt, als klar wurde, wie anspruchsvoll und technisch schwierig das Thema Biotreibstoff wirklich ist.« Peter sah Jacques lächelnd an. »Aber wem erzähle ich das alles? Sie kennen sich da viel besser aus als ich.«

Montag, 03. April 2017 – 13:15 Uhr – Ankara

Das Treffen mit Birhats Handlangern lief nach den typischen, leicht durchschaubaren Ritualen ab. Er wurde irgendwohin verschleppt, entkleidet und durchsucht. Dann nahmen sie Fingerabdrücke, eine Haarprobe. Selbst Blut wurde ihm abgezapft. Eines musste man ihnen lassen, sie gingen sehr gewissenhaft vor, um ihn auf Herz und Nieren zu überprüfen. Das hatte er nicht anders erwartet. Irgendwann würde eine Befragung folgen, dann der Cross-Check mit allen möglichen Referenzen. Würde das zur Chefsache erklärt, gab es eine gute Chance, dass er Birhat wirklich persönlich treffen würde. Nach stundenlangem Warten mit verbundenen Augen in einer Atmosphäre von Unsicherheit und Bedrohung durch Birhats Schläger, kamen die Männer wieder in den Raum. Sie schubsten ihn in Richtung einer Tür und weiter zu einem Auto, in dessen Kofferraum er sich legen musste. Dabei die so wichtige Nachricht: »Uns wurde gesagt, du bist okay. Wir bringen dich jetzt zu ihm.«

Der Kofferraumdeckel einer Luxuslimousine schloss sich automatisch und sachte über ihm. Clever, dachte er sich. Auch an einen Fahrzeugwechsel hatten sie gedacht. Die Fahrt im Kofferraum dauerte nur wenige Minuten. Verkehrsgeräusche konnte er kaum wahrnehmen. Er war also in einer ruhigen Gegend. Wohin brachten sie ihn, in eine Tiefgarage, eine private Villa, raus aufs Land, in die Berge? Es war ihm egal, denn er arbeitete ohnehin allein und ohne Begleitschutz. Versteckte GPS-Sender benutzte er nicht, deren Entdeckung wäre viel zu gefährlich für ihn. Wie so oft, wenn er es mit dem Abschaum dieser Welt zu tun hatte, konnte er auf keinerlei Unterstützung durch die Firma hoffen. Er war allein gelassen, draußen, in der Kälte, die eigentlich die Hölle war. Wieder konzentrierte er sich darauf, seine Atmung zu kontrollieren. Die Zeit im Kofferraum hatte für ihn etwas Meditatives. Sein Verstand versuchte, die Kontrolle über das Adrenalin zu gewinnen, das in seinen Körper schoss. Seine Ausbilder hatten ihm immer vermittelt, seine Kunden wüssten, dass sie nicht zu weit gehen durften. Sie wollten etwas von ihm. Etwas, das für sie wichtig war, das nur er liefern konnte.

Er fühlte in diesem Moment seine Macht und genoss sie. Diesen unerschütterlichen Glauben an sich und seine eigenen Fähigkeiten hatten sie ihm erbarmungslos antrainiert. Sie hatten dafür gesorgt, dass er, sofern erforderlich, skrupellos agieren würde. Diesen Ruf hatte er sich, mit viel Blut an den eigenen Händen, hartnäckig erworben. Er und seine Legende waren gut und glaubwürdig, sonst würde er jetzt nicht in dem Kofferraum mit unbekanntem Ziel liegen, sondern tot irgendwo in einem Straßengraben.

Montag, 03. April 2017 – 13:27 Uhr – Monaco

Nach der Bestellung fuhr Peter im munteren Plauderton fort. »Prost«, sagte er, hob sein Glas, um den Rosé zu kosten. »Guter Jahrgang. Wenn Sie mal Zeit haben, sollten Sie das Weingut besuchen. Sehr lohnenswert, zumal es von der Autobahn Richtung Marseille nicht allzu weit entfernt liegt. Fünf Minuten nach der Ausfahrt Fréjus.«

Jacques' Unterbewusstsein sagte ihm, dass der Mann blitzgescheit und gefährlich war. Er war sich darüber im Klaren, dass Peter Miller irgendein Ziel verfolgte, auch wenn er noch nicht spürte, was genau der von ihm wollte. Unsicher folgte er weiter dem Monolog des Amerikaners.

»Wo war ich stehen geblieben? Ach ja, das Valley … Nun wir als relativ kleiner Fonds wollen die Dinge bewusst anders angehen. Wir haben uns in Europa niedergelassen, um den aberwitzigen Bewertungen des Valleys zu entgehen. Ich und mein Team setzen auf Qualität der Investments und nicht auf Quantität. Wir investieren daher nur in Dinge, die wir wirklich verstehen. Risiken hoffen wir, durch ein professionelles Managementteam in unseren Beteiligungen zu deckeln. Die Menschen an der Spitze eines Unternehmens sind das A und O für uns, bei unserer Entscheidung für oder gegen ein Investment. Vielleicht nehmen wir es gerade deshalb bei der Überprüfung unserer Geschäftspartner sehr genau. Manchmal wohl auch etwas zu genau …«

»So genau, dass Sie in Dingen herumschnüffeln, die aus der absoluten Privatsphäre Ihrer Geschäftspartner stammen?«, unterbrach ihn Jacques. Der Unternehmer schreckte niemals davor zurück, in einem Gespräch die Dinge so zu formulieren, wie er sie empfand. Wenn er als Selbstständiger eines gelernt hatte, dann war es, dass man eine rasche Auffassungsgabe benötigte, um instinktmäßig die richtigen Entscheidungen zu treffen. Zurückhaltung in der Meinungsbildung war kein guter Ratgeber. Jacques legte lieber den Finger etwas früher in die Wunde als zu spät.

Peter Miller lächelte. Also gut, der Belgier hatte ihn verstanden, jetzt war es an der Zeit, Tacheles zu reden.

»Jacques, ich will ehrlich zu Ihnen sein. Dank unserer Investoren und deren weltweitem Netzwerk kommen wir an Informationen, die andere nicht haben …«

»Zum Beispiel die Marke meiner Unterwäsche?«, fragte

Jacques. »Aber um das herauszufinden, hätten Sie ja nicht gleich versuchen müssen, bei uns in der Firma einzubrechen. Meine Privatwohnung wäre dazu sicherlich viel besser geeignet …«

Peter sah ihn verständnislos an.

»Wie meinen Sie das, Jacques?«

»Ach vergessen Sie es. Ich möchte endlich wissen, wer Sie und Ihre Jungs wirklich sind. Woher wussten Sie all die technischen Details, die selbst wir nur nach fünfjähriger harter Arbeit herausgefunden haben?«

Peter spürte, dass er etwas zurückrudern musste, um den Draht zu dem Belgier nicht zu verlieren. Es begann die entscheidende Phase ihres Gesprächs.

»Wer wir sind? Nun, lassen Sie es mich so formulieren: Wir sind ein sehr gewissenhafter Investmentfonds mit wahnsinnig kompetenten und extrem gut vernetzten Investoren, die uns ihr Geld anvertraut haben. Dieses Vertrauen müssen wir rechtfertigen. Dazu sieht unser Anlagemandat vor, dass wir ausschließlich Entwicklungen beobachten, die ganze Volkswirtschaften verändern können. Wir suchen neue Technologien, die das Potenzial haben, größer zu sein als das, was Anlegern typischerweise als ›disruptiv‹ verkauft wird. Es geht uns nicht um Trends, Modeerscheinungen, künstlich aufgeblähte Blasen, nicht um das schnelle Geld. Wir und unsere Investoren wollen und können mehr.«

»Könnten Sie etwas konkreter werden?«, fragte Jacques.

»Nun, Jacques, Sie spielen mit Ihrer Technologie auf einem Terrain, das für viele Spieler sehr, sehr interessant ist. Glauben Sie mir, auch für uns.«

»Inwiefern?«, hakte Jacques nach. »Peter, für wen arbeiten Sie? Und, was wollen Sie von mir?«

Montag, 03. April 2017 – 14:15 Uhr – Ankara
Sie hatten ihn nach circa zehnminütiger Fahrt aus dem Kofferraum befreit. Über einen mit Kies bedeckten Weg einer Auffahrt führten sie ihn wenige Treppenstufen in ein Haus hinauf. Dort stießen sie Meyer in ein Zimmer, drückten ihn auf einen Stuhl. Die kratzende Kapuze hatte er immer noch über dem Kopf. Der Raum war kühl, es roch nach frischem Tee. Ruhig atmen, befahl ihm sein Verstand. Sein Puls raste. Er musste gelassen bleiben, souverän wirken. Schließlich stand sein Leben auf dem Spiel. Der Mann, den er möglicherweise gleich sehen würde, verstand keinen Spaß und mochte keine Schwächlinge. Wie hatte sie vor fünfzehn Jahren zu ihm gesagt: »Dort, wo du hinkommst, mögen sie Schwächlinge sehr.« Warum hatte er sich nur auf ihr perfides Spiel eingelassen?

Langsam nahm ihm einer seiner Begleiter die Kapuze ab. Ein harter Blick aus dunklen Augen fixierte ihn. Der Mann befahl ihm in gebrochenem Englisch, auf dem Stuhl sitzen zu bleiben und sich erst zu bewegen, wenn er dazu aufgefordert wurde. Leere Augen sahen ihm drohend ins Gesicht.

Dann trat ein Mann in das elegant möblierte Zimmer.

»Pleased to meet you. Ich bin Farqîn Birhat.« Freundlich lächelnd, ganz Gentleman, reichte der Mann ihm die Hand. Sein Aufenthalt in Oxford hatte Spuren hinterlassen. Eitelkeit, das wusste Meyer, war eine der Schwächen des Terroristen. Warum sonst hatte er es mit den akademischen Auszeichnungen und der Professur bis auf die Spitze getrieben, wenn er doch in der freien Wirtschaft Millionen hätte verdienen können? Welche Schwächen mochte er sonst noch haben? Meyer musterte ihn aufmerksam, versuchte, jedes noch so flüchtige kleine Detail einzufangen.

Der maßgeschneiderte Anzug, den der Mann trug, war von

bestem Schnitt und aus feinster Schurwolle. Vermutlich stammte er aus der Londoner Savile Row. Dazu eine dezent blau melierte Krawatte, dunkle, handgefertigte Budapester. Auf dem Steinfußboden machten die Absätze keinerlei Geräusch. Weichgummisohle. Kluger Mann, dachte Meyer sich. Müsste Birhat unvorhergesehen fliehen, wären die Schuhe so bequem wie Sneakers. Die Krawatte, wie er jetzt sah, war nicht um den Hals gebunden, sondern nur angeklippt. Das hatte er sich von Geheimdiensten abgeschaut. Eine der Ausbildungsregeln der Firma lautete: »Gib deinem Gegner nie die Gelegenheit, dich mit etwas zu strangulieren, das du am Körper trägst. Gürtel, Schal, Krawatte …« Einen halben Kopf kleiner als Meyer stand Birhat entspannt, aber doch wachsam vor ihm. Die Männer musterten sich gegenseitig. Meyer fand, dass Birhat ohne den Beduinenbart und die Falkennase auch als etwas zu kleiner britischer Agent im Personenschutz durchgehen könnte. Die Körpergröße allein würde nicht notwendigerweise auf einen schwachen Kämpfer hindeuten. Es hatte sich in ihren Kreisen herumgesprochen, dass das von den Israelis entwickelte Krav Maga auch für klein gewachsene Menschen eine effektive Art der Selbstverteidigung war. Aber um Nahkampftechniken würde es heute sicherlich nicht gehen.

»Herr Meyer! Schön, Sie zu sehen. So heißen Sie doch, oder?«

Der Reisende mit den vielen Pässen und der hoffentlich perfekten Legende erwiderte standhaft den durchdringenden Blick. »Genauso sicher, wie Sie Farqîn Birhat sind.«

Der gebildete Terrorist lächelte. »Hätte ich das vorab nicht verifiziert, würden wir uns jetzt sicherlich nicht treffen. Ich hoffe, Ihre Anreise war nicht zu anstrengend. Von wo kamen Sie denn?«

Wieder eine dieser belanglosen Fangfragen, die ihm doch bei der kleinsten Unsicherheit das Leben kosten konnten. »Ich denke, Sie sollten meine Privatsphäre respektieren. Dann werde ich das Ihnen gegenüber auch so halten«, erwiderte Meyer. »Auch wenn Ihre Kameras in meinem Hotelzimmer eher das Gegenteil belegen. Wenn ich noch anmerken darf, ich habe schon deutlich höflichere Begrüßungen von Freunden erlebt. Es stimmt doch, dass wir Freunde werden wollen?«

Geschickt und selbstbewusst hatte Meyer die eigentliche Frage umschifft. Birhat sollte nicht glauben, einen leicht zu beeinflussenden Laufburschen vor sich zu haben. Meyer hatte sich erhoben und stand jetzt gerade und aufrecht vor Birhat. Sofort hatte einer seiner Gorillas ihm die Hand auf die Schulter gelegt, doch Birhat bedeutete dem Mann Einhalt. Unverzüglich löste sich der starke Druck der massigen Hand von Meyers Schulter.

»Ach, mein Freund. Du kennst doch das Spiel. Mir macht das auch keinen Spaß, Besucher so zu empfangen. Früher, bei uns in den Bergen, waren die Regeln klar. Man hob seine Hände, zeigte sie offen gegenüber jedem Fremden, der sich dem Lager näherte. Der Dolch wurde abgelegt. Wir teilten selbst das letzte Wasser, das wir noch hatten, brüderlich. Leider gelten diese Gesetzte heute nicht mehr überall. Ich hoffe, ein guter Speyside-Whisky wird dich rasch darüber hinwegtrösten. Nenn mich bitte Farqîn.«

Montag, 03. April 2017 – 14:17 Uhr – Monaco

»Jacques, warum so skeptisch? Vertrauen Sie mir nicht? Ich will Ihnen helfen, Ihr Geschäftspartner und vielleicht auch Ihr Freund werden.«

Jacques wäre am liebsten sofort aufgestanden. Irgendetwas

stimmte hier nicht. Besorgt fragte er sich, was genau der Amerikaner unter »helfen« verstand.

Peter schien seine Unruhe zu bemerken und reagierte mit weiteren Erklärungen darauf. »Unsere Investoren sind sehr scheu vor der Öffentlichkeit. Daher erwarten sie von uns, als Manager des Fonds, in dem ihr Geld steckt, dass wir überaus gründlich arbeiten. Wir haben uns genau über Sie erkundigt, Jacques. Wir mögen Menschen wie Sie, Menschen mit Mut und Durchhaltevermögen. Ich verstehe Ihre Unsicherheit. Wir sind nicht wie andere Fonds. Dennoch müssen Sie keine Angst vor uns, vor mir, haben. Im Gegenteil, wir werden Sie vor denjenigen beschützen, vor denen Sie wirklich Angst haben sollten.«

Die nachfolgende Pause war gezielt gesetzt, um Jacques' Reaktion abzuwarten. Der schwieg und wollte offenbar Konkreteres von Peter Miller über seinen Fonds und dessen »scheue« Investoren erfahren.

»Ich denke, Sie geben mir recht, dass Sie es mit Algamondo gegen mächtige Widersacher aufnehmen. Ich rede hier nicht nur von den Ölmultis und den anderen klassischen Wettbewerbern, die Ihnen typischerweise so begegnen. Es wird Organisationen geben, sei es staatlich gesteuert oder von privater Hand, die mit allen Mitteln versuchen werden, sich Zugang zu Ihrem Know-how zu verschaffen. Was glauben Sie, werden die Araber unternehmen, wenn Sie deren Haupteinnahmequelle bedrohen? Jacques, seien Sie schlau! Sie brauchen nicht nur einen Investor, sondern einen starken Verbündeten. Jemanden wie mich und meine Investoren.«

Jacques hörte ihm kommentarlos und mit starrer Miene zu. Miller war wirklich der Letzte, den er sich zu seinem neuen besten Freund wünschte.

Der Amerikaner ließ sich von Jacques' Schweigen nicht beirren. »Glauben Sie mir, es wird einen Sturm geben, in dem Sie untergehen werden, sofern Sie nicht gut darauf vorbereitet sind. Sie haben keine Ahnung davon, was es braucht, um da draußen zu überleben. Sie kennen die Welt der Mächtigen nicht.«

Was bildete sich dieser Riese eigentlich ein? Jacques war drauf und dran, aufzustehen und zu gehen. Doch in diesem Moment trat Raffaele mit zwei Tellern an ihren Tisch.

»Voilà, Messieurs, das Dreierlei von der Foie gras.«

Miller griff zu Messer und Gabel. »Lassen Sie es sich schmecken, Jacques.«

Montag, 03. April 2017 – 14:17 Uhr – Ankara

Birhat führte ihn in eine geräumige Suite, wo sie in bequemen Sesseln Platz nahmen, die um einen niedrigen Tisch gruppiert waren. Auf dem Tisch stand eine Flasche des edlen schottischen Whiskys bereit. Birhat goss jeweils einen guten Daumenbreit davon in zwei Gläser. Er reichte eines seinem Gast und stieß mit ihm an.

»Cheers«, sagte er.

Nachdem beide getrunken hatten, kam der Besucher ohne weiteren Small Talk zur Sache. Er wollte so schnell wie möglich, und idealerweise noch am Leben, wieder hier raus. Äußerlich hatte er sich völlig entspannt auf dieses erste Abtasten eingelassen und dabei viel Geduld bewiesen. Innerlich war er angespannt. Jetzt ging es um Geschäfte.

»Was brauchst du, mein Freund?«, fragte Meyer und schwenkte lässig das Glas mit dem Whisky in der rechten Hand.

»Das kommt darauf an«, erwiderte Birhat. »Ich würde zunächst gern deinen Rat hören. Meine Leute sind einfach gestrickt und nicht erfahren genug im Umgang mit komplizierten Systemen. Wir brauchen etwas, das auf große Flächen wirkt, abschreckt und leicht aus der Ferne zu bedienen ist. Ach ja, und wir müssen und können die Gebiete danach nicht sofort verwalten, da uns dazu das Personal fehlt.«

Er hatte aufmerksam zugehört. Birhat ging es offensichtlich um richtig dreckige Waffen. Waffen, die nachhaltig und großflächig wirken würden. Auch damit hatte er Erfahrung. Die wenigen Einsätze in jüngster Zeit waren überwiegend durch taumelnde Regime erfolgt. Kurz vor ihrem Untergang wollten sie ein letztes Mal Macht demonstrieren. Meyer kannte die Wege, um große Bestände zu kaufen. Die bekannten staatlichen Arsenale in Syrien und Irak waren zwar geschrumpft, aber das war für ihn kein Problem. Als problematisch könnte sich eher der Lieferort erweisen. Wäre der auch der Einsatzort, müsste er einen erheblichen Risikoaufschlag verlangen. Gute Logistik war teuer. Fehlende Leute zur »Verwaltung« deutete darauf hin, dass es Birhat um die Eroberung bestimmter Gebiete ging, die er mit quasistaatlichen Mitteln seiner Organisation unterordnen wollte.

Bevor Meyer antwortete, musste er ausschließen, dass das Ganze eine Falle war. Es bestand die Gefahr, dass die nahöstlichen Geheimdienste Ablenkungsmanöver dieser Art veranstalteten, um das Wissen und die Loyalität ihrer russischen oder amerikanischen Verbündeten zu testen. Sobald er auf die Forderung des Mannes, der sich Birhat nannte, eingehen und aktiv würde, würde sich mit Sicherheit eine Meute Spürhunde an seine Fersen heften. Das konnte er nun gerade nicht gebrauchen. Solange er sich nicht hundertprozentig sicher war, es hier wirklich mit Birhat zu tun zu haben, würde er sich bedeckt halten. Es gab eine Frage, die ihm darüber Auskunft geben würde. Sie würde ihm helfen, im weiteren Verlauf des Gesprächs mehr über den Charakter des Mannes zu erfahren, der sich ihm als Birhat vorgestellt hatte.

»Entschuldige, wenn ich das anspreche und es dich in der Trauer um deinen Vater trifft. Sag mir, ob du allein aus Rache handelst, oder ob du langfristige Ziele mit deiner Organisation verfolgst?«

Kurz senkte sich Birhats Blick. Meyer war, als würde er den Anflug echter Trauer auf dem Gesicht seines Gegenübers erkennen. »Wozu ist das wichtig?«, fragte Birhat sichtlich betroffen, aber ruhig und wenig aufgewühlt nach. Er hatte die Kontrolle über sich bewahrt, weder übermäßige Trauer noch Wut noch Rachegedanken zugelassen.

»Nun, einige meiner Lieferanten könnten nach deiner Rache daran interessiert sein, langfristig mit dir zusammenzuarbeiten. Wenn ich sie von deiner Bereitschaft dazu überzeugen kann, dann könnte ich auch noch auf ganz andere Lieferquellen und Lösungen für dein Problem zurückgreifen …«

Was Meyer soeben gesagt hatte, kam dem Ritt auf einer Rasierklinge gleich. Dennoch, nur so konnte er herausfinden, ob er wirklich Birhat, den klugen Denker, vor sich hatte. In dem Memo, das Lucy für ihn vorbereitet hatte, stand vermerkt, dass Birhat schlau genug wäre, um nach dem Ende der Konflikte im Irak, in Syrien und Afghanistan eine vermittelnde Rolle einzunehmen. Die Psychologen und Profiler der CIA vermuteten, dass Birhat sich als strategischer Führer einer von der CIA geduldeten Allianz aus Kurden und gemäßigt agierenden Islamisten anbieten würde.

»Du bist gut«, war Birhats Reaktion. »Ich mag Menschen,

die sagen, was sie denken. Ich denke wie du in langfristigen Lösungen, lehne Partnerschaften nicht grundsätzlich ab. Wenn es dank deiner Lieferung darum geht, Führungs- und Vertrauensperson im Mittleren Osten für bestimmte Mächte zu werden, würde ich das als Präsident eines geeinten Kurdistans zusagen. Immerhin verfügt dieses Land dann über die siebtgrößten Ölvorräte weltweit. Mich wird keiner ignorieren. Herr Meyer, Sie kennen ja beide Seiten. Was würden Sie mir raten, soll ich mich eher dem Westen zuwenden oder mit Putin und Genossen reden?«

Seine Leute in Washington hatten recht. Birhat handelte nicht unüberlegt. Augenscheinlich hatte der Mann, der ihm gegenübersaß, sich intensiv mit Meyers erfundenem Lebenslauf befasst. Bedächtig, intelligent und emotionslos prüfte der Terrorist alle Optionen. Hatte er ihn wirklich um politischen Rat gefragt? Birhats Wandel, zurück von der das Gegenteil ausdrückenden Floskel »mein Freund« hin zu einem rein geschäftlichen Ton kam überraschend. Seine Reaktion, das geschickte Abwägen, der respektvolle Umgang sprachen dafür, dass er dem echten Birhat gegenübersaß. Meyers erstes Ziel war erreicht. Sie würde stolz auf ihn sein.

Montag, 03. April 2017 – 14:22 Uhr – Monaco

Jacques war der Appetit vergangen. Wie betäubt saß er da, starrte auf das Essen und dachte darüber nach, wie er Millers Worte interpretieren sollte.

Als Miller sah, dass Jacques sein Besteck nicht anrührte, legte er Messer und Gabel wieder beiseite. In versöhnlichem Tonfall sagte er: »Okay, Jacques, verzeihen Sie mir, wenn ich Sie vorhin überfordert habe.«

Jacques blickte Miller verständnislos an. »Nein, das haben

Sie nicht, ganz und gar nicht. Ich bin mir nur nicht sicher, ob Ihr Stil, mich auszuspionieren, ein guter Start für eine Partnerschaft ist. Immerhin waren Sie ehrlich genug, mir davon zu berichten. Dennoch, Ihre Art, ein Treffen vorzubereiten …«

Peter intervenierte. »Also, das Ganze kam so. Bruno hat einen Bekannten. Der wiederum hat einen Kollegen bei Amazon. Ein Experte für Suchmaschinen, Kundenverhalten, conversion rate optimization und weiteres unverständliches Zeug. Wenn der mal wieder knapp bei Kasse ist … Na ja, so ein junger Kerl ist da nicht abgeneigt, wenn der Onkel aus Monaco einen Tipp braucht, um mehr über die Shoppingliste eines bestimmten Kunden zu erfahren. Ist billiger und geht schneller, als irgendeinen Hacker zu engagieren, der einem hinterher schnüffelt.«

Jacques sah sein Gegenüber mit großen Augen an.

»Wie sagt man, der Zweck heiligt die Mittel. In Ihrem Fall war Eile geboten. Sie stehen mit Algamondo kurz vor der Insolvenz. Wenn wir investieren wollen, bleibt uns nur wenig Zeit, eine ausführliche Due-Diligence-Prüfung durchzuführen. Ich will Sie unterstützen, also interessiere ich mich für Sie. Was für ein Mensch sind Sie? Was motiviert Sie, nach fünf Jahren Erfolglosigkeit immer noch an Algamondo zu glauben? Wer sind Ihre Mitarbeiter? Was für ein Mensch ist Ihr Gründungspartner?«

Jacques wurde hellhörig. War das wieder eine von Millers merkwürdigen Andeutungen? Was wusste der über Al-Gés früheres Alkoholproblem?

»Was hat mein Partner Al-Gé, sorry Louis Guigou, mit Ihren Schnüffeleien zu tun?«, fragte Jacques mit ruhiger Stimme, aber sichtlich erbost.

»Nun, wir müssen uns sicher sein, dass Sie und Ihr Führungsteam unter Druck bestehen können. Tun Sie das? Oder noch klarer, kann das Ihr Partner nach seiner Historie?« Peter sah den Belgier provozierend an. »Lassen Sie uns Freunde werden.«

Jacques wollte Peter nach wie vor nicht zum Freund haben.

Und Peter wollte anscheinend nicht mit seinen guten Ratschlägen aufhören.

»Das wird ein harter Ritt, Jacques, Sie brauchen einen Partner wie uns. Springen Sie nicht schon vor der Wüste von Ihrem Pferd und lassen es in der Wildnis zurück. Es mag erforderlich sein, es auf halbem Wege zu erschießen, um ihren Hunger zu stillen, oder es gegen ein Kamel zu tauschen. Vertun Sie nicht Ihre Chance zu überleben, gleich zu Beginn der Reise. Seien Sie vorsichtig, wenn in Ihrem Umfeld Dinge passieren, die Sie nicht verstehen. Ihre Erfindung ist zu groß, als dass sie nicht auch von den falschen Menschen bemerkt wird.«

Statt sich versöhnlich zu zeigen, hatte der Amerikaner den nächsten Haken in seine Magengrube gesetzt. Jacques fand Peters Art äußerst unangenehm. In seinen netten Tonfall verpackte er harte Aussagen, die aber – und das musste Jacques sich eingestehen – im Kern ihres Inhalts sehr berechtigt waren.

»Nehmen wir mal an, ich lasse mich von Ihren Spielchen nicht beeindrucken, Peter. Verraten Sie mir dann, was Sie wirklich von uns wollen?«

»Das sind keine Spielchen, Jacques. Wir meinen es ernst und sind von Ihrer Technologie total überzeugt. Lassen Sie mich unser Gespräch etwas abkürzen. Ich entschuldige mich für das Eindringen in Ihre Privatsphäre. Gleichzeitig mache ich Ihnen dieses völlig ernst gemeinte Angebot: Wir würden gerne in einem ersten Schritt fünf Millionen Euro in Algamondo investieren. Wir erwarten dafür dreißig Prozent an Ihrem Unternehmen. Läuft es so, wie Sie und wir es uns gemeinsam vorstellen, beteiligen wir uns in der B-Runde mit weiteren zwanzig Millionen Euro. Jacques, wir glauben an Sie und wir mögen Sie. Daher würden wir Ihnen und Ihrem Partner für jeweils 1,5 Millionen Euro zusätzlich weitere drei Prozent abkaufen. Dann wären Sie, egal was passiert, finanziell ebenfalls abgesichert und nicht nur Ihr Unternehmen. Na, wie klingt das? Jacques, lassen Sie uns Ihr Finanzierungspartner werden?«

Montag, 03. April 2017 – 14:27 Uhr – Ankara
Birhat hatte seine Bodyguards vor die Tür geschickt. Der Small Talk war vorbei, seine Überprüfung durch Birhat auch?

Birhat fuhr fort: »Herr Meyer, es gibt Pläne, den Interimsstatus des kurdischen Staates zu ändern. Es kann nicht sein, dass dreißig Millionen Menschen, die unsere Kultur teilen, als unmündige Bürger behandelt, eingepfercht und versklavt werden. Wir leben im 21. Jahrhundert. Das Potenzial zur Errichtung einer größeren Verwaltungseinheit im Nahen Osten, die auf einheitlichen Wertvorstellungen basiert, war noch nie so groß wie derzeit. Wir sprechen mit den Ajatollahs im Iran. Sie würden es begrüßen, friedvolle Nachbarn in Syrien, Libanon und im Irak zu haben. Wir haben Freunde in Ägypten und in Nordafrika, von Algerien bis Libyen. Mehrere Mittelmeeranrainer und weite Teile des Golfs von Akaba würden sich liebend gern einer Verwaltungsunion ›Freier Osten‹ unter kurdischer Führung anschließen. Wie Sie sich denken können, braucht der Aufbau und die Kontrolle dieses Gebietes Zeit. Wir beginnen mit den Ölfeldern, den Staudämmen und Wasserreservoirs, zunächst im Norden Iraks, an der Grenze zu meiner kurdischen Heimat. Keine Armee der Welt kann ohne Wasser kämpfen. Was viele übersehen, ist, dass Öl ersetzbar ist. Es wird strategisch überbewertet. Ohne Wasser aber fällt jeglicher Widerstand in wenigen Tagen. Auch der der amerikanischen und türkischen Invasoren.«

Die meisten Terrorprediger waren verblendet. Birhat war anders. Aus ihm sprach kein Hass, sondern wohlüberlegtes Kalkül. Er drückte sich durchdacht, ruhig und entschlossen aus. Dann kam die Bestätigung, auf die Meyer so lange gewartet hatte.

»Ihre Arbeit, damals in Mali, hat mir gefallen. Man hat mir berichtet, dass Sie gute Ware liefern können.«

Vor Meyers geistigem Auge hetzten Bilder vorbei, an die er sich am liebsten nie mehr erinnern wollte. Dieser wahnsinnige Islamistenführer der malischen Rebellen, die eine Abspaltung der nordmalischen Gebiete und die Errichtung eines eigenständigen islamistischen Staates wollten. Diese Bestie hatte ihn zu unglaublichen Gräueltaten gezwungen. Er konnte dem damals nicht ausweichen, es hätte seiner Legende geschadet. Heute, im Angesicht des meistgesuchten Terroristen der Welt, wurde er wieder mit seinen Taten konfrontiert. Er hatte die Chance, sich dem Netzwerk des Mannes zu nähern, der überall Terror verbreitete und ihm doch als perfektes Abbild eines britischen Gentlemans gegenübersaß.

»Wie mir gesagt wurde, haben die Ampullen sehr schnell gewirkt, obwohl die Substanz extrem verdünnt war. Ist es richtig, dass das Mischungsverhältnis in etwa dem entsprochen hat, was der Menge Ihres Materials in einem Trinkwasserwerk mittlerer Größe gleichkommen würde?«

Meyers Blick blieb ausdruckslos. »Ja, das stimmt.«

»Gut, ich bin an einem größeren Geschäft mit Ihnen interessiert. Lassen Sie mich eine kleine Menge der Ware vorab in einem – wie soll ich sagen – Experiment testen. Dann sehen wir weiter.«

Montag, 03. April 2017 – 14:28 Uhr – Monaco

Jacques war über die erneute Wende im Verhalten von Peter irritiert. Sein Angebot war finanziell deutlich besser als die Offerte von Marc. Die Gründer würden bereits in der ersten Finanzierungsrunde durch Peters Fonds zu Millionären. Verlockend! Auf der Suche nach einer passenden Antwort hatte er unbewusst zu seinem Besteck gegriffen. Seine Hände zitterten leicht, er war bemüht, klar und emotionslos zu denken. Sollte er sich über Millers Angebot freuen?

»Peter, ich danke Ihnen für Ihr Angebot. Bevor ich antworte, lassen Sie uns zunächst einmal von dieser vermutlich grandiosen Foie gras probieren. Ich merke, dass ich hungrig bin. Schließlich bin ich heute schon recht früh von Belgien aus gestartet.«

Jacques wollte nichts überstürzen, sich erst einmal sammeln, nachdenken, Zeit gewinnen. Die beiden Männer waren zurück im Ring. Peter hatte auf den Knock-out verzichtet, ihm stattdessen die Hand gereicht, um ihm auf die Beine zu helfen. Jacques hatte die Fähigkeit bewiesen, sich nach einem Leberhaken in erstaunlich schneller Zeit aufzurichten, die Fäuste hochzunehmen und – sofern erforderlich – weiterzukämpfen. Jacques war schon immer ein guter Verhandler mit starken Nerven. Die entscheidende Frage war, würde er Peter jemals vertrauen können? Fragen über Fragen zu Peters Angebot jagten durch die eine Hälfte seines Kopfes, während er parallel dazu mit der anderen Hälfte seines Gehirns Small Talk betrieb.

Ja, auch in Belgien gäbe es gutes Seafood. Die Küste im Norden, sehr schön. Und dann die Nähe zu Frankreich. Dunkerque. Die Invasion, Operation Dynamo, der Film, der im Juli erscheinen wird. Ja, Christopher Nolan hat an der Plage de Malo-les-Bains an den Originalschauplätzen gedreht. Ausgezeichnete Insidertipps. Leider fehlt es den Belgiern an einem guten Rosé. Aber das Ch'ti Bier aus der Nähe von Dunkerque ist gerade im Winter, wenn die Küche nicht mehr so sommerlich leicht, sondern etwas fettiger und schwerer wird, ein guter Essensbegleiter.

Jacques spielte mit seiner rechten Gehirnhälfte das Spiel mit, so gut er konnte. Wie weit war Dr. Rohde mit den Verträgen? Konnte er sich darauf verlassen, sie schon nächste Woche vorliegen zu haben, um sie alsbald zu unterschreiben? Musste er Zeit gewinnen?

Ja, die Dorade und das Ratatouille waren ausgezeichnet.

Als sie beim Nachtisch angekommen waren, fasste Jacques bei dem zweiten Löffel des Fondant au Chocolat eine Entscheidung. Er war sich sicher, dass Al-Gé sie teilen würde.

Die beiden Männer beendeten ihr Mittagessen so, als sei nie eine massive Missachtung der Privatsphäre durch Peter erfolgt. Nachdem Peter die Rechnung übernommen hatte, waren sie auf den Weg zurück in dessen Büro. Als sie auf die Straße traten, sah Jacques ein Taxi auf sie zurollen. Er hob die Hand, winkte und es stoppte. Zu Peter gewandt sagte er: »Danke für die Einladung und Ihre Zeit. Unsere Wege werden sich hier trennen. Ich denke nicht, dass Sie und Ihr Fonds der richtige Partner für unser Unternehmen sind. Bruno müssen Sie nicht extra bemühen, mich zum Flughafen zu bringen. Ich nehme ein Taxi. Sagen Sie bitte Angélique einen sehr herzlichen Gruß. Die wenigen Telefonate mit ihr fand ich immer sehr förderlich. Der gute Eindruck, den sie mir im Vorfeld von Ihnen vermittelt hat, stimmt nach dem heutigen Gespräch nicht mehr. Ach ja, Ihre Freunde bei Amazon und Google sollten Sie besser nicht weiterhin bemühen. Das könnte unangenehme Folgen für Sie und die Reputation Ihres Fonds haben.«

Kurz darauf stieg Jacques grußlos in das wartende Taxi. Das hatte gesessen. Peter blieb völlig überrascht auf der Straße stehen. Der Belgier hatte ihn wie einen unerfahrenen Schuljungen aus der ersten Klasse sitzen gelassen. Peter fluchte innerlich.

Im Taxi war Jacques überzeugt davon, richtig gehandelt zu haben. Peter, Bruno, Aaron und Paul wollte er nie mehr begegnen. In deren Anwesenheit fühlte er sich unwohl. Ganz anders hingegen waren seine Gefühle für Angélique. Er bedauerte, sich nicht wenigstens noch ordentlich von ihr verabschiedet zu haben.

Montag, 03. April 2017 – 14:29 Uhr – Ankara

»Wie viele Ampullen genau benötigen Sie?«, wollte Meyer wissen.

»Aktuell? Nun, verkaufen Sie mir fünfzehn Ampullen, sodass ich mich überzeugen kann. Das reicht mir vorerst, um ein wenig Unruhe zu stiften.«

»Fünfzehn Ampullen?«, fragte Meyer ungläubig. Hatte der Terrorist ihn dafür zu sich kommen lassen. Das konnte nicht sein. Wollte er ihn testen, ihn provozieren? Meyer blieb höflich. »Bis wann brauchen Sie die Lieferung?«

»Nächste Woche. Man soll das Eisen schmieden, solange das Feuer noch heiß ist.«

Wenn Birhat den biologischen Kampfstoff, den Meyer liefern konnte, erst mal in die Hände bekam, würde es gefährlich, doch wären sie dann auch im Geschäft? Es konnte unmöglich nur um fünfzehn Ampullen von diesem Dreckszeug gehen. Meyer wartet geduldig ab. Birhat nahm einen Schluck aus seinem Glas.

»Und ich benötige auch noch einige konventionelle Waren. Drohnen, Marschflugkörper, Sprengstoff, das Übliche. Ich denke, wir reden über ein Gesamtpaket im Wert von fünfhundert Millionen Dollar.«

Birhat griff in die linke Tasche seines Sakkos. Er reichte Meyer einen Umschlag. Darin befand sich eine umfangreiche Liste.

»Sehen Sie, Herr Meyer, ich vertraue Ihnen. Das hier ist meine Shopping-Liste. Lauter praktische Dinge, die ich gerne über Sie kaufen möchte.«

Meyer überflog die Liste, die Birhat sehr sorgfältig je Waffenkategorie und einer Preisindikation zusammengestellt hatte. Eines musste Meyer dem Mann lassen, Birhat kannte sich mit dem Material, das er wollte, und dessen gängigen Preisen aus.

»Interessant«, war sein einziger Kommentar.

»Nun, Herr Meyer. Es freut mich, dass Sie das auch so sehen«, erwiderte Birhat.

Meyer hob sein Glas, um mit Birhat anzustoßen. Seine Provision wäre enorm. Den Großteil der Ware könnte er durch seine Freunde in der Firma beschaffen. Ja, das wäre sein letzter Deal! Meyer war einmal mehr froh, dass er sein Haus und die Textilfabrik auf Mauritius hatte. Er freute sich schon auf seine Heimkehr. Nach einem Tag auf dem Golfplatz, würde er – unauffindbar für jegliche Verfolger – bei einem Cocktail in der Bar des Belle Mare Plage Hotels entspannt das sich anbahnende Chaos in den Nachrichten verfolgen. Birhat hatte ihn soeben zu dem größten Spiel gebeten, zu dem er je eingeladen worden war.

Die angenehmsten Kunden waren ihm die, die wenig fragten, wussten, was sie wollten, und den kaufmännischen Details im Vorfeld die gebotene Aufmerksamkeit widmeten. Nach Meyers überschlägigen Berechnungen hatte Birhat den Wert der Ware zutreffend mit fünfhundert Millionen Dollar taxiert. Dazu kamen dann noch die Kosten für Logistik und etwaige Sonderleistungen. Die Verhandlungen konnten beginnen.

»Wann ist die Ware verfügbar?«, wollte Birhat wissen.

»Das hängt davon ab, wie wir die Logistik und die Bezahlung organisieren«, war Meyers unterkühlte Antwort. Jetzt sollte es um das gehen, was er unbedingt erfahren musste. Cool bleiben, lass dir nichts anmerken, sagte Meyer zu sich selbst.

»Sie müssen mehrere Regionen gleichzeitig mit der Ware beliefern. Die lokale Verteilung werden meine Leute übernehmen, ebenso die Zwischenlager.«

»Einverstanden. Sie wissen, dass ich nur aktiv werde, wenn ich fünfzig Prozent Vorauszahlung erhalten habe?«, erwiderte Meyer. Sein Blick ruhte lässig und entspannt auf dem Whisky, den er in seinem Glas hin und her bewegte. »Ohne Vorschuss kein Deal. Die Anzahlung beträgt fünfzig Prozent.«

Birhat verzog keine Miene. »Einverstanden. Sie bekommen das Geld, wenn ich mich von der Wirkung der Ampullen überzeugen konnte. Der Rest ist kein Problem. Voraussetzung ist allerdings, dass wir einen Teil der Lieferung in Öl bezahlen.«

Meyer blickte überrascht auf. Das war es also, was Birhat

wollte. Schwarzmarktöl, vermutlich aus den besetzten Fördergebieten in Syrien und im Nordirak, sollte für den Kauf von Waffen eingesetzt werden. Was hatte Lucy zu ihm vor wenigen Tagen in London gesagt: *»Wir werden dieses Krebsgeschwür nie los, wenn wir seine Finanzierungsquellen nicht kennen.«*

Montag, 03. April 2017 – 18:00 Uhr – Monaco

Angélique war überrascht. Als Miller nach dem Mittagessen ohne den attraktiven Belgier ins Büro zurückkehrte, war sein Gesichtsausdruck alles andere als entspannt. Ihr sonst so freundlicher Chef blickte grimmig drein und war ohne weitere Erklärungen in sein Büro marschiert, hatte die Tür geschlossen und bis abends nicht mehr geöffnet. Angélique konnte sich darauf keinen Reim machen. Sie würde versuchen, von Peter am nächsten Tag mehr zu erfahren. Als John Lewellen pünktlich wie vereinbart bei Peter Miller in Monaco anrief, war Angélique schon nicht mehr im Büro.

»Hallo, Peter, wie war dein Tag mit dem Belgier?«, wollte Lewellen wissen.

»Es lief leider nicht so, wie wir uns das gewünscht hatten.«

»Was genau meinst du? Hat dir deren Technologie doch nicht so gut gefallen, wie du es in deinem Bericht geschildert hast?«

»Ganz im Gegenteil. Algamondo ist ein Knaller. Meine Jungs haben alles über zwei Stunden auf Herz und Nieren geprüft. Die Antworten des Gründers waren perfekt. Die haben wirklich an alles gedacht. John, die können Treibstoff zu einem Viertel der heutigen Produktionskosten herstellen.«

»Was!«, entfuhr es Lewellen ungläubig. »Wie kann das sein? Das ist ja revolutionär. Unfassbar.«

Lewellen wusste genug über die Bedeutung von Öl für die Weltwirtschaft, um Peters Aussage richtig deuten zu können.

Lewellens erster Gedanke zielte auf all die Milliarden, die sie sich an Militärausgaben für sinnlose Kriege wie den im Irak sparen würden. Wenn sie Öl quasi unbegrenzt und zu deutlich reduzierten Kosten zur Verfügung hätten, müssten ihre Jungs nicht in Wüstenstaaten verheizt werden, nur um auf das schwarze Gold im Boden aufzupassen. Öl war Macht. Wie würden sie die Russen in die Knie zwingen können, wenn die irgendwann Zugang zu der Technologie der Belgier hätten? Die russische Wirtschaft wäre dann nicht mehr allein von den Weltmarktpreisen für ihre Öl- und Gasexporte abhängig, die die Amerikaner beliebig beeinflussen und als Druckmittel einsetzen konnten. Was würde aus den überheblichen Arabern und ihre faulen Staatsangehörigen mit den dicken Autos? Was aus den mehr oder weniger nett verpackten Diktaturen, die mit Öl staatliche Wohlfahrtssysteme finanzierten? Was aus Amerika, wenn jemand den künstlich hochgehaltenen Ölpreis drückte und sein Land auf dem teuren Fracking-Öl sitzen blieb? Je mehr er darüber nachdachte, umso klarer wurde Lewellen, was die Belgier da in ihren Händen hielten.

»Nun, Peter, sag schon, was ist vorgefallen?«

»Der Belgier hat mein Angebot abgelehnt. Wir haben uns echt angestrengt. Selbst den Gründern habe ich jeweils 1,5 Millionen geboten, um sie von uns zu überzeugen. Ich kann mir nicht vorstellen, dass das noch was wird. Meine kurze Andeutung unserer Finanzierung von Google hat wohl ausgereicht, ihm Angst zu machen. Ach ja, und dann hatte ich ihm im Ansatz etwas davon gesagt, was wir bislang über ihn und seinen Gründungspartner wissen.«

»Dem Alkoholiker?« unterbrach ihn Lewellen.

»Ex-Alkoholiker. Der Mann ist seit Algamondo trocken.«

»Ja, stimmt. So hattest du es in deinem Bericht geschrieben. Und jetzt?«, wollte Lewellen wissen.

»Ich denke, dass wir zu Plan B greifen werden. Aufgeben möchte ich bei denen noch nicht.«

»Einverstanden«, war Lewellens knappes Zugeständnis.

»Gut, dann legen wir nächste Woche los.«

8. Kapitel

Dienstag, 04. April 2017 – 07:29 Uhr – Charleroi

Am gestrigen Abend war Jacques zu erschöpft von den Ereignissen der letzten Woche gewesen, um noch mit Al-Gé zu telefonieren. Stattdessen hatte er ihm nur eine kurze SMS geschickt mit der Information, dass er auf dem Rückweg sei. Jacques wollte nach dem Besuch bei Peter Miller nichts an dem Deal mit Marc van Teese ändern, das war klar für ihn. An diesem Morgen musste er Al-Gé ebenfalls davon überzeugen.

Kurz nach sieben war er bei Algamondo eingetroffen. Hätte ihm Al-Gé nicht von dem Einbruch berichtet, wäre ihm nichts aufgefallen. Auch den wenigen Mitarbeitern, die schon im Labor waren, konnte Jacques nichts anmerken.

Al-Gé, der etwa fünf Minuten verspätet eintraf, schien die Situation gut gemeistert zu haben. Mit einem breiten Grinsen betrat er den Besprechungsraum, in der Hand zwei Milchkaffee und eine Tüte mit frischen Croissants.

»Für dich, Mutter!«

Er ging Jacques mit ausgebreiteten Armen entgegen. »Schön, dass du mich mal wieder besuchst.«

Al-Gé stellte das Frühstück auf den Tisch, nahm Jacques gut gelaunt in die Arme und klopfte ihm auf die Schulter.

»Sag mal, geht's noch?«, frotzelte Jacques. »Fehlt nur noch, dass du mich zur Begrüßung küsst.«

Offensichtlich hatte Al-Gé ihren Streit am Telefon schon abgehakt. Aus Jacques' Sicht war das noch nicht geklärt. Da er sich echte Sorgen um seinen Geschäftspartner gemacht hatte, wollte er nochmals mit ihm reden, insbesondere darüber, wieso er ihn nicht erreicht hatte. Jetzt musste er aber zunächst einmal von Monaco und dem merkwürdigen Verhalten von Peter Miller berichten.

Er war nach wie vor aufgewühlt, als er mit seinem Bericht begann.

»Peter Miller will in Algamondo investieren. Er bietet uns fünf Millionen für dreißig Prozent und dann nochmals zwanzig Millionen in der B-Runde. Und, halt dich fest, er will zusätzlich jedem von uns beiden für jeweils 1,5 Millionen Euro 1,5 Prozent der Anteile an Algamondo abkaufen, um insgesamt – wie wir auch – dreiunddreißig Prozent an der Gesellschaft zu besitzen.«

»Wow! Mann, das ist es doch!«, rief Al-Gé euphorisch und ballte die Faust. »Endlich! Nach all den Jahren der harten Schufterei fliegt uns Kohle zu. Wahnsinn! Wo muss ich unterschreiben?«

»Die Sache hat einen Haken«, meinte Jacques. »Peter Miller hat mir richtig Angst gemacht. Ich fand ihn und das ganze Setting mit dem tollen Büro in Monaco unheimlich.«

Al-Gé stutzte. »Unheimlich? Was genau meinst du damit?«

»Nun, dieser Peter Miller hat uns hinter unserem Rücken ausspioniert. Er war top vorbereitet und wusste private Dinge von mir, die er unmöglich mit legalen Mitteln hat erfahren können.«

»Und was zum Beispiel?«

»Na ja, er wusste über die Marke meiner Unterhosen Bescheid.«

»Alter, wie ist der denn drauf?«

»Al-Gé, willst du nicht verstehen? Ohne dass ich es überhaupt nur im Ansatz erwähnt hatte, sprach er davon, dass Algamondo bald pleite ist. Woher wusste er das? Ansonsten deutete der Kerl weitere Details über unser Privatleben an. Nur Andeutungen. Gerade so viel, dass es mich irritieren und nachdenklich machen sollte.«

Jacques vermied es zu erwähnen, dass er in Bezug auf Al-Gé an dessen Belastbarkeit unter Druck zweifelte und dabei dessen »Historie« angesprochen hatte.

»Na und«, war Al-Gés Einwand. »Ist doch völlig normal, dass die sich mit uns beschäftigen und uns durchleuchten, oder?«

»Sorry, Al-Gé, so normal habe ich das alles nicht empfunden. Zum Beispiel seine beiden Techniker. Super Jungs. Was die für Fragen gestellt haben! Die wussten Details über unser Verfahren, die man sich nicht mal eben schnell zusammenreimt. Ich hatte das Gefühl, die waren nahezu auf unserem Kenntnisstand!«

»Ja und? Das alles kann uns in der späteren Zusammenarbeit doch nur helfen.«

Jacques wurde etwas lauter: »Mann, verstehst du denn immer noch nicht? Der Einbruchsversuch, Millers Kenntnisstand …«

»Worauf willst du hinaus?«, stoppte ihn sein Geschäftspartner.

»Für mich gibt es nur eine Erklärung«, sagte Jacques. »Wirtschaftsspionage. Ich wette, dass Miller und sein Team von irgendjemandem beauftragt wurden, uns auszuspionieren.«

Dienstag, 04. April 2017 – 08:02 Uhr – Charleroi

Wie so oft an einem Dienstagvormittag hatte Mathis Dubois sich schon in aller Frühe auf den Weg zur Polizeistation Carolorégienne, die für Charleroi und Umgebung zuständig war, gemacht. Inspektor Bartier mochte den Journalisten nicht besonders, da der es immer wieder schaffte, sich Zugang zu Informationen zu beschaffen, die er eigentlich nicht haben durfte. Dubois, der ursprünglich aus Brüssel kam, wusste, dass Bartier jeden Dienstagmorgen um acht Uhr Polizeisport hatte. Das bedeutete freie Bahn im Präsidium. Dubois nutzte Bartiers Abwesenheit mehr oder weniger dezent dazu, sich auf der Polizeistation umzuhören, was denn aktuell so anstand. Im Oktober letzten Jahres hatte er einen guten Riecher bewiesen, als er über den Streik der lokalen Polizeibeamten berichtete, die mehr Personal forderten. Seitdem hatte er bei einer nicht mehr ganz so jungen Polizeigewerkschafterin einen Stein im Brett. Auch wenn er sich bislang erfolgreich dagegen gewehrt hatte, mit ihr ins Bett zu gehen, waren ihre diesbezüglichen Avancen nicht zu übersehen. So auch heute Morgen, als er ihr Büro betrat, in dem sie allein mit einem Stau im Drucker kämpfte.

»Bonjour, Chérie«, begrüßte der Journalist sie mit einem dezenten Kuss auf den Hinterkopf.

Erschrocken fuhr Camille Mertens herum, da sie nicht bemerkt hatte, wie sich der Journalist auf Zehenspitzen angeschlichen hatte.

Mathis fand die Mittfünfzigerin durchaus attraktiv, doch ihr Glaube an die freie Liebe, insbesondere was deutlich jüngere Männer betraf, ging ihm dann doch etwas zu weit. Dennoch mochte er sie und genoss es, von ihr auf charmante Art und Weise zu süßlicher Anmache gedrängt zu werden.

»Ah, mein Lieblingsschriftsteller«, entfuhr es Camille. Da sie spürte, dass Mathis dicht hinter ihr stand, flötete sie vielsagend: »Na, Lust auf einen Doggy-style-Quickie?«

Für Flucht war es zu spät, also ging Mathis zum Schein auf das Angebot ein: »Warum nicht, schöne Frau, aber lass mich doch erst einmal das Papier aus deinem Drucker holen. Ich denke, ich bin technisch deutlich begabter als du.«

Froh darüber, dass ihr geholfen wurde, trat Camille zur Seite. »Kommt darauf an, mein Lieber, von welchen Techniken du sprichst. Ich war schon in Indien im Ashram, als du noch in die Windeln geschissen hast.«

Mathis musste lachen. Er stellte sich vor, wie Camille sich tanzend ihres orangefarbenen Gewands entledigte, um sich – von langhaarigen, bärtigen Männern umzingelt – nackt vor Entzückung zu winden wie eine Kobra vor einem Schlangenbeschwörer.

Kurz darauf war das Papier aus dem Einzugsschacht des Druckers wieder entfernt. Camille konnte den Bericht ein zweites Mal zum Drucker senden. Dieses Mal funktionierte der Ausdruck problemlos.

»Ach, was für magische Hände mein Held doch hat«, lobte sie Mathis. »Mein Süßer, ich habe heute ganz wenig Zeit und muss noch den Bericht fertig haben, bevor Bartier nachher ins Büro kommt.«

»Verstehe«, war Mathis erleichtert. »Dann überlasse ich dich mal weiterhin deiner Arbeit. Gab es irgendetwas Besonderes, über das ich berichten sollte?«

»Nichts, was du wissen dürftest. Aber sobald sich die Drogenbanden hier in der Gegend wieder stärker bekämpfen, lass ich es dich wissen. Ich als Gewerkschafterin sehe ja gar nicht ein, dass die Kollegen Kopf und Kragen riskieren müssen, nur damit diese Verbrecher sich nicht gegenseitig abschlachten.«

Mathis verabschiedete sich mit einem Kuss auf Camilles Wange und verließ ihr Büro. Die zerknüllten Seiten aus dem blockierten Drucker hatte er unbemerkt von Camille in der Tasche seiner Jeans verschwinden lassen.

Dienstag, 04. April 2017 – 08:09 Uhr – Charleroi

»Du glaubst also auch nicht an die Drogenbanden-Theorie des dämlichen Polizisten«, fragte Al-Gé leicht irritiert nach.

»Natürlich nicht. Deshalb habe ich mir auch echte Sorgen um dich gemacht, da ich dich so lange nicht erreichen konnte. Al-Gé, wir müssen aufpassen. Etwas stimmt hier nicht. Ich befürchte, dass Miller seine Finger mit im Spiel hatte.«

»Nun mal keine übertriebene Panik, Alter. Wenn dieser Miller mir erst einmal die versprochenen 1,5 Millionen auf mein Konto gezahlt hat, wird er noch viel mehr von uns erfahren als die Marke deiner Unterhosen. Die Schnüffelei finde ich zwar nicht gut von ihm, aber immerhin macht uns sein Angebot zu Millionären. Dagegen gibt es doch nichts einzuwenden, oder? Leg mir seinen Vertrag vor, und ich unterschreibe blind. Du glaubst doch nicht ernsthaft, dass wir uns langfristig alleine im Markt behaupten können? All dein Idealismus, Jacques, aber hier und heute – und mit Miller – geht es um die Realität, um echte Geschäfte, echte Dollar. Endlich Kohle für uns! Gut gemacht!«

Jacques war völlig überrascht, von Al-Gés naiver und egoistischer Sichtweise. Wollte der ihre Seele und Ideale an Miller für lächerliche 1,5 Millionen Euro verkaufen?

»Al-Gé, pass jetzt mal auf. Ich habe Miller noch vor Ort in Monaco abgesagt …«

Stille. Dann schrie Al-Gé seinen Partner wütend an.

»Du Idiot hast was …? Mann, eine solche Chance bekommen wir nie mehr! Wie kommst du dazu, das allein zu entscheiden, ohne dich vorher mit mir abzusprechen? Das darf doch nicht wahr sein!«

Al-Gé, der sich kurz zuvor noch als Millionär gesehen hatte, war außer sich vor Wut.

Jacques' Ohren wurden binnen weniger Sekunden knallrot. Er musste seine Enttäuschung vor Al-Gés heftiger Reaktion unterdrücken, um es nicht zu einem Bruch mit seinem Partner kommen zu lassen. Er wusste, wie impulsiv der sein konnte.

»Al-Gé, lass mich bitte mal erklären …«

»Erklären, erklären«, fluchte der. »Erklär du mir mal, wieso wir uns fünf Jahre den Arsch aufreißen, auf alles, wirklich alles verzichten, um dann dieses großartige Angebot auszuschlagen? Sag mal, tickst du nicht mehr richtig?«

Jacques hatte Mühe, ruhig zu bleiben.

»Miller hat angedeutet, dass es vielleicht gar nicht nur um einfache Wirtschaftsspionage geht.«

»Und, was meinst du Idiot damit? Hör auf, in Rätseln mit mir zu sprechen.«

»Miller sagte wörtlich, die Erfolge von Unternehmen wie Google, Facebook, Amazon, Netflix, WhatsApp sind staatlich gewollt. Mann, denk doch mal nach …«

»Nachdenken, worüber? Über die 1,5 Millionen, die mir gerade flöten gegangen sind?«

»Nein, darüber dass Miller in dem Gespräch auch das Pentagon erwähnt hat.«

»Und glaubst du, dass wir so aufregend sind, dass selbst das Militär sich für uns interessiert? So ein Quatsch.«

Jacques schwieg, damit sein Partner weitere Sekunden

hatte, sich abzukühlen. »Ja, Al-Gé, das glaube ich. Im Übrigen bin ich mit dieser Meinung nicht allein. Marc van Teese hat so etwas ebenfalls in Alicante angedeutet.«

»Van Teese, der Alleswisser! Mann, 1,5 Millionen. Worauf willst du hinaus?« Al-Gé sah seinen Partner fragend an, bemüht, ruhig zu bleiben, zuzuhören, auch wenn es ihm nicht leichtfiel.

»Was, wenn ein Geheimdienst dahintersteckt? NSA, CIA, die Russen, der Mossad, die Chinesen, was weiß ich?«

»Wo denn dahinter? Hinter dem Einbruch oder hinter Miller?«

Jacques zuckte mit den Schultern. »Kann ich dir auch nicht sagen. Wie auch immer. Ich hatte ein Scheißgefühl mit diesem Miller. Er sprach von ›öffentlichkeitsscheuen‹ Investoren, hat mir aber nicht gesagt, wo genau das Geld für seinen Fonds herkommt. Vielleicht sind diese Investoren nur erfunden und das Geld stammt aus Drogendeals oder so etwas in der Art? Al-Gé, ich möchte es nicht verantworten, dass wegen der Kohle unsere beiden Leben in Gefahr sind. Vertraue mir, mit Miller ist etwas faul. Wir sollten uns von ihm fernhalten.«

Al-Gé begriff Jacques' ernsthafte Sorge. Bei dem Gespräch mit Miller war er nicht dabei, also musste er seinem Partner und dessen Einschätzung vertrauen. Damit war er all die Jahre gut gefahren. Was ihn störte, war Jaques' eigenmächtige Entscheidung.

»Den Deal mit Miller können wir vergessen. Dass du das allein und spontan entschieden hast, war scheiße.«

»Da gebe ich dir recht. Aber, Mann, ich hatte so ein ungutes Gefühl mit dem Typen und der ganzen Situation.«

»Mensch, Jacques. Wir könnten jetzt Millionäre sein.«

»Besser lebende Pleitiers als tote Geldsäcke, meinst du nicht auch?«

»Hast ja recht. Warten wir ab, bis dieser Rohde aus Deutschland sich bei uns meldet.«

Dienstag, 04. April 2017 – 08:42 Uhr – Charleroi
Mathis Dubois hatte auf der Suche nach Informationen weitere Büros im Polizeirevier abgeklappert. Keiner hatte etwas zu bieten, das von Interesse sein konnte. Als er sich zu seinem Auto begab, um zurück in sein Büro zu fahren, erinnerte er sich an die zerknüllten und teilweise eingerissenen Seiten in seiner Hosentasche. Bevor er sich hinter das Steuer setzte, wollte er sie kurz überfliegen. Er nahm die Seiten aus seiner Tasche, glättete sie, so gut es ging, und begann zu lesen. Was er in den Händen hielt, waren die Seiten eins bis drei eines mit »streng vertraulich« betitelten Berichts. Polizeimeister Bartier hatte ihn offenbar zur Weitergabe an seinen Chef diktiert und Camille zum Tippen gegeben.

»Einbruch in …« war der Titel. Leider war die genaue Adresse Opfer des gefräßigen Druckers geworden.

»Das mit Kamerasystemen gut gesicherte Gebäude liegt in einem Industriegebiet. Die Lagerhalle ohne Fenster wurde gegen 03:00 Uhr nachts von einem privaten Wachdienst mit Hund bei einem Kontrollgang umrundet. Die Auswertung der Kamerasysteme ist noch in Arbeit. Einstweilen wird gegen vier verdächtige Personen (ein Fahrer, drei flüchtige Einbrecher) wegen versuchten Einbruchs, Sachbeschädigung und unerlaubter Benutzung von Sprengstoff ermittelt.«

Sprengstoff? Außergewöhnlich, befand Dubois. Das gab es schon lange nicht mehr in ihrer Gegend. Sein journalistischer Spürsinn war geweckt. Dubois las weiter:

»... der Unternehmensinhaber, Louis Guigou, hatte keine Erklärung für den Einbruch. Eine Besichtigung des Labors, in dem das Unternehmen Algamondo mit Algen für einen Energy Drink experimentiert, war aus seiner Sicht nicht erforderlich. Zugang wurde uns von daher verweigert ...«

Der Rest war langweiliges Zeug mit Ausnahme von den zwei Stichworten, die Dubois aufmerksam werden ließen: Sprengstoff und Algen. Er wusste, dass die Wissenschaftsredaktion einer großen Brüsseler Zeitung erst vor Kurzem von einer Initiative der Europäischen Union berichtet hatte, um Algen zur Nahrungsmittelergänzung zu nutzen. Auch in der Kosmetikindustrie sollten Omega-3-Fettsäuren, die aus Algenmasse gewonnen werden konnten, eingesetzt werden. Jeweils Milliardenmärkte. Was mag da in dem Labor passieren, das Bartier nicht gesehen hatte? Energy Drinks?

Dubois kannte die Gegend, in der sich das Unternehmen befinden musste. Eine Internetrecherche weiter und er hatte die genaue Adresse. Kurz darauf rief er in seinem Büro an und sagte, dass er erst gegen Mittag kommen würde. Für seine Recherchen sei er in das Industriegebiet von Charleroi unterwegs. Er sei an »etwas Großem« dran.

Dienstag, 04. April 2017 – 10:14 Uhr – Charleroi

Die beiden Belgier hatten ihre kurze, aber heftige Auseinandersetzung friedlich und in alter Freundschaft beendet. Jacques' Argumentation hatte Al-Gé überzeugt. Was hätte er von den Millionen, wenn er kurz darauf tot in irgendeiner dunklen Ecke liegen würde? Jacques' Ängste vor Miller waren echt, das spürte sein Partner. Kurz nach halb zehn war jeder wieder in sein Büro gegangen.

Als Jacques seine Mails überprüfte, sah er, dass Dr. Rohde ihnen den angekündigten Vertragsentwurf geschickt hatte. Sofort rief er Al-Gé zu sich, um ihm das Dokument zu zeigen. Al-Gé kam mit weißem Kittel, grünen Plastiküberziehern, einer Schutzhaube und einer unschönen Schutzbrille direkt aus ihrem Labor zu Jacques.

»Voilà«, begrüßte der ihn. »Marc hat Wort gehalten. Sein Anwalt, Dr. Rhode, hat uns soeben den angekündigten Vertragsentwurf geschickt. Da, schau.«

Al-Gé starrte auf den Bildschirm. An der Stelle, auf die Jacques' Zeigefinger hindeutete, befand sich die entscheidende Zahl: 2,5 Millionen Euro las Al-Gé, in Worten und als Zahl. Al-Gé las laut vor:

»Diese erste Zahlung ist verknüpft mit der Option zur Zahlung weiterer 10 Millionen Euro, sofern bestimmte Meilensteine (müssen noch gemeinsam festgelegt werden, bitte um Ihren Vorschlag) in der Unternehmensentwicklung erreicht werden. Zudem benötige ich von Ihnen noch folgende Unterlagen.«

Es folgte eine kurze Liste, die unter anderem die Bilanzen der vergangenen drei Jahre, die Finanzzahlen des laufenden Jahres und die Planung für die nächsten drei Jahre beinhaltete.

»Ja!« Al-Gé war begeistert. Bis vorhin hatte er noch daran gezweifelt, dass dieser van Teese real war. Zu groß waren die Zufälle, zu schnell die Entscheidung. Jetzt aber, da er den Vertragsentwurf des Anwalts vor sich hatte, führte er einen Indianertanz vor Freude auf.

»Das ist es! Jetzt steht die Finanzierung. Gut gemacht, Jacques. Mann, ich liebe dich.«

Al-Gé umarmte seinen Partner, den er noch vor wenigen Minuten in die Hölle gewünscht und als Idioten bezeichnet hatte. All die Anspannung der nervenaufreibenden letzten Wochen war mit der Mail von Dr. Rhode von ihm abgefallen. Er hatte insgeheim nicht mehr daran geglaubt, dass sie die Finanzierung noch schaffen konnten. Umso glücklicher war er jetzt.

»Dr. Rhode schlägt vor, dass wir morgen gegen halb elf miteinander telefonieren. Passt dir das, Al-Gé?«

»Na und ob. Gut, dass wir uns schon über die Meilensteine im Klaren sind, an die die Finanzierungszusage geknüpft werden soll.«

Robert le Bot, der Ex-Banker, hatte ihnen bereits vor Wochen empfohlen, sich Gedanken zu solchen Meilensteinen zu machen. Jeder vernünftige Investor wollte Fortschritte sehen, bevor nach dem Anfangsinvestment weiteres Geld fließen würde. Sorgfältig hatten sich die beiden Partner daher die Meilensteine überlegt, die für sie akzeptabel wären. In stundenlangen Sitzungen hatten sie die Wachstumspläne ihres Unternehmens abgestimmt, Planungen immer und immer wieder durchgerechnet, sich die richtigen Produktionsmengen und Standorte überlegt und erste Kunden für Probelieferungen identifiziert. Das Kundeninteresse war jetzt schon riesig. Es galt, vorsichtig und überlegt zu agieren, denn sie wollten nicht zu früh auf die Radarschirme ihrer Wettbewerber geraten. Einmal entdeckt, konnten die ein so kleines Unternehmen wie ihres in kürzester Zeit auslöschen. Das war ihnen spätestens seit dem gescheiterten Einbruch sonnenklar.

»Al-Gé, bist du damit einverstanden, dass ich Dr. Rhode die Telko bestätige und ihm unseren Vorschlag für die Meilensteine sowie die erbetenen Unterlagen schicke?«, fragte Jacques vorsichtig bei seinem Kompagnon nach.

»Na klar.«

Jacques setzte sich an seine Tastatur und bestätigte den Termin für das Telefonat. Als Anlage fügte er die erbetenen Unterlagen und einen Vorschlag für die zu vereinbarenden Meilensteine bei.

Zur selben Zeit umkreiste ein unauffälliger schwarzer Peugeot 208 das Firmengelände. Dubois hatte sein Handy gezückt, um das verfallene Gebäude und die auffälligen Kamerasysteme abzulichten. Ein Firmenschild war an dem nahezu fensterlosen Gebäude nicht angebracht. Für Dubois stand fest, nur ein Bekloppter oder jemand, der genau wusste, wonach er suchte, würde in diese Bruchbude einbrechen. Er würde den Beweggrund schon noch herausfinden.

Dienstag, 04. April 2017 – 18:31 Uhr – Ankara

Die beiden Männer hatten sich gestern gegen Abend geeinigt. Der Deal war mit einem kräftigen Handschlag besiegelt worden. Jetzt brauchten beide Zeit, um sich die weitere Abwicklung in Ruhe zu überlegen, Vorbereitungen zu treffen.

Birhats Leute führten Meyer wieder mit einer Kapuze verhüllt zu dem Kofferraum des Wagens. Widerstandlos legte er sich hinein. In der Nähe seines Hotels ließen sie ihn unbeobachtet in einer dunklen Ecke frei. Er war sich sicher, dass sie ihn ab hier mit einem zweiten oder dritten Team auf Schritt und Tritt verfolgen würden. Die wenigen Meter zu seinem Hotel waren schnell geschafft. Meyer checkte aus, rief ein Taxi und fuhr zu einer Mietwagenstation. Die Formalitäten waren rasch erledigt. Als er sich in den Verkehr der Hauptverkehrsstraße in Richtung Istanbul einreihte, war ihm ein schwarzer SUV aufgefallen. Er wollte es Birhats Kletten nicht unnötig schwer machen. Erst in Istanbul würde er sie abhängen, wenn sie mürbe und übermüdet waren.

Birhat war noch am selben Abend nach Syrien aufgebrochen, um Einzelheiten der Beschaffung und der Übergabe des Öls zu regeln. Es sollte jetzt alles sehr schnell gehen. Meyer erwartete die Anzahlung in Höhe von hundertfünfundzwanzig Millionen Dollar in bar und den exakt identischen Gegenwert in Öl. Im Gegenzug hatte er eine zügige Lieferung der Ware zugesagt. Die wenigen Testampullen wären ein »Geschenk des Hauses«. Birhat wusste diese sympathische Geste zu schätzen.

»Danke, Herr Meyer. Ich sehe, dass Sie über einen guten Geschäftssinn verfügen. Darf ich vorschlagen, dass wir die Details der Übergabe der Ware und des Öls nach meinem kleinen Experiment klären?«

»Einverstanden«, meinte Meyer. »Ohnehin können wir aktuell den genauen Zahlungstransfer noch nicht lösen.«

»Üblicherweise nutzen wir Banken in Katar und Panama. Mit denen haben wir gute Erfahrungen gemacht.«

»Ich werde Ihnen morgen die Kontodetails zukommen lassen. Wie kann ich Sie erreichen?«

Birhat lachte. »Ich melde mich bei Ihnen.«

»Wenn es dringende Dinge zu klären gibt?«, warf Meyer ein.

»Habe ich ja Ihre Handynummer. Seien Sie versichert, ich werde Sie finden. Die Ampullen?«

»Bekommen Sie in Istanbul. W Hotel, am Donnerstag, den 6. April, um halb zwölf. Ein unauffälliges Paket wird an der Rezeption auf Sie warten.«

»Danke. Passen Sie gut auf sich auf, wenn mein Geld erst einmal auf Ihrem Konto ist.«

Meyer fand es besser, dass er nicht mehr im Lande wäre, wenn Birhat sein Experiment umsetzen würde. Er musste nach der Übergabe der Ampullen am Donnerstag sofort in einen Flieger steigen.

Dienstag, 04. April 2017 – 23:21 Uhr – Ankara

Lucy wartete mehrere Stunden vergeblich auf ein Zeichen. Sie wusste nicht, wo Meyer war. Seit mehr als vierundzwanzig Stunden keine Nachricht von ihm. Seine Spur war verloren. Hatte Birhat ihn beseitigt? Was war mit den Ampullen? In ihrem stickigen Hotelzimmer machte sich erst Frustration breit, dann Sorge und schließlich Wut über Meyers plötzliches Verschwinden. Sie war ein großes Risiko eingegangen, als sie vierzig der tödlichen Ampullen auf Meyers Bitte hin nach Ankara gebracht hatte. Wieder einmal musste ein Koffer aus dem Diplomatengepäck herhalten. Meyer war ihr Agent im Feld. Er hatte das Sagen. Es ging um sein Leben. Lucy saß mit zwanzig unter ihrem Bett verborgenen Ampullen einer tödlichen Substanz in einer Sackgasse, ohne eine Ahnung davon zu haben, wie es weitergehen würde. Wahrscheinlich würde bald die ganze Welt nach diesen Scheißampullen suchen, die in einem unscheinbaren Metallkoffer im Zimmer 414 des Limak Ambassadore Hotels lagen. Der Kerl, den sie vor fünfzehn Jahren angeworben hatte, war ein Einzelgänger und würde es sein Leben lang bleiben. So war er aufgewachsen, so hatte sie ihn ausgebildet. Sowohl Meyer als auch sie wussten, dass die Dauer der Variable »ein Leben lang« von dem »Goodwill« der hohen Tiere in Washington abhing. Die Firma hatte alles für Meyers baldige Liquidation vorbereiten lassen. Bei dem, was man dauerhaft mit Birhat vorhatte, konnte die CIA keine Mitwisser gebrauchen.

»Ich bin mir sicher, Birhat wird das Zeug sehen und testen wollen, bevor wir im Geschäft sind«, hatte Meyer Lucy vor seinem Treffen mit dem Terroristen glaubwürdig vermittelt. »Mindestens vierzig Ampullen werde ich ihm zeigen müssen. Gib mir die Hälfte, sodass ich kurzfristig agieren kann, wenn er mich in die Mangel nimmt, um meine Glaubwürdigkeit zu untermauern. Den Rest behältst du. So kannst du dir sicher sein, Chérie, dass du mich bald wieder in deinen Armen hältst, wenn ich aus der Hölle zurück bin …«

Verdammt, wie konnte sie nur so naiv gewesen sein, dem Typen zu glauben. Ihr Boss in Washington hatte sie schon vor einem Jahr gewarnt.

»Lucy, dein Typ ist durch. Der Kerl säuft und ist ein nervliches Wrack. Lass ihn fallen, ich schicke ein Team, das sich um ihn kümmert.«

Sie hatte das damals abgelehnt. Nicht aus Sympathie zu Steve Dermott, sondern weil sie wusste, dass ihr Zögling immer noch gut genug war, um Birhat zu finden. Birhat, der Mann, der sie einst zu gemeinsamen Universitätszeiten hatte sitzen lassen. Sie hatte noch eine Rechnung offen mit ihm. Wie gutgläubig musste sie damals in Harvard gewesen sein, um auf einen solchen Typen wie den intelligenten, charmanten, gut aussehenden Kurden hereinzufallen. Sie wollte dieses kurdische Arschloch irgendwann wieder in die Hände kriegen. Die kleine Französin, wegen der er ab nach Paris ist, hatte ihn nach wenigen Wochen abblitzen lassen, so wie die Lottofee jedes Wochenende Millionen enttäuschter Spieler sitzen ließ. Sie kannte den meistgesuchten Terroristen der Welt wie keine andere. Trotzdem hatte sie seine Persönlichkeit und sein wahres »Ich« nie richtig lesen können. Sein Verhalten war unvorhersehbar. In einem war sie sich sicher, der Tod seines geliebten Vaters hatte ihn noch fanatischer gemacht. Irgendetwas würde passieren. Wann und wo war unklar. Vielleicht war er mitten in der Planung oder sogar schon in der Umsetzungsphase, während sie hier nutzlos in Ankara hockte? Und was sollte sie mit den restlichen Ampullen machen? Ein Problem mehr, auf das sie gerne verzichtet hätte.

Sie blickte aus dem Fenster ihrer Suite in den dunklen Nachthimmel. War es die richtige Entscheidung, ihm und somit wohl auch Birhat Zugang zu diesem Teufelszeug zu geben? Lucy hoffte, dass Steve Dermott, alias Friedrich Karl Meyer, noch am Leben war. Blieb er loyal und vernünftig? Wann würde es ein Zeichen von ihm geben, ob und wie es mit der Jagd auf Birhat weiterging? Sie konnte nichts tun, außer zu hoffen und zu warten. Auch der nächste tiefe Zug an der schweren türkischen Zigarette konnte ihre angespannten Nerven nicht beruhigen. Sie warf die Kippe ernüchtert aus dem Fenster. Vier Stockwerke unter ihr sammelten sich mittlerweile hundertsiebenundachtzig mehr oder weniger aufgerauchte Stumpen.

Mittwoch, 05. April 2017 – 10:14 Uhr – Aschaffenburg

Marc van Teese hatte noch am Sonntag mit Rechtsanwalt Dr. Hans-Georg Rohde telefoniert. Mit ihm arbeitete er seit Jahren zusammen. Dr. Rohde residierte nicht wie viele Großkanzleien in einem der Frankfurter Bürotürme. Sein unscheinbares Büro lag circa vierzig Minuten vom Frankfurter Flughafen entfernt, in Aschaffenburg. Sein Erfahrungsschatz konnte sich sehen lassen. Er hatte während seiner Studienzeit einige Semester im angloamerikanischen Ausland und in Paris verbracht. Da seine Mutter Kolumbianerin war, beherrschte er neben Deutsch auch Spanisch als zweite Muttersprache. Die mittelmäßigen Staatsexamina hielten ihn nicht davon ab, sofort nach dem Studium seine eigene Kanzlei zu gründen. Dr. Rohde hatte sich auf internationales Steuerrecht fokussiert. Schon nach wenigen Jahren betreute er sehr erfolgreich grenzüberschreitende Unternehmenskäufe.

Vor einigen Jahren lernte er Marc van Teese zufällig während eines geneinsamen Fluges nach London kennen, als der auf dem Platz neben ihm saß. Dr. Rohde wusste nach wie vor wenig von Marc. Seinen einzigartigen Sinn für gute Geschäfte hatte er dennoch schnell schätzen gelernt. Durch seine langjährige Tätigkeit für van Teese, dessen Vertrauen er rasch gewonnen hatte, konnte er selbst mit seinem Büro bis auf fünf hoch spezialisierte Rechtsanwälte wachsen. Dr. Rohde musste sich über die Beiträge in das Rechtsanwaltsversorgungswerk, die für die meisten seiner Kollegen die spätere Rente sichern sollten, keine Gedanken mehr machen. Seine Immobilien in Aschaffenburg waren aufgrund der Nähe zu Frankfurt in den letzten Jahren deutlich an Wert gestiegen. Die Ferienhäuser in Kitzbühel und St. Tropez waren bezahlt und mussten nicht mehr vermietet werden. Dank Marc hatte er Luxus kennen- und schätzen gelernt. Zu Terminen erfolgte die Anreise oft in Privatjets.

Marc verstand, was es hieß, »leben und leben lassen«. Dafür musste Dr. Rohde nicht immer alle Details der jeweiligen Transaktionen kennen. Insbesondere nicht die kaum durchschaubaren Geldflüsse über zwei- bis dreistellige Millionenbeträge hinterfragen. Über diverse Konten von Marcs Beteiligungsgesellschaften im Ausland unterhielt er Vollmachten. Seine Honorare wurden in der Regel durch Schweizer Banken auf seine dortigen Konten überwiesen. »Sonderprämien«, wie Dr. Rohde es nannte, wurden in einem jeweils kurzfristig angemietetem Bankschließfach in bar deponiert. Van Teese war insoweit extrem zuverlässig. Jetzt war er gespannt darauf, mit den Belgiern zu telefonieren, von denen Marc so geschwärmt hatte. Pünktlich um halb elf hatte seine Sekretärin ihn darüber informiert, dass die Verbindung stand.

»Bonjour. Je suis enchanté de faire votre connaissance«, begrüßte der Anwalt die beiden Belgier in nahezu perfektem Französisch.

»Das Vergnügen ist ganz auf unserer Seite. Ich sehe, ihr Französisch ist perfekt«, antwortete Jacques.

Der freundliche Austausch von gegenseitigen Komplimenten dauerte kaum zwei Minuten, dann kam Jacques zu den geschäftlichen Dingen.

»Konnten Sie sich unseren Vorschlag zu den Meilensteinen und die Unterlagen ansehen, Dr. Rhode?«

»O ja. Sehr vernünftig, daher habe ich auch keine weiteren Anmerkungen dazu. Wir können Ihren Vorschlag gerne so in den Beteiligungsvertrag übernehmen. Ich habe sofort gemerkt, dass Sie sich sehr intensive Gedanken zu den Meilensteinen und der Wachstumsplanung gemacht haben. Aus meiner Sicht sind nur noch wenige Dinge zu überprüfen, bevor wir den Vertrag unterzeichnen können. Ist es Ihnen recht, wenn wir uns nächste Woche, sagen wir am Dienstag, den 11. April, bei Ihnen in Belgien treffen?«

»Selbstverständlich, sehr gerne.«

»Nun, mein Besuch vor Ort ist die einzige noch offene Prüfung im Rahmen der Due Diligence.«

»Denken Sie, dass wir nächste Woche den Vertrag unterzeichnen können?«

»Nicht nur das, ich werde auch die Zahlung der ersten 2,5 Millionen Euro vorbereiten. Herr van Teese sagte mir, dass es bei Ihnen gerne etwas schneller gehen darf, und gab mir die entsprechende Zahlungsvollmacht.«

Anschließend verwies Dr. Rhode noch darauf, dass langwierige Prüfungen eines Zielunternehmens erfolglos blieben, wenn man trotz allem nicht zu einhundert Prozent von der Qualität der Führungskräfte und des Managements überzeugt sei. Dr. Rohde ließ ausrichten, dass der Eindruck, den Jacques in Alicante hinterlassen habe, überzeugend war. Falls Marc sich getäuscht haben sollte, sah der Vertrag die üblichen Absicherungen vor. Eine Trennung von unzuverlässigem Management, siehe Artikel 15 des Entwurfs, sei selbstverständlich unter bestimmten Bedingungen möglich. Hart, aber fair, dachten sich Jacques und Al-Gé. Eine Alternative gab es nach dem ominösen Treffen mit Peter Miller in Monaco aktuell ohnehin nicht.

»Ach ja, ich werde die Nacht bei Ihnen vor Ort bleiben. Wenn Sie es einrichten können, würde ich Sie sehr gerne zu einem gemeinsamen Abendessen einladen.«

Dankend hatten die Belgier die Einladung angenommen. Von Marc wusste Jacques, dass der Dr. Rohde sehr schätzte. Zukünftig würde der Anwalt eine aktive Rolle in der Betreuung des Investments übernehmen. Da konnte es nur helfen, wenn man sich abends beim Dinner etwas näher kennenlernte.

Donnerstag, 06. April 2017 – 11:14 Uhr – Istanbul

Für die gut vierhundertfünfzig Kilometer nach Istanbul hatte Meyer nahezu sechs Stunden benötigt. Am Dienstag, weit nach Mitternacht, hatte er in das W Hotel im Stadtteil Beşiktaş eincheckt. Den Mietwagen hatte er am nächsten Morgen abgegeben.

Er mochte die Lage des W Hotels. Aufgrund der Nähe zu den Fähren konnte er sich jederzeit über den Bosporus auf die asiatische Seite der Metropole absetzen. Ab dort war es nicht weit zu dem Flughafen Istanbul-Sabiha Gökçen. Jede Menge Billigflieger konnten ihn von dort kurzfristig in mehrere Staaten aus dem GUS-Raum bringen. Ein einzelnes Verfolgerteam hätte es schwer, ihm unauffällig auf einer der Fähren zu folgen. In den vergangenen Tagen hatte er im Gegensatz zu seinen Schatten viel geschlafen, seine weitere Reiseroute geplant und sich ansonsten wie ein typischer Tourist verhalten. In Birhats Auftrag waren offensichtlich zwei Verfolgerteams von je drei Personen auf ihn angesetzt. Gute, aber keine perfekten Leute, wie er hatte herausfinden können.

Heute würde er sich von ihnen absetzen, nachdem Birhat um halb zwölf ein kleines Paket an der Rezeption des Hotels abholen ließ. Der Deal wurde heiß! Das Spiel sollte beginnen, aber nach Meyers Regeln. Sobald er die Ampullen aus seiner Hand gegeben hatte, blieb ihm nicht viel Zeit zu verschwinden. Wie er Birhat einschätzte, würde der sein »Experiment« binnen weniger Stunden oder Tage umsetzen. Dann wäre es besser, wenn er nicht mehr in Istanbul war.

Pünktlich um halb zwölf kam ein Mann in dunklem Anzug, kräftig gebaut, gepflegtes Äußeres. Das Paket wurde ordnungsgemäß übergeben. Bingo!

Meyer checkte aus, nahm ein Taxi und nannte dem Fahrer eine Adresse in Yeniköy, Köybaşı Caddesi Nummer 10. Dort befand sich das Kaşıbeyaz Bosphorus Restaurant. Er hatte einen Tisch für halb eins reserviert. Für ein üppiges Mittagessen blieb keine Zeit, sodass er nur eine schmackhafte Portion Mezze zu sich nahm, die er sofort bezahlte. Pünktlich um zehn nach eins legte das von ihm vorab bestellte Wassertaxi in der Nähe des Restaurants an. Meyer stieg ein und fuhr davon. Damit hatten seine Verfolger nicht gerechnet. Er sah, wie zwei Männer zum Ufer liefen und aufgeregt zu ihren Handys griffen. Meyer liebte Städte, die am Wasser lagen. Wasser bot bei der richtigen Vorbereitung hervorragende Fluchtmöglichkeiten. Kurz nach zwei ließ ihn sein Wassertaxi an der Haltestelle Emirgan aussteigen. Von da nahm er ein Taxi zum Atatürk-Flughafen. Um halb fünf war er sicher in einem Flieger auf dem Weg nach London. Als um acht Minuten nach fünf Birhat sein »Experiment« umsetzte, konnte nur eine wütende Dame mittleren Alters mit braunen kurzen Haaren ihn sofort mit dem in Verbindung bringen, was ganz Europa erschütterte.

Donnerstag, 06. April 2017 – 16:50 Uhr – Istanbul

Die Yerebatan Sarnıcı schloss an diesem Donnerstag um halb sechs. Der Englisch sprechende Mann mit der dunklen Sonnenbrille, der großen Fototasche und dem Baseballcap aus Harvard hatte sich gegen zehn vor fünf ein Ticket gekauft. Trotz des Hinweises der Kassiererin, dass er nur noch wenig Zeit habe, um die vielleicht eindrucksvollste Sehenswürdigkeit der Stadt zu besichtigen, war er in die Tiefen der Zisterne hinabgestiegen. Zu Recht wurde das spätantike Bauwerk auch der »Versunkene Palast« genannt. Der westlich der Hagia Sophia in Istanbul gelegene Wasserspeicher diente einem Teil des byzantinischen Konstantinopel zur Versorgung mit Trinkwasser. Klassische Musik umspülte den Besucher bei dem Eintritt in diesen bezaubernden unterirdischen Prachtbau.

Das alles ließ den Mann mit den grünen Ampullen in dem doppelten Boden seiner Fototasche völlig unbeeindruckt. Er nahm kurz von den rötlich beleuchteten, acht Meter hohen Säulen Notiz, um dann zügig zu dem nordwestlichen Abschnitt der Anlage zu gehen. Da es dort recht dunkel war, nahmen auch die wenigen Überwachungskameras keine Notiz von dem Mann, der sich dem um diese Uhrzeit ruhigen Platz näherte. Die aus Stein gemeißelten antiken Medusenköpfe dienten als Sockel für zwei der insgesamt dreihundertsechsunddreißig Stützpfeiler. Der Mann wusste genau, warum er sich das aus der griechischen Mythologie stammende Ungeheuer mit weiblichen Gesichtszügen ausgesucht hatte.

Schnell war der doppelte Boden der Fototasche entfernt. Der Mann streifte Handschuhe aus Latex über, so wie sie von Zahnärzten getragen werden. Die erste Ampulle klebte er mit einer daran befestigten Micro-SD-Speicherkarte auf einen der Köpfe der Medusa. Sekundenkleber half ihm, seine Nachricht unterhalb der Nase des liegenden Kopfes zu befestigen. Er machte einige Fotos der Ampulle und verschloss die Fototasche. Eine weitere Ampulle mit der tödlichen Flüssigkeit goss er vorsichtig in das vierzig Zentimeter tiefe Becken. Binnen fünf Minuten hatte der Mann, an den sich später niemand mehr genau erinnern konnte, die hundertvierzig Meter zum Ausgang zurückgelegt.

Um acht Minuten nach fünf reihte er sich in den Strom der Touristen in Richtung Hagia Sophia ein, um von dort mit einem Taxi unauffindbar in Istanbul zu verschwinden.

9. Kapitel

Freitag, 07. April 2017 – 04:10 Uhr – Tanger

Am Freitag vor einer Woche war Sidibé in Kiffa aufgebrochen. Nach drei Tagen war er nachts außerhalb von Atar gelandet. Atar, so sagte man ihm, lag in der Westsahara, und die gehörte bereits zu Marokko. Jeder im Lager in Atar sprach davon, wie Frauen vergewaltigt und Männer und Kinder wie Vieh abgeschlachtet wurden. Sidibé dankte Gott jeden Tag dafür, dass er ihn beschützte, so gut er konnte. Einen halben Tag konnte er sich in dem provisorischen Flüchtlingslager ausruhen. Dann ging es auf den klapprigen Lastwagen weiter. Drei Tage dauerte die Fahrt bis nach Tan-Tan in Marokko. Wie durch ein Wunder waren sie während ihrer Fahrt durch die unbefestigten Wüstenstraßen den Überfällen von herumziehenden Banden entgangen, von denen so viel berichtet wurde. Ab Tan-Tan waren die Straßen endlich geteert.

Es waren nur noch etwas mehr als eintausend Kilometer. Das bedeutete mindestens fünfzehn weitere Stunden in Kauerstellung auf dem Laster, den Rucksack immer im Auge behaltend. Den Mitarbeitern der Straßenmeisterei, die die Maut kassierten, war es völlig egal, was sie sahen. Die mittlerweile um ein gutes Drittel reduzierten Flüchtlinge klammerten sich verzweifelt und zu Hunderten auf den vier alten Lastern fest. Ihre Gesichter waren ausgemergelt, voller Angst.

Zusammengepfercht wie Hühner in einem Viehtransporter waren sie froh, dass ihre Reise Richtung Tanger weiterging. Die menschenunwürdigen Bedingungen auf den klapprigen Gefährten kümmerte keinen einzigen der Flüchtlinge. Wer bis hierher gekommen war, hoffte, sich immer weiter der Zivilisation zu nähern.

Sechzehn Stunden später erreichte Sidibé völlig übermüdet, hungrig und durstig, aber am Leben, einen Vorort von Tanger. Es war früh am Morgen. Der Mond schien kaum noch. Erste Sonnenstrahlen kämpften gegen die Nacht. In der Ferne, im Norden, sah er die Lichter der großen Stadt. Die vier Laster entluden ihre menschliche Fracht. Wie immer musste alles ganz schnell gehen, nichts durfte zurückbleiben. Keiner freute sich über die Ankunft in Tanger. Zu groß waren die Strapazen der letzten Tage, zu schmerzlich bei vielen die Trauer über den Verlust derjenigen, die mit ihnen gestartet waren, ihr Ziel jedoch nie erreicht hatten.

Sidibé schulterte den Rucksack und folgte mit vielen anderen Flüchtlingen einer breiten Teerstraße. Sie wollten sich in den Wald von Missnana begeben, wo es angeblich Quellen gab. Deren Wasser konnte man trinken und sogar ein Bad darin nehmen. Nächtelang hatte er davon geträumt. In dem Wald würde er sich auf den letzten, den entscheidenden Schritt nach Europa vorbereiten. Per SMS hatte seine Mutter ihm mitgeteilt, dass die zweitausendfünfhundert Dollar, die er für die Überfahrt brauchte, auf einem Bankkonto bereitlagen, das seine Familie für ihn eröffnet hatte. Er würde das Geld in Tanger in einem Büro der Western Union abholen können. Sidibé freute sich, dass die Suche seines Vaters nach den Goldklumpen offenbar erfolgreich war. Zunächst aber musste er Omars Rucksack übergeben. Es traf sich gut, dass ihm eine Adresse in der Hafengegend genannt worden war. Dort wollte er sich umschauen, mit welchen Booten die Schleuserorganisationen arbeiteten, die die Überfahrten organisierten. Sie alle nutzten die Not von Zehntausenden Menschen aus, die aus ihrer Heimat geflüchtet waren. Selbst unter den Schleppern gab es bessere oder schlechtere. Sidibé wusste, dass die besten Schiffe von Drogenschmugglern angeheuert wurden. Sie setzten alles daran, dass ihre kostbare Fracht sicher das gegenüberliegende Ufer erreichte. Er war auf der Suche nach einem solchen Schiff.

Freitag, 07. April 2017 – 05:01 Uhr – London
Meyer war gestern Abend gegen neun Uhr am Flughafen London Gatwick gelandet und mit dem Gatwick-Express in die Stadt gefahren. Das einfache Sanctuary House Hotel wurde von Russen betrieben. Es zeichnete sich durch nichts anderes aus als seine gute Lage unweit der St. James's Park Station. Das Pub des Hotels hatte geschlossen, als er nachts gegen halb zwölf eingetroffen war. Egal, sein Abendessen war flüssig. Eine Flasche Lagavulin befand sich in der ledernen Reisetasche. Das kleine, ungemütliche Zimmer lag im Dachgeschoss, gleich neben einem lärmenden Generator, der den ganzen Raum erzittern ließ. Er beschwerte sich nicht, wollte nicht auffallen. Das Personal war freundlich. Nach zwei, vielleicht drei Tagen wäre er ohnehin wieder in einem der U-Bahn-Schächte der englischen Metropole verschwunden. Der Rezeptionistin mit dem Schlafzimmerblick hatte er beim Check-in mitgeteilt, dass er keinen Zimmerservice benötigen würde. Als deutscher Wissenschaftler, der in den Bibliotheken der näheren Umgebung recherchierte, müsste er im Zimmer überall Blätter und Akten mit seinen Aufzeich-

nungen verteilen. Tatsächlich wollte Meyer nur ausruhen, nachdenken.

Die meiste Zeit lag er die Nacht über dösend neben der halb leeren Flasche Whisky im Bett und starrte meditativ an die Decke. Alle Gedanken kreisten um die eine Frage: Wer kauft mir das Öl ab? Sein Kopf war voller Ideen, an deren Umsetzung er am nächsten Morgen arbeiten würde. London war ein gutes Pflaster für Handelsgeschäfte jeglicher Art. Er hatte so seine Kontakte. Auch für sein Ölgeschäft gab es passende Ansprechpartner, die nicht großartig nach der Herkunft des Öls fragten. Es würde in zwei Schiffen kommen, die laut Birhat schon unterwegs waren. Birhat meinte, er könne das Öl in der Nähe von Marseille sicher anlanden. Einmal durch den Zoll war der Weitertransport simple Bahn- und Lkw-Logistik, dachte sich Meyer. Anders als Geldtransfer, der auf Knopfdruck digital abgewickelt wurde, wäre das Umladen aber von Menschen, also potenziellen Mitwissern, durchzuführen. Eine Komplexität mehr, die Meyer nicht behagte.

Wirtschaftlich betrachtet, war Öl der wichtigste aller weltweit gehandelten Rohstoffe. Alle Wirtschaftszweige waren stark auf das Vorhandensein billigen Öls angewiesen. Selbst die Ernährung der Weltbevölkerung basierte auf einer erdölbetriebenen Landwirtschaft. Der geschätzte globale Bedarf an Öl betrug mehr als neunzig Millionen Barrel täglich. An einem einzigen Tag wurde somit irgendwo auf der Welt Öl im Wert zwischen acht und neun Milliarden Dollar konsumiert, verkauft, gehandelt. Mehr als dreitausend Milliarden Dollar schwer war der jährliche Ölhandelsmarkt.

Meyer war sich sicher, nach etwas Suche einen geeigneten Händler in London zu finden. Ware im Wert von wenigen Hundert Millionen Dollar sollte sich von einem Profi binnen kurzer Zeit kaufen und verkaufen lassen. Birhats Anzahlung war ein kleiner Tropfen in dem täglichen Rinnsal der weltweiten Öldeals.

»Wird das Öl verzollt und ›legal‹ sein, wenn ich es erhalte?«, hatte er Birhat gefragt.

»Das können Sie getrost unsere Sorge sein lassen«, meinte der. »Wir sind sehr gut organisiert und arbeiten unter Protektion von ganz oben. Ich kann selbstverständlich keine Namen nennen, aber gehen Sie davon aus, dass der Präsident persönlich für die sichere Verschiffung und Ankunft des Öls sorgen wird.«

Birhats Antwort hatte Meyer aufhorchen lassen. Der Präsident? Welcher Präsident würde sich auf ein so dreckiges Spiel einlassen? Welcher Präsident konnte kurzfristig Millionen Barrel Rohöl offiziell verzollen und vermarktungsfähig übergeben?

Je mehr er darüber nachdachte, desto mehr war er davon überzeugt, dass Lucy ihm nicht die volle Wahrheit über den Inhalt der Ampullen gesagt hatte, die Teil des Deals werden sollten. War das Zeug, das da in einem Metallkästchen in der Ledertasche neben seinem Bett lag, anders als das Zeug in Mali oder wirklich nur ein besseres Durchfallmittel?

»Ein paar eklige Viren. Nichts Schlimmes, machen etwas länger Durchfall. Ist aber nach einigen Tagen wieder weg. So ähnlich wie das Zeug in Mali. Pass mir gut darauf auf. Die Ampullen dürfen in keinem Fall geöffnet oder zerstört werden, wenn du dabei bist«, hatte Lucy ihn informiert.

Was genau wollte der Terrorist testen? Warum hatte er ihn nach dem Mischungsverhältnis des Zeugs in den Ampullen in Mali gefragt? Was würde das für ein Experiment sein, für das Birhat fünfzehn Stück von den Ampullen reichten?

Meyer nahm einen weiteren Schluck von dem Whisky. Hatte Lucy ihn mal wieder belogen?

Sein Gehirn arbeitete auf Hochtouren. Da kam ihm eine Idee. Er setzte sich hastig an seinen Computer und fing an zu recherchieren. Was er fand, war erschreckend. Unter dem Deckmantel der Erforschung von Impfstoffen war in den USA, ungeachtet des Verbots waffenfähigen Materials durch die Biowaffenkonvention, genau daran weitergearbeitet worden. Die amerikanischen Labors hatten Zugang zu Pockenviren wie die Russen auch. Nicht nur in Moskaus verkommenen Labors aus Zeiten der Sowjetunion schlummerten aber auch noch ganz andere Virenstämme. Gegen diese Viren war die Atombombe von Hiroshima Kinderspielzeug: Ebolaviren. Meyer recherchierte weiter und stieß auf Interviews mit amerikanischen Wissenschaftlern, die auf die Gefahren der genetischen Manipulation von Viren hinwiesen. Laut den Experten konnten Manipulationswerkzeuge wie das CRISPR/Cas9-Verfahren für unschöne Zwecke missbraucht werden. Kleinste Zellen konnten in ihrer Zusammensetzung so manipuliert werden, dass bestimmte Eigenschaften in ihr Erbgut eingepflanzt und andere Eigenschaften daraus gelöscht wurden. Zugang zu gefährlichen DNA-Sequenzen war heutzutage relativ einfach möglich. Logischerweise mischten bei so etwas auch die Chinesen und ihre Gentechniker mit. Genmanipulation in Saatgut oder Lebensmitteln waren »big business«. Doch was die Amerikaner veranstaltet hatten, war beispiellos.

Meyer fand im Internet eine Liste mit amerikanischen Labors, in denen das US-Militär an Infektionskrankheiten forschte. War jeder einzelne Mitarbeiter mit seinem spezifischen Wissen zu einhundert Prozent loyal? Gab es dort keine Verleumder, keinen frustrierten Whistleblower, niemanden, der zweifelte, ob seine Arbeit wirklich nur dem Frieden diente? Welcher Mann wollte sich nicht gegenüber einer attraktiven Frau wie Lucy wichtigmachen? Wer hatte Geldsorgen? Es gab zig Motive für Verrat. Meyer wurde bewusst, wie sehr Lucys gefährlicher Plan die Welt und das geopolitische Gleichgewicht in Chaos stürzen konnte. War Lucy tatsächlich höchstes Risiko gegangen: »All in«?

Die wenigen Ampullen, die er auftragsgemäß an Birhat weitergegeben hatte, hätte der vermutlich nie in die Hände bekommen dürfen. Fuck! Die Wahrscheinlichkeit war hoch, dass Birhat jetzt Biowaffen aus geheimen amerikanischen Labors in den Händen hielt. Waffen, die es eigentlich gar nicht geben durfte. Meyer sah Birhat vor sich, in seinem Gentleman-Outfit und dem gepflegtem Oxford-Englisch.

»Mr. President, lassen Sie uns doch darüber verhandeln, was ich bekomme, wenn ich die Biowaffen in meinem Besitz nicht gegen Sie einsetze? Nun, bei der richtigen Unterstützung würde ich natürlich auch den Russen und den Chinesen gegenüber nichts davon verraten. Für meine Diskretion will ich die kurdischen Teile der Türkei, des Irak, des Iran und Syriens.«

Fuck, fuck, fuck! Worauf habe ich mich da nur eingelassen?, schoss es Meyer durch den Kopf.

Was er vor dem Deal befürchtet hatte, wurde unter den jetzigen Umständen zur Gewissheit. In keinem Fall konnte Lucy ihn überleben lassen. Das war viel zu gefährlich für sie. Erst jetzt erschlossen sich ihm die Zusammenhänge. Er wusste, dass es die Ampullen gab, jemand sie für Lucy aus einem hoch gesicherten Labor geschmuggelt hatte. Das Wissen um die Biowaffen wäre ganz sicher sein Todesurteil, es sei denn, er konnte sich eine Lebensversicherung beschaffen. Meyer dachte an die wenigen verbliebenen Ampullen, die sich gut gesichert in seiner Reisetasche befanden. Endlos lange starrte er auf die Zimmerdecke, bis seine Überlegungen perfekt waren. Nach dem letzten Schluck aus der Lagavulin-Flasche stand sein Entschluss fest.

Freitag, 07. April 2017 – 08:25 Uhr – Istanbul
Die letzten Mitarbeiter hatten die Yerebatan Sarnıcı Zisterne gestern um kurz vor sieben verlassen. Es mussten noch die Tagesabrechnung erstellt, das Licht in der Säulenhalle gelöscht, die Musik ausgeschaltet und der Eingang verschlossen werden. Keiner hatte mehr das Wasserbecken beachtet, in das die tödliche Flüssigkeit gegossen worden war.

Um Viertel nach acht war Yesim Kemal heute Morgen wieder zur Arbeit erschienen. Sie spulte die gewohnte Routine ab. Licht an, Musik an, Kasse vorbereiten. Dann wollte sie noch den Mülleimer leeren, der sich in der Nähe des Holzstegs bei den Wasserbecken befand. Yesim Kemal stieg die Treppe hinunter, die zu dem Becken führte. Ein merkwürdig süßlicher Geruch kam ihr entgegen. Sie schaute in das Wasserbecken und blieb vor Schreck erstarrt stehen. Die weißgelblichen Fische waren nicht nur eine Touristenattraktion, sondern auch ein natürlicher und verlässlicher Indikator für die gesunde Qualität des Wassers in der Zisterne. Jetzt trieben sie leblos mit dem Bauch nach oben in dem Becken. Was war hier vorgefallen? Was würde aus den Menschen, die schon bald zu einer der imposantesten Touristenattraktionen Istanbuls strömten?

Kurz nach halb neun Uhr erreichte sie den Direktor der Verwaltung. Mustafa Özsoy glaubte nicht an einen Zufall oder Unfall. Er ging von einem gezielten und geplanten Vorgehen aus. Die sofort von ihm verständigte Polizei sperrte das Gebäude ab. Ein Spezialteam wurde herbeigerufen und begann mit der Spurensuche.

Mustafa Özsoy war entsetzt, als er persönlich gegen Viertel nach neun Uhr in der Zisterne eintraf. Er musste gleich an die bekannte »weinende Säule« denken, jener Säule, auf der die Erbauer vor mehr als tausendfünfhundert Jahren zahlreiche Augen und Tränen eingearbeitet hatten. Ihm kam es so vor, als würde die ständig feuchte Säule heute besonders intensiv weinen. Was war nur vorgefallen? Wieso waren alle Fische tot?

Nach gut vier Stunden angespannter Suche wurde die hinzugezogene Spezialeinheit fündig. Unterhalb der Nase der Medusa entdeckten sie eine angeklebte, noch volle Ampulle mit einer grünlich schimmernden Flüssigkeit. Daran war eine Micro-SD-Karte befestigt. Der Sage zufolge erstarren diejenigen, die in das Antlitz der Medusa blicken, unmittelbar zu Stein. Der umgedrehte Kopf sollte die Stadt seit mehr als tausend Jahren vor dem Bösen schützen. Heute war Medusa machtlos. Das Böse hatte die Stadt erreicht.

Freitag, 07. April 2017 – 09:11 Uhr – Charleroi

Bei der täglichen Redaktionssitzung beobachteten alle Dubois sehr aufmerksam. Er war in letzter Zeit kaum im Büro, sondern angeblich immer auf »Recherche«. Es gab auch seit Tagen keinen neuen Artikel von ihm, der sonst als untalentierter Vielschreiber den Chefredakteur mit seinen ellenlangen Ergüssen nervte. In den Gängen hielt sich hartnäckig das Gerücht, der ehrgeizige Provinzreporter, den es aus Brüssel zu ihnen nach Charleroi verschlagen hatte, sei an etwas »Großem« dran. Der Chefredakteur hatte die fehlenden Artikel schlichtweg der Faulheit des gänzlich unbegabten Kollegen zugeordnet, der dank Papas vielem Geld und guten Beziehungen zu ihm gekommen war. Die bedeutendste Story, die bislang von dem Mann veröffentlicht worden war, erzählte von dem Streik der Polizei in Charleroi. Überaus mitfühlend hatte Dubois den Kampf der älteren Gewerkschafterin für mehr Einsatzkräfte unterstützt. Seitdem wurde der Chefredakteur jedes Mal, wenn er im lokalen Golfclub auf den Polizeipräsidenten oder den Bürgermeister traf, skeptisch angeschaut und mit Missachtung gestraft. Entgegen der Meinung seines Chefs war Dubois in den letzten Tagen überaus fleißig gewesen. Gegen Ende der Sitzung ging er auf den Chefredakteur zu und bat vertraulich: »Monsieur Gils, haben Sie kurz eine Minute unter vier Augen für mich?«

»Na gut, Dubois, kommen Sie mit, ich wollte ohnehin mit Ihnen sprechen.«

Das Büro des Chefredakteurs war mit billigen Möbeln aus Pressspan ausgestattet, die mit Folie aus Ahornimitat überzogen waren, um ihnen einen freundlich hellen Ausdruck zu verleihen. Massive Bücherwände dominierten den kleinen Raum, der überall mit Papier und aktuellen Ausgaben der überregionalen Zeitungen und der internationalen Presse belegt war. Einen Gästestuhl gab es nicht. Widerwillig spendete der Chefredakteur dem steif vor seinem Schreibtisch stehenden jungen Kollegen seine kostbare Zeit.

»Was gibt es denn so Wichtiges, Dubois?«

Bevor er sprach, blickte der junge Mann sich um. Als er entdeckte, dass er vergessen hatte, die Tür zu dem Büro zu schließen, holte er dies umgehend nach. Erst dann begann er mit seinen Ausführungen.

»Wann wurde im Einzugsgebiet unserer Zeitung das letzte

Mal ein Einbruch mit Sprengstoff verübt?«, wollte Dubois wissen.

»Ich kann mich nicht daran erinnern«, war Gils' schroffe Antwort. Gils war seit siebenundzwanzig Jahren für die Zeitung aktiv und seit zwölf Jahren ihr Chefredakteur.

»Wissen Sie, wie groß der Markt für Algentechnologie weltweit ist? Ich meine in Milliarden Dollar?«

Gils musterte den jungen Redakteur, dessen Gedankensprünge er nicht im Ansatz nachvollziehen konnte. »Kommen Sie zum Punkt, Dubois. Ich habe keine Zeit für nutzloses Rätselraten.«

»Vor einer Woche versuchten Unbekannte, sich mit Sprengstoff Zugang in das Gebäude eines Start-ups zu verschaffen, das in einem der verlassenen Industriegebiete bei uns in der Gegend ansässig ist. Die forschen seit fünf Jahren an etwas mit Algen.«

»Und?«

»Chef, ich habe mir so meine Gedanken gemacht und intensiv recherchiert«, fuhr Dubois unbeirrt fort. »Das US-Ministerium für Energie und Landwirtschaft hat erst kürzlich gemeinsam mit der Marine ein Budget von über fünfhundertzehn Milliarden Dollar für drei Jahre freigegeben, um Forschung und kommerzielle Produktion von Treibstoff aus Algen zu unterstützen.«

»Und? Wenn in China ein Sack Reis platzt, landen wie viele Körner auf der Straße?«, war Gils' Gegenfrage.

»Wissen Sie eigentlich, dass bislang mit ›grüner‹ Chemie weltweit nur neun bis dreizehn Prozent des gesamten Chemieumsatzes erzielt werden? Und …«, Dubois ließ sich dieses Mal nicht durch einen gehässigen Kommentar seines Chefs stoppen, »das Wachstum wird schon bald auf zwei- bis achtundzwanzig Prozent des Weltmarktes vorhergesagt. In 2025 bedeutet das, dass ein Markt für ›grüne‹ Chemie in der Größenordnung von fünf- bis sechshundert Milliarden Dollar entsteht. Einen ganz hohen Anteil daran werden Technologien zur Züchtung und Verarbeitung von Algen haben. Chef, verstehen Sie jetzt?«

Das tat Gils nicht, aber der Elan, mit dem Dubois seine verwirrenden Gedanken vor ihm ausbreitete, hatte aus dem Blickwinkel der Persönlichkeitsstudie eines reichen Bubis etwas Interessantes.

»Chef, ich glaube, dass dieses Start-up, Algamondo, etwas kann oder weiß, für das sich andere, größere Player mit aller Macht interessieren. Vielleicht das Militär, die Ölriesen, die Chemiegiganten? Wer versucht sonst denn schon, sich mitten in der Nacht mit Nitropenta-Sprengstoff Zugang zu einer abbruchreifen Lagerhalle zu verschaffen?«

»Woher wissen Sie das alles, Dubois?«

»Nun, ich habe da so meine Quellen und in den letzten Tagen viel recherchiert.«

»Worauf soll das alles hinauslaufen, junger Mann?«

Dubois griff in seine Hosentasche und zog vier gefaltete Blätter seines Artikels aus der Jeanstasche und gab sie Gils.

Mit Großbuchstaben las dieser die Überschrift: *»Einbruch mit Sprengstoff bei einem belgischen Start-up, das gerade einen Milliardenmarkt für sich erschließt.«*

Freitag, 07. April 2017 – 13:55 Uhr – Istanbul

»Bitte treten Sie zur Seite«, forderte der Leiter der Ermittlungen. Für Mustafa Özsoy und Yesim Kemal war es schrecklich, mit ansehen zu müssen, dass keiner Augen für die Schönheit der Medusa hatte. Alle Aufmerksamkeit galt der grünlich schimmernden Ampulle. Sie wurde aus allen Richtungen von Spezialisten in orangefarbenen Racal-Schutzanzügen begutachtet, fotografiert, vermessen und ratlos kommentiert. Schließlich konnte die Ampulle in einer technischen Meisterleistung trotz des leistungsstarken Klebstoffes unzerstört von der Nase der Medusa entfernt werden.

Überall wurden Wasserproben gezogen. Eine Handvoll Fische lag zu diesem Zeitpunkt bereits mit aufgeschlitztem Bauch und weit geöffneten Kiemen auf den Untersuchungstischen der besten Tierpathologen, die Istanbul zu bieten hatte. Sie konnten sich eine umfangreiche Suche nach einer seltenen Fischkrankheit ersparen. Noch vor Ort hatten die ebenfalls herbeigerufenen IT-Spezialisten die Micro-SD-Karte gesichtet. Was sie zu sehen und zu hören bekamen, verschlug ihnen den Atem. Auf der Speicherkarte befand sich eine Videonachricht von Birhat.

»Das, was Ihr heute vorgefunden habt, ist erst der Anfang. Tausendfünfhundert Jahre lang war die Versorgung Istanbuls mit Trinkwasser dank der Baukunst der Architekten des Byzantinischen Reiches gesichert. In den nächsten zwei Wochen wird sich das ändern. Weltweit werden Städte mit Millionen Toten rechnen müssen. Wir werden sie vergiften, ihnen das Wasser entziehen, ihre Infrastruktur zerstören. Wir werden unseren Unterdrückern und ihren Verbündeten langsam alles Leben nehmen. Ab sofort geht es für Euch nur noch darum, das nackte Überleben zu sichern.«

Freitag, 07. April 2017 – 18:55 Uhr – Tanger

Die wenigen Stunden im Wald von Missnana waren die reinste Hölle. Sidibé hatte gehofft, hier ausruhen und Kräfte sammeln zu können. Stattdessen musste er pausenlos auf der Hut sein. Ständig drohten Razzien der Polizei oder Überfälle von bewaffneten Banden. Als er in dem Lager angekommen war, sah er, wie Tausende Flüchtlinge sich zwischen den dicht stehenden Pinien Löcher gegraben hatten. Diese waren mit Decken oder Zweigen ausgelegt und bildeten ihre Schlafstätte. Erdlöcher waren das Zuhause für diejenigen ohne Hoffnung. Wenn die Polizisten mit ihren Hunden kamen, flohen Tausende aus dem Lager und ihren Erdhöhlen. Wer zu langsam, zu alt oder zu unvorsichtig war, musste um sein Leben fürchten. Sidibé hatte allein in den wenigen Stunden der letzten Nacht drei solche Einsätze erlebt. Wahllos wurden die schwächsten Flüchtlinge zu Boden geworfen, gefesselt, verprügelt und mitgenommen. Man erzählte ihm von den Folterungen und Vergewaltigungen in dem nahe gelegenen Gefängnis. Die Polizisten wollten alles über die Schlepperbanden wissen, die in dem Lager ihre korrupten Geschäfte machten. Sie wollten es aus denen herauspressen, die bereit waren, den Schleppern all ihr Geld zu geben, um nach Europa gebracht zu werden. Sidibé hatte gehört, dass die Razzien immer dann stattfanden, wenn die örtliche Polizei den Eindruck hatte, nicht ausreichend an den dunklen Geschäften der Schlepper beteiligt zu werden. Den Folteropfern wurden dann sämtliche Ersparnisse abgenommen. Das war die effektivste Art, das Geschäft der Schlepper zu unterbinden. Wer nicht zahlen konnte, wurde uninteressant und fand keinen Helfer für die Flucht. Nach dem Polizeigewahrsam wurden diejenigen, die überlebt hatten, später irgendwo wieder ausgesetzt. Oft starben sie, da ihre ohnehin geschwächten Körper die Folgen der stundenlangen Folter nicht verkraften konnten. Der Anblick von Toten gehörte dazu, hier an der

Grenze zu Europa, in diesem Niemandsland zwischen Furcht und Hoffnung.

Sidibé war schockiert, das zu sehen. Von Marokko, seinem letzten Halt vor Europa, hatte er sich Zivilisation erhofft. Doch das Lager im Wald war das Schlimmste, was er auf seiner bisherigen Flucht erlebt hatte. Sidibé hatte erfahren, dass es zwei dominierende Clans gab. Sie waren darauf spezialisiert, neben zahlungskräftigen Flüchtlingen auch Drogen und junge Frauen, die versklavt als Prostituierte in Europa arbeiten sollten, zur spanischen Küste zu schaffen. Die Schiffe dieser Drogenhändler galten als halbwegs sicher. Menschen konnten sterben, den wirtschaftlichen Verlust einer Ladung Drogen oder mehrerer Prostituierter wollten sich die Mafiaclans nicht erlauben.

Sidibé hörte sich um. Er war überzeugt, dass er nur überleben würde, wenn er sich einer starken Gruppe anschloss. Keinesfalls durfte er auf ein Boot mit Menschen mit ansteckenden Krankheiten wie Durchfall, Tuberkulose oder Ebola. Er durfte unter keinen Umständen krank werden. Wer nicht im Vollbesitz seiner Kräfte war, würde schon bald sein Leben verlieren.

Er suchte nach einem Platz, um sich auszuruhen. Plötzlich hörte er ein zaghaftes Wimmern. In einem Erdloch saß weinend und mutterseelenallein ein kleines Mädchen. Sidibé ging zu ihr hin. Er sah, dass sie einen hellblauen *hawli* trug, einen Schal, mit dem sie ihr Gesicht und ihren Körper eingehüllt hatte. Einen solchen Schal kannte Sidibé von zu Hause. Konnte es sein, dass sie aus Mali geflohen war?

»Wie heißt du, Kleine?«

»Kandia.«

»Wo kommst du her?«

»Léré.«

»Und wie alt bist du?«

»Ich weiß nicht genau. Ich glaube, acht.«

Etwas später erfuhr Sidibé, dass ihre Eltern letzte Nacht plötzlich verschwunden waren. Über Wochen waren sie zusammen aus Mali geflüchtet. Das Mädchen hatte schreckliche Dinge gesehen. Sidibé tröstete sie, so gut es ging.

Freitag, 07. April 2017 – 21:07 Uhr – Istanbul

Gegen neun Uhr abends hatten sie Gewissheit. Die Laborergebnisse bestätigten, dass die achtzigtausend Kubikmeter Wasser der Zisterne vergiftet worden waren. Noch suchten die Spezialisten in den Labors weiter nach der Zusammensetzung der unbekannten Substanz in der aufgefundenen Ampulle. Die Experten arbeiteten fieberhaft an ihren Analysen. Mustafa Özsoy war völlig verzweifelt. Dort, wo sonst Touristenströme geduldig auf den Eintritt in den Versunkenen Palast warteten, hatte sich eine lange Schlange aus dunklen Limousinen, Krankenwagen und Polizeifahrzeugen gebildet. Mit rot-weißem Absperrband aus Plastik war der Zugang zu dem Museum großräumig blockiert. Polizisten mit Maschinengewehren und eine Schar von neugierigen Journalisten hatten sich seit Stunden vor dem Eingang der Zisterne gruppiert und bewachten sich gegenseitig.

Der sonst so friedliche Ort war zu einem Hort der Unsicherheit geworden. Bei einem Bombenattentat war die Zerstörung sichtbar, waren die angestrebte Wirkung und die Todesursache klar. Über diesen merkwürdigen Vorgang in der Zisterne rätselten die Polizisten und die wartenden Journalisten. Offenbar waren keine Menschen, sondern Fische getötet worden. Wie sonst konnte man sich die weißen Fischkadaver erklären, die vor Stunden aus dem Eingang getragen wurden? Da es noch keine Presseerklärung der türkischen Behörden gab, ging man einstweilen von einem mysteriösen Fischsterben aus.

Um sieben Minuten nach neun hatte man Klarheit, als Birhats Videobotschaft online ging. Seine Nachricht war unmissverständlich. Er wollte Angst, Panik und Schrecken verbreiten. Was hatte er in der Hand, um Millionen Menschen weltweit von der Versorgung mit Trinkwasser abzuschneiden?

Um Viertel nach neun erhielt der Chef des türkischen Geheimdienstes, Millî İstihbarat Teskilâtı, die Zustimmung des Ministerpräsidenten aus Ankara. Sein Anruf galt einem Mann in den USA, den er seit zwanzig Jahren kannte.

»John, wir haben hier ein Problem.«

Als John Ahmeds Stimme hörte, wusste er sofort, dass der Terror wieder in der Türkei zugeschlagen hatte. Geduldig folgte er den Schilderungen des überforderten Mannes. Lewellen versprach ihm, sich sofort persönlich um Aufklärung zu bemühen und Hilfe zu schicken.

»Danke. Wir stehen hier vor einem unlösbaren Rätsel«, hatte sein türkischer Kollege verzweifelt ins Telefon gerufen, bevor er zu dem nächsten Meeting hastete.

Eigentlich war Lewellen selbst gerade auf dem Weg zu einem Vieraugengespräch mit Liz Bartlet, auf deren Zustimmung zu seinem Budget er bislang immer noch vergeblich wartete. Nach dem, was er soeben am Telefon gehört hatte, wurde das mit einem Treffen der störrischen Senatorin aus Kalifornien heute wieder nichts. Er hatte jetzt Wichtigeres zu tun. Erst informierte er den Stabschef des Präsidenten, dann Major Tom O'Reilly.

»Tom, hör mir gut zu. In Istanbul ist gerade die Kacke am

Dampfen. Unser Freund Birhat hat irgendeine tödliche Substanz in die Zisterne neben der Hagia Sophia gekippt. Menschen wurde keine getötet, aber es wurde eine Ampulle mit einer noch unbekannten Substanz gefunden. Ich befürchte, dass es sich dabei um etwas handeln könnte, was uns vor einiger Zeit entwendet wurde. Tom, pack deine nötigsten Sachen und mach dich sofort auf den Weg. Ich denke, ich brauche dich vor Ort in Istanbul. Sieh zu, dass du den Ball flach halten kannst und halte mich zeitnah informiert. Ich selber mache mich auf den Weg zu Peter. Der soll mich in Mailand abholen. Dann will ich weiter nach London. Ich habe das Gefühl, dass wir in Europa gebraucht werden.«

»Yes, Sir«, war Toms knapper Kommentar. Er hatte verstanden. Jetzt ging es nicht um Kämpfe für ein höheres Budget, sondern darum, diese Terrorscheiße zu stoppen.

10. Kapitel

Samstag, 08. April 2017 – 04:55 Uhr – Tanger

Sidibé hatte dem Mädchen versprechen müssen, die Nacht über bei ihr zu bleiben. Kurz darauf waren beide hungrig und entkräftet eingeschlafen.

Sidibé sah, wie sich jemand über ihn beugte. Ein Gesicht. Unnatürlich blaue, hell glänzende Augen sahen ihn an. Sein Erdloch fing plötzlich an zu schrumpfen. Sidibé wollte aufstehen, vor dem Mann flüchten, den er zuletzt in Mali gesehen hatte. Es ging nicht. Links und rechts stießen seine Füße sofort gegen Wände. Wände, die sich immer mehr verengten und dabei in die Höhe wuchsen. Er konnte nicht fliehen, war eingezwängt. Plötzlich wurden seine Füße nass. Eiskaltes Wasser strömte in das Erdloch, umspülte seine Füße. Er sah nicht, wo das Wasser herkam, aber er drohte darin zu ertrinken. Sidibé zitterte am ganzen Körper. Plötzlich war er auf dem Meer, es wurde hell, die Sonne brannte erbarmungslos auf ihn nieder. Er hatte unglaublichen Durst.

Vom Schein einer Taschenlampe fuhr Sidibé auf. Es war Kandia, die ihn geweckt hatte, um mit ihm zu fliehen. Sie lächelte. »Los, komm«, sagte sie. »Lass uns in die Freiheit aufbrechen.«

Sidibé war nass geschwitzt, als das Mädchen ihn aus seinem Albtraum geweckt hatte. Wo war der Rucksack? Als er um sich tastete, merkte er, dass sein Kopf darauf gelegen hatte. Er musste Omars Päckchen abgeben. Dann war er frei, sich nach einem Boot umzusehen.

Zusammen mit dem Mädchen, das nichts besaß außer den Kleidern, die es am Leibe trug, ging er zu dem bekannten Treffpunkt im Wald. Dort warteten bereits mehrere Flüchtlinge auf den Transporter der marokkanischen Mafia, der diejenigen, die Geld vorzeigen konnten, zu den Schiffen bringen würde. Sidibé hatte noch etwas Geld. Er und das Mädchen wurden mit fünfzig weiteren Flüchtlingen in den Laderaum eines Lasters gezwängt. Die Fahrt dauerte endlos lange. In dem Laderaum war es stockfinster, das Mädchen hatte Angst.

»Wo bringen die uns hin?«

»Zum Hafen, ans Meer. Halte durch.«

»Dauert es noch lange?«

Gerade als sie dies zum wiederholten Mal von Sidibé wissen wollte, hielt der Lastwagen endlich an. Die Hecktüren wurden geöffnet, und sie befanden sich an einem verwahrlosten Strand. Das Rauschen des Meeres war laut zu hören. Die Luft schmeckte nach Salz. Es war stürmisch.

»Was machen wir jetzt?«, fragte Kandia, die sich frierend an Sidibé klammerte.

»Ich muss jetzt noch etwas abgeben, dann sehen wir weiter«, antwortete Sidibé. Was sollte er nur mit der Kleinen tun?

Er erkundigte sich bei den Männern nach der Adresse, die ihm Omar gegeben hatte. Sidibé hatte Glück. Der Ort, wo die Schlepper sie aus dem Wagen gelassen hatten, war in der Nähe des Hafens, wo er Omars Rucksack abgeben sollte.

»Komm, begleite mich zu einem Mann, dem ich etwas geben werde und von dem ich noch Geld bekomme. Das Geld gebe ich dir. Ich muss dich danach aber alleine lassen.«

Tränen flossen aus den traurigen Augen des Mädchens. Ängstlich krallte es sich an Sidibés Hand.

»Lass mich nicht alleine«, flehte es ihn an.

Omars Mann war schnell gefunden. Sidibé übergab das Päckchen und den Rucksack. Der Mann zählte die zweihundertfünfzig Dollar ab und reichte sie Sidibé.

»Gute Arbeit, Junge. Und was ist mit der Kleinen? Wie viel willst du für sie?«

»Du Schwein!«, schrie Sidibé den Mann an. Er stieß ihn zu Boden und riss ihm das Geld aus der Hand. Dann packte er Kandia und rannte los.

»Los, lauf«, rief er ihr zu.

Der dicke Mann konnte ihnen nicht folgen. Schnell waren sie einige Blocks von seinem Haus entfernt. An der nächsten Straßenecke drückte Sidibé dem Mädchen das Geld in die schmutzige Hand.

»Was soll ich damit?«, fragte sie ihn völlig unglücklich. Kandia hatte noch nie vorher im Leben eigenes Geld besessen, konnte dessen Wert nicht einschätzen. Ihre Hoffnung war, dass Sidibé ihr helfen würde, Vater und Mutter wiederzufinden.

»Hör mir zu. Mit dem Geld kannst du dir viele Tage etwas zu essen kaufen. Mehr kann ich nicht für dich tun. Geh den Weg dahinten weiter, und du kommst in die Stadt. Dort werden sie dir helfen. Los, geh.«

Das verwahrloste Mädchen war verzweifelt. Gewohnt, Älteren zu gehorchen, drehte es sich um. Heulend und verständnislos lief sie los. Nach gut hundert Metern blickte die Kleine sich noch einmal zu Sidibé um. Was sollte sie mit Geld, da sie doch nichts mehr besaß und so sehr auf seine Freundschaft und Hilfe gehofft hatte?

Sidibé brach in Tränen aus. Er war überfordert, ihm zerriss

es das Herz. Würde er bei der Achtjährigen bleiben, bestand das Risiko, dass er es nicht bis nach Europa schaffte. Auf der Suche nach ihren Eltern, die schon längst tot sein konnten, würde er sich erschöpfen und vermutlich in einem der Erdlöcher im Wald sterben. Das Geld, das von den glücklichen Goldfunden seiner Familie stammte, reichte nur für seine eigene Flucht. Er verabscheute den Gedanken, sie allein zurückzulassen. Den Gedanken, dass Geld die Welt regiert und doch so nutzlos ist.

Samstag, 08. April 2017 – 06:11 Uhr – Charleroi
Sein Hund hatte ihn gegen sechs Uhr geweckt, um Gassi zu gehen. Nicht einmal am Wochenende hatte er Ruhe vor dem rastlosen Tier. Während des geselligen Spaziergangs mit seinem Vierbeiner dachte der Chefredakteur über die vier Seiten Papier nach, die Dubois ihm gestern »streng vertraulich« gegeben hatte. Irgendetwas war dran an der wilden Geschichte, die sein talentfreiester Mitarbeiter sich da ersonnen hatte. Dubois hatte darauf bestanden, »die Story unbedingt zu veröffentlichen«. Sonst würde er kündigen und sie »sofort an eine der größeren Tageszeitungen in Brüssel für ein unglaubliches Honorar verkaufen«.

Was bildete sich dieser Dubois eigentlich ein? Hielt er sich für einen zweiten Carl Bernstein oder Bob Woodward, die in den Siebzigerjahren Präsident Nixon dank der Watergate-Affäre zu Fall brachten? Und doch, seit 1996, als damals im August in einem Dorf bei Charleroi Marc Dutroux und Michel Lelièvre wegen Kindesentführung und Missbrauch verhaftet wurden, hatte der Chefredakteur bei keiner anderen Story in seiner Redaktion jemals so ein merkwürdiges Grummeln im Bauch verspürt. Was, wenn Dubois recht hatte?

Zu wild waren dessen Theorien, um nicht vielleicht doch wahr zu sein. Dubois' Tenor: Die Welt würde erzittern vor der unglaublichen Erfindung zweier Belgier aus Charleroi. Die beiden Erfinder hätten bislang jedes Milliardenangebot zur Übernahme ihres Unternehmens abgeblockt. Ihr Start-up namens Algamondo sei eines der letzten wahren europäischen Unicorns, also ein Unternehmen, das in einer Finanzierungsrunde mit mehr als einer Milliarde Euro bewertet werden würde. Stünde jetzt, so fragte sich Dubois, und notfalls gegen sämtlichen Widerstand der Gründer, eine feindliche Übernahme bevor? Riesenkonzerne scharrten in den Startlöchern, bereit, die Übernahmeschlacht um Algamondo unter Einsatz aller ihnen zur Verfügung stehenden Mittel zu gewinnen. Ihr Wissen hätten die beiden Gründer bislang nur mit allergrößtem Geheimhaltungsaufwand in einem hoch gesicherten »Industriekomplex« schützen können. Ein Einbruchsversuch letzte Woche scheiterte. Wie Dubois ermitteln konnte, sollte durch den »massiven« Einsatz von Sprengstoff alles beseitigt werden. Frage: die Erfinder und Unternehmensgründer inbegriffen? Nur einer, der meisterhafte Investigativjournalist Mathis Dubois, würde Licht ins Dunkel bringen können. Mehr dazu in den weiteren Folgen. Sie würden über den nächsten Monat die Titelseiten der belgischen Zeitung *Charleroi Matin* füllen.

Einen solchen gequirlten Käse hatte Gils selten gelesen. Und doch, was wenn dieses selbst ernannte Genie auch nur ansatzweise recht hatte? Gils wollte jedenfalls am Montag Fakten hören, sonst wäre der Weg für Dubois nach Brüssel frei, ohne Rückfahrkarte.

Samstag, 08. April 2017 – 08:37 Uhr – Tanger

Die Filiale der Western Union Bank in der Avenue Pasteur erreichte Sidibé nach wenigen Minuten Fußmarsch. Dort reihte er sich am frühen Samstagmorgen in die Schlange der Wartenden ein. Es hatte sich selbst bei der Bank herumgesprochen, dass immer morgens, wenn die Schlepper das Geld für die nächste Überfahrt kassierten, Hunderte Flüchtlinge ihr Erspartes abheben wollten. Der clevere Bankdirektor hatte sich dafür entschieden, »mit der Zeit zu gehen«. So konnte Sidibé problemlos das Geld abheben, das seine Familie in Mali auf einem Konto in seinem Namen deponiert hatte.

Er verstaute das Bündel mit den Geldscheinen. Dann ging er zurück zu dem Strand, wo die Schlepper ihn und das Mädchen vor wenigen Stunden abgesetzt hatten.

Er begutachtete die Gruppen, die sich in Vorbereitung auf die Überfahrt zu bilden begannen. Obwohl er von der Flucht abgemagert und geschwächt war, war Sidibé stark genug, um sich einen der letzten Plätze auf einem Boot zu sichern und um sich gegen die massiven Durchsuchungen der Mafiaschläger zur Wehr zu setzen. Allerdings nicht stark genug, um zu vergessen, dass er sich rücksichtslos und egoistisch von dem kleinen Mädchen getrennt hatte. Er hoffte, dass Kandia überleben würde. Ihm wurde schwindelig bei dem Gedanken, dass er in den nächsten Stunden tot sein könnte. Für ihn wäre es sein erster und auch letzter Versuch, nach Europa zu kommen. Geld für weitere Versuche hatte er nicht.

Am Ufer lag ein großes Schlauchboot. Drei Männer der marokkanischen Mafia halfen den für Sidibés Boot ausgewählten Flüchtlingen beim Einsteigen. Sie achteten darauf, dass sich das Gewicht der Passagiere gleichmäßig verteilte. Es durfte nicht schon am Ufer Panik aufkommen, weil das Boot sich neigte. Kaum einer der Flüchtlinge konnte schwimmen. Sidibé war in der Wüste geboren. Wo hätte er es lernen sollen? Jeder Einzelne wurde von den drei Schlägern gründlich nach Waffen, Geld und Drogen durchsucht. Bei den Schwächeren wurde geprüft, ob man den Preis für die Überfahrt nicht kurzfristig noch »anpassen« konnte. Sidibé hatte gehört, dass die, die es nicht schafften, sich an Bord schnell genug als eine wehrhafte Gruppe zu organisieren, damit rechnen mussten, wenige Meter von der Küste entfernt von Bord gestoßen zu werden. Je weniger Passagiere, desto geringer die Gefahr, dass man kentern und an Bord Panik ausbrechen würde. Das Geld für die Überfahrt hatte man ihnen ohnehin schon vorher abgenommen.

Dann stieß einer der Schlepper das Boot in die Brandung. Die Wellen waren hoch, Gischt besprühte die eingepferchten, zitternden Gestalten. Bereits nach wenigen Minuten waren sämtliche Kleidungsstücke durchnässt. Sidibé war das egal. Er musterte das Boot und die etwa dreißig misstrauischen Menschen um ihn herum. Das Schlauchboot war gute zehn Meter lang, hatte einen festen Holzboden. Der Außenbordmotor wurde von einem Mann gesteuert, dem die Angst vor der Überfahrt deutlich ins Gesicht geschrieben war. Er stank nach Schweiß und Alkohol. Immer wieder blickte der Aushilfskapitän sich um, ob sie nicht doch verfolgt wurden. Im Gegensatz zu den geschäftstüchtigen Bankern schien die Küstenwache an einem frühen Samstagmorgen nicht aktiv zu sein.

In Küstennähe war der Wellengang noch recht hoch gewesen, weiter draußen wurde es etwas ruhiger. Das Ufer hinter ihnen wurde immer kleiner. Eine kräftige Strömung trug das Boot mit hoher Geschwindigkeit Richtung Spanien.

Kaum waren sie eine gute Stunde unterwegs, stank es überall erbärmlich nach Erbrochenem, nach Kot und Urin. Die Schläger verhielten sich ruhig, hielten ihre Waffen gut versteckt.

Sidibé starrte voller Angst pausenlos auf das gewaltige Meer. Dann tauchten sie aus den Wellen auf: Delfine. Für eine Weile begleitete eine Schule aus vierzig bis fünfzig Tieren das Boot. Kurz darauf waren fliegende Fische zu sehen. Ihre langen Körper glänzten bei den ausgiebigen Flügen silbern. Sie flogen für zehn, zwanzig Meter in einem großen Bogen über das Meer, um dann wieder darin einzutauchen. Sidibé deutete die fliegenden Fische als ein gutes Zeichen. Wenn ein Tier, das gewohnt ist, im Wasser zu leben, fliegen konnte, dann würde auch er sich in einer für ihn fremden Umgebung zurechtfinden.

Die starke Strömung begünstigte die Flucht. Schneller als erwartet, tauchte vor ihnen die spanische Küste auf. Die See hatte sich weiter beruhigt. Als Sidibé den größer werdenden Küstenstreifen sah, traten ihm Tränen in die Augen. Er verschwendete keinen Gedanken daran, welche möglichen Gefahren vor ihm lagen. Dem Gemetzel in seinem Dorf, der Hölle von Léré, der Wüste und dem Wald von Missnana war er entkommen. Was konnte ihm jetzt noch Schlimmes passieren?

Nachdem sich das Boot bis auf etwa dreißig Meter der Küste genähert hatte, forderten die Schlepper plötzlich alle Insassen auf, ins Wasser zu springen. Sidibé protestierte. Er konnte nicht schwimmen. Doch die Schläger ließen nicht mit sich reden. Schwimmwesten gab es nur für die drei Mädchen und ihre Mutter, alle anderen mussten ohne Schwimmhilfe ins Wasser. Als Sidibé sich weigerte, das Boot zu verlassen, stieß einer der Männer ihn kurzerhand über Bord.

Sidibé schrie voller Verzweiflung auf, schluckte immer wieder Wasser. Das Wasser war kalt, es schmeckte salzig. Er musste husten, schnappte nach Luft, während er wild um sich schlug, ging er langsam unter.

Samstag, 08. April 2017 – 09:55 Uhr – Istanbul

Um kurz vor vierzehn Uhr, Washingtoner Zeit, hatte John Lewellen ihn gestern angerufen. Von dessen Anruf bis zum Flughafen der Andrews Naval Air Facility außerhalb Washingtons, wo eine Militärmaschine auf ihn wartete, hatte Tom O'Reilly keine knappe Stunde gebraucht. Bis die Militärmaschine abhob, verging eine weitere Stunde, sodass er gegen zehn Uhr am Vormittag lokaler Zeit auf der Samandira Army Air Base im Osten Istanbuls landete. Er sollte die Fakten vor Ort aufklären und für die nötige Ruhe sorgen. Eine schwierige Aufgabe, wie sich beim Landeanflug zeigte.

Aus der Luft bot sich ein erschreckendes Bild. Sämtliche Hauptverkehrsstraßen waren verstopft. Alle Staus auf den Autobahnen schoben sich mühsam in eine Richtung: raus aus der Stadt. Im Westen versuchten die Bewohner der europäischen Seite Istanbuls, in Richtung bulgarische Grenze zu kommen. Dort lagen die Haupteinzugsgebiete der Trinkwasserversorgung der Metropole am Bosporus. Auf der asiatischen Seite, wo O'Reilly landen würde, drängte der Verkehr gen Osten, in Richtung Ankara und Bursa. Nur vereinzelt schienen sich die Fahrzeuge überhaupt zu bewegen. Alles stand still. O'Reilly war geschockt. Das hatte er nicht erwartet.

Als sich kurz nach der Landung die Tür des Militärfliegers öffnete, nahm ihn ein türkischer Offizier höflich in Empfang.

»Ali Eren«, stellte er sich vor. Der Mann, Mitte vierzig mit einem dichten dunklen Schnauzer, reichte ihm die Hand.

»Freut mich. Tom O'Reilly. Was ist denn hier auf den Straßen los?«, war die erste Frage des Amerikaners.

»Nun, Sir, was Sie aus der Luft gesehen haben, ist ein Teil der Menschen, die versuchen, aus Istanbul zu entkommen.«

»Ein Teil, sagen Sie?«

»Ja, Sir. Istanbul ist mit fünfzehn Millionen Einwohnern die größte Stadt Europas. Gehen Sie davon aus, dass die Hälfte der Bevölkerung vernünftig ist und nicht leicht in Panik verfällt. Diese Menschen bleiben in ihren Häusern und warten auf Informationen dazu, was zu tun ist. Die andere Hälfte wiederum will weg, weil sie Verseuchung, weitere Angriffe und Versorgungsengpässe befürchtet. Von diesen 7,5 Millionen haben vielleicht ein, möglicherweise auch zwei Millionen Menschen ein Fahrzeug. Unsere Statistiken belegen, dass insgesamt über drei Millionen Fahrzeuge in Istanbul zugelassen sind.«

»Was ich gesehen habe waren also schätzungsweise mehr als eine Million Menschen in ihren Fahrzeugen?«

»So in etwa, Sir. Aber von denen, die auf der Straße unterwegs sind, wird nur ein Teil vernünftig sein.«

»Vernünftig?«

»Wir beobachten Gewaltbereitschaft. Einige sind rachsüchtig und zu allem entschlossen. Es leben drei Millionen Kurden in der Stadt. Daher gibt es überall Schuldzuweisungen, Streit, Unruhe. Istanbuler bedrohen sich gegenseitig. Keiner hilft dem anderen. Am schlimmsten ist allerdings, dass die, die nichts haben, versuchen, sich an der Situation zu bereichern …«

»Sie meinen, es gibt Hetzjagden und Plünderungen?«

»Ja, Sir.«

»Danke, das reicht mir für einem ersten Überblick.« O'Reilly hatte genug gehört. An eine Verfolgung der Kurden hatte er nicht gedacht. Er ging gedanklich Szenarien und Notfallpläne durch, die er mit ihrer Antiterroreinheit durchgespielt hatte. Die Evakuation Manhattans: 1,5 Millionen Einwohner. Washington: Sechshunderttausend. Beide Orte addiert ergaben in etwa so viele Menschen, wie vermutlich gerade auf der Flucht aus Istanbul waren. Unvorstellbar. Noch mal dieselbe Anzahl an Menschen hatte keine Möglichkeit zur Flucht und wütete gerade in der Istanbuler Innenstadt und den Randbezirken, verfolgte Minderheiten. Eine Menschenmasse, außerhalb jeglicher Planspiele und Notfallvorkehrungen. Ein unkontrollierbarer Wahnsinn!

»Wie kann ich helfen?«, fragte O'Reilly angespannt.

»Später. Kommen Sie, wir haben keine Zeit zu verlieren. Jede Minute kann es auch die Militärbasis hier erwischen. Die anderen Istanbuler Flughäfen sichern wir seit letzter Nacht. Erst kamen die Verzweifelten, dann die Randalierer, dann die Plünderer. Nur noch wenige Maschinen konnten Istanbul nach zweiundzwanzig Uhr verlassen. Landungen waren unmöglich. Überall drängten Menschen auf die Rollfelder. Wir leiten die Maschinen nach Ankara oder Izmir um, solange dort die Lage noch unter Kontrolle ist.«

O'Reilly bemerkte die schwer bewaffneten Soldaten, die den Militärflugplatz bewachten. Ein Hubschrauber mit laufendem Rotor stand in Laufweite zu der Parkposition des amerikanischen Militärjets.

»Nur mit dem Helikopter kommen wir überhaupt noch in die Innenstadt. Die Situation dort ist völlig außer Kontrolle geraten, aber sehen Sie selbst ...«

Der türkische Offizier, der ihn eilig zu dem wartenden Hubschrauber schob, trug einen Laptop unter dem Arm. Als sie im Helikopter eingestiegen waren, öffnete er ihn, um dem Amerikaner aktuelle Bilder aus Istanbul zu zeigen.

»Das hier ist ein Zusammenschnitt der Ereignisse der letzten zwölf Stunden. Nachdem Birhat abends um sieben nach neun sein Bekennerschreiben online gestellt hatte, ist Istanbul implodiert. Hier Bilder vom Flughafen Atatürk gegen dreiundzwanzig Uhr Ortszeit, also knapp zwei Stunden nach Birhats Veröffentlichung.«

O'Reilly starrte auf den Bildschirm. Die Aufnahmen stammten aus einem Hubschrauber. Zwischen den Abflughallen vor den Terminals waren enorme Menschenansammlungen zu sehen. Helikopter kreisten mit Suchscheinwerfern über ihren Köpfen. Am Boden hatte die Polizei vor den Zugängen Wasserwerfer positioniert. Überall waren provisorische Straßensperren errichtet, um weiteren Zustrom vom Flughafen abzuleiten. Menschen lagen hilflos auf dem Boden.

»Tausende sind in dem Gedränge vor den Abflugterminals gestürzt und teilweise massiv verletzt worden. Mindestens hundertdreizehn Menschen wurden von der Meute zu Tode getrampelt«, klärte ihn der türkische Offizier auf.

»Wie verhält es sich in der Stadt? Tote?«, wollte O'Reilly wissen.

»Es gab anfänglich Hamsterkäufe von Wasserflaschen und Lebensmitteln. Als die Geschäfte den Zugang limitierten und ihre Verkäufe rationierten, kam es zu Plünderungen. Keine drei Stunden nach dem Bekennerschreiben waren ganze Straßenzüge zerstört. Nach den Lebensmittelläden die Restaurants und Tankstellen, dann die großen Shoppingmalls. Die Menschenmenge wurde immer aufgebrachter und rücksichtsloser. Jeder war sich selbst der Nächste, dachte nur an sich und seine Familie. Ob und wie viele Tote es gab, kann ich nicht sagen. Wir sind nicht in der Lage, die Fakten aufzunehmen.«

»Anarchie?«

»Ja. Wir haben sämtliche verfügbaren Kräfte der Armee mobilisiert, können aber nichts machen. Es ist kein Zugang zur Innenstadt mehr möglich. Alle Zufahrtswege sind von den Menschen auf den Straßen verstopft.«

»Sinnlos, dagegen anzugehen. Die Panikmache des Kurden wirkt«, kommentierte der Amerikaner trocken. »Wir können jetzt nur durch die noch verfügbaren Medien informieren, die Einwohner aufklären ...«

»Sir, wir reden von einer Megacity und fünfzehn Millionen Menschen. Wie wollen sie die aufklären, die Massenpanik aufhalten?«

O'Reilly blieb unbeirrt bei seiner Linie: »... wir müssen informieren, die Wahrheit sagen.«

»Die Wahrheit, Sir? Die Wahrheit ist, dass das, was Sie aus dem Flieger gesehen haben, ein Bruchteil der Katastrophe war. Die Bilder auf dem Laptop zeigen die wenigen Privilegierten, die es überhaupt geschafft haben, sich zu organisieren. Den Mob, der aus Furcht vor der Wasserknappheit und aus Wut gegen den Kurden alles verwüstet hat, haben Sie noch gar nicht gesehen.«

»Birhat hat gedroht, die Stadt zu vergiften, ihr das Wasser zu entziehen. Das kann er nicht innerhalb von wenigen Stunden umsetzen. Verstehen die Menschen das denn nicht?«

»Wie gesagt, Sir. Die eine Hälfte vielleicht, aber das macht immer noch 7,5 Millionen Verständnislose.«

»Wie wird das Trinkwasser gewonnen, und wo genau wird es aufbereitet?«

»Das Istanbuler Wasser stammt ausschließlich aus Oberflächenwasser. Vierzehn größere Trinkwasserwerke bereiten es zur Verteilung im Leitungsnetz auf. Das Netz umfasst zwanzigtausend Kilometer Länge. Das ist ungefähr so viel, wie einmal auf Höhe des Äquators halb um die Erde.«

»Zwanzigtausend Kilometer! Holy shit«, entfuhr es O'Reilly, der langsam begriff, dass er es hier nicht mit einem einmaligen, bald verpuffenden Angriff zu tun hatte. Die Menschen hatten Angst vor einer dauerhaften Unterversorgung. Das Ziel des Kurden war es, langfristig eine anhaltende Unsicherheit zu schüren, Angst, Wut und Ungewissheit zu erzeugen. »Was wollen Sie tun, um weitere terroristische Anschläge zu verhindern?«

»Nichts können wir in der derzeitigen Lage tun, oder wissen Sie, wie man Massenhysterie bekämpft, Sir?«

Darauf kannte O'Reilly keine vernünftige Antwort. Sobald sich Gerüchte breitmachten und es sich herumsprach, dass es kein Wasser mehr gab, begann der Kampf ums Überleben.

»Wie ernst ist die Situation in der Stadt?«

»Sir, was genau in einzelnen Stadtvierteln vor sich geht, wissen wir nicht. Die Handynetze sind zusammengebrochen. Die militärische Einsatzleitung hat mir über unser Funknetz mitgeteilt, dass häufig Schüsse zu hören sind. Einsatzfahrzeuge der Polizei werden zum Halten gezwungen, die Fahrer getötet. Menschen kapern wahllos Fahrzeuge, um wenige Meter in den nächsten Stau zu flüchten.«

»Was konkret unternehmen Sie dagegen?«

»Das Militär ist viel zu spät mobilisiert worden, um einzugreifen, als es noch machbar war. Jetzt können wir nicht mehr für Ordnung sorgen. Wir müssen hoffen und abwarten, bis die Lage sich absehbar beruhigt und sich Panik und Wut bei der Bevölkerung legen.«

O'Reilly verstand immer mehr, mit welch gewaltiger Anzahl von Menschen das Problem der Stadt zusammenhing. Keine Armee der Welt konnte hart genug durchgreifen, um ein Funktionieren der öffentlichen Ordnung in einem solchen Ausnahmezustand zu gewährleisten.

»Sir, Istanbul ist ein Moloch. Ein Riese mit dem Verstand eines Kleinkindes ...«

Samstag, 08. April 2017 – 11:10 Uhr – Nahe Gibraltar

Sidibé war am Ertrinken, dreißig Meter von dem rettenden Ufer Spaniens entfernt. Plötzlich war ein junger kräftiger Mann aus seiner Gruppe bei ihm, der sich irgendwie über Wasser halten konnte. Sidibé wollte sich an ihm festklammern, doch beide wären bei dem Versuch zu überleben untergegangen. Der Mann schrie auf Sidibé ein, riss verzweifelt dessen Hilfe suchende Hand immer wieder von seiner Schulter. Panisch befahl er ihm, Ruhe zu bewahren, gleichmäßig zu atmen. Der Mann packte Sidibés Kopf. Er hielt ihn hoch, drehte ihn zur Seite, wendete ihn auf den Rücken.

»Atmen, ruhig atmen«, brüllte der Mann ihn an.

Sidibé war vor lauter Angst gelähmt. Er würde in wenigen Sekunden sterben, dabei wollte er Gott sehen, sein Blick ging gen Himmel. Auf dem Rücken liegend, machte er einen letzten Atemzug, dann noch einen weiteren.

Zu seiner großen Verwunderung trieb Sidibé auf einmal auf dem Wasser, ohne unterzugehen. Der Mann fasste Sidibé am Kragen und strampelte, ebenfalls auf dem Rücken liegend, mit ihm in Richtung Ufer. Jeder Meter zählte. Sie durften nicht jetzt, so kurz vor ihrem neuen Leben, ertrinken. Nach fünfzehn Metern schwerster Anstrengung sanken die Beine von Sidibés Retter zu Boden. Er konnte nicht mehr.

Unerwartet spürte der Mann plötzlich etwas Festes unter seinen Füßen. Seine Zehenspitzen erreichten den Meeresboden. Mit letzter Kraft richtete er Sidibé auf, schleppte ihn ein, zwei Meter weiter. Völlig am Ende von dem Todeskampf hakten sich die beiden Männer unter. Schwankend wateten sie die wenigen Meter durch das immer flacher werdende Wasser zum rettenden Ufer. Geschafft!

Sidibé verdankte dem Mut dieses unbekannten Helfers sein Leben. Er war auf dem europäischen Festland angekommen, er hatte es wirklich erreicht!

Erschöpft und fassungslos ließ er sich in den Sand des Strandes fallen und küsste den Boden. Minuten später war Sidibé wieder zu Atem gekommen. Überglücklich saß er mit einer kleinen Gruppe seiner Fluchtgenossen am Strand, während seine Kleider trockneten. Lange waren sie still. Dann brach es aus ihnen heraus, und jeder sprach zu den anderen über die jeweiligen Pläne, Hoffnungen und Wünsche.

Samstag, 08. April 2017 – 12:15 Uhr – Istanbul

O'Reilly wurde mit dem Helikopter zu dem amerikanischen Konsulat auf der europäischen Seite der Stadt geflogen. Die Bilder aus dem Helikopter waren noch verstörender als die aus dem Flugzeug. Was er vorher im Großen gesehen hatte und nur im Detail erahnen konnte, wurde jetzt deutlich. Überall brannten umgestürzte Pkws. Rauchfahnen zogen in den Himmel. Hunderttausende weitere Fahrzeuge blockierten auf ihrem Weg aus der Stadt die Straßen. Menschenmassen waren in engen Straßenzügen eingeschlossen. Auf den Autobahnen sah es nicht besser aus. Die Stadt stürzte in sich zusammen, konnte die gewaltige Zahl an Flüchtenden nicht verkraften. Es herrschten Zustände wie in einem Bürgerkrieg.

So etwas hatte O'Reilly noch nie gesehen. Er war froh, kurz darauf sicher auf dem Gelände des amerikanischen Konsulats landen zu können. Dort hatte ein Teil der auf Einladung der Amerikaner herbeigerufenen Experten eine Arbeitsgruppe gebildet. Die Technische Universität Istanbul war nicht allzu weit entfernt, und fleißige Analysten beschäftigten sich in speziellen Labors fieberhaft mit dem Inhalt der Ampulle. Noch gab es keine genauen Erkenntnisse darüber. Auch das Wasser aus dem Becken der Zisterne wurde untersucht. Die Vermutungen gingen in Richtung eines bislang unbekannten Virus. Es stand allerdings fest, dass dieses Virus vom Aufbau her stark an Ebolaviren erinnerte. Höchste Vorsicht war geboten.

Er wurde in den größten Konferenzsaal des Konsulats geführt. Ihn empfing eine aufgeheizte Atmosphäre ratloser Militärs, Virenexperten, Pressesprecher, türkischer Politiker und amerikanischer Diplomaten. Eine unheilige Allianz, wie er rasch befand. O'Reilly war verunsichert. Niemand der Versammelten hatte die Macht und die Kraft, der Massenflucht Einhalt zu gebieten. Jeder schaute ihn an und hoffte auf eine Lösung aller Probleme durch ihn. Fünfzehn Minuten in dem Raum mit den mürben Experten reichten. O'Reilly verlangte eine sichere Telefonleitung. Er musste Lewellen informieren, der sich auf seinem Flug nach Europa befand.

»Ja, Tom«, meldete sich Lewellen kurz darauf. Er befand sich bereits über italienischem Hoheitsgebiet und war im Landeanflug. »Wie ist die Lage in Istanbul?«

»Hoffnungslos. Verzweifelte Helden der Krisendiplomatie bemühen sich mit sinnlosem Aktivismus. Die Stimmung gegen die Kurden in der Stadt kocht momentan über. Es gibt nichts, was ich vor Ort tun kann.«

»Okay, Tom, verstanden. Sieh zu, dass du da wegkommst.

Lass dich mit einem Helikopter nach Ankara bringen. Ich befürchte, da läuft uns gerade etwas massiv aus dem Ruder.«

»Wie meinst du das, John?«

»Das, was ich dir jetzt sage, bleibt unter uns, hörst du?«

»Ja, Sir.«

»Irgendein Trottel von der CIA hat vor zwei Jahren einen Kerl darauf angesetzt, Birhat aufzuspüren, Kontakt herzustellen, ihn für uns zu ködern. Du kennst die typische Story: Wir haben Waffen, die kauft er von uns, murkst damit seine Widersacher ab, die ebenfalls unsere Waffen haben. Dabei beobachten wir sie, lassen sie gewähren. Wenn der Bessere fertig ist, haben wir den lieb. Der will dann noch mehr Waffen von uns. Wir kaufen im Gegenzug das Öl des Siegers günstig ein, bauen Pipelines, Flughäfen, trainieren das Militär, die Polizei, bauen Gefängnisse.«

»Die gleiche Scheiße wie damals mit dem Saudi?«

»So ähnlich. Nur dieses Mal hat irgendjemand unseren Giftschrank geöffnet. Ich weiß noch nicht alles, aber was ich herausfinden konnte ist, dass hundert Ampullen eines neuartigen Kampfstoffs entwendet wurden. Das Zeug stammt aus einem unserer Hochsicherheitslabors und ist schon in geringen Dosierungen absolut tödlich. Es entfaltet eine Wirkung vergleichbar mit Ebola, nur mit dem Unterschied, dass es selbst in Wasser gelöst noch über Tage seine tödliche Wirkung entfalten kann.«

»Was, ein Kampfstoff, der langfristig in Flüssigkeit überlebt und Wasser verseucht? Das gibt es doch gar nicht!«

»Leider doch, Tom. Die Wirkung hat uns selbst überrascht.«

»Wie konnte es so weit kommen, dass dieser Wirkstoff an einen Terroristen gelangt ist?«

»Frag mich etwas Einfacheres«, war Johns unbefriedigende

Antwort. »Ein Waffenhändler sollte eine Nachricht in die Terrornetzwerke streuen, um an Birhat heranzukommen. Erste indirekte Kontakte zu dem Kurden bestehen seit Ende 2016. Unser Mann ist bei islamistischen Separatisten, die von Birhats Organisation finanziert werden, in Mali aufgetaucht, hat dort einen überzeugenden Job gemacht.«

»Was heißt das?«

»Er hat mehrere Kinder abgeschlachtet, um die Wirkung der Ampullen zu demonstrieren.«

»Verdammtes Arschloch! Wieso haben wir bisher nie etwas von dem Ausbruch einer Seuche gehört? Wenn das Zeug wie Ebola wirkt, hätten sich doch alle infizieren müssen? Eine Epidemie wäre die naheliegende Folge.«

»Grundsätzlich ja. Allerdings hat die CIA in Mali nicht den richtigen Kampfstoff eingesetzt. Die Gefahr war viel zu groß, dass unser Typ es nicht zurückschaffen würde, sodass der Weg zu Birhat für immer versperrt bleiben würde.«

»Wie konnte die Wirkung trotzdem glaubhaft gemacht werden?«

»In den Ampullen war ein Mittel, das binnen Minuten zu Magenkrämpfen, Durchfall und Erbrechen führt. Eigentlich nichts Tödliches, aber eindrucksvoll genug. Der Anführer der Separatisten hat unseren Mann dazu genötigt, die Kinder zu erschießen. Quasi sein Aufnahmeritual. Wenn du so willst, seine Referenz für Birhat.«

Tom verspürte einen starken Brechreiz.

»Schöne Scheiße«, entfuhr es ihm. »Wer weiß von dem, was du mir gerade erzählt hast?«

»Aktuell niemand außer dir, mir, Doug, der Stabschef des Präsidenten und vermutlich die zwei bis drei Idioten der CIA, die den Verbindungsmann bei Birhat eingeschleust und ihm die Ampullen geliefert haben. Ich werde jetzt auch noch Peter, unseren Mann in Monaco, einweihen. Dann muss ich mit den Briten in London reden.«

»Die Ampulle, die jetzt in Istanbul gefunden wurde?«

»Die beinhaltet wahrscheinlich den echten Kampfstoff, den wir eigentlich gar nicht haben dürften. Du kennst die Biowaffenkonvention.«

»Und was sagt der Präsident?«

»Der ist nicht informiert. Hat mit solchen Situationen keinerlei Erfahrung. Er sitzt völlig überfordert im Oval Office und überlegt, welche Farbe die Mauer zu Mexiko haben sollte. Hellrosa würde er gut finden.«

»Wo ist unser Kontaktmann zu Birhat denn aktuell?«

»Spurlos untergetaucht. Letzte Woche, in Ankara.«

Samstag, 08. April 2017 – 13:04 Uhr – Charleroi

Die beiden Freunde hatten sich für den Mittag zu einem späten Brunch in ihrer Lieblingskneipe verabredet. Beiden lag jeweils etwas auf der Seele, was sie miteinander bereinigen wollten. Für Jacques war immer noch unklar, wieso er Al-Gé am Tag nach dem Einbruch über Stunden nicht erreichen konnte. Al-Gé wollte mit Jacques das Gespräch in der nächsten Woche mit Dr. Rhode abstimmen, um einen Alleingang durch Jacques wie in Monaco zu vermeiden.

Gegen eins startete Al-Gé sein Auto, um in das Le Royal am Boulevard Joseph Tirou zu fahren. Den Reporter, der ihm, seit er seine Wohnung verlassen hatte, auf den Fersen war, bemerkte er nicht. Dubois wiederum nahm keine Notiz von dem Mann in dem gemieteten Renault Clio, der unter seiner warmen Daunenjacke einen schwarzen Rollkragenpulli und im Gesicht einen Dreitagebart trug. Seit den frühen Morgenstunden wartete der vor Al-Gés Wohnung. Dank der Wanzen, die er gestern unbemerkt darin platziert hatte, wusste er, wann und wo Al-Gé sich heute mit seinem Geschäftspartner treffen wollte. Bislang war dem geduldig wartenden Mann nichts Besonderes aufgefallen. Plötzlich schien es doch noch interessant zu werden. Seine Zielperson wurde offenbar von einem unbekannten Dritten beobachtet und verfolgt. Der Mann zückte seine Kamera unter der Daunenjacke hervor und machte Nahaufnahmen von der Zielperson sowie dessen Verfolger und seinem Pkw. Wer war der Typ? Ein Kollege?

Pünktlich traf Al-Gé im Le Royal ein. Jacques kam kurz nach halb zwei in die Brasserie. Um diese Uhrzeit war es sehr ruhig in dem Lokal. Er winkte kurz der Bedienung zu, die ihn kannte und charmant zurückgrüßte. Dann setzte Jacques sich zu dem Tisch in der Ecke, an dem Al-Gé auf ihn wartete. Kurz darauf betrat ein Mann, Anfang bis Mitte dreißig, das Lokal. Er ging zu einem Tisch in der Nähe der beiden Unternehmer. Dort breitete er die aktuelle Ausgabe des *Charleroi Matin* vor seinem Gesicht aus und verbarg sich dahinter, nachdem er einen Milchcafé geordert hatte.

Die beiden Freunde nahmen kurz Notiz von dem Kauz, der sich unaufgefordert in ihre Nähe gesetzt hatte, obwohl doch so viele andere Tische frei waren. Dann bestellten sie je ein Croissant, Milchcafé und im Anschluss daran Steak Frites. Die guten Neuigkeiten der letzten Woche hatten ihr Stresslevel deutlich gesenkt. Endlich ein Samstag, den sie nicht ganztags im Labor oder Büro verbringen würden. Nach der Zusage von Marc und den sehr angenehmen Vertragsverhandlungen mit Dr. Rhode gab es allen Grund zu feiern.

»Tut mir leid wegen neulich«, begann Al-Gé das Gespräch.

»Schon gut, Alter. Ich habe mir Sorgen gemacht, weil ich dich nach dem Einbruch nicht erreichen konnte.«

»Na ja«, druckste Al-Gé rum. »Also, da war der Megastress, alles nach dem Einbruch zu organisieren. Ich habe mit den Mitarbeitern gesprochen, sie beruhigt. Die Polizei informiert, den Wachdienst verstärkt. Fotos von dem kaputten Zaun und der Tür gemacht. Dann habe ich den Einbruch unserer Versicherung gemeldet.«

»Gut gemacht, Al-Gé. Nicht auszudenken, wenn sich wirklich jemand Zutritt zu unserem Labor verschafft hätte. Der Schaden wäre nicht zu beziffern.«

»In der Tat, möglicherweise unser Ende. Denk nur an die Millionen, die uns durch die Lappen gegangen wären, wenn unsere Erfindung gestohlen geworden wäre. Tja, und was hätten Marc van Teese und Dr. Rhode dazu gesagt, wenn unser Wissen nicht mehr exklusiv bleiben würde?«

»Gute Frage. Ich weiß es nicht. Aber nochmals, Al-Gé. Du hast alles richtig gemacht. Am Ende hatten wir schlichtweg Glück, dass die bei dem Einbruch unterbrochen wurden. Das ändert aber nichts daran, dass ich dich dann das ganze Wochenende über nicht vernünftig erreichen konnte. Ich habe mir wahnsinnige Sorgen gemacht.«

Die beiden Freunde genossen den ersten Schluck von dem dampfenden Kaffee, den ihnen die Bedienung mit einem freundlichen Lächeln serviert hatte.

Al-Gé gab sich schließlich einen Ruck: »Äh, ich habe eine Frau kennengelernt.«

»Was?« Jacques fiel aus allen Wolken, verschluckte sich fast.

»Tja, als morgens gegen zehn Uhr endlich alles erledigt war, wollte ich mich wieder ins Bett legen. Da rief sie mich völlig unerwartet an. Wir telefonierten über eine Stunde.

Dann sagte sie, dass sie mich sehen wollte. Also fuhr ich zu ihr und blieb das restliche Wochenende bei ihr.«

Jacques war verblüfft. Eine Frau, von der er noch nie zuvor etwas gehört hatte, so plötzlich im Leben seines besten Kumpels? »Und?«, wollte er wissen.

»Na ja, wie das halt so ist. Wir haben ein bisschen gefeiert. Champagner, Rotwein und so …«

Samstag, 08. April 2017 – 13:14 Uhr – Mailand

Vor wenigen Minuten war Lewellen in Mailand gelandet. Peter Miller erwartete ihn am Flughafen Malpensa. Kaum im Auto drückte Miller seinem Boss ein Bündel der aktuellen europäischen Tageszeitungen in die Hand.

»Sieh dir diesen Schwachsinn an. Nichts als Lügen, Gerüchte, Panikmache.«

Lewellen hatte genau das befürchtet. Darauf basierte ein Teil von Birhats perfiden Überlegungen. Sein spektakulärer Anschlag auf eine Touristenattraktion sollte aufwühlen, Verwirrung und Aufregung stiften. Menschliche Bombenopfer konnte man zählen, bedauern. Tote Fische und Birhats vage Andeutungen ließen Raum für jegliche Spekulationen.

»Da, lies selbst. Hier, der *Guardian*. Ist Istanbul erst der Anfang? Wie sicher ist die Wasserversorgung Londons? Und dann die *FAZ*: Alles erinnert an den Anschlag mit Pflanzengift im Bodensee 2005, der nur durch einen glücklichen Zufall entdeckt wurde. Was der Terrorist vorhat, bedeutet das Ende der Trinkwasserversorgung aus der Leitung. Zitat: ›*Wir raten jedem, sich dringend für mindestens eine Woche mit Trinkwasser in Flaschen einzudecken.*‹ Wie können die einen solchen hirnlosen Schwachsinn schreiben, nur um damit die bedrohliche Stimmungslage noch weiter anzuheizen?«

Lewellens Antwort brachte es auf den Punkt »Weil Birhat es so will. Das ist die DNA des Terrors. Er provoziert mit seinem Verhalten genau diese Reaktion. Peter, ich habe gerade mit Tom in Istanbul telefoniert. Er ist vor Ort, dort herrscht Ausnahmezustand. Alles ist außer Kontrolle. Dagegen sind die wilden Spekulationen der Presse von gestern völlige Untertreibungen. Keiner weiß, wie es weitergehen wird. Die in Istanbul haben ein Team gebildet, das an einer Antipanik-Strategie arbeiten soll. Unfähige Militärs, Kommunikationsfachleute, Wasser- und Terrorexperten. Wir hoffen, in Ankara einstweilen das Schlimmste zu verhindern. Ich habe Tom dorthin geschickt.«

»So eine Scheiße«, schimpfte Peter.

Lewellen wollte nur wenige Stunden in Mailand bleiben, um Peter über die Ampullen mit den Viren zu informieren und sich mit ihm über ihre nächsten Schritte abzustimmen. Dann würde er nach London weiterreisen. Lewellens Problem war, wie er kurz vor seinem gestrigen Abflug erfahren hatte, viel gravierender als gedacht. Die beiden Männer schwiegen für den Rest der Fahrt. Lewellen las die Zeitungen, die Peter ihm gegeben hatte. Als die Einfahrt zur Tiefgarage ihres Hotels dezent Peters 5er-BMW mit dem Kennzeichen aus Monaco verschluckte, war Lewellen immer noch in die Zeitungsartikel vertieft. Seit seinem Check-in in den frühen Morgenstunden war die Zimmerkarte bereits in Peters Besitz. Gefolgt von seinem müden Boss ging er direkt von der Tiefgarage durch die großzügige Lobby zu den Aufzügen. Die Männer fuhren in den zweiten Stock. Das Zimmer im Starhotel Milan verfügte über zwei Betten, ein geräumiges Bad, eine Nespresso-Maschine mit diversen Kapseln und eine angenehme Sitzgruppe. Ermattet von der Reise und der

Zeitverschiebung, ließ sich John Lewellen auf das beige Sofa fallen.

Er brauchte solche Momente kurzfristiger Erholung. Dabei dachte er an seine Familie. Es war ruhig geworden, zu Hause. Dafür war die Welt um ihn herum seit dem September 2001 sehr viel unruhiger. Wer so lange bei der Firma war wie er, hatte es schmerzhaft genug gelernt, diese unvermeidbaren Zyklen aus Spannung und Entspannung zu meistern. Sein Job bedeutete häufiges Warten, um dann explosionsartig zu reagieren. Jetzt wollte er kurz die Ruhe vor dem Sturm nutzen, aber seine Gedanken wanderten in den Irak, nach Syrien, Afghanistan, Iran, Tunesien, Marokko und Libyen. Aus all diesen Brennpunktregionen wollten Millionen Menschen fliehen, um zu überleben. Sie hofften anderswo auf eine sichere Zukunft. Jetzt war auch noch die Massenflucht aus Istanbul dazugekommen. Die Probleme für viele europäische Staaten, die ihre Grenzen vor den Flüchtlingen schützen wollten, waren nicht zu übersehen. Sie hatten in der NATO und der EU zu massiven Differenzen und Spannungen geführt.

Noch waren die USA davon nicht betroffen. Was wäre aber, wenn Millionen Menschen in Panik aus Kalifornien zu fliehen versuchten, weil ihr Trinkwasser aufgrund eines Anschlags oder dessen Ankündigung knapp wurde? Lewellen erinnerte sich an seinen Albtraum. Birhats Drohvideo und die Reaktionen in Istanbul waren ein reales Abbild dessen, was er tief in seinem Innersten befürchtet hatte.

Er malte sich aus, wie die Flucht von drei, vier Millionen Kaliforniern ablaufen würde. Chaos, Staus, Diebstähle überall. Alle Ausfallstraßen wären blockiert. Jeder wäre sich selbst der Nächste. Flüchtlinge zu Fuß würden für einige wenige Kilometer mehrere Tage benötigen. Wo würden sie übernachten, wie könnten sie versorgt werden und von wem? Wer wäre für andere da, und wo sollten Hilfstruppen das erforderliche Wasser hernehmen oder Massenaufstände verhindern? Wäre Amerika, dieser Schmelztiegel aus vielen Nationalitäten, in der Lage zusammenzuhalten? Lewellen befürchtete, dass es im Fall eines Trinkwassermangels einen Bruch in der Nation geben würde: Reich würde über Arm siegen, Waffenbesitzer über Pazifisten.

Die Welt von heute war für die, die es sich leisten konnten, sehr klein geworden. Das galt auch für Viren und tödliche Seuchen. Waren erst einmal Menschen mit einem tödlichen Virus wie Ebola oder Pocken infiziert, könnten sie von dem nächstgelegenen Flughafen aus das Virus in spätestens vierundzwanzig Stunden nahezu überall auf der Welt hin transportieren. Wie viele Menschen würden weltweit versuchen, in andere Länder zu flüchten, wenn ihr Trinkwasser verseucht war? Was, wenn diese Flüchtlinge selbst schon infiziert waren? Wo befanden sich die restlichen Ampullen, die Birhat noch in seinem Besitz hatte? Das öffentliche Leben würde zusammenbrechen, wenn der Terrorist Ernst machte.

Um überhaupt eine Chance zu haben, müsste er jetzt die richtigen Entscheidungen treffen, die passenden Maßnahmen vorbereiten. Eine Mammutaufgabe, David gegen Goliath.

Wieder sah Lewellen diese Fratze, die ihn angrinste. Sie flüsterte ihm spöttisch in sein Ohr: »Du bist alt und chancenlos gegen diese Art von Terror.« Sein Kopf sackte auf seine Brust.

Samstag, 08. April 2017 – 13:49 Uhr – Charleroi

Jacques war, als hätte ihn ein Blitz getroffen. Beichtete ihm sein Geschäftspartner gerade, dass er etwa wieder Alkohol trank?

»Was machst du für einen Scheiß! Säufst du wieder?«

Schonungslos und ohne langes Tamtam legte Jacques lautstark den Finger in die Wunde. Er sprach nicht davon, dass Al-Gé »trinken« würde. Um ihn abzuschrecken, hatte er für alle hörbar von »saufen« gesprochen. Jacques wusste, wie er Al-Gé anpacken musste. Es ging nur über die harte Tour. Al-Gés diverse Affären, die ihn erst dazu veranlasst und dann wegen seiner Sauferei verlassen hatten, brachten früher nie den Mut auf, so mit ihm zu sprechen. Jacques schon. Das hatte Al-Gé damals das Leben gerettet. Jacques hatte gehofft, dass die Sucht ein für alle Mal überstanden war.

»Ertappt«, sagte Al-Gé spaßig. Er wollte cool wirken, um Jacques' Vorwürfen auszuweichen. »Ich gebe zu, dass ich wieder begonnen habe, ein normales Leben zu führen. Ab und zu etwas Alkohol, aber nur in Maßen. Jacques, es waren maximal zwei, drei Gläser Rotwein, etwas Schampus. Nichts Hartes. Dann haben wir gevögelt, und ich bin glücklich eingeschlafen. So, jetzt habe ich dir davon auch Bericht erstattet, Mutter. Alles klar?«

Gar nichts war klar. Jacques war fassungslos, enttäuscht. Verzweifelt starrte er Al-Gé in die Augen.

»Mann! Scheiße! Wieso? Als ob wir nicht schon genug andere Sorgen hätten. Ich hatte eine Megaangst vor diesem Investor aus Monaco. Peter hat wörtlich zu mir gesagt: *Seien Sie vorsichtig, wenn in Ihrem Umfeld Dinge passieren, die Sie nicht verstehen. Ihre Erfindung ist zu groß, als dass sie nicht auch von den falschen Menschen bemerkt wird.* Dann jetzt der Einbruch bei uns.«

Al-Gé blickte wie ein verängstigter Hund auf den Boden.

Jacques schrie auf ihn ein: »Interessiert dich eigentlich, was mich so beschäftigt? Was mir Angst macht? Es geht nicht nur um die Finanzierung. Es geht um viel mehr, um unser Leben, um unsere Zukunft. Ich mache mir echte Sorgen, und du Idiot säufst wieder.«

Al-Gé wich dem Blick seines Freundes aus.

»Mann. Ich muss mich zu einhundert Prozent auf dich verlassen können. Wir dürfen nicht riskieren, dass unsere Erfindung publik wird. Das ist unser einziger Schutz. Der Typ in Monaco meinte, dass unsere Erfindung unsere Sicherheit gefährdet. Verstehst du? Was, wenn sie dich nachts allein im Labor erwischt hätten?«

Al-Gé nickte stumm, schien langsam zu verstehen.

Jacques war außer sich vor Wut, wusste aber auch, dass Al-Gé krank war. Sein Geschäftspartner hatte eine Krankheit, die man nicht sah, aber roch. Er musste ihm helfen. Schreien brachte da momentan gar nichts. Also nahm er ihn kurz darauf in den Arm. Al-Gé ließ seinen Kopf auf Jacques' Schulter fallen. Er heulte. So, als ob er als kleines Kind gerade mit zwei aufgeschundenen Knien von seiner ersten alleinigen Fahrradtour zurück nach Hause gefunden hatte.

Fünf Minuten später schaffte Al-Gé es endlich, Jacques aus verheulten Augen wieder direkt anzusehen. Jacques hatte sich beruhigt, begriffen, wie schlecht es seinem Kumpel aktuell ging.

»Komm, Alter, wir schaffen das. Ist ja nicht das erste Mal, dass ich dich da raushole. Kopf hoch. Du bist stark. Viel stärker als dieses Scheißzeug. Du weißt, ich muss mich gerade jetzt extrem auf dich verlassen können. Also hör sofort wieder mit dem Saufen auf. Sei ehrlich zu dir selbst und zu der Frau. Du musst ihr sagen, dass du nicht einfach nur so, um in Stimmung zu kommen, mit ihr einen Rotwein kippen kannst.«

Als Al-Gé zum Nebentisch blickte, merkte er, dass der merkwürdige Mann seine Zeitung gesenkt hatte und ihnen aufmerksam zuhörte.

»Mann, verpiss dich, du Spanner«, rief Al-Gé aufgelöst in seine Richtung. Er sprang auf, doch Jacques hielt ihn zurück.

Der Mann erschrak. Er hatte genug gehört, stand rasch auf, bezahlte und verließ das Lokal.

Was für eine Story! War einer der Gründer Alkoholiker? Er sah die Schlagzeile vor sich: *»Alkoholkrankes Genie nach fünf Jahren Stress am Abgrund. Partner verzweifelt.«*

Samstag, 08. April 2017 – 17:06 Uhr – Mailand

Als er aufschreckte, verschwand die Fratze, die ihn seit mehreren Nächten immer wieder mitleidig angriente. Er merkte, dass er eingenickt war, vor Angst im Traum geschrien hatte.

»John? Alles in Ordnung mit dir?« Peter stand vor ihm und reichte ihm eine Tasse Kaffee. John Lewellen nahm einen kräftigen Schluck von dem doppelten Espresso.

»Danke, Peter. Weißt du noch, wo du am 11. September 2001 warst?«

»Du meinst, als die Twin Towers fielen?« Peter musste nicht lange überlegen. »Ich war in München, in einer Besprechung. Plötzlich war Hektik in dem Büro zu spüren. Alle eilten zu dem Fernseher. Wir sahen, wie Menschen aus den brennenden Türmen sprangen, wie sich eine massige Staubwolke über Lower Manhattan legte. Ich werde nie vergessen, wie sich eine der größten Katastrophen Amerikas vor unseren Augen abspielte. Stunden später habe ich erfahren, dass der Verlobte einer der Mitarbeiterinnen dort in New York war, auf dem Weg zu einem Meeting. Er war in einem Taxi im Stau stecken geblieben. So konnte er sein Meeting in den

Twin Towers nicht rechtzeitig erreichen. Das rettete ihm das Leben.«

Peter verlor für kurze Zeit die Fassung, als er an die schrecklichen Ereignisse von damals denken musste.

»Ich war im Pentagon, als der Flieger einschlug«, sprach John leise. »Nur wenige Meter von einem guten Freund entfernt. Er wurde bei dem Angriff getötet. Wir kannten uns, seit wir Mitte der Siebzigerjahre zusammen auf der Farm waren. Ich hatte Glück, dachte ich. Mein Sohn war in New York. Ein erfolgreicher Investmentbanker, im fünften Jahr bei Morgan Stanley. Er war so stolz auf sein Büro im siebzigsten Stock des Süd-Towers. Am Morgen des 11. September rief er mich an und sagte, dass er und seine Freundin ein Baby erwarteten. Sie wollten heiraten. Ihr Büro lag drei Stockwerke unter seinem.«

Johns Stimme versagte.

»Peter, ich war nicht da. Ich konnte nichts tun. Unser Enkel wurde nie geboren. Der Tag nahm mir alles, was ich liebte, was mein Leben war.«

Tröstend legte Peter ihm seinen Arm auf die Schulter.

»Meine Frau hat sich, auf den Tag genau, zwei Jahre später erschossen. Sie ist nie mit der Katastrophe fertiggeworden, dass wir unseren einzigen Sohn, unseren zukünftigen Enkel und unsere Schwiegertochter verloren haben. Ausgelöscht durch den Terror eines …«

John schaffte es nicht, den Satz zu beenden. Die beiden Männer saßen für gut zwei Minuten schweigend auf dem Sofa. Johns Stimme vibrierte, als er sagte: »Auch als sie starb, war ich nicht da. Ich hatte keine Ahnung, wie stark sie litt. Ich hatte mich immer mehr in die Arbeit gestürzt, um diese Schweine zu fassen. Ich war besessen davon herausfinden, welche Pläne sie hatten, wo sie sich aufhielten. Ich musste ihnen ihr Leben zur Hölle machen. Darüber vergaß ich den Menschen neben mir, der meine Hilfe so dringend gebraucht hätte, dessen Leben die Hölle war. Der Terror war in mein Wohnzimmer gekommen als tägliche Qualen einer trauernden Mutter, die ihr einziges Kind verloren hatte. Ich war gefangen von Rache. Nicht stark genug, weder um klar zu denken noch um meine Frau zu unterstützen.«

Peter war geschockt. Obwohl sie sich schon ewig kannten, hatte John ihm noch nie von seiner familiären Tragödie erzählt.

»Peter, ich habe mir geschworen, beim nächsten Mal da zu sein. Der Zeitpunkt dafür ist jetzt gekommen. Ich werde alt und schaffe es nicht mehr alleine. Du musst mir helfen. Es droht eine Katstrophe, die viel größer ist als 9/11!« Kurz darauf war Peter Miller ebenfalls über die Giftampullen und der nachfolgenden Katastrophe eingeweiht. Jetzt galt es zu handeln.

11. Kapitel

Sonntag, 09. April 2017 – 12:04 Uhr – London

Bis tief in die Nacht hatten John und Peter über mögliche Anschlagsziele nachgedacht. Es war sinnlos, noch weiter darüber zu spekulieren. Sie wussten, dass Birhat mit ihnen spielen, sie in die Irre locken würde. Um sich an seine Fersen zu heften, mussten sie in den eigenen Reihen nachforschen. Erfahren, warum und wie das Zeug an Birhat gelangen konnte, was er vorhatte.

Tom war aus diesem Grund aus Istanbul abgereist. Er hatte einen Hinweis erhalten, wo sich die Verbindungsperson der CIA befand, die in Ankara den Waffenhändler aus den Augen verloren hatte. Tom würde sich die Frau schnappen, sie ausquetschen, um vielleicht dadurch weitere Hinweise auf Birhats Standort und seine Pläne zu erlangen.

In Ankara angekommen, wurde er überrascht. Die Stadt war viel gradliniger, die Straßen breiter als in Istanbul. Alles war organisierter. An wichtigen Kreuzungen war das Militär in Stellung gegangen, um eine ähnliche Katastrophe wie in Istanbul zu verhindern. Der Verkehr floss normal. Soldaten mit schwerer Bewaffnung patrouillierten durch die Straßen. In Ankara war keine Ausgangssperre angeordnet worden. Man wollte die ausländischen Diplomaten in der türkischen Hauptstadt nicht beunruhigen. Ihnen und der einheimischen

Bevölkerung sollte durch möglichst viel Normalität bewiesen werden, dass die Regierung die Lage im Griff hatte. Dennoch, über Ankara lag eine merkwürdige Spannung. Die Ruhe vor dem Sturm? O'Reilly konnte sich jetzt nicht um die Türken kümmern. Nach allem, was er von Lewellen erfahren hatte, gab es Wichtigeres zu tun. Es galt, das Ansehen Amerikas zu retten.

Aus dem gleichen Grund war John Lewellen mit dem ersten Flieger aus Mailand morgens nach London gereist, sein Ziel, ein Safe House des Special-Operations-Teams der Briten am St. James's Square. Er hoffte auf zusätzliche Aufklärung und Hilfe durch einen Experten des MI6, den er flüchtig kannte. Gegen elf klingelte er bei Stock, Fisher & Flowers Strategy Consulting. Obwohl es Sonntag war, öffnete ihm vereinbarungsgemäß ein groß gewachsener Mann mit buschigen Augenbrauen die Tür.

»Henry McAllister«, stellte der Mann sich vor. »Kommen Sie doch herein, Mr. Lewellen.«

McAllister führte den Amerikaner in einen großzügigen Besprechungsraum, der an eine erlesene Bibliothek eines der traditionellen Herrenclubs aus der Nachbarschaft erinnerte. Holzgetäfelte Wände wurden nur durch Fenster und raumhohe Regale unterbrochen. Ein kleiner Tisch wurde von mehreren massiven, grünen Ledersesseln im typischen Chesterfield-Rautenmuster umrahmt. Lewellen war beeindruckt. Geschmack besaß der britische Geheimdienst schon immer.

»Schön, Sie persönlich zu treffen, John. Was darf ich Ihnen anbieten?«, fragte McAllister höflich und deutete auf einen geöffneten antiken Globus, der als Bar diente und in der Ecke des Raumes stand. »Ich hätte einen vorzüglichen Highland Malt Double Cask zu bieten.«

»Um der Uhrzeit gerecht zu werden, würde ich lieber zu einem Tonic Water greifen«, entgegnete Lewellen.

»Dann sind Ihre Probleme, wegen derer Sie mich sehen wollen, tatsächlich so groß, wie Sie es in Ihrer Nachricht angedeutet hatten?«

»Wenn es allein danach ginge, wäre eine Flasche Scotch, wie wir Amerikaner sagen, das beste Getränk.«

McAllister lächelte. Der Mann hatte Humor. »Bitte sehr, Ihr Tonic Water.«

Nachdem er die Getränke gereicht hatte, stellte Sir Henry in seiner typisch launigen Art fest, dass ihm Lewellen durch seine »political correctness« den morgendlichen Drink versaut hatte. Aber das würde er im Laufe des Tages wieder aufholen, schließlich war ja Sonntag.

John spürte, dass er und McAllister rasch einen guten und vertrauensvollen Draht zueinander fanden.

»Bemerkenswert, dass Sie in Ihrer Bar einen Tarquin's Dry Gin Seadog neben dem Malt stehen haben. Den kann ich später noch probieren. Er soll ja der beste Gin der Welt sein. Dass Sie der Beste sind, behaupten meine Kollegen übrigens auch von Ihnen.«

»Danke«, entgegnete McAllister höflich, wobei er seine rechte Augenbraue etwas anhob. Hatte der Amerikaner nicht nur Humor, sondern sogar Stil? Das wollte er ihm, zumindest soweit es um die Kenntnis alkoholischer Getränke ging, zugutehalten.

»Mögen Sie Cornwall?«, fragte McAllister.

»Soweit ich weiß, ist das Klima dort herrlich, und es gibt einen interessanten Flughafen, den Sie wohl sehr gut kennen.«

John wusste um die strategische Bedeutung des früheren

Militärflughafens in Newquay. Er hatte in seinem Dossier über McAllister gelesen, dass der vor vielen Jahren dort in der Royal Air Force ausgebildet worden war. Auch dessen weiterer Werdegang war sehr beeindruckend. Der Mann verstand sein Handwerk.

»In der Tat war ich dort einige Jahre stationiert. Schöne Zeit, aber lassen Sie uns den Small Talk beenden und zum Punkt kommen. Sie hatten mich im Vorfeld darüber informiert, dass Sie gerne etwas mehr über Farqîn Birhat erfahren würden. Dieser Herr ist uns sehr wohl bekannt, wobei ich bezweifle, dass er ein Gentleman ist.« McAllister rümpfte, als er dies sagte, kurz die Nase. »Well, das sind ja nach unserem traditionellen britischen Verständnis ohnehin nur sehr wenige.«

Sir Henry, alias Henry McAllister, war beim MI6 nicht nur für seine Härte bekannt, sondern auch für seinen scharfen Verstand sehr geschätzt. Hinter vorgehaltener Hand munkelte man in Geheimdienstkreisen, dass er außer der Queen und ihren Mann niemanden so richtig leiden konnte.

McAllisters Leidenschaft galt der Jagd. Die Jagd fand er nicht nur auf Vierbeiner amüsant. Viel mehr reizten ihn zweibeinige Opfer, insbesondere dann, wenn sie sich auf ein Kräftemessen des menschlichen Verstands mit ihm einlassen mussten.

Bei der CIA war McAllister berühmt und berüchtigt dafür, die noch so abwegigste Spur zu erahnen, den noch so kleinsten Stein umzudrehen. Er würde herausfinden, was sich selbst hinter unbedeutenden Spuren verbarg.

»Es mag sein, dass wir im Umfeld der von Ihnen gesuchten Person jemanden kennen, ebenfalls kein Gentleman, der versucht, eine Lieferung biologischer und konventioneller Waffen nach Europa zu schaffen. Wir wissen leider noch nicht, wann und wo wir die Bekanntschaft dieses Herrn machen können. Ich nehme daher an, dass Sie vor ähnlichen Problemen stehen?«

»In der Tat. Sie sprechen mir aus der Seele, Henry. Unsere Harry-Potter-Abteilung rüstet derzeit auf. Neue Hardware, neue Programme, neue Köpfe. Alles neu. In der neuen Organisation kennt sich keiner mehr aus. Keiner weiß, wer wofür verantwortlich ist und wer an wen berichtet.«

»Was zu Fehlern bei den eigenen Leuten führt?«, intervenierte McAllister.

»Das kann ich nicht ausschließen«, war Lewellens ehrliche Antwort.

»Wollen Sie ein Geständnis mir gegenüber ablegen, um – sagen wir – das Fehlverhalten Ihrer eigenen Leute zu rechtfertigen?«

»Nun, bei der Größe, die unser Dienst mittlerweile hat, kann ich für niemanden meine Hand ins Feuer legen. Ich habe tatsächlich von bestimmten Dingen gehört, die ich verabscheue und niemals verantworten würde.«

»Sie brauchen sich nicht zu entschuldigen, John. Ich weiß, wie die Dinge laufen. Da Sie, so wie ich, ein Mann alter Schule sind, glauben wir beide wohl nicht daran, dass Künstliche Intelligenz dumme Analysten schlauer macht. Fehler passieren nun mal.«

»Leider ja, also muss ich das, was andere verbockt haben, jetzt korrigieren. Künstliche Intelligenz, Maschinen und Analyseprogramme allein helfen mir dabei nicht.«

»Wohl wahr«, pflichtete McAllister ihm bei. »Sie können helfen, kritische Daten abzufangen, aber auch nicht mehr. Sie stellen keine Fallen. Ich denke, es ist gut, dass wir beide noch gelernt haben, nach den Mustern alter Schule zu arbeiten. Ich vertraue auf Menschen als Übermittler, Empfänger und Analysten von Nachrichten. Menschliche Intelligenz scheint mir der Dummheit all der Datenfriedhöfe deutlich überlegen.«

»Schön, dass wir dieses Verständnis teilen. Sir Henry, darf ich Sie bitten, mir zu helfen? Wir müssen mehr darüber herausfinden, was Birhat mit den Waffen vorhat, die er in Istanbul eindrucksvoll demonstriert hat.«

McAllister wurde ernst. »Dann stimmt das also, was mir die Vögelchen zugezwitschert haben? Ihre Schlaumeier haben Birhat biologische Kampfstoffe geliefert?«

»Nach allem, was ich weiß, kann ich das nicht dementieren, Henry. Aktuell soll ein größerer Waffendeal mit konventionellem Zeug folgen. Ich denke, dass Europa dafür die Schaltzentrale ist. Wir müssen den Deal verhindern und die Kampfstoffe einsammeln. Dabei brauche ich Ihre Unterstützung.«

»Gut, ich bin an Bord. Ich werde Ihnen helfen, aber wir machen es auf meine Art und Weise.«

»Was meinen Sie damit?«

»Wir sollten uns Gedanken machen, wie die Ware bezahlt wird. Folgen wir der Spur der Zahlung, wird sie uns zu dem Terroristen führen.«

Sonntag, 09. April 2017 – 19:04 Uhr – Charleroi

Nachdem der Typ vom Nebentisch gegangen war, hatten die Freunde sich gestern ausgesprochen. Die Strategie gegenüber Dr. Rhode war schnell geklärt, und Al-Gé versprach, zukünftig auf seine Erreichbarkeit zu achten. Alkohol würde er in keinem Fall mehr anrühren. Mit seiner neuen Flamme wollte er darüber sprechen. Jacques glaubte ihm und freute sich sehr für Al-Gé, dass er endlich mal wieder eine Frau kennengelernt hatte, auch wenn er partout nicht mit mehr Details dazu herausrücken wollte. Bis sechs Uhr abends hatten sie zusammen im Le Royal gesessen und über alte Zeiten, Freunde von früher, Fußball und die Liebe geredet. Es hatte ihnen richtig gutgetan.

Heute waren beide den ganzen Tag über im Labor und werteten die letzten Daten ihrer Versuche aus. Die Stimmung war gut, ihre Konflikte bereinigt, die Ergebnisse der Tests spitze.

Als Jacques gegen sieben am Abend wieder in seine Wohnung kam, spürte er eine unangenehme Einsamkeit. Ihm kam es aufgrund seiner vielen Reisen so vor, als sei das hier gar nicht mehr sein Zuhause. Wenn der Deal mit Marc über die Bühne war, würde er umziehen. Zu viele Dinge erinnerten ihn in dieser Wohnung noch an Ellen, die er vermisste. Er ging ins Bad, um eine erfrischende Dusche zu nehmen. Als er zurückkam, blinkte auf seinem Handy eine unbekannte französische Nummer. Wer konnte das sein? Er war neugierig und betätigte die Rückruftaste.

Nach viermaligem Klingeln meldete sich eine weibliche Stimme auf Französisch: »Allô?«

Jacques war baff. Er kannte diese Stimme. »Angélique?«

»Oui! Jacques?«

Ihr Bild hatte er noch gut vor Augen. Die schwarzen Locken, ihr freundliches Lachen, die grünen Augen, ihre Bombenfigur. Er konnte sein Glück kaum fassen. Was wollte sie von ihm?

»Das freut mich sehr, Ihre Stimme zu hören. Hat Peter Sie gebeten, sich bei mir zu melden?«

Völlig ungeschickt fiel er mit der Tür ins Haus. Sekunden

später ärgerte er sich über die unpassende Frage. Er hoffte, die Antwort zu kennen, die auch prompt kam.

»Nein, Jacques, das hat er nicht. Ich wollte einfach nur Ihre Stimme hören«, erklärte Angélique. »Es blieb vieles ungeklärt, nachdem Sie Monaco plötzlich verlassen und wir uns nicht mehr gesprochen haben.«

Jacques spürte, dass das »ungeklärt« sich nicht allein auf eine passende Begründung für seine hastige Abreise bezog. So wie Angélique das Wort betonte, schwang viel mehr mit.

»Nun, wie soll ich es sagen, die Freude ist ganz bei mir. Ich denke, ich bin Ihnen schon längst einen Anruf und eine Erklärung schuldig. Sorry.«

Er konnte hören, wie Angélique auf der anderen Seite der Leitung ein Getränk in ein Glas eingoss. Wobei störte er sie gerade? Hatte sie möglicherweise Gäste, denen gegenüber sie eine höfliche Gastgeberin sein wollte? Hatte er sich getäuscht und ihre Worte waren gar nicht so einladend, wie er sie empfunden hatte? Stille. Unbeholfenheit. Was sollte er sagen, ohne dass es zu peinlich werden würde?

»Also«, sagten beide gleichzeitig, um das ins Stocken geratene Gespräch fortzuführen. Sie mussten lauthals loslachen. Wie zwei Teenager, die ihre Zuneigung füreinander frisch entdeckten, waren sie offenbar zu schüchtern, suchten nach den passenden Worten. Um nicht zu früh aus der Deckung zu kommen, hatte jeder darauf gewartet, was am anderen Ende der Leitung passieren würde. Erst das gemeinsame Lachen löste ihre Anspannung.

»Mit allem hätte ich gerechnet, aber nicht damit, heute mit Ihnen zu sprechen. Störe ich Sie gerade bei etwas Wichtigem?«, meinte Jacques.

»Nun, unverhofft kommt oft. Und nein, Sie stören mich

nicht. Ich bin allein zu Hause und einsam. Dagegen hilft meist ein Glas Rosé und die Gedanken schweifen zu lassen. Dabei dachte ich an Sie. Ich musste heute den ganzen Tag noch etwas für Peter fertigstellen. Unendliche Zahlentapeten. Ich sehe sie immer noch vor meinen Augen. Helfen Sie mir, Jacques, die Excel-Monster zu vergessen? Ich verspreche Ihnen auch einen Preis.«

»Um was für einen Preis handelt es sich da genau?«, wollte Jacques kokettierend wissen.

»Nun, das überlasse ich ganz Ihrer Fantasie.«

Flirtete Angélique etwa mit ihm? Jacques nahm die wenig versteckte Aufforderung und ihren Wunsch nach Ablenkung deutlich wahr. Ihr sanftes Schlucken, als sie das Glas mit dem Rosé an ihren Lippen setzte und ihn hörbar genoss, klang verführerisch. Es knisterte in der Leitung. Er merkte, wie sein unteres Gehirn das Kommando übernehmen wollte. Jacques musste sich beherrschen, um das obere Gehirn nicht völlig von der Blutversorgung abzuschneiden.

»Ich beneide Sie um den verdienten Feierabend und den guten Schluck Wein. Ich komme gerade aus der Dusche. Moment, ich muss mir nur schnell den Bademantel überziehen.«

»Das sollten Sie tun, schon allein, um sich nicht zu verkühlen. Stellen Sie sich vor, unsere Telefone hätten einen Bildschirm. Ihr Anblick frisch aus der Dusche wäre bestimmt preiswürdig.«

Jacques musste lachen. Die Frau wollte es wirklich wissen.

»Woran denken Sie gerade?«, säuselte Angélique charmant.

»Woran ich denke? Nun, das sage ich Ihnen besser nicht, sonst hauen Sie mir noch eine runter«, erwiderte Jacques übermütig, um dann schnell zu ergänzen: »Also, ich mache mir Gedanken über die Zukunft.«

»Die Zukunft kann so etwas Wunderbares sein …«, unterbrach ihn Angélique vielsagend.

Jacques, dem ihr lockender Unterton nicht entgangen war, griff den Ball auf: »Ja, das kann sie. Aber auch die Gegenwart hat ihren Reiz. Zumindest dann, wenn ich sie so genießen kann wie das Telefonat mit Ihnen gerade.«

Da war es wieder, sein unteres Gehirn, das das Gespräch in eine völlig andere Richtung lenkte als das rationale Gehirn. Zusammen mit seinem Gewissen setzte dieses andere Gehirn alles daran, Angélique ausführlich zu erklären, warum er Monaco so fluchtartig verlassen hatte. Doch das interessierte sie jetzt nicht. Es war nicht das, was Angélique hören wollte.

Jacques bekam mit, wie sie sich auf einem Sessel oder Sofa fallen ließ. Deutlich wahrnehmbar machte sie es sich bequem, stellte das Glas neben sich auf einen Tisch, streifte ihre Jeans ab. Keiner sagte etwas, und doch lauschten sie gegenseitig dem Klang ihres Atems. Sie fühlten sich wohl mit der Situation. Beide ließen zu, dass ihre Gedanken sich verselbstständigten und Zweisamkeit und Entspannung suchten.

»Angélique, es fällt mir schwer, all das zu erklären, was ich unbedingt erklären sollte. Ich …«

Sie unterbrach ihn. Mit einer tiefen, gurgelnden Stimme sagte sie: »Pst. Jetzt nicht. Ich weiß. Lass die Gedanken einfach frei. Hör zu, sag mir, was du empfindest, Jacques …«

Er spürte, was sie sagen wollte, aber nicht aussprach. Er erlebte, was sie fühlte, was sie dachte, tat. Er lauschte ihrem Atem, der immer schneller, rhythmischer wurde. In Gedanken blickte er ihr tief in die grünen Augen. Er glaubte, ihren Körper zu sehen, der Tausende Kilometer entfernt von ihm auf einen Sessel gestreckt sich immer mehr anspannte, um dann zu entspannen. Stille setzte ein, wie am Ende einer berührenden Oper, kurz vor dem Applaus.

Was war das für ein Spiel, das Angélique mit ihm trieb? Jacques konnte und wollte nicht klar denken, sondern nur den Augenblick genießen.

»Angélique, wann können wir uns treffen?«

Sonntag, 09. April 2017 – 22:09 Uhr –
La Línea de la Concepción

Sidibé hatte sich von der anstrengenden Überfahrt und seinem Todeskampf im Meer erholen müssen. Den Rest des Tages lag er müde, aber erleichtert darüber, am Leben zu sein, am Strand in einer kleinen verschwiegenen Bucht. Immer wieder waren im Laufe des Nachmittags Einzelne aus ihrer Reisegruppe aufgebrochen, um ab sofort ihr Glück in Spanien zu versuchen.

Mit Einbruch der Dunkelheit war die Gruppe auf fünf Personen geschrumpft. Dann hatte sich Sidibé von seinen letzten verbliebenen Begleitern getrennt. Die Verabschiedung war herzlich gewesen. Das, was sie gemeinsam erlebt hatten, schweißte zusammen, auch wenn die Trennung etwas Endgültiges hatte. Selbst mit dem Mann, der ihm bei der Landung in Spanien das Leben gerettet hatte, würde Sidibé kaum in Kontakt bleiben können. Jeder verfolgte ab sofort seine eigenen Pläne. Sidibé wollte nach Valencia zu Salim Kouyaté, dem Fußballer, seinem Jugendfreund. Er und sein Retter versprachen einander, sich in exakt einem Jahr am Fußballstadion von Valencia zu treffen. Optimistisch genug waren sie, an diesen Traum zu glauben.

Sidibé brach auf. Sein größtes Problem war der weitere Transport nach Valencia. Zu Fuß würde er Wochen brauchen, also musste er sich bemühen, eine Mitfahrgelegenheit zu finden. An der dicht besiedelten Küste gab es keine Schlepper und keine alten Laster mehr, die ihn gegen Bezahlung nach Valencia bringen würden. Von den anderen Flüchtlingen hatte Sidibé erfahren, dass im Südosten Spaniens vor allem mit Drogen und Prostituierten gedealt wurde. Diese Machenschaften konnten keine Zuschauer gebrauchen. Sidibé wollte sich davon fernhalten. Er wollte ohne die Hilfe von Mafiakartellen, die doch nur seine Hilflosigkeit und Unerfahrenheit in Spanien ausgenutzt hätten, nach Valencia kommen.

Bou-Bou hatte ihm von Autobahnen erzählt, die überall in Spanien zu finden waren. Große Straßen, auf denen Hunderte von Lkws aller Marken fahren würden. Bei Gibraltar war ein großer Hafen. In riesigen Logistikzentren wurde die aus Afrika kommende Fracht auf Laster in Richtung Europa verteilt. Sidibé machte sich auf die Suche nach einem dieser Umschlagplätze. Dort hoffte er auf eine Mitfahrgelegenheit. Er wollte zunächst nach Malaga. Ab dort gab es einen Zug nach Valencia.

Die ganze Nacht hindurch lief er am Strand entlang Richtung Norden. Müde setzte er sich bei Morgengrauen in den Sand und zählte das wenige verbliebene Geld. Sidibé hatte riesiges Glück, dass bei dem Sprung ins Wasser kurz vor dem Strand sein Geld nur nass geworden war, er es aber nicht verloren hatte. Gut, dass er es in kleine Innentaschen eingenäht hatte.

Nach kurzer Pause und einem Blick auf das vom Sonnenaufgang rot erleuchtete Meer irrte Sidibé orientierungslos weiter. Der Strand endete irgendwann. Sidibé ging nach Westen, in das Hinterland. Er war nicht mehr in Mali, alles war unbekannt, fremdartig. Überall standen kleine, abweisend wirkende Häuser. Ab und zu waren die Wohngebiete durchsetzt mit hermetisch abgeriegelten Hotelsiedlungen und Campingplätzen.

Seine neue Heimat hatte er sich anders, besser, schöner vorgestellt. Ödnis und Trostlosigkeit lagen über dem Land, das er für das Paradies gehalten hatte. Viele Häuser waren von hohen Zäunen umgeben. Sie sahen verlassen aus. Auf der Straße waren kaum Menschen zu sehen. Es war heiß, das Gras neben den Straßen war braun und vertrocknet, die wenigen Felder versteppt. Einen Fluss, aus dem er hätte trinken können, gab es nicht. So schnell wie möglich wollte er nach Valencia zu Salim. Dort würde alles besser sein.

Stundenlang lief Sidibé unter der sengenden Sonne Südspaniens weiter. Endlich, am Camping Sureuropa in La Línea de la Concepción, sah er ein Hinweisschild Richtung »Autopista«, der Autobahn. Sidibé folgte dem blau-weißen Hinweisschild entlang der eintönigen Straße. Lastwagen donnerten an ihm vorbei. Grundsätzlich ein gutes Zeichen, dachte er sich, aber wie würde er sie dazu bringen können, anzuhalten, ihn mitzunehmen? Keines der Fahrzeuge achtete auf ihn oder stoppte, um ihn zu fragen, wo er hinwollte. Ohnehin musste er vorsichtig sein. Man hatte ihn gewarnt. Wenn er von der spanischen Polizei aufgegriffen würde, würde diese ihn in ein Lager stecken und nach Afrika zurückbringen.

Gegen Abend erreichte Sidibé einen Parkplatz, kurz vor einem großen Kreisel am Beginn der Autobahn. Plötzlich schwankte die Welt um ihn herum, der Boden drehte sich. Zuletzt hatte er vor der Überfahrt mit dem Boot etwas getrunken. Das war jetzt mehr als dreißig Stunden her. Sidibé spürte, wie ausgetrocknet sein Körper war, wie sein Kreislauf ihn im Stich ließ. Aus den Augenwinkeln sah er ein kleines grünes Auto, das in hohem Tempo auf den Parkplatz abbog. Dann brach Sidibé fünf Meter vor dem heranrauschenden Wagen auf der Straße zusammen.

Die Fahrerin reagierte geistesgegenwärtig. Gerade noch konnte sie bremsen, kurz bevor sie Sidibé überfahren hätte. Unter Schock riss sie die Autotür auf und rannte zu dem Mann, der vor ihrem Fahrzeug am Boden lag.

»Are you alright?«, sprach sie Sidibé auf Englisch an. Es war auf den ersten Blick erkennbar, dass es sich bei diesem abgemagerten Wesen mit sehr dunkler Haut und armseliger, zerrissener Kleidung nicht um einen Spanier handeln konnte.

»Water, please. Help me. Water!«, flehte Sidibé. Er hatte sich überschätzt. Nach dem langen Marsch war er dehydriert und am Ende seiner Kräfte.

Die junge Frau eilte zu ihrem Fahrzeug. Sie betätigte die Warnblinkanlage und kramte die Wasserflasche hervor, die sie soeben an einer Tankstelle für die Heimreise gekauft hatte. Sie reichte Sidibé die Flasche. Er schaute sie ungläubig an.

»Bitte, trinken Sie doch.«

Die junge Frau lächelte. Sie war froh, ihn nicht überfahren zu haben. Mit kräftigen Zügen leerte Sidibé die halbe Flasche. Die junge Frau kniete neben ihm. Sie wollte etwas sagen, doch es fiel ihr schwer. Der Schock saß noch zu tief. Sidibé griff in seine Schuhe und zog eine zerknüllte Dollarnote hervor.

»Bitte. Ich würde das Wasser gerne bezahlen.«

Die Frau wies den Geldschein zurück.

»Das Wasser ist natürlich kostenlos. Was ist passiert, dass Sie hier auf der Straße vor mir zusammenbrechen? Lassen Sie mich Ihren Puls fühlen. Ich studiere Medizin. Hatten Sie in letzter Zeit übermäßigen Stress?«

Sonntag, 09. April 2017 – 22:19 Uhr – Alicante

»Wer hätte das gedacht, dass es wegen panischer Furcht vor Wasserknappheit einmal in Europa zu Ausschreitungen kommen wird?«, fragte Andy erregt in die Runde.

»Erinnere dich doch nur an die Berichte über Kapstadt und Südafrika«, warf Pedro in die Runde. »Auch dort gab es Gewalt und Plünderungen.«

»Aber nicht so massiv wie in Istanbul«, steuerte Carlos seinen Kommentar bei. »Wie die Armee das dort durchzieht, ist unmenschlich.« Andy und sein Team saßen vor ihrem Camper. Im Hintergrund lief der Fernseher mit den aktuellen Nachrichten. Die Männer nippten an ihren Mineralwasserflaschen und bereiteten sich auf den nächsten nächtlichen Tauchgang vor. Sie konnten immer noch nicht glauben, was die Medien seit Tagen über die Situation in Istanbul berichteten. Im Netz fanden sich schreckliche Bilder über die Lage vor Ort. Aufnahmen wie aus einem Horrorfilm. Durch die Stadt zog sich eine Spur der Verwüstung.

»Zwei Tage und die haben diesen Ausnahmezustand immer noch nicht im Griff«, giftete Pedro.

»Was heißt hier, nicht im Griff? Die haben eine Ausgangssperre verhängt, alle Brücken und den Tunnel unter dem Bosporus gesperrt. Ebenso die Ausfallstraßen. Die Armee rückt an und hat lauthals verkündet, dass die Leute in ihre Häuser zurückgedrängt würden, weg von der Straße. Koste es, was es wolle«, war Carlos' Antwort. »Schlimm!«

»Nur so ist die Situation aber zu kontrollieren. Das Militär muss rücksichtslos durchzugreifen«, meinte Pedro.

»Ach, denk doch, was du willst.«

Damit war der Zwist zwischen den Tauchern auch wieder beendet. Im Fernsehen liefen weiterhin Livebilder, die zeigten, wie der Verkehr aus der Stadt und über die Verbindungsbrücken zwischen Europa und Asien drängte. Die Ausgangssperre fand augenscheinlich überhaupt keine Beachtung. Wer außerhalb von Istanbul in anderen Teilen des Landes Verwandtschaft hatte, wo die Wasserversorgung vermeintlich sicherer war, wollte dorthin. Unabhängig davon, ob die jeweilige Familie genau auf der anderen Seite der Stadt wohnte. Dann schaltete der Sender auf eine der Bosporusbrücken. Keuchend rannte ein Reporter vor Panzern weg, die auf ihn zurollten. Er kündigte noch Aufnahmen an, die vor zwanzig Minuten aufgezeichnet worden waren. Eine mit einer Kamera bestückte Drohne flog über die Brücke. Plötzlich sah man, wie das Militär versuchte, die Brücke von der asiatischen Seite kommend zu erreichen, um sie zu sperren. Rasend schnell fuhr Panzer um Panzer in Richtung Brücke. Bodentruppen setzten Wasserwerfer und Gummigeschosse ein. Unbändige militärische Gewalt drängte die Flüchtenden zurück nach Europa. Dann legten die Panzer los, fuhren ohne Rücksicht auf die eingeschlossene Blechlawine auf die Bosporusbrücke. Menschen warteten dort seit Stunden im Stau. Die Flüchtenden verharrten bei ihren eingekesselten Fahrzeugen. Es gab keine Chance, sich vorwärts oder rückwärts bewegen zu können. Den Panzern war das egal. Ohne anzuhalten, rasten sie weiter auf die parkenden Autos zu. Fahrzeuge gingen in Flammen auf. Wer konnte, flüchtete, sprang von der Brücke in die Tiefe, rannte vor den stählernen Ungeheuern davon, so wie der abgehetzte Reporter. Wer zu schwach oder in seinem Fahrzeug eingeklemmt war, hatte keine Chance. Die Panzer rollten in langer Reihe über die Blechkarossen hinweg, zerquetschten sie. Keiner sollte behaupten können, dass das türkische Militär oder die Machthaber in Ankara

Anarchie in Istanbul duldeten. Es war immer noch der Staat, der bestimmte, wer wann wo sein durfte. Es war der Staat, der bestimmte, wer das Recht hatte, Wasser zu bekommen.

Carlos schrie erbost: »Diese Schweine treten die Menschenrechte mit den Füßen.«

»Die handeln wenigstens und fackeln nicht lange«, hielt ihm Pedro entgegen.

Andy mischte sich ein. »Leute, mir ist das mit eurer Diskussion alles zu viel. Wir müssen los, um nach dem Frischwasser zu tauchen. Nicht auszudenken, wenn uns ähnliche Verhältnisse drohen. Los, Jungs, ab an die Arbeit. Macht den Schlitten klar.«

Andy wusste, dass er allen Grund hatte, das Verhalten des Militärs in Istanbul genauso scharf zu verurteilen, wie seine Kameraden es taten. Anderseits, wie konnte ein Terrorist so grausam sein und ankündigen, das Wasser einer der größten Metropolen der Welt zu verseuchen? Hatte Birhat nicht sogar »weltweit« gesagt? Was das für ihre Region bedeuten konnte, wusste Andy sehr genau. Schon heute war die Situation kritisch. Mit ihrer Suche hatten sie gute Fortschritte gemacht. Schon bald würde er mit dem Vorstand von Aguas Bravas Kontakt aufnehmen, seine Ergebnisse vorstellen, in der Hoffnung, einen gut bezahlten Auftrag zu bekommen.

Drei Stunden später kam über das Internet die Nachricht von über zweitausend Toten bei der Räumung der drei Bosporusbrücken.

12. Kapitel

Montag, 10. April 2017 – 00:09 Uhr – Charleroi

Seit dem Gespräch mit Jacques fühlte sich Al-Gé deutlich besser. Ja, sein Kumpel und Geschäftspartner hatte recht. Wie ein verantwortungsloses Arschloch hatte er sich verhalten. Unverzeihbar und idiotisch, dass er mit seiner neuen Freundin über die Stränge geschlagen hatte. Noch am Samstagabend war er zu ihr gefahren und hatte seine Vergangenheit als Alkoholiker gebeichtet. Zunächst war sie schockiert gewesen, dann jedoch erleichtert. Sie war froh darüber, dass er sich ihr so ehrlich und schonungslos offenbarte. Das zeugte von Charakter und echter Zuneigung. Nur so konnte sie ihm helfen, die Finger von dem Teufelszeug zu lassen.

Al-Gé war am Sonntag nach der Arbeit im Labor auch wieder zu ihr gefahren. Sie redeten, liebten sich, schauten Teile einer amerikanischen Serie, liebten sich und planten für die nächsten Tage. Kurz vor Mitternacht war Al-Gé zu sich aufgebrochen. Ein inniger Kuss beim Abschied.

»Ciao, Chérie. Die kommende Woche wird anstrengend. Ich werde nur wenig Zeit für dich haben.«

Kurz darauf war er wieder zu Hause. Er öffnete seine Wohnungstür, hängte die Jacke auf und ging ins Wohnzimmer. Als er das Licht anschaltete, blickte er auf einen Mann mit Dreitagebart und Daunenjacke, der seelenruhig auf seinem

Fernsehsessel saß und eine Pistole und eine Flasche Bier in der Hand hielt.

»Möchten Sie auch einen Schluck?«

Kaum hatte der Kerl das ausgesprochen, stürzte sich Al-Gé auf ihn. Nicht umsonst hatte er vor zwanzig Jahren einen schwarzen Gürtel in Karate verliehen bekommen. Al-Gé war ein Hitzkopf, mit dem man sich besser nicht anlegte, schon gar nicht nachts, in seinem Wohnzimmer. Während er auf den Mann zuflog, schossen Al-Gé tausend Gedanken durch den Kopf. War das einer von den Typen von neulich Abend, die in ihre Firma einbrechen wollten? War der Kerl vielleicht gar nicht allein? Al-Gé konnte nicht mehr klar denken. Er wähnte sich in Lebensgefahr, wollte sich verteidigen. Sein Puls raste, als er zu einem Tritt in den Magen des Unbekannten ansetzte. Blitzschnell war der aufgesprungen, hatte den Sessel herumgewirbelt und in Al-Gés Richtung gestoßen. Al-Gé stolperte. Kurz darauf traf ihn ein Schlag des Mannes seitlich an der Schläfe und knockte ihn aus.

Er wurde bewusstlos.

Minuten später rappelte Al-Gé sich mühsam auf, bemerkte, dass er auf der Seite lag und seine Hände auf dem Rücken mit Kabelbindern fixiert waren. Seine Beine waren ebenfalls fixiert und fachmännisch mit den Armen verbunden. Der Kerl hatte das sicher nicht zum ersten Mal gemacht. Al-Gé blickte auf und sah in dunkle Augen.

»Ich verstehe, dass Sie als Ex-Alkoholiker nicht mit mir anstoßen wollen, aber deshalb müssen Sie mich doch nicht gleich verprügeln.«

»Wer bist du, Arschloch?«, wollte Al-Gé wissen.

»Jemand, der Ihnen helfen will, Sir. Ich glaube, Sie und Ihr Kumpel unterschätzen die Situation, in der Sie sich befinden.

Wenn Sie wirklich wissen wollen, wer ich bin, werden Sie jetzt nicht schreien, sondern mir zuhören. Falls nicht, werde ich Sie nochmals für einige Minuten ausknocken, um dann dasselbe Gespräch erneut zu beginnen.«

Schweißperlen bildeten sich auf Al-Gés Stirn. »Was willst du?«

»Ihnen helfen. Das wird mir nur gelingen, wenn Sie sich beruhigen und ich nicht den bösen Buben spielen muss. Können wir uns darauf verständigen, dass ich der Stärkere bin und Sie mir für fünf Minuten in aller Ruhe zuhören, weil Sie der Schlauere sind?«

Al-Gés Atem ging stoßweise. Wie konnte der Typ, der ihn gerade zusammengeschlagen hatte, so unglaublich cool und unaufgeregt sein? Ihm fiel ein, dass Auftragskiller diese Eigenschaft hatten. Er war davon überzeugt, der Kerl würde gleich aus ihm herausprügeln, was er wissen wollte, um ihn dann zu töten. Mit zitternder Stimme forderte er den Eindringling auf: »Los, mach schon. Knips mir das Licht aus.«

Al-Gés Herzschlag war bei hundertachtzig. Was konnte er tun? Er war dem Mann völlig hilflos ausgeliefert. Ruhe bewahren, zuhören, selbstbewusst bleiben, eine Fluchtmöglichkeit suchen, die Schwächen des Mannes herausfinden, mehr blieb ihm nicht übrig.

Der Mann sah ihn belustigt an. »Herr Guigou, ich gehöre zu den Guten.«

»Ach ja? Warum hast du mich dann zusammengeschlagen?«

»Weil Sie mich angegriffen haben.«

»Und warum hockst du mit einer Knarre in meinem Wohnzimmer? Was willst du von mir? Und wenn du angeblich schon zu den Guten gehörst, dann mach die Scheißkabelbinder sofort weg.«

»Reden werde ich, aber da Sie, wie ich weiß, Kampfsport beherrschen, bevorzuge ich, die Kabelbinder dort zu lassen, wo sie gerade sind. Ich fühle mich sicherer, wenn Sie sich nicht so flink bewegen können. Wahrscheinlich waren Sie früher einmal recht gut in Form.«

Scheiße! Wer war der Typ, und woher wusste er das alles?

»Gut, ich werde jetzt nicht schreien, aber ich will Gewissheit, dass Sie mich nicht umbringen. Dann bin ich vielleicht etwas entspannter.«

»Verständlich. Peter Miller schickt mich. Der Mann, der Sie und Ihren Partner gerne zu Millionären gemacht hätte. Umbringen lassen will er Sie nicht. Ganz im Gegenteil.«

Montag, 10. April 2017 – 00:10 Uhr – Brüssel

Mathis Dubois haute die letzten Worte in die Tasten seines Computers. Der Artikel wäre endlich sein Durchbruch. In der Redaktionskonferenz mit Gils am nächsten Morgen könnte er glänzen. Alle redeten nur noch von Istanbul, dabei gab es hier in der Provinz auch faszinierende Neuigkeiten. Den alten Nörgler würde er vor versammelter Mannschaft ins Staunen versetzen. Dank seines Ausflugs in das Lokal und in die Online-Archive der Regionalförderung und des Handelsregisters konnte er harte Fakten bieten. Die Blätter aus dem Polizeibericht durfte er gegenüber Gils natürlich nicht erwähnen.

Laut las Dubois seine Sätze ein letztes Mal, bevor er sie ausdrucken und zufrieden mit sich ins Bett sinken würde.

»Einbruch bei Algamondo: Droht jetzt auch noch die Pleite?

In der belgischen Provinz, im Industriegebiet von Charleroi, eröffnete 1863 Ernest Solvay zusammen mit seinem Bruder

Alfred die erste Fabrik zur Herstellung von Soda. Heute ist Solvay ein multinationaler Chemiekonzern. Mit über 24.500 Mitarbeitern in 40 Ländern zählt er zu den 10 größten Chemieunternehmen weltweit. Der Erfolg der Solvay-Brüder ist in unserer Region unvergessen.

Jetzt schickt sich ein noch weitgehend unbekanntes Start-up an, das Erbe der Brüder anzutreten. Von Charleroi aus ist Algamondo, ein Unternehmen, das mit Algen experimentiert, auf dem Sprung zu einem Weltkonzern. Wie aus den öffentlich zugänglichen Förderanträgen ersichtlich ist, will Algamondo durch genmanipulierte Algen die Erdölindustrie revolutionieren. Zur Umsetzung dieser Pläne scheinen die Gründer aktuell mit Marc van T. und Dr. R. zwei finanzkräftige Investoren gefunden zu haben, um das Unternehmen auf die nächste Stufe zu heben.

Erfolg macht bekanntlich neugierig und neidisch. Wie der Charleroi Matin *herausgefunden hat, wurde in der Nacht vom Freitag, dem 31. März, gegen 03:00 Uhr versucht, in das streng geheime Labor des Unternehmens einzudringen. Die Täter nutzten dazu Spezialsprengstoff aus einem Material, das üblicherweise nur Experten des Militärs zur Verfügung steht. Sind die Gründer in Lebensgefahr? Schrecken die Paten der globalen Industriespionage selbst vor Toten nicht zurück?*

Der Algenmarkt ist ein weltweiter Milliardenmarkt, der in den nächsten Jahren Aussicht auf explodierende Gewinne verspricht. Es wird spekuliert, dass Öl aus Algen Erdöl ersetzen wird. Eigentlich wäre das Unternehmen aus Charleroi perfekt dafür aufgestellt. Doch: Einer der beiden Gründer scheint den Belastungen als Start-up-Unternehmer nicht mehr gewachsen. Ständig sind Erfinder bei Investoren auf der Suche nach weiterem Kapital. Auf staatliche Hilfe bis zum Durchbruch können sie nicht vertrauen. Fehlt es an Zusagen von privaten Geldgebern, droht vielen die persönliche Pleite.

Wie Charleroi Matin *exklusiv erfahren hat, ist einer der Initiatoren der Algamondo-Technologie, Louis Guigou, schwer alkoholkrank. Vermutlich will sich daher sein Partner, Jacques Devilliers, von ihm trennen. Der Streit der beiden Gründer kann unschöne Folgen für das Unternehmen und seine Erfolgsstory haben.*

Droht Algamondo die Pleite, nachdem es jetzt auch noch von Unbekannten Einbrechern heimgesucht wurde? Wir berichten weiter. Für Sie aus der Region von Mathis Dubois.«

Dubois war zufrieden. Gils Standardkritik war, dass Dubois Floskeln, Vermutungen und Schlagworte talentfrei zu einem nichtssagenden Brei vermengte. Dieses Mal wäre seine Antwort hoffentlich eine andere.

Montag, 10. April 2017 – 00:11 Uhr – Charleroi

»Peter Miller? Der Typ aus Monaco?«

»Ja, das ist mein Boss. Er fand es richtig schade, dass Ihr Partner sich nicht mit uns einigen wollte. Daher dachte er, dass es sinnvoll sein könnte, wenn wir beide uns mal ganz in Ruhe ein wenig unterhalten. Ich heiße übrigens Bruno.«

Dass der Typ Peter Miller erwähnte und seinen eigenen Namen nannte, deutete Al-Gé als vertrauensbildende Maßnahme. Das tat niemand, der ihn gleich beseitigen wollte. Gleichzeitig beunruhigte es ihn zu wissen, wer der Mann war und wer ihn geschickt hatte. Um den Anstand zu wahren, entschied er sich dennoch, den Kerl nicht mehr zu duzen.

»Und deshalb probieren Sie erst, bei uns in der Firma einzubrechen, und sitzen dann mitten in der Nacht seelenruhig auf dem Fernsehsessel in meinem Wohnzimmer?«

Der Mann mit dem Dreitagebart legte seine Daunenjacke ab. Al-Gé sah, dass er seine Pistole mittlerweile in einem Brustholster trug. Der Eindringling griff in die Innentasche seiner Daunenjacke und zog das Foto eines Mannes Anfang bis Mitte dreißig hervor.

»Jetzt mal in aller Ruhe. Von was für einem Einbruch sprechen Sie? Wir waren das jedenfalls nicht. Ich weiß aber, dass Sie beobachtet werden. Kennen Sie den?«

Al-Gé musste mehrere Male auf das Foto schauen, um sich sicher zu sein. Das war doch?

»Ja. Der Typ hat mich und meinen Geschäftspartner am Samstag in einem Lokal belauscht. Wir hatten eine kurze Auseinandersetzung, dann ist er abgehauen.«

»Das, was ich Ihnen jetzt sagen werde, Monsieur Guigou, mag Ihnen nicht besonders gefallen. Mein Boss lag richtig damit, mich zu einem Gespräch zu Ihnen zu schicken. Wir glauben, dass Ihre Erfindung so gewaltig ist, dass man probieren wird, sich mit allen Mitteln Zugang zu Ihrem Wissen zu verschaffen. Wenn man genug aus Ihnen herausgepresst hat, wird man Sie wie überflüssigen Müll beseitigen. Glauben Sie mir, ich würde das nicht das erste Mal sehen. Vor diesem unwürdigen Ende möchten wir Sie und Ihren Partner schützen.«

»Und warum?«, wollte Al-Gé wissen.

»Weil uns lebende Gründer lieber sind als tote.«

»Na, da sind wir ja ausnahmsweise einmal einer Meinung«, merkte Al-Gé an, dessen Puls sich etwas gesenkt hatte.

Bruno nahm es wohlwollend wahr, dass der Belgier jetzt etwas weniger aggressiv reagierte.

»Herr Guigou, das, was ich Ihnen jetzt sagen werde, sollte

bitte unter uns bleiben, wie unser ganzes Treffen heute. Können wir das vereinbaren? Und bitte keine Polizei. Damit würden Sie nur sich selbst und Ihrem Unternehmen schaden. Das wollen Sie doch nicht, oder?«

»Natürlich nicht. Ich schieß mir doch nicht selbst ins Knie«, grummelte Al-Gé.

»Schön. Peter mag Sie. Sollten Sie uns eine Beteiligung an Algamondo ermöglichen, wird er Sie ausreichend finanzieren und nicht pleitegehen lassen.«

»Und was passiert, wenn wir Sie nicht als Gesellschafter aufnehmen?«

Der Mann schwieg.

»Sehen Sie, darauf haben Sie keine Antwort! Wenn Sie schon mit mir im Guten verhandeln wollen, dann rufen Sie mich an oder besuchen uns in unserem Büro. Brauchen Sie die Öffnungszeiten? Und jetzt binden Sie mich los und verschwinden. Vielleicht können Sie mit Ihren Mafiamethoden unsere Wettbewerber erpressen, aber nicht mich. Es gibt genug, die glauben, das, was wir wissen, auch zu können.«

»Ihre Wettbewerber interessieren uns nicht. Wir erkennen nur bei Ihnen einen strategischen Wert.«

»Blödes Gefasel«, meinte Al-Gé. »Wenn Sie Schleimer etwas von mir wollen, dann reden Sie Klartext. Warum hätten wir Grund dazu, Ihr Angebot anzunehmen?«

»Ganz einfach, wir denken, Sie sind die Besten. Nur wenige können wie Sie Algen genetisch manipulieren, um den Ertrag zu erhöhen. Ihre Gentechnik ist einzigartig. Peter Miller verbessert daher sein Angebot. Sie und Ihr Partner bekommen nächste Woche 2,5 Millionen für den Verkauf von jeweils drei Prozent Ihrer Anteile.«

Al-Gé schnappte hörbar nach Luft, sein Puls beschleunigte

sich wieder. Dieses Mal allerdings nicht wegen eines Angriffs, sondern wegen der überwältigenden Summe. Jeweils 2,5 Millionen! Sie hätten für immer ausgesorgt.

»Wenn Sie schlau sind, Herr Guigou, dann nehmen Sie Peters Offerte an. Algamondo bleibt nicht mehr viel Zeit, um die Insolvenz noch abzuwenden. Sie brauchen das Geld jetzt, nicht erst in zwei Monaten.«

»Und was passiert, wenn wir Ihren Vorschlag ablehnen?«

»Ihr Traum vom eigenen Unternehmen könnte leider schneller beendet sein, als Sie glauben.«

»Wie meinen Sie das?«

»Wenn Sie die Zusammenarbeit mit uns ablehnen, werden Sie sich nicht auf unseren Schutz verlassen können.«

»Ihren Schutz? Ich kann gern darauf verzichten, nachts in meinem Wohnzimmer von Ihnen zusammengeschlagen zu werden. Das nennt man Erpressung!«

»Wie Sie meinen. Bislang haben Sie das noch ganz gut hinbekommen, in Ihrer unauffälligen Abrissbude. Kaum jemand kennt Sie. Aber Sie sollten nicht glauben, dass Ihre Finanzierungssuche unbemerkt geblieben ist.«

»Was soll das jetzt wieder? Sprechen Sie Klartext, wenn Sie etwas wissen, was auch wir wissen sollten.«

»Wer hat Ihnen die Einladung zu der Konferenz nach Bahrain geschickt? Und der Einbruch neulich? Wir waren das nicht.«

Al-Gé dachte nach. Auch er hatte sich keinen Reim auf die Mail machen können, mit der ihn vor wenigen Tagen eine hohe Regierungsbehörde aus Bahrain zu einer Konferenz über die Energieversorgung der Zukunft einlud. Anreise, Hotelkosten, Spesen, Rundreise vor Ort würden großzügig bezahlt. Verdammt, woher wusste der Typ davon?

»Lesen Sie meine Mails?«

»Wie ich schon sagte, wir interessieren uns für Sie.«

»Warum lassen Sie uns nicht einfach in Ruhe?«

»Erstens, weil Sie Schutz brauchen. Und zweitens, weil Ihre Erfindung Einfluss auf das Gleichgewicht der Staatengemeinschaft haben wird, Herr Guigou. Nicht nur wir werden alles tun, damit die bestehenden Kräfteverhältnisse so bleiben, wie sie sind. Wenn Sie schlau sind, helfen Sie uns dabei. Denken Sie an die 2,5 Millionen.«

Montag, 10. April 2017 – 02:01 Uhr – Ankara

Tom O'Reilly wollte keinerlei Aufsehen. Über seine Verbindungsleute in Washington hatte er erfahren, wo Lucy Grey Quartier bezogen hatte. Der Botschafter wurde der guten Ordnung halber oberflächlich informiert und gebeten, geeignete Räume für einen Gast zur Verfügung zu stellen. In der US-Botschaft in Ankara waren immer mehrere gute Leute der CIA stationiert, die für Sonderaufgaben zur Verfügung standen. Um zwei Uhr morgens stand das Team bereit für den Zugriff.

Ein Kerl mit Bürstenhaarschnitt und Kleiderschrankmaßen nebst seinen drei Begleitern hatte sich von dem Nachtportier für einhundert Dollar die Schlüsselkarte zu Lucy Greys Zimmer geben lassen. Der Nachtportier war daraufhin in die Küche geschickt worden, um »in Ruhe« sein Frühstück vorbereiten zu können. Ihm war geraten worden, er solle sich Zeit lassen und das Kamerasystem ausschalten. Wer nichts gesehen hatte, der konnte auch danach nichts aussagen. Eine Minute später öffneten die Männer geräuschlos die Tür zu Zimmer 414 des Limak Ambassadore Hotels. Ohne Vorwarnung stürzten sie hinein.

Das Zimmer war dunkel. Lucy Grey rauchte, nur mit einer weißen Bluse bekleidet, am geöffneten Fenster. Verdammte Scheiße. Wer waren diese Kerle? Sie riss das Fenster weit auf, wollte springen, doch die Jungs waren gut. Blitzschnell packte einer der Kerle Lucy um die Hüfte. Klaglos steckte er ihren Tritt mit dem Knie in seinen Unterleib weg. Der zweite Mann war zur Stelle. Kompromisslos trat er Lucy gegen die krachende Kniescheibe. Sie sackte mit schmerzverzerrtem Gesicht zu Boden, wollte schreien. Schon war die Hand des ersten Mannes auf ihrem Mund. Der zweite Mann hantierte mit Knebel, Klebeband, Kabelbinder. Keine Minute später und sie lag wehrlos auf dem Boden. Ihre Bluse war während des kurzen Kampfes hochgerutscht, die Zigarette auf den Boden gefallen. Dort brannte sie ein kleines Loch in den Teppich.

O'Reilly kam näher. Mitleidlos löschte er den Brand mit einem Tritt auf die Glut. Er beugte sich zu ihr hinunter, sah ihren halb nackten, tadellosen Körper. So gut es ging, bedeckte er gleichgültig ihre glatt rasierte Scham mit den Resten der im Kampf zerrissenen Bluse.

»Lucy Grey, Sie sind hiermit wegen Landesverrat im Sinne von Artikel III, Paragraf 3 der Verfassung der Vereinigten Staaten von Amerika festgenommen. Das Geschwafel über die Weitergabe von geheimen Informationen und Unterstützung der Feinde Amerikas spare ich mir. Sie kennen die einschlägigen Paragrafen.«

Lucy wurde schwindelig. Landesverrat? Das einzige Verbrechen, das in der US-Verfassung definiert war. In ihrer Heimat gab es kein schwerwiegenderes Verbrechen als »treason«. Jetzt drohte ihr die Todesstrafe. War sie zu weit gegangen in ihrem Hass auf Birhat? Wäre das in Harvard nie passiert, hätte sie ihn gejagt wie viele andere Terroristen vor ihm. So blieb der Kurde für sie etwas Besonderes. Sie könnte sich den Richtern erklären, ihre Taten verteidigen. Es würde nichts ändern: Das Risiko, das sie mit der Weitergabe der Biowaffen, die es eigentlich gar nicht geben durfte, eingegangen war, war eindeutig zu hoch. Sie saß aussichtslos in der Klemme.

Die beiden Männer richteten sie auf. Unbeholfen nestelte einer der Kerle an ihrer zu kurzen Bluse herum, bis ein weiterer Mann sie in einen Bademantel wickelte.

»Los, Abmarsch. Ihr zwei durchsucht das Zimmer«, befahl O'Reilly.

Lucy wurde barfuß von ihm und einem Mann zum Fahrstuhl, durch die leere Lobby und vor das Hotel gedrängt. Auf der Straße wartete eine dunkle Limousine mit laufendem Motor. Niemand sah zu, als Lucy und die zwei Männer darin verschwanden.

Montag, 10. April 2017 – 03:17 Uhr – London

Zufrieden ging er in Gatwick an dem Zeitungskiosk vorbei, an dem er von Lucy noch vor wenigen Tagen das »Go« aus Washington bekommen hatte. Die Tage in London waren sehr erfolgreich verlaufen. Seine Pläne waren so weit gereift, dass er die nächsten Schritte gehen konnte. Der Privatflug nach Marseille wartete auf ihn.

Freitagabend hatte Meyer den Ölhändler am Ufer der Themse getroffen, nur wenige Meter vom London Eye entfernt. Meyer war bereits eine halbe Stunde vor dem vereinbarten Zeitpunkt vor Ort eingetroffen. So konnte er das Umfeld genau beobachten und das Treffen notfalls abblasen, wenn ihm etwas verdächtig vorgekommen wäre.

Sein Kontaktmann trug, wie abgemacht, einen roten Schal. Meyer erkannte ihn sofort in der Menschenmenge. Pünktlich traf der Mann ein. Der auffällige rote Schal passte zu dem nicht gerade dezenten Businesslook: teurer Wollmantel, ausgefallene schwarze Lackschuhe, Nadelstreifen Dreiteiler, grelle Krawatte. Nervös blickte der Händler sich um.

Ungeschickt, fand Meyer. Jedem Beobachter würde auffallen, dass der jemanden suchte.

Dann ging der Mann zu der Kaimauer oberhalb der Themse und wartete. Gestresst schaute er permanent zwischen Fluss und Promenade hin und her. Hastig zog er dabei an einer Zigarette. Nach kurzer Zeit landete der abgerauchte Stumpen im Wasser. Die nächste Kippe wurde angezündet und eilig vernichtet. Es folgten unsichere Blicke auf die Rolex.

Der Mann und die Umgebung schienen sauber. Meyer hatte lange genug gewartet und keine Verfolger entdeckt.

Der Händler wollte gerade genervt ob der Verspätung den Treffpunkt verlassen, da ging Meyer von hinten auf ihn zu.

»Sie sind im Ölgeschäft, habe ich gehört?«

Der Kettenraucher drehte sich irritiert um: »Ja, seit dreiundzwanzig Jahren. Sie auch?«

»Könnte man so sagen«, erwiderte Meyer. »Was halten Sie von einem Spaziergang?«

»Gute Idee.«

Kurz darauf wusste Meyer, dass der Kerl solvente Käufer hatte. Den von Meyer vorgeschlagenen Preis von fünfzig US-Dollar empfand er als zu hoch. Stattdessen schlug er achtundvierzig das Fass vor.

»Einverstanden. Deal«, sagte Meyer. »Wer garantiert mir, dass Ihr Kunde tatsächlich liquide ist?«

»Unter den von Ihnen geschilderten Umständen kann ich Ihnen natürlich kein Akkreditiv für die Lieferung geben. Ich verbürge mich aber mit meinem guten Namen. Die Gegenleistung wird so organisiert, dass Sie im Moment der Übergabe des Öls das Geld auf Ihrem Konto vorfinden. Meine Provision aus dem Geschäft zahlen Sie selbstverständlich erst, wenn Sie Ihr Geld haben.«

»Damit Sie Ihre Provision bei bester Gesundheit ausgeben können, sollten Sie besser mit dem Rauchen aufhören.« Der Mann hatte die doppeldeutige Drohung verstanden.

Weitere Instruktionen von dem Ölhändler würden folgen. Meyer hoffte darauf, bald mehr von Birhat zu der Bezahlung ihres Waffengeschäfts zu erfahren. Vereinbart war, dass Deal und Vergütung in den nächsten beiden Wochen über die Bühne gehen sollten.

Jetzt musste Meyer nach Südfrankreich fliegen, Vorbereitungen treffen. Er war überzeugt, das Ganze alleine durchziehen zu können. Am liebsten hätte er als knallbuntes Graffiti »Leck mich, Lucy« auf die Wand neben dem Kiosk gesprüht. Schon bald wäre er im Ruhestand in seinem Haus auf Mauritius. Seine Lebensversicherung hatte er soeben beantragt. Was folgen würde, wäre die »Gesundheitsprüfung«.

Montag, 10. April 2017 – 04:57 Uhr – Ankara

»So, du kleine Schlampe. Dann erzähle ich dir mal meine Version der Geschichte.«

Lucy Grey saß seit gut eineinhalb Stunden in einem extra für sie vorbereiteten Verhörraum in der amerikanischen Botschaft in Ankara. Sie trug mittlerweile einen grünen Army-Overall und Turnschuhe.

»Du hast also eine Affäre mit der Laborratte aus Fort Detrick angefangen. Richtig oder falsch?«

»Ja, Sir. Richtig.« Um noch irgendwie ihren Kopf zu retten,

wusste Lucy, dass sie die Dinge, die aufgedeckt werden konnten, nicht leugnen durfte.

»Wie viele Ampullen hat dir der Scheißkerl dafür gegeben, dass du mit ihm gefickt hast?«

»Hundert, Sir.«

»Und wo sind die jetzt?«

»Nochmals, Sir. Um Birhat zu finden, hat unser verdeckter Ermittler, Steve Dermott, alias Friedrich Karl Meyer, alias …«

»Lass die Scheißnamen weg. Ich weiß, wer der Typ ist.«

»Dermott hat vierzig Ampullen von mir angefordert. Zwanzig habe ich ihm überlassen. Zwanzig liegen in dem Hotelzimmer in einem Metallkoffer unter meinem Bett.«

»Was! Du hattest also über Tage die Biowaffen, mit denen du halb Europa auslöschen kannst, ungesichert unter deinem Bett?«

»Ja, Sir.«

»Verdammt. Bist du lebensmüde?«

»Nein, Sir.«

»Handelt es sich dabei um diesen Koffer dahinten?«

Der Verhörspezialist zeigte auf einen geöffneten Koffer, der noch bis vor Kurzem mit zwanzig grünlich schimmernden Ampullen bestückt war, die jetzt sicher in einem Schutzbehälter lagerten.

»Ja, Sir.«

»Gut. Und der Rest? Wo sind die anderen sechzig?«

»In einem Safe in meiner Wohnung in Georgetown, Sir.«

»Alle sechzig?«

»Ja, Sir.«

Nachdem Lucy ihre Adresse und den Code ihres Safes genannt hatte, wurde sofort eine Spezialeinheit in Washington aktiviert, um die Ampullen sicherzustellen.

Bislang hatte er geschwiegen und die CIA-Agentin abwartend beobachtet. Jetzt mischte sich Tom O'Reilly erstmals in das Verhör mit ein: »Wir haben ermitteln können, dass bei dem Anschlag in Istanbul maximal zwei Ampullen zum Einsatz kamen. Damit gibt es mehrere Möglichkeiten. Kann es sein, dass Ihr Mann, Dermott, alle restlichen Ampullen Birhat gegeben hat? Oder hat er sie alle behalten oder sie irgendwie zwischen sich und dem Terroristen aufgeteilt? Was glauben Sie, was hat der Kerl getan?«

»Ich denke, dass er einen Teil der Ampullen behalten hat.«

»Ach ja! Und wozu braucht er die Ihrer Meinung nach, Lucy?«

»Ich denke, als seine Lebensversicherung uns gegenüber, Sir.«

Montag, 10. April 2017 – 05:05 Uhr –
La Línea de la Concepción

»Sie Ärmster.«

Die junge Frau war bestürzt, als sie hörte, dass Sidibé als illegaler Flüchtling erst vor wenigen Stunden vor der Küste Spaniens angespült und dann von ihr fast überfahren worden wäre.

»Bitte, verraten Sie mich nicht«, flehte Sidibé die junge Frau an. »Ich kann nicht zurück in meine Heimat. Man wird mich dort töten.«

Die junge Frau kannte die allgegenwärtigen Fernsehbilder von den massenhaften Flüchtlingsströmen aus Syrien, Afghanistan, dem Irak und Nordafrika. Selbst mit einem Flüchtling konfrontiert zu werden, überforderte sie. Eines stand fest, wenn sie dem geschwächten Mann, der sie um Wasser angefleht hatte, helfen konnte, wollte sie dies tun.

»Kennen Sie jemanden in Spanien? Wo wollen Sie wohnen?«

Sidibé hatte sich von der staubigen Straße aufgerappelt. Er hoffte, dass er der Frau vertrauen konnte.

»Ich muss nach Valencia. Dort lebt ein Jugendfreund von mir. Er ist mittlerweile Spanier und spielt Fußball beim FC Valencia.«

Die junge Frau überlegte nicht lange. »Soll ich Sie mitnehmen? Ich studiere in Valencia und bin auf dem Weg dorthin.«

Sidibé konnte sein Glück kaum fassen. Freudentränen liefen aus seinen Augen. Er war sich nicht sicher, ob er so viel Glück verdient hatte. Ständig dachte er an das kleine Mädchen, das er in Tanger zurückgelassen hatte. Wie es ihr wohl ging?

Die Frau reichte ihm nochmals die Wasserflasche. »Trinken Sie. Das ist ganz wichtig. Haben Sie Hunger?«

Sidibé nickte.

»Kommen Sie«, sagte die Frau. »Ich heiße Miranda Gomez und helfe Ihnen gerne«.

Sie stützte Sidibé und führte ihn zu ihrem Fahrzeug. Dort kramte sie in ihrem Rucksack und reichte ihm ein Sandwich mit Serranoschinken, das sie sich für die Rückfahrt gekauft hatte. Hungrig stürzte Sidibé sich darauf. Nach wie vor rannen ihm Tränen aus den Augen.

»Wie heißen Sie?«, fragte ihn die junge Frau. »Wo kommen Sie her?«

»Ich heiße Sidibé Siaka und stamme aus dem Norden Malis.«

Schüchtern fragte die Studentin weiter: »Warum sind Sie nach Spanien geflüchtet?«

Sidibés Blick ging ins Leere.

»Sie brauchen keine Angst vor mir zu haben«, tröstete ihn die Frau. »Ich werde Sie nicht verraten.«

Gute sechs Stunden war sie nun schon allein mit dem fremden Flüchtling unterwegs. Langsam begann sie zu verstehen, was die Menschen aus deren Heimat vertrieb. Noch nie in ihrem bisherigen sehr behüteten Leben hatte sie von so viel Grausamkeit und Ungerechtigkeit erfahren, wie Sidibé ihr nach und nach berichtete.

»Ich habe ein Massaker an Kindern in meiner Heimat beobachtet und musste fliehen, bevor mich der Killer umbringen konnte.«

Miranda war geschockt.

»Weißt du, was mich richtig wütend macht?«

»Dass ihr so arm seid und dass du letztendlich gar nichts dafür kannst, was um dich und dein Land herum passiert«, war Mirandas zögerliche Antwort.

»Nein, Miranda. Mali ist nicht arm. Meine Heimat ist ein sehr reiches Land. Vielleicht zu reich.«

»Wie meinst du das, Sidibé?«

»Nun, wir sind das Opfer internationaler Interessen, weil wir im ›Goldgürtel‹ Westafrikas liegen. Weißt du, dass Mansa Musa I., der um 1310 lebte, ein legendärer König aus Mali war? Nach heutigen Maßstäben besaß er vierhundert Milliarden Dollar. Damit ist er mit Abstand der reichste Mensch aller Zeiten! Stell dir das vor, aller Zeiten! Er warf auf seiner Pilgerreise nach Mekka mit Gold um sich. Heute sind wir die Ärmsten der Armen, obwohl Mali reich an Rohstoffen ist.«

Miranda schaute Sidibé ungläubig an.

»Überall liegen Tonnen von Gold im Erdreich. Der Kampf um diese Goldklumpen wird auf unserem Rücken ausgefochten. Wir müssen für die ausländischen Investoren die riskanten Arbeiten unter schwersten Bedingungen durchführen. Meine Landsleute arbeiten in kaum gesicherten Minen. Und wofür?«

»Nun, die Exporte bringen euch doch Geld?«

»Ja, aber wir sind nur diejenigen, die das Gold schürfen. Dann verkaufen wir es gleich weiter, statt es in Mali zu verarbeiten. Damit könnten wir viel mehr Geld verdienen, aber das lassen die ausländischen Konzerne nicht zu. Die verdienen Unsummen mit der Verarbeitung unseres Goldes im Ausland.«

»Wie mit den Diamanten und dem Uran, die es ebenfalls bei euch gibt?«

Montag, 10. April 2017 – 05:07 Uhr – Horsham

Sir Henry stand vor dem Spiegel und rasierte sich. Das Wochenende mit seiner Familie auf ihrem Landgut in West-Sussex hatte er ausschließlich mit Arbeit verbracht. John Lewellens Informationen und die Akte des MI6 über Birhat hatten seinen Jagdinstinkt geweckt. Das Ergebnis war dennoch deprimierend. Sir Henry wusste nicht, wo er vernünftigerweise ansetzen sollte. Wie Wasser war ihnen der Kurde immer wieder durch die Finger geglitten, wenn sie versucht hatten, ihn einzufangen. Fieberhaft überlegte er, was er tun konnte, um ihn zu greifen. Wie einfach war doch dagegen die Routine der täglichen Rasur, die seit seinen letzten Jahren in Eton immer nach einem gleichbleibenden Ritual ablief. Das Wasser rann unaufhörlich aus dem massiven Hahn durch seine Finger, als er das Rasiermesser spülte.

Seine Frau hatte ihr Bad mit einem neuen Becher für die Zahnbürste ihrer Enkelin geschmückt. Auf der Seite, die ihm zugewandt war, stand der Aufdruck: *»I'd rather be with my dog!«* Gegen seine zweiundvierzigjährige Ehe mit der eigensinnigen Tochter eines schottischen Gewerkschaftsführers war der Dreißigjährige Krieg eine Komödie mit Happy End. Doch McAllister liebte seine Frau. Als er vorhin aufgestanden war, hielt sie zufrieden im Schlaf ihre kleine Enkelin im Arm. Vielleicht hatte sie ihm jetzt sogar den entscheidenden Hinweis gegeben.

Sir Henry sah wieder auf den Becher, der vor ihm stand. Das war es! Um Wasser einzufangen, benötigte man ein Gefäß. Er überlegte, ob ihm das nicht auch mit dem Kurden gelingen konnte. Was, wenn er ein Gefäß bauen würde, um den Kurden zu fassen?

In diesem Moment läutete sein Handy. Es war John Lewellen.

»Guten Morgen, Henry. Tut mir leid, wenn ich dich um diese Uhrzeit störe, aber es ist wichtig«, begann er.

Jeden anderen hätte Henry McAllister verflucht, doch mit dem Amerikaner hatte er zum Abschluss ihres Treffens in London dann doch noch das ein oder andere Gläschen Gin getrunken. Dabei waren das förmliche »Sir Henry« und »Mr. Lewellen« gefallen. Wie bei Kollegen üblich, die ein gemeinsames Ziel verfolgten, hatten sie sich für den Gebrauch ihrer Vornamen entschieden.

»Was gibt es, John?«

»Wir haben die Verräterin aus unseren eigenen Reihen in Ankara aufgegriffen. Sie heißt Lucy Grey. Wir verhören sie gerade.«

»Und? Gibt es dadurch neue Informationen?«

»Es ist schrecklich, Henry. Wissenschaftler in einem Armee-Labor haben ein genetisch manipuliertes Ebolavirus erzeugt.

Eine der Laborratten ist seiner Gier nach dem Körper der Frau erlegen. Lucy Grey ist eine Agentin, die in einer Männerdomäne Karriere machen wollte. Dazu war sie zu allem bereit. Sie hat den naiven Mann verführt, ihn willenlos und von ihr abhängig gemacht. Er gab ihr die Ampullen. Sie wollte sie angeblich an die Pharmaindustrie verkaufen als Vorstufe für einen Impfstoff. Wenn ein Pharmakonzern den Wirkstoff kaufen würde, wären sie beide reich, unabhängig und könnten den Rest ihres Lebens gemeinsam von dem Vermögen aus der Impfstoff-Lizenz leben.«

»Lass mich raten, die Story und die Liebe der Frau waren natürlich Fake, eine einzige Lüge? In Wahrheit gingen die Ampullen über ihren Mittelsmann direkt an Birhat?«

»In der Tat.«

McAllisters Hände zitterten vor Wut. Selbst wenn die Herstellung von Impfstoffen das Ziel war, auf dem Weg dahin war durch die Manipulation der Viren verbotenes waffenfähiges Material erzeugt worden. Die Amerikaner hatten die Biowaffenkonvention massiv verletzt.

»Wie gefährlich ist das Virus?«, wollte McAllister wissen.

»Lucy Grey behauptet, der Molekularbiologe hat im Auftrag des Pentagons die DNA des Ebolavirus Buchstabe für Buchstabe zerlegt. Mittels des neuartigen CRISPR/Cas9-Verfahrens hat er zielgenau spezifische Veränderungen eingefügt. Die Wissenschaftler nennen das DNA-Editing.«

»Das einzig zutreffende Wort dafür ist Naturverbrecher. Wie konntet ihr dem zustimmen? Was genau wollte euer Frankenstein damit erreichen?«

»Das Ebolavirus ist von ihm ertüchtigt worden, auch in Wasser gelöst über Tage hinweg seine infektiöse sowie tödliche Wirkung zu entfalten.«

»Unfassbar! Was ist mit dem Zeug, das in Istanbul in das Wasser der Zisterne gekippt wurde?«

Montag, 10. April 2017 – 06:08 Uhr – Marseille

Meyer war mittlerweile mit einem von LunaJets gemieteten Privatflugzeug in Marseille eingetroffen. Er mochte deren Service. Sie stellten kaum Fragen und das Check-in ging problemlos und schnell. Jetzt lag er gegen sechs Uhr am Morgen in einem der billigen Hotels in Flughafennähe, trank Whisky und surfte im Internet.

»Experiment« hatte Birhat das genannt, was er mit den Ampullen in Istanbul veranstaltet hatte. Massenmord wäre die bessere Bezeichnung, fand Meyer. Auf was für einen Scheißkerl hatte Lucy ihn da nur losgelassen? Am übelsten war, dass der Typ clever und rücksichtslos zugleich war. Was konnte man ihm schon vorwerfen? Panikmache durch nette Videos im Internet? Fische töten mit Biowaffen, die es gar nicht geben durfte? Nicht Birhat hatte die ängstlichen Menschen überrollt. Das waren die Panzer des türkischen Militärs. Istanbul war verwüstet. Zehntausende Menschen tot. Hunderttausende schwer verletzt. Voller Furcht warteten die Menschen auf das, was noch passieren würde. Istanbul war eingekesselt vom Militär, Menschen durch eine Ausgangssperre von den Straßen verbannt.

Die Meldung, die um diese frühe Uhrzeit auf Meyers Computer aufpoppte, wurde nicht nur über den von ihm abonnierten Nachrichtenkanal verbreitet. Weltweit schlug die neueste Nachricht aus der Türkei wie eine Bombe ein: *»Was hat der Schwiegersohn des türkischen Präsidenten mit Terroröl zu tun?«*, fragte eine britische Zeitung.

Als hätten die aktuellen Berichte über die Anschläge in

Istanbul dem türkischen Staat nicht schon genug geschadet. Jetzt auch noch das. Eine Hackergruppe hatte das E-Mail-Konto des türkischen Ölministers geknackt. Die Mails belegten eine Verbindung zu den Ölgeschäften mehrerer Terrororganisationen. Der Schwiegersohn des Präsidenten stand unter Verdacht. Der Vorwurf lautete dahingehend: Er habe Öl, das aus den besetzten Gebieten in Syrien stammte und von Embargo-Verboten betroffen war, zur persönlichen Bereicherung illegal bereits verzollten türkischen Lieferungen beimischen lassen.

Meyer fragte sich, wer wohl dahintersteckte? Die Russen? Die NATO? Verdammt, wie passte das zu seinem Deal mit Birhat? Hätte er den Kontakt zu dem Terroristen von sich aus aufbauen können, wäre alles leichter zu klären. So hoffte er, dass Birhat reagieren würde.

Lange musste Meyer nicht warten. Keine zwei Stunden nach der Veröffentlichung der Meldung über den Ölschmuggel, rief Birhat ihn auf seinem Prepaid-Handy an, dessen Nummer nur der Kurde kannte.

»Guten Morgen, Herr Meyer.«

»Farqîn? Guten Morgen.«

»Wie gefällt Ihnen mein Experiment?«

Meyer hätte ihn in die Hölle gewünscht, doch er hielt sich professionell zurück, um sich und seine Ware interessant genug zu halten: »Sie sehen, was Sie erreichen können, wenn Sie nur entschlossen genug sind.«

»Ich weiß, mein Freund. Ende der Woche bin ich bereit für die Lieferung des Öls«, sagte Birhat. Mit keinem Wort erwähnte er, dass er wütend auf Meyer war, weil der seinen Wachhunden in Istanbul entkommen war.

Meyer nahm an, dass Birhat bluffte. Wie konnte der unter

den jetzigen Umständen so sicher sein, das Öl und somit die eine Hälfte der Anzahlung problemlos zu übergeben?

»Trotz dieser unruhigen Zeiten?«

»Darin sehe ich kein Problem, Herr Meyer.«

»Wie Sie festgestellt haben, Farqîn, bevorzuge ich, unerkannt und allein zu reisen.«

»Ihr Reisebeginn mit dem Wassertaxi war gut organisiert. Wie sieht es mit der Organisation unserer Abmachung aus? Sind Sie darin auch so perfekt?«

»Davon können Sie sich nächste Woche überzeugen. Und, Farqîn, Sie wollten sicherlich nach meiner Bankverbindung für die Überweisung der ersten Rate fragen?«

Meyer hatte sich geärgert, dass Birhat ihn mit der Zahlung hatte warten lassen. Das war aber das übliche Geschäftsgebaren seiner Kunden. Auch Birhat musste sich erst organisieren, um zahlungsfähig zu sein. Meyer nannte dem Terroristen seine Bankverbindungen und die bevorzugte Stückelung der Zahlung.

»Habe ich notiert, Herr Meyer. Ich werde die Zahlung in den Tranchen und auf die diversen Konten, wie wir es soeben besprochen haben, veranlassen. Wann haben Sie die Ware für mich?«

»Die Drohnen sind bereits in meinem Besitz. Ich bereite gerade die Logistik der Übergabe vor. Im Laufe der Woche wird ein Großteil von Ihrer Liste in meinen Lagerhallen sein. Alles läuft planmäßig. Mich beunruhigt allerdings, dass sich die Welt über den Schwiegersohn des türkischen Präsidenten wundert. Wissen Sie etwas darüber?«

Birhat lachte laut auf. Es war wieder dieses überhebliche Lachen, das Meyer schon bei dem Treffen in Ankara bemerkt hatte.

»In der Tat helfen ab und zu kleine Informationen an die richtigen Kontakte, um Ungerechtigkeiten aufzudecken«, war Birhats einsilbiger Kommentar.

»Das heißt, Sie stecken dahinter?«

Birhat schwieg.

»Wir sollten die Lieferung schnell abwickeln. Ich will mich auf kein unnötiges Risiko einlassen«, fluchte Meyer.

»Sie glauben doch nicht, dass diese Lappalie unsere Lieferfähigkeit beeinflussen wird, Herr Meyer? Ich habe zuverlässige Leute in den Umschlagplätzen von Ceyhan und Dörtyol. Andere Verbindungsleute wurden mit der Zeit zu gierig. Das habe ich, wie Sie der Presse entnehmen können, abgestellt. Dank Ihrer Ware werden sich die Machtverhältnisse in der Region schon bald verändern. Korrupte Minister brauche ich zukünftig nicht mehr auf meiner Gehaltsliste.«

»Sie haben den Türken geschmiert?«

»Nun, es war recht einfach zu organisieren. Jeder ist käuflich, Herr Meyer. Auch durch einen Kurden. Es ist nur eine Frage des Preises.«

Montag, 10. April 2017 – 06:11 Uhr – Horsham

Lewellen rätselte, wieso es selbst dem Pentagon nicht aufgefallen war, womit der liebestolle Wissenschaftler in Fort Detrick so experimentierte und was er in seiner Freizeit trieb?

Dem Spezialisten beim MI6, den McAllister vertraulich nach dem Telefonat mit Lewellen kontaktiert hatte, war bisher kein vergleichbares Virus bekannt. Unmöglich, meinte er, dass ein Virus in der Lage sei, das Ebolafieber trotz und während der Übertragung in Wasser wirksam werden zu lassen. Britische Forscher kannten Bakterien wie Anthrax oder Gifte wie Rizin. Deren jeweilige Wirkung, einmal in Wasser verdünnt, war je nach Dosierung weitgehend zu kontrollieren. Kein Grund zur Panik. Die gängigen Membran-Filtersysteme, gekoppelt mit der Dosierung von Chlor sowie UV-Licht, würden das Schlimmste verhindern.

McAllister wusste es besser. Das Zeug in der Ampulle war laut Lewellen anders, gefährlicher.

Die wenigen Wissenschaftler, denen Zugang zu dem verseuchten Wasser in der Zisterne gegeben worden war, kamen unabhängig voneinander zu ein und demselben Ergebnis. Bei der in Istanbul gefundenen Ampulle und den Spurenstoffen im Wasser handelte es sich eindeutig um ein waffenfähiges, auch im Trinkwasser wirksames, tödliches Virus. Alle Personen, von denen bekannt war, dass sie nach dem Anschlag in der Zisterne gewesen waren, wurden sofort in Quarantäne beordert. Sie warteten, unter dem Blick der neugierigen Experten und abgeschirmt vom Rest der Welt, auf ihren möglichen Tod.

Am Telefon machte Lewellen auf Zweckoptimismus. McAllister hatte das Gefühl, dass sein amerikanischer Kollege den Beginn einer weltweiten tödlichen Pandemie, ausgelöst durch eine verantwortungslose CIA Mitarbeiterin, herunterspielen musste.

»Henry, die Mitarbeiter und Rettungskräfte in der Zisterne hatten einfach nur Pech gehabt. Sie waren zur falschen Zeit am falschen Ort. Wir werden das Wasser aus der Zisterne abpumpen und fachmännisch entsorgen lassen. Sollte Wasser aus der Zisterne in das Istanbuler Grundwasser versickert sein, so ist das beherrschbar.«

»Beherrschbar?«, fluchte McAllister. Er musste sich kontrollieren, damit er sich gegenüber dem Amerikaner im Griff hatte. Letztendlich konnte der ja nichts dafür.

»Ja, Henry. Beherrschbar. Ein wenig kontaminiertes Wasser mag zwar in das Grundwasser gelangt sein. Dort wird es sich aber über kurz oder lang mit dem Wasser des Meeres vermischen. In dieser Konzentration wird das Virus hoffentlich unschädlich werden.«

Hoffentlich?

»Und die Sicherung der Trinkwasserversorgung?«, wollte McAllister wissen.

»Die gute Nachricht ist, dass 98 % des Trinkwassers in Istanbul aus dem Oberflächenwasser von abseits gelegenen Reservoirs stammt. Nicht aus einem Grundwasserbrunnen. Also kann versickerndes Wasser aus der Zisterne nicht in die Versorgungssysteme der Stadt gelangen. Das haben wir geprüft. In wenigen Minuten werden die Türken folgende Erklärung an die Medien schicken, um die Lage zu beruhigen.«

»Na, lies schon vor«, forderte McAllister.

»Also: Istanbul: Wie soeben die türkischen Behörden mitteilen, besteht aktuell keine Gefahr für die Bevölkerung in Istanbul. Die Behörden sind der Behauptung nachgegangen, dass es sich bei den getöteten Fischen in der Zisterne um einen Giftanschlag gehandelt habe. Dieser Vorwurf wird als falsch zurückgewiesen. Auch dem Bekennerschreiben des kurdischen Terroristen Farqîn Birhat wird keine Bedeutung zugemessen. Ein Sprecher des Innenministeriums erklärt, dass die Versorgung des Trinkwassers in Istanbul zu keinem Zeitpunkt gefährdet war und ist. Das Innenministerium geht davon aus, dass sich die Lage in Istanbul im Laufe der Woche normalisieren wird. Das Militär hat bereits mit den Aufräumarbeiten begonnen.«

»Aufräumarbeiten? Das habe ich den Fernsehbildern entnommen. Hoffen wir mal, dass eure tolle Presseerklärung die Bevölkerung beruhigt. Gelogen habt ihr nicht. Aber wenn man nur die halbe Wahrheit sagt, ist man auch nicht ehrlich«, kommentierte McAllister den Wortlaut zynisch.

Er traute dem Braten nicht.

Lucy Grey hatte einen teuflischen Plan ausgeheckt und dabei Schiffbruch erlitten. Wie eine Lawine würden die Ereignisse jetzt weiterdonnern. Bis das zum Stillstand kam, was Lucy initiiert hatte, würde das Virus alles mitgerissen haben, was im Weg stand. Die CIA kam ihm wie ein im Wasser stehender Angler vor, der einen Schwarm Piranhas mit Fleisch und Blut fütterte. Wer so unvorsichtig agierte, durfte sich nicht wundern, selbst zum Opfer zu werden. Wie gefährlich der Wirkstoff tatsächlich war, würde man mit einiger Gewissheit erst nach Ablauf der Inkubationszeit sehen. Zu befürchten war allerdings eine weltweite Pandemie. Es musste sich nur jemand unwissend mit dem Virus infizieren und danach verreisen. Menschen, womöglich auch Tiere, konnten als Wirt und Überträger einer tödlich verlaufenden, ansteckenden Krankheit fungieren. Eine unkontrollierbare Waffe auf zwei oder vier Beinen. Ein gewaltiges Problem, für das es keine Lösung gab. Es war alternativlos: Er musste diesen Kurden zu fassen bekommen und ihn und die Waffen unschädlich machen, bevor das Virus sich immer weiter verbreitete.

Sir Henry blickte in den Spiegel, zog eine weitere Bahn durch den Rasierschaum um sein Kinn. Ein Teil des Schaums klebte an seinem Handy von dem Telefonat mit Lewellen. Mist! Er war unachtsam. Welch wichtiger Punkt war ihm entgangen? Noch gab es keinen brauchbaren Ansatz, um Birhat zu greifen und die Ampullen zurückzubekommen. Wo hielt der Terrorist sich auf? Von wo koordinierte er die nächsten Anschläge? Wo waren die Ampullen?

Birhat war gebildet. Stationen in Oxford, Harvard, Paris. Experte für Infrastrukturfinanzierungen. Birhat kannte sich aus mit Geldflüssen bei Megaprojekten. Der wusste, welch massiven Investitionsstau Staaten bei der Infrastruktur ihrer Trinkwasserversorgung hatten. Dadurch waren sie extrem angreifbar, selbst Großbritannien. Die Londoner Kanalisation stammte teilweise noch aus dem Zeitalter von Queen Victoria. Lewellen sah das ähnlich. Der Amerikaner hatte recht mit seiner vor zwei Tagen geäußerten Vermutung: Dämme, Rohrleitungen, SCADA-Systeme, IT-Netzwerke. Ideale Ziele für Terrorangriffe. Überall gab es eklatante Schwachstellen. Würde es nach Istanbul noch schlimmer weitergehen? Wo würde er als Nächstes zuschlagen? In Berlin, New York, Paris, Rom? Wie konnte er London schützen?

McAllisters Gehirn arbeitete ununterbrochen. Was wären die nächsten Schritte des Terroristen? Erstens, der wollte sich laut Lucy Grey weitere Waffen besorgen. Zweitens, die Waffen musste er bezahlen. Als Gegenleistung für die Waffen würde Geld fließen. Viel Geld. Wirklich? Nein, nicht unbedingt. Sir Henry bemerkte seinen Denkfehler.

Wieso Geld? Das internationale Bankensystem war mittlerweile sehr gut überwacht. Was, wenn die Waffen nicht in Geld, sondern in Erdöl bezahlt wurden? Öl war mittlerweile neben Drogenschmuggel die Haupteinnahmequelle der Terroristen. Sowohl in Syrien als auch im Irak kontrollierte Birhats Organisation wichtige Fördergebiete. Wenn er herausfinden konnte, ob Birhat Öl zur Bezahlung von Waffenkäufen einsetzten wollte, dann konnten sie versuchen, es abzufangen. Öl musste verschifft, entladen, verarbeitet und zu Geld gemacht werden. Irgendwo in diesem Prozess lag ihre Chance. Wenn sie mit einem Trichter das Öl zu ihnen, in ein sicheres Gefäß leiten konnten, wäre der Kurde in der Falle. Ohne Öl keine Bezahlung. Ohne Bezahlung keine Waffen. McAllister überlegte fieberhaft, wie sie das erreichen konnten. Er würde ein Gefäß konstruieren müssen.

»I'd rather be with my dog!«

Jetzt war es erst einmal an der Zeit zu frühstücken und dann mit einem alten Bekannten zu telefonieren, um seinen Gedanken zu überprüfen.

Montag, 10. April 2017 – 07:02 – Guildford

Pünktlich wie immer brach Phil Nellis mit seinem Rolls-Royce in Richtung seines Londoner Büros am St. James's Square auf. Schon seit Jahren musste er sich dank seines Fahrers nicht mehr mit den anderen Pendlern in den Zug zur Londoner Waterloo Station zwängen. Beflügelt von seinen jüngsten Geschäften glaubte Nellis, heute einen guten Tag zu haben. Er sah in seinen Kalender. Um halb eins stand ein schneller Lunch mit einem Abteilungsdirektor von BP im Reform Club an. Danach würde er gegen drei im »In and Out« Squash spielen. Gegen fünf würde er wie jeden Montag mit Robert Palmer, seinem alten Schulfreund, zwei, drei Pints im Red Lion Pub, gleich um die Ecke bei seinem Büro, kippen. Sein Fahrer würde ihn dort um halb sieben auflesen, sodass er gegen halb acht seine Kinder ins Bett bringen konnte. Es kamen Nachrichten, daher bat er seinen Fahrer, das Autoradio etwas lauter zu stellen. Gerade noch hörte er den entscheidenden Teil:

»... aus glaubhaften Quellen erfahren zu haben. Der Independent berichtete in seiner heutigen Ausgabe davon, dass der

Schwiegersohn des türkischen Präsidenten in den Schmuggel von Terroröl aus Syrien involviert sei. Die Türkei, die aktuell wegen ihrer Flüchtlingspolitik unter Druck ihrer NATO-Partner steht und jüngst das Ziel von terroristischen Anschlägen war, weist die Behauptung als unwahr zurück.

Rom, Papst …«

Nellis konnte den Worten des Nachrichtensprechers kaum glauben. Wieso kam ausgerechnet an diesem Montag diese verfluchte Meldung? Jeder aus der Branche wusste, dass die Türken illegalen Handel mit Öl aus Syrien betrieben. Warum heute? Nellis' Verstand arbeitete auf Hochtouren. Er rief vor seinem geistigen Auge eine Landkarte Syriens auf. Öl gab es ein wenig im Osten, vor allem aber in der Mitte des Landes, bei Rakka und Deir al-Sor. Weiter westlich lagen noch Fördergebiete bei Aleppo. Bei Homs befanden sich Tanklager, die schon seit Längerem in Brand gesteckt worden waren. Ganz Syrien und die Nachbarregion waren zu einem Pulverfass verkommen. Die Grenze zu der Türkei war ein löchriger Käse. Von überall wurde Öl in geringen Mengen durch lokale Splittergruppen mit Lastwagen über die Grenze geschafft. Die Türken kauften es dankbar auf. Das, was hier in den Nachrichten berichtet wurde, war allerdings kein solcher Kleinkram, sondern Schmuggel in großem Stil. Da ging es nicht nur um einige Barrel Öl in maroden Lastwagen.

Wieso kam die Meldung heute? Am Wochenende war ihm ein Deal in der Größenordnung von mehreren Hundert Millionen Dollar über einen entfernten Bekannten angetragen worden. Und – er hatte zugesagt, hatte wichtige Personen angerufen. Er war geliefert! Eine Falle?

Phil Nellis verdiente sein Geld als Makler für Öl an der

Londoner ICE Futures, die früher als International Petroleum Exchange firmierte. Viele der großen Ölriesen gehörten zu seinen Kunden. Allgemein bekannt war, dass der Ölpreis an den Aktienmärkten weltweit in US-Dollar pro Fass der Nordseesorte »Brent« bestimmt wird. Da hatte Phil offiziell seine Finger mit im Spiel. Weit weniger bekannt war allerdings, dass der Preis für »Brent Crude Oil« zwar über die Börse bestimmt, der überwiegende Teil des Handels aber außerhalb der Börsen abgewickelt wurde. Damit waren Tür und Tor für deutlich interessantere Geschäfte, wie Phil sie ab und zu machte, weit geöffnet. Es gab Möglichkeiten für unglaubliche Spekulationsgewinne. Phil verfügte über das erforderliche Insiderwissen und ausgezeichnete Beziehungen. Beides hatte ihn sehr wohlhabend werden lassen. Was würde die Mitteilung für seinen möglichen Deal bedeuten? Er musste vorsichtig sein, eventuell absagen.

Sein Telefon klingelte. Als er den Namen des Anrufers sah, fuhr die Abtrennung zu seinem Fahrer hoch. Verdammt, der Anrufer konnte mächtigen Ärger bedeuten.

»Guten Morgen, Phil. Henry McAllister hier.«

»Hallo, Henry. Lange nichts mehr von Ihnen gehört. Wie geht es Ihrer reizenden Frau?«

»Wollen Sie das ernsthaft wissen nach dem, was gerade bei der BBC über den Äther gekommen ist? Ich denke, Ihnen geht es gut, daher spare ich mir die Gegenfrage. Vielmehr interessiert mich, wie es Ihren Geschäften geht. Gab es etwas Außergewöhnliches in den letzten Tagen, Phil?«

Nellis wusste, dass er offen mit McAllister reden musste, wenn er keinen Ärger wollte. Man munkelte, dass der Chef der Strategieberatung Stock, Fisher & Flowers Strategy Consulting, die in der Nähe seines eigenen Büros ansässig war, die Blätter entgegen, die ihm der Lokalreporter entgegenstreckte. Um den Text zu lesen, brauchte er drei Minuten. Dubois war nervös. Wie würde sein Chefredakteur reagieren?

»Dubois, ist das Ihr Ernst?«, wollte Gils wissen. »Sie vergleichen die mit den Anfängen von Solvay, einem Weltkonzern?«

Immerhin keine Standardfloskel, sondern eine ernsthafte Frage von Gils. »Ja, Chef, das tue ich. Die Zeiten haben sich geändert. Wer heute clever ist und das Investoren gegenüber glaubhaft und hartnäckig behaupten kann, ist ruck, zuck Milliardär. Wussten Sie, dass es weltweit zweitausendvierundzwanzig Milliardäre gibt? Zuckerberg hat es mit Facebook in nur einem Jahr vom Millionär zum Milliardär gebracht. Auch bei Jeff Bezos von Amazon ging es rasend schnell. Oder nehmen sie Larry Page oder Serge Brin von Google. Die meisten Milliardäre sind im Schnitt erst siebenunddreißig, wenn sie eine zehnstellige Summe als Vermögen haben.«

Gils wollte wieder lospoltern, doch dieses Mal beherrschte er sich.

»Sie glauben also ernsthaft, dass diese Jungs von Algamondo ebenfalls das Potenzial dazu haben?«

»Nun, der Markt für alternativen Treibstoff ist riesig, wächst rasant, und die Gründer scheinen Topexperten auf diesem Gebiet zu sein.«

»Wie passt der Einbruch in Ihr Bild?«

»Kommissar Bartier ermittelt noch. Keine Spur. Die wissen allerdings, dass es Profis waren.«

»Und woher haben Sie das erfahren?«

»Meine Quelle ist extrem zuverlässig. Weiblich, vierundfünfzig Jahre, nicht unattraktiv und überaus dankbar für kleine, na ja, Aufmerksamkeiten. Die sitzt sozusagen an der Quelle.«

Gils schüttelte nur den Kopf. Der Ehrgeiz seines jungen Reporters kannte offenbar kein Limit, wenn es darum ging, sich Informationen zu beschaffen.

»Gut. Ich finde den letzten Teil mit dem Alkoholiker etwas zu hart. Aber, sei es drum. Der Artikel wird uns mit Sicherheit Aufmerksamkeit bringen. In ein paar Tagen können die Leute den Kram über Istanbul wahrscheinlich gar nicht mehr hören. Sie werden Ihre Arschbacken zusammenkneifen müssen, damit Ihre lieben Kollegen sie nicht gleich vor meinen Augen von hinten ficken, Dubois. Schaffen Sie das?«

»Ja. Boss. Das halte ich aus.«

»Gut. Dann besorgen Sie sich einen guten Anwalt. Morgen geht das so in Druck.«

Montag, 10. April 2017 – 08:49 Uhr – Valencia

Miranda Gomez und ihr glücklicher Beifahrer hatten sich auf der langen Fahrt durch die Nacht gut verstanden. Der jungen Studentin wurde nach der stundenlangen Unterhaltung mit Sidibé erstmals bewusst, wie groß der Graben zwischen Afrika und Europa tatsächlich war. Eine riesige Schere zwischen Arm und Reich, zwischen wirtschaftlichen Großmächten und Entwicklungsländern. Miranda zweifelte ernsthaft daran, ob die westlichen Industriestaaten das jemals ändern wollten.

Als sie am frühen Morgen in Valencia eintrafen, war Miranda erschüttert von dem, was Sidibé ihr aus seinem Leben und von der Flucht berichtet hatte. Betroffen fragte sie ihn: »Und du konntest nichts für Kandia tun?«

»Nein, nicht ohne mein eigenes Leben zu riskieren.«

Als angehende Medizinerin wusste Miranda, wie nah Leben und Tod beieinander lagen. Sie hoffte, nie eine so harte Entscheidung darüber treffen zu müssen, wie Sidibé es hatte tun müssen.

»Wo soll ich dich absetzen, Sidibé? Bist du dir sicher, dass du anfangs nicht bei mir wohnen möchtest?«

»Danke, Miranda, das ist sehr nett von dir. Du hast schon so viel für mich getan. Ich glaube, es ist besser, wenn ich mich ab hier um meine Zukunft alleine kümmere. Ich bin nur eine zu große Belastung für dich.«

Sidibé freute sich über ihr ernst gemeintes Angebot. Insgeheim wusste er aber, dass er vorsichtig sein musste. Er war illegal in Spanien. Plötzlich bei einer alleinstehenden Frau zu wohnen, würde auffallen, insbesondere ihren Nachbarn. Auch seine kulturellen Werte ließen das nicht zu.

»Kannst du mich bitte zu dem Fußballstadion des FC Valencia bringen?«

Miranda Gomez wollte Orthopädin werden. Schon häufiger war sie mit ihrem Professor, der als Teamarzt die erste Mannschaft des FC Valencia betreute, auf dem Trainingsgelände der Fußballer zur praktischen Ausbildung gewesen.

»Ich werde dich in Paterna absetzen. Dort trainieren die Fußballer. Im Stadion ist heute niemand.«

Kurz darauf trafen sie auf dem Trainingsgelände ein. Die Verabschiedung war kurz, aber herzlich. Sidibé bedankte sich für alles und fügte lächelnd hinzu: »Danke, dass du mich nicht überfahren hast, sonst wäre meine Flucht umsonst gewesen.«

Miranda lächelte gequält: »Ja, umsonst, aber nach all dem, was du mir erzählt hast, nicht kostenlos.« Sie drückte ihn. »Pass gut auf dich auf, Sidibé.«

»Mach ich.« Dann ging Sidibé.

Miranda hoffte, dass dieser sympathische junge Mann es

schaffen würde, in Spanien zu überleben und eine Familie zu gründen, wie es sein größter Wunsch war. Ihr grüner Seat knatterte um die Kurve. Kurz darauf sah Miranda die ärmliche Gestalt nicht mehr in ihrem Rückspiegel.

Als er auf den Trainingsplatz des FC Valencia lief, bemerkte Salim Kouyaté den dunkelhäutigen Mann sofort. Der Star der Mannschaft traute seinen Augen nicht. Er blieb stehen und blickte in dunkle Augen, die ihn erwartungsvoll und voller Freude anstarrten. Der kraftlose Mann vor ihm musste harte Wochen hinter sich haben. Warum nur stand der, wie Hunderte Fans auch, bei ihnen auf dem Trainingsgelände? Dann erinnerte sich Salim an Mali, als er im Staub der Wüste noch hinter verknoteten Stofffetzen herjagte, die sie als Ball nutzten.

Sidibé hatte ihn gleich erkannt. Mein Gott, war Salim gereift. Körperlich hatte er durch das jahrelange harte Training enorme Muskelmasse aufgebaut. Er schien all das zu haben, wovon Sidibé über Jahre hinweg geträumt hatte. Erfolg, Sicherheit, Wohlstand. Salims federnder Gang jedoch, der lässige Blick, die Freude, gleich einem Ball hinterherjagen zu dürfen, hatte sich im Vergleich zu früher nicht geändert.

Salim kam langsam auf Sidibé zu. Immer noch ungläubig, wer diese dürre Gestalt in der abgerissenen Kleidung war. Es passte alles, nur der trostlose, unendlich traurige Blick passte nicht zu dem Freund seiner Jugend. Viele Jahre hatte er täglich an ihn gedacht. Sidibé war für ihn ein Stück seiner Heimat und seiner Kindheit zugleich. Mit ihm hatte er stundenlang neue Finten und Tricks mit dem Ball geübt. Täuschung nach links, rechts vorbei. Den Ball leicht lupfen, ihn fünf Meter vorlegen, ein starker Spurt, der Haken nach innen. Torschuss! Sidibé hatte zwar nicht sein Talent, war aber verdammt ausdauernd. Er konnte kämpfen und gab niemals einen Ball verloren. Selbst wenn er erst einige Sekunden nach einem Haken in der Lage war, die Situation zu erfassen, beeilte er sich sofort, die Verfolgung von Salim aufzunehmen. Dann die Grätsche, um ihm den Ball wieder abzuluchsen. Sollte es wirklich ein und derselbe Mensch sein, der jetzt völlig hilflos, erschöpft und abgemagert vor ihm stand? Zuzutrauen wäre es ihm. Sein Jugendfreund war schon immer zäh.

Das Leben war ein Glücksspiel. Vor Jahren hatte Salim das Glück, der Chancenlosigkeit der afrikanischen Hölle zu entkommen. Jetzt hatte er Tausende Anhänger. Friends und Follower in allen sozialen Medien. Der dort vor ihm stand, war nicht der digitalen Welt entsprungen. Hier stand ein echter Gefährte seiner Kindheitstage aus Fleisch und Blut. Dessen Leben war vermutlich nicht ganz so glücklich verlaufen.

Noch zögerte Salim. Dann warf sich Sidibé in seine Arme. Tränen übermannten die beiden Männer. Sie mischten sich mit einem breiten Grinsen und den Tönen der Sprache ihres Stammes, die Salim für immer verloren geglaubt hatte.

Trainer und Mannschaftskameraden beobachteten verblüfft die Szene aus einigen Metern Abstand. Sie warteten auf eine Erklärung. Salim reichte Sidibé seine Trinkflasche und spurtete zu seinem Trainer. Als der verstand, welch dramatisches Wiedersehen er hier miterleben durfte, rief er das Team zusammen. Geschlossen gingen sie zu Sidibé. Man klopfte ihm auf die Schulter, applaudierte und umarmte ihn.

Salims Training war für heute beendet. Er sollte sich um diese dürre Gestalt kümmern, die sich augenscheinlich mit letzter Kraft auf ihr Trainingsgelände geschleppt hatte.

wie er es drehte und wendete, der hochintelligente Kurde blieb ihm ein Rätsel.

McAllister wählte Lewellens Nummer.

»Bist du noch in London, John?«

»Ja, aber gerade mit einem Fahrer der Botschaft auf dem Weg zum Flughafen Richtung Ankara.«

»Was hältst du von den neuesten Nachrichten über den Schwiegersohn des Türken?«

»Interessant. Ich würde das aber nicht überbewerten, bis wir wirklich wissen, wer das lanciert hat«, meinte Lewellen.

»Das sehe ich auch so. Es zeigt allerdings, dass Bewegung in den Deal zu kommen scheint.«

»Wieso in den Deal?«, fragte Lewellen nach.

»Nun, ich denke, dass Birhat einen Teil der Waffen mit Öl aus den besetzten Gebieten bezahlen will.«

»Verstehe«, murmelte Lewellen.

»Vielleicht will er von sich ablenken, indem er den Türken belastet. Der Zeitpunkt wäre günstig.« Dann erzählte er dem Amerikaner von seinem Telefonat mit Phil Nellis.

»Das könnte passen. Guter Job, Henry.«

Montag, 10. April 2017 – 07:19 Uhr – Charleroi

Gils erwartete seine Redakteure für halb acht zur routinemäßigen Montagsbesprechung. Zehn Minuten vor dem Termin stand plötzlich der chronisch unpünktliche Dubois in seiner Tür.

»Ja?«

»Chef, das würde ich Ihnen gerne zeigen, bevor es in die Besprechung geht.«

Gils hatte nach seinem Spaziergang am Samstag beschlossen, Dubois eine Chance zu geben. Er nahm ohne Murren laden. Zwei Mitarbeiter fuhren den Koffer unmittelbar in den für solche Fälle ausgerüsteten Schutzraum.

Jetzt lag der Koffer vor ihnen in einer separaten Kammer, die durch eine bruchsichere Glasscheibe und eine extra Abluftanlage von den Beobachtern getrennt war. Die Experten der Flughafenpolizei und von Scotland Yard warteten. Sie durften nichts falsch machen. Unter höchsten Sicherheitsvorkehrungen sollte der Koffer geöffnet werden. Mit einem Spezialscanner war er zunächst durchleuchtet worden. Nichts Auffallendes. Gefahr durch Sprengstoff konnte definitiv ausgeschlossen werden. Dann wurde der Deckel vorsichtig angehoben. In dem Koffer befand sich nichts, mit Ausnahme eines mit silbernem Tape festgeklebten Briefumschlags. In dem Umschlag befand sich von außen gut erkennbar ein Reagenzglas oder etwas Ähnliches. Auf den Umschlag war mit dickem schwarzem Filzstift ein Totenkopf aufgemalt, so wie es typisch für die Warnung vor Bioziden auf Verpackungen war.

Darunter stand: *»Ist an den Leiter der Antiterroreinheit der Londoner US-Botschaft weiterzuleiten. S. Dermott.«*

Eine Stunde später war der Helikopter mit dem Antiterrormann aus der Botschaft und seinem Team von vier Leuten im Schlepptau eingetroffen. Nachdem er von Scotland Yard über den Fund informiert worden war, hatte er den Stabschef des Weißen Hauses aus dem Schlaf gerissen. Wenn das stimmte und es wirklich eine Nachricht von Dermott war, dann hatte dies allerhöchste Priorität. Der Stabschef instruierte im Halbschlaf den Anrufer, sofort mit John Lewellen oder Tom O'Reilly Kontakt aufzunehmen. Lewellen saß aktuell in einem amerikanischen Militärflieger nach Ankara und war nicht zu erreichen. O'Reilly hingegen meldete sich kurz darauf mit dem erbetenen Rückruf.

»O'Reilly hier. Was gib es?«

»Guten Tag, Sir. Dennis Hayden. Ich leite des CIA-Team an der Londoner Botschaft. Sir, es wurde heute Morgen am Flughafen in Gatwick ein merkwürdiger Aktenkoffer mit einem Briefumschlag gefunden, der wohl ein Reagenzglas enthält und die Unterschrift ›S. Dermott‹ trägt. Sagt Ihnen das was?«

»Heilige Scheiße!«, entfuhr es O'Reilly. »Wir suchen den Typen gerade im Zusammenhang mit den Anschlägen in der Zisterne von Istanbul. Bringen Sie den Umschlag sofort zu einem Spezialisten. Sichern Sie ihn in einem gegen Biowaffen resistenten Druckbehälter. Er wird nur auf meinen Befehl hin geöffnet. Ich will mir das Ganze live auf meinem Bildschirm ansehen. Und noch was. Holen Sie alle Mitarbeiter des Flughafens zusammen, die mit dem Brief oder dem Aktenkoffer in Kontakt waren. Keiner verlässt danach den Raum. Sie stehen ab sofort alle unter strikter Quarantäne. Ich will sofort wissen, wenn Sie oder jemand aus Ihrem Team anfängt zu spucken, ohnmächtig wird, Fieber oder Durchfall bekommt. Sie müssen jetzt extrem stark sein. Es kann sein, dass Sie und Ihre Männer die nächsten Tage nicht überleben. Alles verstanden, Hayden?«

»Ja, Sir. Fuck!«

Montag, 10. April 2017 – 11:35 Uhr – Ankara

»Was wissen wir, Tom?«

Lewellen war in einem Militärjet gegen halb zwölf in Ankara eingetroffen. Er quälte sich geschlagene fünfundvierzig Minuten durch den aufgestauten Verkehr bis zur amerikanischen Botschaft. Das Militär hatte die Stadt im Griff. Die Ungewissheit und Furcht vor neuen Anschlägen war überall zu spüren, doch von einer weiteren Apokalypse, wie sie in Istanbul passiert war, ging aktuell niemand aus. Zu abschreckend war die militärische Präsenz in der türkischen Hauptstadt. Endlich erreichte O'Reilly seinen Chef für ein Update.

»John, wir haben Lucy Grey immer noch im Verhör. Du wirst sie ja bald selbst sehen. Dann gab es noch einen Anruf aus London. Heute Nacht wurde in Gatwick ein Koffer mit einem verschlossenen Umschlag und einer Ampulle gefunden. Als Absender hat jemand S. Dermott darauf geschrieben.«

»Um Himmels willen! Bloß den Umschlag und die Ampulle nicht öffnen«, entfuhr es Lewellen.

»Keine Angst, John. Ich habe genau das den Kollegen in London auch schon gesagt. Eine in diesen Dingen erfahrene Truppe mit Schutzanzügen hat den Umschlag eingesammelt. Zur weiteren Untersuchung wurde er in ein Labor unserer britischen Kollegen gebracht. Die Männer, die den Koffer gefunden haben, sind sofort in Quarantäne gebracht worden. Maximal hatten zwanzig bis dreißig Personen der Sicherheitsbehörden direkten Kontakt mit dem Koffer. Er wurde auf einer Toilette gefunden. Unmöglich festzustellen, wer sonst noch alles dort war.«

Lewellen wurde es schummrig vor Augen. Wenn es sich um eine der Ampullen handelte, die sie in Istanbul gefunden hatten, dann hätte das Virus jetzt schon von unzähligen Personen aufgeschnappt werden können. Diese wären wiederum unauffindbar in alle Welt gereist. Die Inkubationszeit bei dem Zeug betrug vermutlich weniger als eine Woche. Der Ebola-ähnliche Charakter führte dazu, dass das Virus durch die üblichen Sozialkontakte wie ein Grippevirus übertragen wurde. Rasend schnell könnte sich so eine Pandemie ungeahnten Ausmaßes über den Erdball ausbreiten. Dagegen war sein Albtraum des gefluteten Disneylands harmlos. Wirre Gedankenblitze rasten durch seinen Schädel. Lewellen bemühte sich, seine Gedanken zu ordnen. Das Einzige, was ihm einfiel, war: »Tom, ruf McAllister an und sag ihm, was vorgefallen ist. Ich knüpfe mir gleich Lucy vor.«

13. Kapitel

Montag, 10. April 2017 – 12:00 Uhr – Rom

Die Menschenmasse, die die Fontana di Trevi bewunderte, traute ihren Augen nicht. Binnen weniger Sekunden färbte sich das kristallklare Wasser in ein giftiges Neongrün.

Plötzlich sprangen vier Männer in dunkler Kleidung und mit schwarzen Turbanen durch das Wasser. Blitzschnell kletterten sie seitlich auf den Brunnen. Dann zückten sie kurzläufige Schnellfeuerwaffen und zielten wahllos in die Menschenmenge. Der Platz vor dem Brunnen verfärbte sich in klebriges Rot, das von dem Blut der Opfer stammte. Menschen schrien, rannten panisch in alle Richtungen, behinderten sich gegenseitig. Wer flüchten wollte, stolperte über zuckende Körper, die im Todeskampf auf dem Boden lagen.

Vier der sechs Polizisten, die Tag und Nacht eines der bekanntesten Denkmäler Roms bewachten, bliesen in ihre Trillerpfeifen. Nur zwei der Carabinieri hatten den Ernst der Situation erfasst und unverzüglich ihre Waffen gezückt. Zehn platzierte Schüsse reichten, um drei der Angreifer niederzustrecken. Der vierte Mann riss an einer Kordel, die er um die Hüfte gebunden hatte.

Eine gewaltige Explosion erschütterte den Platz. Das giftgrüne Wasser ergoss sich über den zertrümmerten Rest des Brunnens und vermischte sich mit dem Blut der Toten.

nicht nur in der Privatwirtschaft extrem gut vernetzt war. Manche unterstellten McAllister sehr gute Kontakte zum MI6.

»Henry, ich hätte mich heute ohnehin noch bei Ihnen gemeldet.«

Interessant, dachte Sir Henry. Hatte ihn sein Gefühl nicht getäuscht, dass der schmierige Nellis seine Finger ganz tief im illegalen Ölgeschäft haben könnte.

»Nun, weswegen ich Sie sprechen wollte. Am Wochenende wurde mir durch einen sehr weitläufigen Bekannten eine Schiffsladung Öl angeboten. Zu sehr günstigen Konditionen. Der Mann meinte, die Ladung könne schnell geliefert werden. Sie sei offiziell vor einigen Tagen von der Türkei aus auf zwei Schiffen in Richtung Fos eingeschifft worden. Darüber hinaus behauptete er, in den nächsten Tagen noch Zugriff auf weitere größere Mengen zu haben.«

»Fos, sagten Sie, ist der Bestimmungshafen?«

»Ja.«

»Danke, Phil. Ich melde mich in den nächsten Tagen nochmals bei Ihnen. Ach, kann es sein, dass der Verschiffungshafen Ceyhan war?«

Phil Nellis bejahte.

Pflichtgemäß erkundigte sich McAllister noch, ob Phils Kinder immer noch so hervorragende Schüler seien. Die Privatschule sei sicherlich teuer, aber Nellis würde ja außerordentlich gut verdienen. Noch, fügte Nellis in Gedanken hinzu, als McAllister nach kurzen Worten der Anerkennung für die schulischen Leistungen der Kinder das Telefonat beendete. Für die Zukunft war Nellis sich da nicht mehr so sicher.

Montag, 10. April 2017 – 07:17 Uhr – Horsham

Sir Henry war zufrieden. Das klang nach einer brauchbaren Spur. Er schälte sich einen Apfel, um sich dann auf den Weg in sein Büro zu machen. Prompt schnitt er sich in den Finger. Sein Blut tropfte in das Waschbecken, von dort spülte es das Wasser in die Kanalisation. Da kam ihm ein Verdacht. Natürlich: die Crossness Pumping Station!

1831 hatte es den ersten Cholera-Ausbruch in London mit über sechstausendfünfhundert Toten gegeben. 1848 die zweite Epidemie. Vierzehntausend Tote. Die verschmutzte Natur hatte zurückgeschlagen. London hatte reagiert. Um der Fäkalien von damals 2,6 Millionen Einwohnern Herr zu werden, wurde ein Kanalsystem gebaut. 1865 war ein opulentes Pumpwerk im Osten Londons fertiggestellt und in Betrieb genommen worden. Seine Aufgabe bestand darin, die Scheiße aus der Themse weiter zum Meer zu pumpen. Das Oktagon war der eindrucksvolle Mittelpunkt des Pumpwerks. Ein Prunkstück früher Ingenieurbaukunst. Weinrote Säulen stützten eine mächtige Kuppel. Prunk, wie in dem Versunkenen Palast in Istanbul. Das opulente Bauwerk, mit der damals einzigartigen Funktion, stand so sehr im Gegensatz zu Birhats Heimatregion. Seit der türkischen Herrschaft fehlte es den Kurden an allem. Wollte Birhat vielleicht dieses alte Bauwerk, das von Tausenden Menschen jährlich als Meisterwerk der Technik bewundert wurde, zum Symbol der Verwundbarkeit und als Zeugnis seiner eigenen Macht nutzen? Ein Mahnmal der Ausbeutung und Ignoranz gegenüber seinem Land? Birhat war als kurdischer Junge unter schlimmsten sanitären Bedingungen aufgewachsen. Wie sehr hatte er den Westen wohl um seine intakte Infrastruktur beneidet? So sehr, dass er alles darüber wissen und sie jetzt zerstören wollte? Gab es weitere historische Gebäude in London, die schon vor Jahrzenten ihren Betrieb eingestellt hatten, aber einst der Wasserversorgung dienten? McAllister wollte dies durch einen seiner Mitarbeiter überprüfen lassen.

Vorrangig beschäftigte ihn jetzt, wie er eine illegale Öllieferung aufspüren konnte, ohne alle Welt aufzuscheuchen oder den Terroristen misstrauisch werden zu lassen. Jedenfalls passte das, was der schmierige Phil ihm vorhin berichtet hatte, in das Bild, das er mittlerweile von Birhat und dem Waffenhändler hatte. Birhat musste seine Terrororganisation finanzieren, war an größeren Ölgeschäften interessiert. Er wollte Kontrolle, beanspruchte quasistaatliche Herrschaft über die besetzten Gebiete und ihre Ölfelder.

Wie McAllister der MI6-Akte über Birhat entnommen hatte, konnte der Mann nicht nur Terrorvideos verschicken. Hinter den Kulissen ließ er diverse Regierungen wissen, dass er auf die Einhaltung des fast hundert Jahre alten Vertrages von Sèvres bestand. Bei ernsthaften Verhandlungen darüber würde der Terror enden. Er sah sich als neuen legitimen Anführer aller Kurden, egal, ob sie aus der Türkei, Syrien, dem Iran oder Irak stammten. Birhat hatte mehrfach in seinen politischen Botschaften betont, es würde von dem Verhalten des Westens abhängen, ob er ein guter oder ein böser Anführer war. Er forderte schon länger ehrliche Gespräche über das zukünftige Staatsgebiet eines unabhängigen Kurdistans. Die Alternative, die er aktuell aufzeigte, war das Ende der Welt. McAllister glaubte nicht, dass der Kurde den Terrorismus einstellen und sich der praktischen Weltpolitik für fähig erweisen würde. Intellektuell wäre er bestimmt dazu in der Lage, doch sein Hass war zu groß, um ihn auf der internationalen Bühne offiziell als Gesprächspartner zu akzeptieren. Egal

Montag, 10. April 2017 – 08:59 Uhr – Charleroi

Jacques wunderte sich, wieso Al-Gé heute mit einer guten Stunde Verspätung im Büro erschien. Wortlos winkte Al-Gé ihm zu und bedeutete ihm, schnell in sein Labor zu folgen. Jacques bemerkte einen massiven Bluterguss an Al-Gés rechter Schläfe. Zudem wiesen sein Gesicht und die Handgelenke Kratzspuren auf. Al-Gé verhielt sich merkwürdig. Eilig suchte er nach einem Stück Papier. Er fuchtelte mit den Armen und forderte Jacques auf, mit dem Finger auf seine lädierte Schläfe deutend, etwas Belangloses zu sagen.

»Guten Morgen, Alter. Schönes Wochenende gehabt?«, fragte Jacques irritiert.

Al-Gé schrieb etwas auf einen Zettel und zeigte auf seine Ohren. Dann legte er den Finger auf seinen Mund. Erst als Al-Gé ihm den Zettel mit der Notiz weiterreichte, konnte Jacques dessen Zeichensprache deuten.

»Wir werden abgehört«, stand da. *»Mach's kurz. Triff mich gleich auf dem Hinterhof unseres Nachbarn am Gebüsch.«*

»Ja, ja. Mein Wochenende war schön. Wundere dich bitte nicht über mein Gesicht. Kleiner Unfall. Ich bin über ein Buch gestolpert, das ich vergessen hatte aufzuräumen. Ist aber nicht weiter schlimm.«

»Na dann«, meinte Jacques und zuckte fragend mit den Schultern. Al-Gé wies ihn Richtung Tür.

»Ich muss dann mal, Alter. Hab noch viel zu tun. Wir sehen uns später zum Mittagessen.« Jacques ging.

Al-Gé hob den Daumen. »Ja, ciao, Jacques.«

Jacques war verwundert. Was hatte das zu bedeuten? Er holte seine Jacke und verließ das Gebäude.

»Ich bin gleich zurück«, rief er ihrer Sekretärin zu. »Muss noch kurz zum Bäcker.«

Al-Gé hatte sich zwischenzeitlich den Schlüssel des rückseitigen Ausgangs besorgt. Bevor er die Tür öffnete, schaltete er noch ihre Überwachungskameras aus. Schnell ging er, eng an die Hauswand gedrückt, zu dem Gebüsch, das ihr Grundstück von dem ihres Nachbarn trennte. Auf der anderen Seite hinter dem Zaun wartete Jacques.

»Du hattest recht, Jacques. Die Scheißkerle aus Monaco sind hinter uns her.«

»Waren die das?«, fragte Jacques und deutete auf Al-Gés Gesicht.

»Ja, ist aber nicht weiter schlimm. Pass auf, die lesen meine Mails und haben meine Wohnung verwanzt. Gut möglich, dass die auch schon bei dir waren.«

»Fuck«, entfuhr es Jacques. »Als hätte ich es geahnt.«

»Ich hatte heute Nacht Besuch von so einem Typen mit Dreitagebart. Er sagte, Miller hätte ihn geschickt.«

»Dunkelhaarig, braune Augen?«

Al-Gé bejahte.

»Das war wahrscheinlich Bruno, sein Fahrer«, meinte Jacques.

Al-Gé nickte.

»Ja, das war er. Ein Fahrer mit Nahkampftraining. Der Typ war gut und schnell. Ich hatte überhaupt keine Chance gegen ihn.«

Woher auch, dachte Jacques, der Al-Gés miserablen Trainingszustand bestens kannte.

»Also, Miller meint, dass wir ins Visier von Ölproduzenten geraten sind. Und ich werde verfolgt. Erinnerst du dich an den Typen im Le Royal neulich? Dieser Bruno hat mir ein Bild von ihm gezeigt. Er hat ihn vor meiner Wohnung beobachtet, bemerkt, wie der hinter mir her spionierte. Vielleicht ist das einer von den Typen, die unsere Technologie stehlen sollen? Bruno wollte das noch überprüfen lassen.«

»Das heißt, eigentlich wollte er dich warnen?«

»Ja, so etwas in der Art. Er sagte, dass er und Miller zu den Guten gehören. Trotzdem hat er mir aufgetragen, nicht mit dir darüber zu reden. Er war sich nicht sicher, wie du reagieren würdest und auf wessen Seite du bist.«

»Wie, auf wessen Seite? Der Kerl hat sie doch nicht mehr alle. Ich steh auf keiner Seite, sondern will helfen, dass die Welt endlich von teuren Erdölgeschäften unabhängig wird.«

»Ja, Jacques. Das weiß ich doch alles. Ich musste zum Schein auf Millers Angebot eingehen. Bruno bat mich, ein Auge auf dich zu haben.«

»Du sollst mich ausschnüffeln?«

»Ja. Diesem Bruno habe ich versprechen müssen, nicht mit dir über letzte Nacht zu reden. Ich habe mir nicht anders zu helfen gewusst als mit dem Zettel.«

»Verständlich«, sagte Jacques.

»Dann hat Bruno auch noch gemeint, dass Miller uns richtig gut findet und uns in keinem Fall pleitegehen lassen würde. Deren Angebot war ernst gemeint, Jacques. Glaub mir. Wenn der Typ in meinem Wohnzimmer etwas Gutes hatte, dann, dass er Millers Angebot aus Monaco erneuert und verbessert hat. Die bieten uns jetzt jeweils 2,5 Millionen für drei Prozent. Du weißt ja, wie ich dazu stehe.«

»Ja, du würdest die Kohle sofort nehmen. Vielleicht wärst du dann jetzt schon irgendwo tot in einem Straßengraben, nachdem die das Wissen aus deinem Kopf abgezogen haben. Mann, Al-Gé, merkst du denn nicht, wie die probieren, uns gegeneinander auszuspielen?«

»Natürlich merke ich das, Jacques. Deshalb habe ich dich

ja informiert. Du sollst wissen, dass ich voll und ganz hinter dir und deinen Entscheidungen stehe. Wir sind doch Partner. Nur, ganz ehrlich. Mir wird das alles etwas zu heiß. Die drohende Pleite, der Einbruch, Miller, Bruno, der Mann im Le Royal, dieser ominöse van Teese …«

»Hast du Bruno von ihm erzählt?«

»Nein, natürlich nicht. Nach allem, was ich von dir gehört habe, ist der Mann unsere letzte Hoffnung. Morgen sehen wir Dr. Rhode, oder? Vielleicht sollten wir ihn um Rat fragen und das weitere Vorgehen gemeinsam abstimmen.«

»Ja, sollten wir zumindest probieren. Wenn wir tatsächlich beobachtet und abgehört werden, ist das schwierig. Lass uns das situativ entscheiden. Deine Idee mit dem Zettel vorhin war klasse.«

In dem Moment schwebte eine kleine Drohne mit einer Kamera über ihren Köpfen hinweg.

»Mann, was für eine Scheiße!«

Montag, 10. April 2017 – 10:15 Uhr – London

Der Mann von Scotland Yard staunte nicht schlecht, als er in den extra für ABC-Angriffe ausgestatteten Raum des Londoner Flughafens Gatwick vorsichtig den Aktenkoffer öffnete, den man in einem Toilettenraum gefunden hatte.

Ein Sicherheitsbeamter war kurz nach drei von einem eiligen Fluggast, von dem mittlerweile jede Spur fehlte, über einen herrenlosen Aktenkoffer informiert worden. Ein Spezialteam war kurz darauf angerückt, hatte das Areal um die Toilette weiträumig abgesperrt. Nachdem Sprengstoffhunde an dem Aktenkoffer geschnüffelt und nicht angeschlagen hatten, wurde er mit einer Greifzange aufgehoben und auf einem elektrischen Spezialfahrzeug mit Sicherheitskabine ver-

Montag, 10. April 2017 – 12:00 Uhr – Salzburg
Die fünfunddreißigköpfige Besuchergruppe der deutschen Mädchenrealschule aus Rosenheim befand sich auf Abschlussfahrt. Sie waren am Morgen nach Salzburg gefahren, um Schloss Hellbrunn zu besuchen. Die Stimmung war ausgelassen und fröhlich, als sie die weltberühmte Neptungrotte betraten. Für die in Internet, Instagram und Flickr gestählten Teenager hatte der grimmig dreinschauende, muskulöse Mann mit dem Dreizack etwas Anziehendes.

»Meinst du, ich kann dem mal das Röckchen lüften?«, kicherte Emma in Richtung ihrer Freundin Klara.

»Iih. Sieh mal diese schreckliche Fratze.«

Eine absonderliche, blecherne Grimasse mit übergroßen Ohren verdrehte ständig ihre Augen und streckte dabei die Zunge heraus.

»Widerlich. Sieht aus wie Thomas, dein Ex«, lästerte Klara.

»Alter, du Arsch, du. Der Typ war viel hässlicher als die Fratze. Aber küssen konnte der, Mann.«

Kaum hatte Emma ihren Satz beendet, begann es von der Decke herabzuregnen. Die Mädchen schrien. Alle liefen wild durcheinander und drängten zum Ausgang.

»Immer mit der Ruhe, Kinder. Ist doch nur Spaß«, rief ihr Museumsführer. Auch die beiden Lehrer waren chancenlos gegen diese wild gewordenen Hühner. Kaum hatten die Mädchen den Ausgang der Grotte erreicht, wurden sie auch noch aus den Geweihen zweier Hirsche mit Wasser besprüht.

Im Nachhinein konnten sich die wenigen Überlebenden nicht mehr daran erinnern, was ihnen zuerst aufgefallen war. Die giftgrüne Farbe des Wassers in dem Becken vor dem Schloss oder die vier schwarz vermummten Männer, die im Laufschritt durch den Schlosspark flüchteten. Sie hatten Waffen umhängen. Diese rissen sie hoch und zielten rücksichtslos auf die kreischenden Mädchen, die aus der Grotte liefen. Siebenundzwanzig Mädchen lagen kurz darauf blutend auf dem Boden, während die Männer ihre Flucht fortsetzten. Von den fünfundfünfzig ermordeten Besuchern am Eingang des Schlosses hatten die Mädchen in der Neptungrotte nichts mitbekommen.

Montag, 10. April 2017 – 12:00 Uhr – London

Die Männer hatten in dem kleinen Waldstück im Osten Londons ungestört den modernen Raketenwerfer auf den Mitsubishi Truck montieren können. Ihr Ziel war der Parkplatz des Sporting Club Thamesmead F.C.. In seinem Wappen trug der Fußballclub das lateinische Motto des British Special Air Service: »Qui audet adipiscitur.« Wer wagt, gewinnt. Der Parkplatz lag in der unmittelbaren Nähe der Crossness Pumping Station. Die Koordinaten des Bauwerks waren einfach zu finden. Die Männer, die von der deutschen Bundeswehr gelernt hatten, die MILAN-Raketenwerfer zu bedienen, wussten über die Durchschlagskraft der Waffe in ihren Händen bestens Bescheid. Sämtliche Handgriffe, vom Zusammenbau, der Eingabe der Koordinaten, dem Einsetzen der Munition und schließlich dem erfolgreichen Schuss, hatten sie während ihrer Ausbildung in Hammelburg perfektioniert. Drei der Männer waren Teil der dreißigköpfigen kurdischen Truppe, die einst von den Deutschen zur Bekämpfung des IS bestens geschult worden war. Ihr Wissen im Umgang mit der Waffe setzten sie nun für Birhat ein. Dreißig Systeme und über fünfhundert Raketen hatten die Deutschen geliefert. Zwei der Systeme und einige Raketen waren angeblich während der Kampfhandlungen der Kurden gegen den IS verschwunden.

Eines der Systeme stand heute mit etlichen Raketen bestückt in London. Birhat hoffte, dass er schon bald dank Meyer weitere Systeme bekommen würde.

Ihr Auftrag bestand heute nicht darin, Tanklastzüge mit Selbstmordattentätern außer Gefecht zu setzen, so wie es ihnen die Deutschen gezeigt hatten. Ihr Auftrag war die Zerstörung des alten Gebäudes in der Nähe der Themse. Die Raketen fanden ihren sicheren Weg durch die Luft zur Crossness Pumping Station. Die Explosionen waren noch über einige Kilometer Entfernung zu hören. Das erste Ziel ihrer Mission war erreicht, das Gebäude gab es nicht mehr.

Die Männer zerlegten blitzschnell den Raketenwerfer und verstauten ihn in ihrem zweiten Fahrzeug, einem Land Rover. Den Truck ließen sie zurück. Im Innenraum des Fahrzeugs klebten sie an dessen Rückspiegel mit Sekundenkleber vorsichtig die Ampulle mit der grünlichen Flüssigkeit und eine Micro-SD-Speicherkarte. Sie sprangen in den Land Rover, den sie am Vormittag am Flughafen gemietet hatten, und begannen ihre Flucht in Richtung Dartford. Dort wechselten sie ein weiteres Mal ihr Fahrzeug, reihten sich in den Verkehr der M25 nach Norden ein. Schließlich bogen sie bei Singlewell ab, um weiter nach Thong zu fahren. Ihr übermütiges Gelächter über diesen merkwürdigen Ortsnamen, der übersetzt so viel wie »Stringtanga« bedeutete, übertönte die Eilmeldungen der BBC in ihrem Autoradio.

Birhats Ankündigung vom Ende der Welt war in Rom für einhundertachtundzwanzig Tote, in Salzburg für vierundsiebzig und in London für fünfzehn Tote bittere Gewissheit geworden.

Montag, 10. April 2017 – 12:58 Uhr – London

McAllister saß fassungslos in seinem Büro und starrte noch immer beunruhigt auf seinen Bildschirm, als ihn die Meldung über die Zerstörung der Crossness Pumping Station erreichte. Er konnte es nicht glauben, dass er sich gerade heute Morgen beim Rasieren Gedanken über die historische Stätte gemacht hatte. Jetzt war sie zerbombt. In Schutt und Asche gelegt von einem Wahnsinnigen, der Rache und Genugtuung suchte und auf dem Weg dahin jahrhundertealte Infrastrukturgebäude zerstörte.

Das, was Scotland Yard und die Antiterrorteams des MI5 und des MI6 standardmäßig tun konnten, hatten andere bereits veranlasst. Darum musste er sich nicht mehr kümmern. Straßensperren an allen relevanten Ausfallstraßen waren errichtet. McAllister glaubte nicht, dass ihnen ihr Fisch ins Netz gehen würde. Die Terroristen hatten zu cool, zu abgebrüht und zu clever agiert. Ihre Flucht war sicher schon lange vorab perfekt organisiert, ohne dass Straßensperren auch nur den Hauch einer Chance hatten.

Wo war Birhats Fehler?

Sir Henry fand keinen Ansatz.

Die Meldung zur Crossness Pumping Station hatte ihn von dem abgelenkt, was er vor gut einer Viertelstunde in einem Livemitschnitt auf seinem Bildschirm beobachtet hatte. Mit dem Fund des ominösen Koffers am Flughafen Gatwick hatte der heutige Tag eine neue Dimension an Komplexität gewonnen. Die Amerikaner in Ankara hatten darauf bestanden, den Umschlag erst zu öffnen, wenn eine Videoschaltung live gehen konnte. Das war gegen zehn nach zwölf der Fall gewesen.

Zuvor war ein Fahrer vom Flughafen Gatwick in einem

Der für Amerika und die freie Welt extrem brisante Inhalt der Schließfächer wird mit einer Erklärung von mir einem bekannten Journalisten und somit der Öffentlichkeit übergeben.
Ich denke, dass Sie um Ihre Verantwortung wissen.
Fick dich, Lucy!«

Montag, 10. April 2017 – 13:03 Uhr – Ankara
Lewellen und O'Reilly waren schockiert. Dieser Dermott hatte Amerika dank Lucy und ihrer eigenmächtigen Aktion in der Hand. Es bestand kein Zweifel daran, dass die Ampulle mit dem Kampfstoff echt war. Experten aus den USA wurden gerade eingeflogen, um das zu prüfen und sich ein persönliches Bild von der Substanz in der Ampulle zu machen. Rein äußerlich entsprach sie der Ampulle aus der Zisterne in Istanbul.

»Wissen wir, wie viele dieser Ampullen Birhat und wie viele Dermott hat?«, wollte Lewellen wissen.

»Lucy hat Dermott insgesamt zwanzig Ampullen gegeben. Wir wissen nicht, wie viele er behalten hat. Wenn Dermott clever war, dann hat er noch genug, um uns zu erpressen.«

»Was kann der Kerl anrichten, Tom?«

»Laut unseren Experten sind schon wenige Ampullen ausreichend, um Millionen Menschen zu infizieren. Wenn das Virus erst einmal freigesetzt wurde ...«

»Los, bring mich sofort zu Lucy. Was ist mit ihrem Handy, PC, Laptop? Was habt ihr gefunden?«

»Sorry, John, unsere Leute sind dran, aber wir warten noch auf die IT-Forensiker.«

»Fuck! Und wir wollen eine Großmacht sein?« Lewellen konnte nicht glauben, was er gerade gehört hatte. »Ich will, dass da jetzt etwas passiert, nicht übermorgen! Los, Tom, kümmere dich sofort darum.«

»Wird erledigt, John, Sir.«

Wütend ging Lewellen weiter. Tom führte ihn zu dem provisorischen Verhörraum in der US-Botschaft. Als er die Tür öffnete, saß Lucy ermattet vor ihm. Die tiefen Augenringe, ihre hervorstehenden Wangenknochen und die strähnigen Haare gaben ihr ein gespenstisches Aussehen. Jegliche Attraktivität war von ihrem Antlitz verschwunden. Ihre Augen starrten Lewellen leblos an, als er den Raum betrat.

»Hallo, Lucy. John Lewellen. Ich habe dich teilweise während deiner Ausbildung begleitet. Na los, lass mich verstehen, was passiert ist? Wo und ab wann lief es schief?«

Lewellen hatte sie bewusst ruhig und versöhnlich angesprochen, sie an früher erinnert in der Hoffnung, sie würde sich ihm öffnen.

»Guten Tag, Sir.«

»Du kannst gerne weiter John zu mir sagen so wie früher.«

»Ich denke nicht, dass Sie noch vertraulich mit mir umgehen wollen, wenn das alles hier vorbei ist, Sir. Ich habe einen Riesenfehler begangen.«

»Selbst wenn das so war, Lucy. Ist es nicht so, dass man einen zweiten Fehler begeht, wenn man den ersten nicht korrigiert?«

»Sagt das Ihr Freund Konfuzius?«

»Und mein gesunder Menschenverstand. Lucy, mit deinem Verhalten hast du Millionen Menschen gefährdet. Wir müssen jetzt alles tun, um das Zeug zu finden, das an Birhat ging. Wo ist Steve Dermott?«

»Wenn ich es wüsste, John, würde ich es Ihnen sagen. Ich habe keine Ahnung, noch nicht einmal eine Vermutung.«

Montag, 10. April 2017 – 13:03 Uhr – Marseille

Meyer hatte das drogenumkämpfte fünfzehnte Arrondissement von Marseille wieder lebend verlassen. Das war für die meisten nicht selbstverständlich, insbesondere dann nicht, wenn sie den Mann mit dem schwarzen Adidas-Jogginganzug, dem knallgelben Nike-Shirt und der Figur eines Bodybuilders als Gesprächspartner hatten. Hier in den »cités« im Norden Marseilles hatte Meyer Fahad Pogba, einen Freund und Kunden aus La Savine, besucht. Sie hatten sich vor vielen Jahren kennen- und schätzen gelernt, als Fahad für seine »Zidanes« Kalaschnikows von ihm gekauft hatte. Gute Ware, aus Ex-Jugoslawien. Dauerfeuermodus inklusive.

Fahad war zufrieden mit Meyer. Seit er die Waffen hatte, war seine Gang führend im Drogengeschäft der nördlichen Vororte bis hin zum »Parc Kallisté«. Seine Leute sollten es einmal besser haben als die anderen Gangs in diesem Sumpf aus Kriminalität, Gewalt, Dritter Welt und Ungerechtigkeit. La Savine war die Hölle auf Erden. Fahad Pogba war der Boss der Bosse in dieser Hölle.

Jetzt saß Meyer mit ihm in einem schwarzen BMW X5. Dunkle Scheiben, extra breite Reifen und schusssichere Verglasung ergänzten die hochmotorisierte M-Ausstattung. Fahad stellte die Rapmusik etwas leiser, nachdem Meyer ihn darum gebeten hatte. Vor Meyer hatte er Respekt. Der Typ war knallhart und eiskalt, so etwas mochte er.

»Da, probier mal. Gute Ware, mein Freund. Mach dir die Taschen voll damit.« Fahad reichte Meyer einen Beutel mit kleinen Tütchen voll weißem Pulver.

»Schenk ich dir. Dank deiner Ware läuft es gut bei uns. Die Marokkaner werden immer besser. Mittlerweile bringen die uns die Drogen bis nach Norden. In der Gegend um Malaga und Gibraltar herum ist es zu unsicher geworden. Die Bullen wollten zu viel mitkassieren. Wir haben etwas Ordnung schaffen müssen. Jetzt sind wir etwas weiter nördlich ganz gut aufgestellt.«

»Wie weit nördlich, bis nach Valencia?«, fragte Meyer.

»Ey, Alter! Ist das hier ein Verhör, oder was? Nicht mit mir, du Dumpfbacke. Hast du Arsch die Seiten gewechselt?«, fragte Fahad halb im Spaß, halb im Ernst.

»Damit mich die Bullen im Knast in den Arsch ficken? Bin ich verrückt? Da unterhalte ich mich doch lieber mit einem guten Freund über Geschäfte.«

»Los, sag schon, Dicker, was willst du?«

»Ich brauche ein, zwei gute Männer für einen Job in Spanien bei Valencia. Die müssen ein wenig für mich ›aufräumen‹ und mir bei einem Deal den Rücken freihalten.«

»Geht klar. Wie viele Opfer?«

»Wahrscheinlich zwei, vielleicht auch drei. Was dann bei der Abwicklung des Deals selbst passiert, weiß ich heute noch nicht genau. Ich plane, ihn allein durchzuziehen. Sag deinen Jungs aber trotzdem, dass die sich mal auf bis zu zwei Wochen Urlaub einstellen sollen.«

»Mann, Alter. Klingt gut. Würde ich gerne selbst machen, wenn meine Muschi nicht gerade unser erstes Kleines werfen würde. Du verstehst. Da kann ich nicht weg.«

Fahad öffnete das Fenster: »Abdelali?«

Ein Mann mit breitem Kreuz, schwarzer Lederjacke, grauer Jogginghose und der obligatorischen Ray-Ban-Sonnenbrille kam zu dem Auto. Das linke Bein schleifte der Mann leicht hinter sich her. Sein harter Gesichtsausdruck wurde von einer unschönen Narbe untermalt, die sich über seine gesamte linke Gesichtshälfte zog.

»Hey, Bruder. Du machst mit meinem Freund zwei Wochen Urlaub in Spanien. Der hat Stress mit zwei, drei Typen. Um die kümmerst du dich. Nimm Hakim mit und den 5er. Wenn ihr das erledigt habt, kann es sein, dass dich Django hier danach noch etwas länger braucht. Also, arbeitet sauber. Und denk daran, Bruder, lasst mir die spanischen Muschis in Ruhe. Hakim soll demnächst meine Schwester heiraten. Hau ihm notfalls in die Fresse, aber lass ihn am Leben.«

Der Mann nickte.

Fahad schloss das Fenster wieder. Zu Meyer gewandt sagte er: »Abdelali ist voll in Ordnung. Den kenn ich wie meinen eigenen Bruder. Die waren zusammen im ›Sandkasten‹, als man meinen Bruder vor vier Jahren dort ermordet hat. Seitdem hat Abdelali diese Scheißnarbe im Gesicht und hinkt ein wenig. Sieht übel aus, aber du kannst dich auf ihn verlassen. Ach ja, der Typ redet nicht viel. Laber ihn nicht an. Lass ihn besser in Ruhe. Sag ihm, wer es ist und wann er es tun soll. Den Rest erledigt der alleine.«

Meyer wusste, dass der »Sandkasten« ein schäbiger Keller in den Vierteln von Fahads Gang war. Dort wurde schon Kindern »an lebenden Beispielen« beigebracht, wie man jemanden verhört oder exekutiert. Meyer war einmal mit Fahad dort gewesen. Damals, als sie ihn und seine Referenzen vor ihrem Deal überprüften. Eine Erfahrung, auf die er gerne verzichtet hätte.

»Einverstanden. Hier ist ein Bild des ersten Typen, um den es geht. Ich werde dafür sorgen, dass er zu einer bestimmten Uhrzeit an einem Ort ist, an dem deine Jungs gut arbeiten können.«

Fahad blickte in ein bärtiges, sonnengebräuntes Gesicht und nickte.

»Danke, Fahad. Bist ein echter Freund. Ich lass dir zehn Riesen für deine Hilfe rüberwachsen. Das Gleiche geht nochmals an die Jungs, wenn der Deal erledigt ist.«

»Mann, Alter. Ich mach das doch nicht für Geld. Ich habe Spaß an so was. Tut gut, einem Freund helfen zu können. Hier, das ist Abdelalis Handynummer. Ich schicke ihn gleich los. Er wird heute Nacht in Valencia sein.«

Meyer sprang aus dem aufgemotzten SUV. Das Bündel mit den Scheinen ließ er auf dem Beifahrersitz liegen. Er stieg in seinen Mietwagen, winkte Fahad und seinen Jungs freundlich zu. Dann zündete er den Motor an und machte sich auf den Weg nach Spanien. Die Ware sollte mittlerweile schon in den Lagerhallen sein.

Eine Woche noch. Dann wäre er weg. Raus aus diesem Drecksgeschäft. Weg von diesen Typen. Für immer.

Montag, 10. April 2017 – 18:43 Uhr – Ankara

Der Tag war vergangen wie im Flug. Lewellen hatte es aufgegeben, persönlich weitere Informationen aus Lucy herauszuquetschen. Das Biest war hart, die Drogen, die man ihr verpasst hatte, wirkten langsam. Ob und was sie noch weiter auspacken konnte, stand in den Sternen. Lewellen glaubte, dass sie bislang die Wahrheit sagte und wirklich nichts über den Verbleib von Dermott wusste. Fakt war, Lucy hatte ihren Agenten verloren. Der hatte ihnen mit klaren Worten zu verstehen gegeben, was er von ihr hielt: *»Fick dich, Lucy!«*

Die Nachrichten von der Spurensicherung hatten ihn verwirrt und doch auch beruhigt. Sowohl am Trevi-Brunnen als auch am Schloss Hellbrunn waren nur Farbstoffe im Wasser festgestellt worden. Die Terroristen hatten bei den spektakulären Anschlägen sogenannte Tracer verwendet. Das waren ungiftige Salze, die bei Färbeversuchen eingesetzt wurden, um Wasserläufe zu verfolgen oder Leckagen zu finden. Die Analyse der Wasserproben ergab, dass es sich um Uranin handelte, ein Natriumsalz, das unter Tageslicht neongrün schimmerte. Eine kleine Menge davon reichte aus, riesige Flächen einzufärben.

Einer der Kriminaltechniker, der Segler war, meinte zu Lewellen: »Fünfhundert Gramm von dem Zeug und Sie können viertausend Quadratmeter Ozean schön bunt machen. Eignet sich bestens, um Suchtrupps im Falle eines Schiffbruchs anzulocken.«

»Wie kommt man an den Kram?«, wollte O'Reilly wissen.

»Kriegen Sie jederzeit im Internet. Hundert Gramm kosten um die zwanzig Euro. Sieht umso giftiger aus, je mehr es verdünnt wird.«

Menschen waren panisch aus den Innenstädten von Rom und Salzburg geflüchtet, als erste Bilder von dem giftgrünen Wasser aus dem Schlosspark Hellbrunn und dem zerstörten Trevi-Brunnen im Fernsehen gezeigt wurden. Die Bilder ähnelten den Schreckensmeldungen der vergangenen Tage aus Istanbul, allerdings ohne den Einsatz des Militärs.

In Rom wurde, anders als zuvor in Istanbul, blitzschnell auf den Anschlag reagiert, ebenso in Salzburg. Die Menschen in Italien waren es gewohnt, ihr Trinkwasser aus Flaschen zu nutzen. Sie hatten in der Regel ausreichend Reserven zu Hause gelagert. In Salzburg vertrauten viele dem unverzüglich gebildeten Krisenstab der Regierung. Die Fernsehsender reagierten sehr zurückhaltend, verzichteten auf Panikmache. Durch die furchtbaren Bilder aus Istanbul war die Presse alarmiert. Im Umgang mit der verunsicherten Bevölkerung würde man sensibel vorgehen. Was passieren konnte, wenn jeder, angeheizt durch übereifrige Journalisten, kopflos probierte zu fliehen, hatte Istanbul gezeigt. Abwarten, Ruhe bewahren war das Gebot der Stunde. Jetzt erst recht, nicht mit uns, wir bleiben, waren die Kommentare, die die Fernsehsender pausenlos von relativ entspannt auftretenden Bürgern in extra für diesen Zweck vorbereiteten Interviews ausstrahlten. Dann, zehn nach vier nachmittags, Entwarnung. Eilig wurde gemeldet, dass die auffälligen Verfärbungen des Wassers von ungefährlichen Farbstoffen ausgelöst worden waren. Es handle sich jedenfalls nicht um einen Giftstoffanschlag. Die befürchtete Massenpanik blieb aus.

In London war der Truck gefunden worden, von dem aus der Raketenwerfer abgefeuert worden war. Die ersten Minuten galten der Untersuchung der Ladefläche. Nachdem keine giftigen Spurenstoffe erkannt worden waren, öffneten Experten in Schutzanzügen vorsichtig die Fahrertür.

Am Rückspiegel war eine grünlich schimmernde Ampulle mit Sekundenkleber und eine Micro-SD-Karte befestigt. Die Spezialisten in ihren Schutzanzügen hatten sofort reagiert und vorsichtig den Rückspiegel entfernt. Man hatte zu Recht gehofft, dass die Ampulle nicht mit einer Sprengfalle verbunden war. Offenbar legten die Täter es darauf an, Nachricht und Ampulle unzerstört den Ermittlern zu überlassen. Der Druckbehälter und das Spezialfahrzeug trafen kurz nach halb acht in Pirbright ein. Eine gute Stunde später waren Ampulle und Micro-SD-Karte voneinander getrennt worden, ohne dass sie jeweils zerstört worden wären. Mit Spannung war die Micro-SD-Karte abgespielt worden. Die Nachricht war eindeutig, der Terror würde weitergehen, bis die Forderungen des Kurden erfüllt wurden.

gepanzerten Fahrzeug mit dem Druckbehälter nach Pirbright im Südwesten Londons aufgebrochen. Dort gab es ein Labor, das an Impfstoffen gegen tödliche Viren forschte. Pirbright verfügte über ein Labor des Bio Safety Levels 4, kurz BSL 4 genannt. Das war die höchste Sicherheitsstufe von Schutzräumen vor tödlichen Viren. Es hatte einige Zeit gedauert, bis der Behälter und die Spezialisten in ihren luftdicht abgeschlossenen Ganzkörperschutzanzügen durch diverse Schleusen zur Untersuchung gebracht worden waren.

Gespannt beobachteten Lewellen, O'Reilly und McAllister auf ihren Bildschirmen, wie das Spezialteam der Biowaffenexperten vorsichtig den Umschlag mit einem Skalpell öffnete.

Sie fanden eine Ampulle bekannter Machart und einen Zettel. Darauf stand:

»Die Welt hält aktuell den Atem an.
Ich bin daran nicht unschuldig. Allerdings hat mich die CIA gezwungen (Details liegen zur Veröffentlichung in einem Schließfach), eine tödliche Biowaffe in die Hände von Farqîn Birhat zu spielen. Ich sollte mir dessen Vertrauen erschleichen. Das ist mir gelungen.
Wenn Sie wollen, dass ich dieses Geheimnis für mich behalte, lassen Sie mich am Leben.
Wenn Sie mich jagen, informiere ich die Öffentlichkeit.
Wenn Sie mich töten oder festnehmen, werden die Ampullen (ein Exemplar anbei) mit dem Virus an einschlägige Labors gelangen. Ich habe mehrere Ampullen in meinem Besitz.
Sollte ich mich nicht täglich bei den von mir ausgesuchten Kontaktpersonen melden, wird die Wahrheit über die Geschichte der Ampullen der Presse mitgeteilt.

»Die Ereignisse des heutigen Tages waren der Anfang vom Ende der Welt. Ich werde in immer kürzer werdenden Abständen das zerstören, von dem eure Überlebensfähigkeit abhängt.
Solange uns nicht gegeben wird, was uns zusteht – ein eigener Staat, die Verwaltung über unser Eigentum, Land, Wasser, Öl –, wird kein Frieden einkehren.
Ich bin bereit, auf der Basis des Artikels 64 des Vertrages von Sèvres zu verhandeln. Dazu erwarte ich glaubwürdige Angebote, die mich überzeugen. Sonst werde ich den Druck erhöhen.
Farqîn Birhat«

14. Kapitel

Dienstag, 11. April 2017 – 06:43 Uhr – Charleroi

»Verdammt, hast du gelesen, was heute in der Zeitung steht?«

»Nein, noch nicht. O Mann, Jacques. Du hast mich gerade erst durch deinen Anruf geweckt«, krächzte Al-Gé noch im Halbschlaf. »Und ja, natürlich habe ich die Nachrichten über die Anschläge gestern im Fernsehen verfolgt. Wahnsinn! Hört das denn nie auf?«

Al-Gé hatte seit Tagen das erste Mal wieder eine Nacht in Ruhe in seinem eigenen Bett verbracht, ohne von stundenlangen anstrengenden Liebesspielen, amerikanischen Politsatiren, Einbruch oder Erpressung wach gehalten worden zu sein. Heute musste er ausgeschlafen und geistesgegenwärtig sein. Es war der Tag, an dem Dr. Rhode zu ihnen zu Besuch kommen würde.

»Die Anschläge meine ich nicht. Es betrifft uns. Ein Schmierfink des *Charleroi Matin* hat einen vernichtenden Artikel über uns veröffentlicht.«

»Was? Wieso denn über uns?« Augenblicklich war Al-Gé hellwach.

»Mathis Dubois heißt der Typ. Er schreibt über den Einbruch und dass du Alkoholiker bist. Außerdem behauptet er, dass wir uns zerstritten hätten und kurz vor der Pleite stehen würden. Der erwähnt selbst Marc und Dr. Rhode.«

Al-Gé war fassungslos. »Wie kann das sein? Woher weiß der Kerl das alles?«

»Das ist jetzt erst einmal egal, weil wir das auf die Schnelle nicht klären können. Ich frage mich allerdings, was passiert, wenn unsere Mitarbeiter und Dr. Rhode den Artikel lesen.«

»Fuck!«, entfuhr es Al-Gé.

»In der Tat. Wir müssen uns dringend dazu abstimmen. Kannst du mich so in einer Stunde beim Bäcker treffen? Ich schaffe es nicht, alleine die Sachen zu tragen, die ich für unseren Besuch kaufen muss.«

Beim Bäcker? Dann erinnerte Al-Gé sich. Sie wurden vermutlich auch gerade wieder abgehört. Er hatte mit Jacques vereinbart, dass das Gebüsch hinter ihrem Labor ihr geheimer Treffpunkt sein würde für den Fall, dass sie vertraulich reden mussten. Den Ort hatten sie »beim Bäcker« getauft.

»Sollte ich schaffen. Ich muss nur vorher im Labor kurz nach den Analysen der letzten Nacht sehen. Sagen wir um acht beim Bäcker.«

»Ja, bis dann.«

Jacques legte auf und war wütend auf den Schreiberling, auf Peter Miller aus Monaco, auf Al-Gé und vor allem auf sich selbst. Shit! Wo war der Maulwurf, woher hatte Dubois die vertraulichen Informationen? Steckte mehr hinter dem Zeitungsartikel und dessen Veröffentlichungsdatum als nur das Geschmier eines wichtigtuerischen Journalisten? Wer versuchte, Druck auf sie aufzubauen, um sie mit negativer und verfälschender Berichterstattung zu vernichten? Wirtschaftsspionage? Die Beseitigung eines lästigen Wettbewerbers? Jacques wusste es nicht. Das Luftbild von ihrem Gebäude, das in dem Artikel veröffentlicht war, stammte offenbar von der Drohne, die gestern über ihren Köpfen hinwegflog, als sie sich an dem Gebüsch getroffen hatten. Dubois hatte ihr Gebäude wohl mittels der Drohne von oben fotografiert. Das Licht auf dem Bild in der Zeitung passte zu der fraglichen Uhrzeit.

Jacques zückte sein Handy und sprach zu Google: »Mathis Dubois, Journalist.« Keine fünfzehn Sekunden später hatte er das Bild von dem Mann vor sich. Kein Zweifel, das war der Typ aus dem Café, der sich so aufdringlich am Nebentisch platziert hatte. Natürlich, schoss es ihm durch den Kopf! Völlig unbedenklich und unachtsam hatten Al-Gé und er sich in dem bis auf Dubois leeren Café ausgesprochen. Sie waren laut und emotional geworden. Er selbst hatte Al-Gé angebrüllt, gefragt, warum der wieder saufen würde? Das erklärte vieles, allerdings nicht, woher der Typ von dem Einbruch wusste. War der Journalist darin verwickelt, hatte er sich zusätzliche Informationen besorgen wollen? Jacques verwarf die Idee recht schnell. Schließlich waren vier Personen gesehen worden, die einen Spezialsprengstoff benutzt hatten. Absolute Profis. Das traute er einem Journalisten nicht zu.

Dennoch, er war von der Situation verunsichert. Mit wem konnte er darüber reden, wer konnte helfen? Dr. Rhode war aktuell im Anflug auf Brüssel und nicht zu erreichen. Von Marc hatte er blöderweise keinerlei Kontaktdaten. Robert le Bot? Der kannte bestimmt einen guten Anwalt, der in ihrem Auftrag die Zeitung verklagen würde. Eine Klage und ein guter Anwalt kosteten aber wieder Zeit und Geld. Geld, das sie aktuell nicht hatten. Er konnte nichts anderes tun, als ruhig zu bleiben und abzuwarten, bis er sich mit Al-Gé abgestimmt hatte. Da fiel ihm Andy ein. Vielleicht hatte der ja Marcs Handynummer.

Dienstag, 11. April 2017 – 07:18 Uhr – Monaco

Der Krisenstab in Istanbul, London und Washington hatte bis tief in die Nacht nach Lösungen gesucht, um angemessen auf die Attentate und Birhats Nachricht reagieren zu können.

Eines war klar, die Amerikaner hatten den Schwarzen Peter. So sehr Lewellen sich gegenüber den anderen auch für seine Regierung einsetzte, er selbst war erschüttert. Gestern hatte er Dinge über sein Land erfahren, die er zuvor nicht für möglich gehalten hatte. Fort Detrick war ein einziger unorganisierter Verhau. Neunhundert Mitarbeiter, handverlesen. Alle hoch talentiert, der Wissenschaft zugeneigt. Allerdings alle im Elfenbeinturm der Eliteuniversitäten erzogen. Keine Lebenserfahrung. Wer hatte ihnen ein gesundes Misstrauen gegenüber möglicher Ausforschung vermittelt, ihnen die gefährliche Bedeutung ihrer Position bewusst gemacht? Niemand. Leichtes Spiel für jemand wie Lucy Grey. Wahrscheinlich war der verliebte Wissenschaftler, den seine Jungs mittlerweile seit gut siebzehn Stunden in Washington verhörten, extrem schlau auf seinem Gebiet. Von der emotionalen Intelligenz her stand der Mann jedoch auf dem Level eines pubertierenden Jünglings, kontrolliert von einschießenden Hormonen. Er konnte nach wie vor nicht verstehen, warum »seine« Mathilda, Lucys Tarnname ihm gegenüber, ihn so übel hintergangen hatte. Sie wollten doch nächsten Monat heiraten.

Lewellen erinnerte sich. Fort Detrick und die dortige Impfstoffforschung waren schon immer ein interessantes Ziel für Spionageaktivitäten gewesen. In den Achtzigerjahren hatten die Russen und ihre Satellitenstaaten eine Diskriminierungskampagne lanciert. Ihre Behauptung: Das HIV-Virus sei in Fort Detrick als Biowaffe entwickelt worden, um gegen bestimmte Gesellschaftsgruppen, wie Schwarze und Homosexuelle, eingesetzt werden zu können. Die Stasi hatte das Projekt »Denver« getauft. Die Sache hatte sich aufgeklärt. Für hinreichende Gegenpropaganda hatte seine Regierung gesorgt. Doch offene Aufklärung der Berechtigung der Vorwürfe sah schon damals anders aus. Die aktuelle Situation war eindeutig. Nach Lucy Greys Geständnis gab es jetzt keinerlei Zweifel mehr, dass Fort Detrick im Regierungsauftrag tatsächlich tödliche Viren entwickelte. Viren, die einmal freigesetzt, den schleichenden Tod der Menschheit bedeuteten. Experimente, die durch moderne Gentechnologie erst ermöglicht wurden. Und das alles zur Erhaltung des Weltfriedens. Weltfrieden? Ein großes Wort.

Ihr weiteres Vorgehen war die ganze Nacht hindurch diskutiert, verworfen, überarbeitet und schließlich beschlossen worden. Jetzt musste ihr Plan umgesetzt werden, deshalb telefonierte Lewellen am Morgen als Erstes mit Peter Miller in Monaco.

»Guten Morgen, Peter.«

»Hallo, John. Wo bist du? Wie stehen die Dinge bei euch?«

»Ich bin aktuell noch in Ankara.«

»Ist die Lage dort auch so aufgebracht und unruhig wie in Istanbul?«

»Nein. Gott sei Dank, weiterhin angespannt, aber keine Ausschreitungen. Das Militär zeigt überall Präsenz, und die Menschen bleiben vernünftig, verhalten sich ruhig.«

»Dennoch, kein schöner Ort im Moment vermute ich.«

»Welcher Ort ist schon schön, wenn ein egoistisches Monster die Welt mit einem Virus bedroht? Ach, egal. Wir haben Lucy Grey verhört und weitere Erkenntnisse gewonnen. Du musst sofort ein Team deiner Jungs nach Marseille schicken. Es sind zwei Schiffe mit Öl aus der Türkei zur Entladung

Richtung Fos unterwegs. Das Öl stammt vermutlich aus den von den Kurden besetzten Gebieten in Syrien, auf die Birhat und seine Organisation Zugriff haben.«

»Wissen wir, welche Schiffe das sind?«

»Wir haben nur Vermutungen. Unsere Experten haben das Mittelmeer gescannt. Sie meinen, dass sich zurzeit ungefähr zweitausend Frachtschiffe dort bewegen. Im westlichen Mittelmeer sind es eintausend. In der Nähe der Häfen um Marseille herum befinden sich siebenundachtzig Schiffe. Die Hälfte davon sind Öltanker.«

»Das heißt, wir reden von über vierzig Schiffen, die infrage kommen könnten?«

»Ja, aber wir haben die Suche noch weiter eingegrenzt. Innerhalb der letzten sechs Wochen haben zwölf Schiffe, aus Ceyhan kommend, die französischen Häfen um Marseille als Ziel angegeben oder ihre Route später entsprechend dahin geändert. Es sind exakt vier Schiffe übrig geblieben, die ihre Ladung noch nicht gelöscht haben.«

»Respekt!«, meinte Peter. »Gute Arbeit, John.«

»Danke. Du musst für uns mit einem Team deiner Jungs sofort dorthin. Hör dich nach den Schiffen um. Finde heraus, was mit dem Öl nach der Entladung passiert, für wen es bestimmt ist, und wer sich sonst noch für die vier Schiffe und ihre Ladung interessiert. Aber sei vorsichtig. Bleib in Deckung. Wir dürfen keine Unruhe erzeugen, keinen Verdacht aufkommen lassen. Sonst wird der Deal abgeblasen, und wir finden die Ampullen mit dem Virus nie.«

Kurz darauf stand die Legende, mit der Peter Miller und sein Team losgeschickt wurden. Die Maschinerie für die Jagd war in Gang gesetzt.

Dienstag, 11. April 2017 – 07:45 Uhr – Valencia

Salim stand unter der Dusche, um gleich Richtung Trainingsplatz zu fahren. Er konnte es nach wie vor nicht fassen, was er gestern erlebt hatte. Während der Schaum des Shampoos an seinen Ohren, der Nase und dem Mund hinunterfloss, musste er an das Gespräch denken, das er mit Sidibé abends auf seiner Dachterrasse geführt hatte. Ihm war bewusst geworden, wie viel Glück er im Gegensatz zu seinem Jugendfreund hatte. Für Sidibé würde es schwer, sich ein eigenständiges und legales Leben in Europa aufzubauen. Er wollte ihm dabei unbedingt helfen. In Mali wurde er von den Islamisten verfolgt. Das würde ihn berechtigen, Asyl in Spanien zu erlangen. Salim wünschte sich Gerechtigkeit für seinen Freund. In der Nacht hatte er ihn im Schlaf vor Angst schreien gehört. Er war selbst nass geschwitzt aufgewacht, hatte Bilder im Kopf, von denen Sidibé ihm erzählt hatte, musste an die toten Kinder in seiner Heimat denken.

Salim würde alle ihm zur Verfügung stehenden Hebel in Bewegung setzen, damit Sidibé möglichst rasch ein normales Leben führen konnte. Schon lange war er mit dem Wirt eines Lokals am Rande der Altstadt Valencias befreundet. Wenn er dort zumindest vorübergehend Arbeit finden konnte, würde das Sidibé helfen, auf andere Gedanken zu kommen. In der Küche war immer etwas zu tun. Schmutzige Teller waren zu reinigen und abzuspülen. Nichts auf Dauer für Sidibé, aber zumindest etwas für den Anfang. Salim kam aus der Dusche und tippte das Restaurant Al Tun Tun in die Kontaktsuche seines Handys. Verschlafen meldete sich der Besitzer, José Sanchez.

»Hallo, Salim. Was kann ich für dich tun? Brauchst du einen Tisch für heute Abend?«

»Nein, heute nicht. Aber, José, ich brauche deine Hilfe. Bei mir wohnt seit gestern ein Jugendfreund, der aus Mali geflohen ist. Er wird heute noch mit meinem Anwalt einen Asylantrag stellen. Ich mache mir echte Sorgen um ihn. Er sollte besser nicht den ganzen Tag hier bei mir allein in der Wohnung verbringen. Mein Freund Sidibé muss raus, unter Menschen, etwas tun, arbeiten, um sich abzulenken. Nur so wird er beginnen, ein normales Leben zu führen. Kannst du ihm nicht anfangs bei der täglichen Routine etwas helfen? Ihn betreuen, eine Aufgabe geben und im Lokal oder in der Küche mitarbeiten lassen?«

José stimmte sofort zu. Für Salim hätte er alles gegeben, selbst sein Restaurant in den Vereinsfarben gestrichen und umdekoriert. Er war ein großer Fan des FC Valencia, und sein Freund Salim Kouyaté war deren bester Mann.

»Geht klar, Amigo. Sidibé soll heute um vier Uhr bei mir sein. Ich werde mich um ihn kümmern. Mal sehen, ob wir aus ihm nicht einen guten Koch machen können.«

Als Sidibé kurz nach dem Telefonat aufstand und in die Küche kam, erzählte Salim ihm von seinem Plan.

»Eines meiner Lieblingslokale ist das Restaurant Al Tun Tun. Es bietet frische mediterrane Küche. Der Inhaber ist ein guter Freund von mir. Ich habe ihn gefragt, ob du bei ihm im Restaurant helfen könntest. Er war sofort einverstanden.«

Sidibé war begeistert und freute sich darauf, José zu treffen.

Dienstag, 11. April 2017 – 07:53 Uhr – London/Istanbul

John Lewellen spürte, wie sich die Welt um ihn herum drehte. Bilder der einstürzenden Twin Towers tauchten plötzlich wieder vor seinen Augen auf. Dieses Mal würden nicht zwei

Hochhäuser kollabieren. Bei dem kleinsten Fehler im Umgang mit Birhat und dem Teufelszeug in seinen Händen konnte in den nächsten Wochen die amerikanische Regierung zusammenbrechen, die Welt sich für immer verändern. Lucy Grey mochte im Alleingang gehandelt haben, doch es gab in seinem Job viele »Lucy Greys«. Sie alle arbeiteten für eine Regierung, die bedingungslosen Einsatz forderte, ihn aber gar nicht verdiente. Lewellens Glaube an die grundlegenden Werte der Demokratie, an Anstand und der Achtung von ethischen Prinzipien waren zerstört. Aus Vaterlandsliebe, seinem Glauben an Gott, wegen Wahrheit und Ehre hatte er den Job angetreten, den er bis heute loyal ausfüllte. Für diese Werte hatte er seine Familie geopfert, seine Freunde ignoriert, Menschen verfolgt und töten lassen. Darüber war er zu einem einsamen alten Mann geworden. Ein Mann, der Gewalt verabscheute und sie doch billigte, um sein Land zu retten. Viel blieb aktuell nicht zu tun. Der Stabschef war informiert, der Präsident nicht erreichbar. Einzig McAllister hatte sich als verständnisvoller Freund erwiesen.

»John, es hilft nicht, wenn wir Schuldzuweisungen machen und euer Labor verdammen. Wo Menschen arbeiten, passieren Fehler«, hatte er ihm soeben am Telefon gesagt, als er mit ihm die nächsten Schritte abstimmte.

»Ich habe gerade Peter in seiner Rolle als amerikanischen Venture-Capital-Investor losgeschickt, um sich in Marseille umzuhören. Er wird behaupten, ein amerikanisches IT-Unternehmen aus seinem Portfolio dabei zu unterstützen, Kunden für eine Referenz in Europa zu gewinnen. Das Start-up, das wir für ihn erfunden haben, kann angeblich Wunderdinge, um den Hafenbehörden ihren Alltagsstress zu erleichtern. In den jetzigen Zeiten verschärfter Kontrollerfordernisse werden sie Hilfe durch bessere Software gut finden. Miller wird mit den richtigen Fragen einiges an Interna erfahren. Das wird uns helfen, die Vorgehensweise bei der Löschung und Weiterverarbeitung des Öls zu durchleuchten. Dann sollten wir die Schwachstellen im System kennen und vielleicht eine weitere Spur haben.«

»Clever«, bemerkte Henry McAllister. »Doch etwas bereitet mir Kopfzerbrechen, John. Selbst wenn wir das Öl als Bezahlung für die Waffen abfangen, wissen wir nicht, wo die Ampullen sind.«

»Das ist es, warum ich unser Geschäft so hasse. Du drehst einen Stein um, findest eine Spinne. Du zertrittst sie mit deinem Schuh. Gleichzeitig stößt du aber aus Versehen an den nächsten Stein. Schon wieder krabbelt so ein Biest darunter hervor und will vor dir flüchten, nur um sich unter den nächsten Stein zu verkriechen und weiter zu vermehren.«

»Mal angenommen, wir hauen jetzt so richtig auf den Putz. Wir setzen sämtliche Ölfrachter, die aus der östlichen Türkei kommen, fest, nehmen sie auseinander und drohen an, weitere zu kontrollieren. Wie wirkt das auf den Kurden? Was wird er tun? Schließlich muss er das Öl aus den von ihm besetzten Ölfeldern dauerhaft zu Geld machen, um seine Organisation zu finanzieren …«

»… und die Waffenkäufe. Nur so kann er gegen seine Widersacher bestehen, das eroberte Territorium behaupten.«

»Er hat folgende Alternativen: Entweder hat er alles so gut vorbereitet, dass ihn die Kontrollen nicht kümmern.«

»Das ist schwer vorstellbar, aber das wird Peter herausfinden.«

»Oder, zweite Alternative, er wird richtig wütend?«

»Genau, er tobt, ist außer sich vor Wut, geht von Verrat aus.

Fragt sich, Verrat von wem und von was und warum gerade jetzt, da der Deal heiß ist.«

»Exakt. Um das aufzuklären, räumt er in seinem eigenen Nest auf. Das bekommen wir im Zweifel nicht mit, es geht schnell und rücksichtslos. Dann ist der Kerl dran, der ihm die Waffen verkaufen sollte.«

»Der könnte ihn verraten haben. Der Druck auf ihn erhöht sich spürbar. Der Waffenhändler wiederum wird zweifeln, ob er noch seine Bezahlung bekommt. Bis dahin gibt es keine Übergabe der Waffen …«

»Was uns hilft.«

»Doch, Birhat wird noch wütender. Der Waffenhändler will nicht von dem tobenden Kurden gefunden werden.«

»Wenn der Dealer schlau ist, wird er sich darum kümmern, dass der Kurde ihm zukünftig nicht mehr in die Quere kommt.«

»Erste Alternative, er verkrümelt sich. Ab da lebt er mit der Gefahr, irgendwann gefunden zu werden. Der Kurde vergisst und verzeiht ihm nicht. Zweite Alternative, der Waffenhändler will Birhat beseitigen. Nicht selbst, sondern mit externer Hilfe.«

»Richtig. Dazu wird er ihn verpfeifen, jemandem mit Einfluss Tipps geben, um ihn fassen und aus dem Verkehr ziehen zu können.«

»Es würde mich nicht wundern, wenn dieser Dermott unsere Kollegen in China, Russland oder Nordkorea kontaktiert, ihnen häppchenweise Informationen verkauft. Die werden aufhorchen, ihm einen Deal anbieten. Eine neue Identität, einige Millionen, ein Haus im Süden. Als Gegenleistung für den Aufenthaltsort von Birhat und die Identität seiner weiteren Kunden.«

»Und über die Ampullen, die er in seinem Besitz hat.«

»Mist! Natürlich, so läuft das Spiel. Was können wir tun?«

»Nicht viel, außer abzuwarten, auf Fehler zu hoffen, den Waffenhändler und Birhat mürbe zu machen, den Druck zu erhöhen.«

»Hm? Also, wir machen das Mittelmeer dicht, aber lassen ein, zwei Häfen im westlichen Mittelmeer offen. Vielleicht Marseille oder Valencia. Es kommt zu Zeitdruck und Birhat muss das Öl noch vor den verschärften Kontrollen entladen. Dann machen wir Marseille zu. Es bleibt Valencia. Trichter und Gefäß stehen bereit.«

»Ja, und das Hauen und Stechen, das stattfindet, wenn unsere Kollegen in China, Russland oder Nordkorea Gefahr für ihre eigene Position wittern, ist unsere Chance. Gut möglich, dass jemand die Nerven verliert, plaudert, weil der Deal zu heiß wird.«

»Vermutlich die Chinesen, da die sich immer in alle Richtungen hin absichern und in langen Zeiträumen denken. Ein Tipp zum richtigen Zeitpunkt und die haben wieder etwas bei uns gut.«

Dienstag, 11. April 2017 – 07:58 Uhr – Charleroi

Die beiden Partner trafen sich wie verabredet »beim Bäcker«. Sie hielten jeweils ein Exemplar des heutigen *Charleroi Matin* in den Händen. Beide waren gereizt.

»Den Kerl bringe ich um«, fluchte Al-Gé. »Hast du dir mal dessen Profil im Internet angesehen? ›Investigativjournalist‹! Eine Kröte ist der, wenn der den Mund öffnet, kommt nur ›quack, quack‹ heraus.«

»Lass uns probieren, ruhig zu bleiben, Al-Gé. Wir haben nicht viel Zeit. Wir müssen gleich zum Flughafen nach Brüssel, um uns mit Dr. Rhode zu treffen.«

»Ich weiß. Mann, ich bin stinksauer. Im Übrigen ist dieser Dubois der Kerl, der mir laut Bruno an den Fersen klebt. Bruno hat mir Bilder präsentiert, die zeigen, wie Dubois vor meinem Haus auf mich wartet.«

Jacques war überrascht. »Glaubst du, dass Bruno den kennt?«

»Nein, ganz sicher nicht. Ich vermute einfach nur, dass Dubois irgendwie von dem Einbruch gehört hat. Dann ist er neugierig geworden und auf die Idee gekommen, sich an meine Fersen zu heften. Warum sonst sollte sich ein Journalist plötzlich für uns und Algamondo interessieren? Fünf Jahre lang war Ruhe, keine einzige Meldung in der Zeitung über uns.«

»Die meisten Informationen haben wir ihm wohlmöglich auch noch selbst gegeben. Erinnerst du dich an unseren Streit im Le Royal am Samstag?«

»Klar, daran dachte ich auch schon. Der Typ hat uns belauscht, saß lange genug neben uns, um all das aufzuschnappen, was er jetzt zu diesem Müll verarbeitet hat.«

»Sehe ich auch so. Komm, wir müssen los zum Flughafen, Dr. Rhode abholen. Zeit, um unsere Mitarbeiter zu informieren, haben wir jetzt nicht mehr. Ich werde mit ihnen sprechen, wenn wir zurück sind. Sie sollten wissen, dass wir heute einen wichtigen Investor treffen und kurz davor sind, die weitere Finanzierung endgültig sicher zu machen. Weitere Unruhe können wir keine gebrauchen.«

»Dass zwischen uns kein Blatt passt, wissen die ohnehin. Und, Jacques, das war ein einmaliger Ausrutscher. Ich bin und bleibe trocken, Ehrenwort. Das sage ich unseren Leuten auch. Die kennen ja meine Vergangenheit als Alkoholiker.«

»Mach dir mal keine Sorgen, Al-Gé. Wir haben eine tolle Truppe. Die stehen alle hinter uns. Nur, wir sollten nicht den Fehler machen, den Artikel dieses Dubois zu ignorieren. Wir müssen aktiv werden.«

»Was genau meinst du, Jacques? Willst du ihn verklagen?«

»Das hatte ich zunächst auch überlegt, dauert aber zu lange und kostet Geld, das wir nicht haben.«

»Du sagst es. Also, was schlägst du vor?«

»Wie wäre es, wenn ich ihn anrufe und zu uns einlade? Angriff ist die beste Verteidigung. Wenn wir heute mit Dr. Rhode durch sind und Marc die Finanzierung endgültig freigibt, dann müssen wir uns nicht mehr verstecken. Wir können Dubois gegenüber ganz offen von unseren Plänen berichten, im nächsten Jahr mit dem Geld von Marc eine Freilandanlage zu errichten. Pleite sind wir dann nicht. Ganz im Gegenteil. Die Gewinne werden nur so sprudeln.«

»Lass uns trotzdem vorsichtig sein. Ich nehme diesen Bruno sehr ernst. Er meint, dass man uns beseitigen lassen will, nachdem man mehr über unser Verfahren weiß.«

»Als ich in Monaco war, hat Miller mich ebenfalls gewarnt. Er sagte, wir sollten vorsichtig sein, wenn in unserem Umfeld Dinge passieren, die wir nicht verstehen.«

»Was ich nicht verstehe, ist, wieso die uns so einzigartig finden? Woran könnte das liegen?«

»Vielleicht haben wir etwas geschafft, das nicht jeder kann?«

»Du denkst an die gentechnische Veränderung unserer Algen?«

»Ja. Unser Wissen über die Mikrobiologie von Algen ist für viele ein interessanter Bereich. Möglicherweise auch für das Militär. Wir haben zwar nur mit dem Saft von Kastanien die

Gene beeinflusst, aber es gibt auch unschönes Material, das wir mit Algen verknüpfen könnten.«

»Was genau heißt das, Jacques? Du bist der Mikrobiologe von uns beiden.«

»Es kann gut sein, dass unser Verfahren eine Vorstufe dazu ist, durch genetische Manipulation von Algen bestimmte Viren waffenfähig zu machen. Nur wirkliche Spezialisten würden erkennen, dass unser Know-how über synthetische Biologie und Genetik dazu geeignet ist.«

»So wie Millers Leute in Monaco?«

»Gut möglich. Deren Wissen war ungewöhnlich umfassend. Da unser Verfahren eine Vorstufe für Biowaffen sein könnte, erklärt sich Millers großes Interesse. Miller und sein Team waren Profis. Gut informiert, eiskalt, cool, abgeklärt. Solche Typen wie James Bond aus dem Kino nur in echt.«

»Spione also? Aber für wen?«

»Such es dir aus. Für unsere Wettbewerber, für einen Staat ...«

»Wir sollten mit Dr. Rhode sprechen. Ich fürchte, wir brauchen jetzt Marcs Hilfe und sein Netzwerk.«

»Wenn der nach dem heutigen Zeitungsartikel nicht abspringt. Verdenken würde ich es ihm nicht.«

»Wir stecken dank Dubois ganz schön in der Scheiße. Wie viel Kohle haben wir denn überhaupt noch?«

»Aktuell bleiben uns noch achtundsiebzigtausend Euro oder vier bis sechs Wochen, um mit Algamondo zu überleben.«

Dienstag, 11. April 2017 – 08:38 Uhr – Valencia

Pünktlich um halb acht hatte Andy Guggemoos neben Alfonso Escobar, dem Vorstandsvorsitzenden von Aguas Bravas an dem langen Konferenztisch Platz genommen. Die Luft im Raum war mittlerweile warm und stickig, die Stühle schrecklich unbequem. Die beiden Männer waren allein und nach der knappen Begrüßung schon seit einer Stunde im Gespräch. Ausführlich hatte Andy über seine Idee und ihre bisherigen Erkenntnisse berichtet.

»... und Sie sind überzeugt, dass wir mit Ihrer Entdeckung eine Lösung haben, die den Bau der neuen Entsalzungsanlage überflüssig machen wird?«, versicherte sich Escobar.

»Ja«, erwiderte Andy Guggemoos. »Sie sparen sich durch unsere Beauftragung Kosten in Milliardenhöhe.«

Andy passte mit seinem Vollbart, dem nicht ganz blütenreinen weißen T-Shirt und der Jeans nicht so recht zu dem konservativ gekleideten Herrn, der etwa so alt war wie Andy selbst. Trotz der Hitze trug der Gockel Krawatte, Einstecktuch und Manschettenknöpfe. Wäre es nur um dieses unsympathische Alphamännchen gegangen, wäre Andy gewiss sofort wieder gegangen. Er wusste aber, wie viel für die Menschen der Region, in der er selbst seit Jahren wohnte, auf dem Spiel stand. Deshalb war er heute überhaupt hier. Und, natürlich, auch er musste als Unternehmer überleben, an zukünftige Einnahmen denken.

»Sie sind also davon überzeugt, dass sich bei Cap d'Or eine weitere Quelle befindet, also nicht nur der Süßwasserfluss Moraig?«

»In der Tat. Wir glauben, die Stelle mit dem Zugang zu einer bislang unbekannten Unterwasserhöhle gefunden zu haben. Sehen Sie selbst.«

Fasziniert starrte Escobar auf das Bild, das Andy ihm präsentierte. Es zeigte eine sorgfältig mit Höhen- und Tiefenangaben aufbereitete Grafik des neuen Höhlensystems.

»Und Ihre Vergütung?«

»Sie wissen, dass es bei der Erforschung des Moraig schon mehrfach zu Toten kam?«

Escobar nickte. Er wusste von Eloy Parra, zwei weiteren Tauchern, dem Deutschen Bernhard Pack. Alle gestorben bei der Erforschung des Moraig.

»Durch lawinenartige Abgänge von Sedimenten kann man leicht die Orientierung verlieren. Ein ziemliches Problem für jeden Taucher. Panik und dann schafft man es vielleicht nicht mehr bis zum Ausgang. Ich selber habe das oft genug erlebt und lebe noch«, meinte Andy trocken.

Nüchtern wog Escobar die Argumente für und wider eine Beauftragung des Deutschen ab. Einen Taucher mit einer bekanntermaßen lebensgefährlichen Mission zu beauftragen und dabei billigend dessen Tod in Kauf zu nehmen, war für kein Unternehmen ethisch zu vertreten, selbst dann nicht, wenn es um die Einsparung von Investments in Milliardenhöhe ging. Wenn bekannt würde, dass er, Alfonso Escobar, als Vorstandsvorsitzender eine solche Expedition nicht nur gebilligt, sondern gar initiiert hatte, wäre dies das Ende seiner Karriere. Und doch. Es ging auch um seinen Bonus, wenn die Ausgaben für die Entsalzungsanlage vermieden werden konnten. Die Gewinne würden explodieren, sein Bankkonto auch. Geld machte sexy. Escobar konnte nie genug davon bekommen.

Andy schwieg. Beobachtete abwartend die Entscheidungsfindung des nachdenklichen Vorstands. Der sonst so stoische Wirtschaftsboss war unruhig. Er rutschte auf seinem Stuhl umher, zupfte an der Krawatte und atmete schwer. Zeitweilige Orientierungslosigkeit führte in seinem Job nicht gleich zum Tode. Andy blieb ob der Gefahren bei diesem Projekt dennoch unglaublich cool und entspannt. Diese Souveränität beeindruckte Escobar.

»Also gut, Señor Guggemoos. Ich habe verstanden. Was halten Sie von einem Vertragsangebot mit einer Vergütung in Höhe von 1,5 Millionen Euro jährlich für Sie und Ihr Team? Laufzeit drei Jahre, zuzüglich Erfolgsprämie?«

»Das wäre ein guter Ansatz.«

»Da ist aber noch eine Sache. Kann ich offen mit Ihnen reden?«

»Natürlich, Señor Escobar, wir sind doch bald Geschäftspartner. Sie können mir vertrauen.«

»Also gut. Es wird aus ethischen Gründen nicht einfach, für Ihre Beauftragung eine Mehrheit im Vorstand zu gewinnen …«

»Das ist verständlich, darum unterhalten wir uns ja heute …«

»Sie scheinen mich zu verstehen, Señor Guggemoos. Also, wenn Sie einen geringen Prozentsatz Ihres Honorars äh … zur Verfügung stellen würden, dann kann ich das hausintern in Ihrem Interesse regeln.«

Der Deutsche fiel aus allen Wolken. War das hier der Versuch von Escobar, an seiner Vergütung beteiligt zu werden? Das würde er in keinem Fall tolerieren. Andy tobte: »Wenn Sie glauben, dass ich mich erpressen lasse, um mir Ihr Wohlwollen für das Projekt zu sichern, haben Sie sich getäuscht. Im Gegensatz zu Ihnen, Escobar, hängt mein Arsch nicht von dem Erfolg unserer Suche ab. Ich kann dabei sterben, aber mein Anstand gebietet mir, das für die Menschen in der Region durchzuziehen. Mich motiviert nicht das beschissene Geld, das Sie mir für meinen Kopf zahlen, sondern der Wunsch zu helfen. Ich will verbessern, was über Jahre durch Sie und Ihr Unternehmen versaut wurde. Escobar, ich lebe selbst hier in der Region. Das soll auch so bleiben. Wenn ich in fünf Jahren morgens meinen verdammten Wasserhahn aufdrehe, um mir Wasser für einen Kaffee oder eine Dusche abzuzapfen, dann will ich, dass das funktioniert. Ich möchte nicht daran denken müssen, dass so ein gestriegelter Typ in seinem blütenweißen Büro sitzt, Monopoly spielt und seinen Leuten dabei zusieht, wie sie verdursten. Wenn der dann noch Geld von mir dafür verlangt, dass er seinen Job jahrelang nicht richtig erledigt hat, und ich die Klappe halten soll, dann … Das war's, Escobar. Mit Ihnen will ich nichts mehr zu tun haben.«

Andy sprang auf, schmiss die Tür hinter sich zu und verließ wütend das Zimmer. So etwas hatte er noch nie erlebt. Diesen Escobar müsste man anzeigen. Andy war auf hundertachtzig. Wie er sich jetzt richtigerweise verhalten konnte, würde er gleich mit dem erfahrenen Geschäftsmann besprechen wollen, der ihn heute um ein Treffen gebeten hatte und der in dem Café um die Ecke auf ihn warten wollte. Andy freute sich auf das Treffen.

Um kurz vor neun trat Andy Guggemoos immer noch aufgebracht über Escobar auf die Gran Vía Marqués del Túria und ging in Richtung Café. In einigem Abstand zu dem Gebäude des Wasserversorgers kam blitzartig ein Motorrad mit zwei Männern auf ihn zugerast. Mehrere Passanten beobachteten, wie der Fahrer der schweren Maschine kurz anhielt, der Sozius eine Schnellfeuerwaffe zückte und aus nächster Nähe auf den bärtigen Mann mit der Laptoptasche schoss. Der Asphalt war von den Einschusslöchern um die Leiche herum durchsiebt.

Escobar hatte die Szene aus seinem Bürofenster heraus beobachtet. Durch Andy Guggemoos' Tod waren seine Probleme nicht weniger geworden, nur anders.

Der ermittelnde Kommissar Valverde und die Gerichtsmediziner konnten, als sie zwanzig Minuten später am Tatort eintrafen, nur noch den Tod des Mannes feststellen. Die Täter trugen Helme und schwarze Lederjacken. Sie waren auf ihrem Motorrad unerkannt im Straßenverkehr verschwunden.

Dienstag, 11. April 2017 – 09:18 Uhr – Brüssel
Dr. Rohde reiste mit leichtem Gepäck. Er winkte Jacques freundlich zu, als er den Ankunftsschalter des Brüsseler Flughafens verließ. Der Anwalt trug einen konservativen dunkelblauen Anzug, dazu ein modisch dezent kariertes Hemd, Einstecktuch, keine Krawatte. In der linken Hand hielt er eine elegante Aktentasche. Die Rechte reichte er Jacques zur Begrüßung.

»Bonjour!« Der deutsche Anwalt schüttelte dem Gründer kräftig die Hand. »Hans-Georg Rhode. Schön, Sie zu treffen.«

Jacques fand es sehr sympathisch, dass Dr. Rhode seinen Titel wegließ. Das machte ihn nahbarer. Zugegebenermaßen hatte er ihn erst auf den zweiten Blick erkannt. Auf dem Bild im Internet, das ihn in den Räumen seiner Kanzlei zeigte, sah Dr. Rhode deutlich jünger, sportlicher und schlanker als in Wirklichkeit aus.

Die beiden Gründer hatten es nach ihrem konspirativen Treff »beim Bäcker« gerade noch rechtzeitig zum Flughafen geschafft.

Anspannung und Nervosität waren Jacques deutlich anzumerken.

»Jacques Devilliers, gerne auch einfach nur Jacques. Schön, dass wir uns jetzt auch persönlich sehen, Dr. Rhode. Wie war denn Ihr Flug?«

»Problemlos und kurzweilig. Ich habe mir nochmals in

Ruhe Ihre Planung ansehen können. Beeindruckende Zahlen, Jacques. Ich freue mich schon sehr, heute endlich die Menschen, die für Algamondo stehen, zu treffen. Übrigens, beste Grüße von Marc.«

»Danke und herzlich willkommen. Mein Mitgründer, Louis Guigou, wartet im Auto vor der Tür auf uns. Wir alle nennen ihn nur Al-Gé. Er wird uns direkt zu unserem Labor fahren.«

Die Begrüßung mit Al-Gé verlief ebenfalls sehr harmonisch. Nach etwas mehr als einer guten Stunde trafen sie bei Algamondo ein.

»In solch einem alten Gebäude entstehen Hightech-Wunder? Hier hätte ich eher Schilder mit der Warnung ›*Achtung! Einsturzgefahr*‹ erwartet«, scherzte Dr. Rhode ungläubig, als er das Gebäude von außen sah.

»Wir fanden bislang, je weniger Aufmerksamkeit wir erregen, desto besser für uns. Ob wir diese Strategie in Zukunft auch noch verfolgen sollten, können wir später besprechen. Jetzt trauen Sie sich erst einmal herein.«

Dr. Rhode schaute sich aufmerksam um. Dabei erfasste er die Kameras, die das Grundstück erkennbar von allen Seiten sicherten.

»Sie scheinen recht viel Aufwand zu betreiben, um unerkannt forschen zu können?«, bemerkte er mit einem Kopfnicken zu den Kameras.

»Auch darüber sollten wir gleich im Detail sprechen. Jetzt zeigt Ihnen Al-Gé erst einmal unsere Produktionsanlage. Wenn Sie ihm bitte folgen wollen. Ich muss noch kurz einige Dinge mit unseren Mitarbeitern besprechen«, sagte Jacques etwas unruhig. Er wusste nach wie vor noch nicht, wie seine Leute auf den Zeitungsartikel reagieren würden.

Dr. Rhode war neugierig, was hinter den alten Mauern

stecken würde. Als sie durch die stabile Metalltür in das alte Backsteingebäude gingen, war er erstaunt. Er betrat eine riesige, vollständig renovierte loftartige Halle mit modernen, freundlich und hell gestalteten Büros, die mit Glaswänden voneinander getrennt waren. Überall standen Computer, Drucker, Flatscreen-Bildschirme und Mikroskope herum. In einigen Büros gab es Reagenzgläser und klassische Labortechnik zu bestaunen. Eine Tischtennisplatte in einer Ecke der Halle wurde von mehreren Mitarbeitern gerade zu einem Besprechungstisch umfunktioniert. Zwei gut gelaunte Männer spielten in einer anderen Ecke des Büros eine Runde Tischfußball. Überrascht stellte Dr. Rhode fest, dass die meisten Mitarbeiter von Algamondo erst Anfang, Mitte dreißig waren. Sie grüßten ihn freundlich im Vorbeigehen.

»Sieht ja aus wie bei einem IT-Start-up in einer Garage im Silicon Valley«, flachste Dr. Rhode, »nur dass ihre Garage etwas größer als üblich ausfällt.«

»In der Tat«, meinte Al-Gé. »Das ist also unser Reich. Nicht allzu interessant, wenn Sie bereits andere Büros, Labors und Forschungsinstitute kennen. Die meisten der Gerätschaften hier sind Standard, entstammen der neuesten Gerätegeneration. Wir haben nie an der Ausstattung gespart, die wir brauchen.«

»Das sieht man. Und Ihre Mitarbeiter, sind die zufrieden?«

»Fluktuation kennen wir nicht. Jeder Mitarbeiter wird vor der Einstellung von Jacques und mir auf Herz und Nieren geprüft. Referenzen, Anrufe bei Professoren, früheren Arbeitgebern. Unsere Kollegen sind alle sehr loyal. Müssen sie auch, nur so können wir unsere IP schützen. Ach, Entschuldigung, IP bedeutet ...«

»Keine Angst, Herr Guigou. Ich bin Anwalt und weiß, dass

Sie von Ihrer ›intellectual property‹, also Ihrem geistigen Eigentum, sprechen. Insgesamt alles sehr sympathisch. Das alte Gebäude bietet eine gute Tarnung für Hightech hinter den Mauern. Sieht von innen nicht nach Einsturzgefahr aus.«

»Nein, wir haben alles sehr sorgfältig renoviert«, meinte Al-Gé. »Wenn wir hier etwas zum Einsturz bringen, dann die weltweiten Ölmonopole.«

Dr. Rhode lachte herzhaft.

»Kommen Sie doch mit in unser Heiligtum. Dort zeige ich Ihnen das Herzstück unserer Technologie. Mit der Anlage produzieren wir aktuell in kleinen Mengen Treibstoff aus Algen. Und keine Fotos oder Sprachaufzeichnungen. Legen Sie Ihr Handy doch bitte hier hinein. Bekommen Sie auch garantiert nach Ihrem Besuch zurück.« Al-Gé lächelte.

Dr. Rhode verstand das Prozedere und legte sein Handy in die bereitgestellte Schale. Dann öffnete Al-Gé die mit einem Code nochmals gesondert gesicherte Stahltür zu einem weiteren Raum im hinteren Bereich der Halle. Massive Wände und eine abgehängte Decke schirmten diesen Teil von den anderen Büros ab.

Die beiden Männer betraten durch einen schmalen Vorraum hinweg den großen, abgedunkelten Raum. In der Mitte stand ein hell erleuchteter Käfig aus Glas. Als sie sich ihm näherten, erkannte Dr. Rhode, dass der Käfig aus einer Vielzahl von parallel zueinander angeordneten Glasröhren bestand, die vom Boden bis fast zur Decke reichten. In den Glasreaktoren blubberte es. Giftgrüne, schleimige Masse wurde durch die Röhren unablässig hindurchgepumpt. Die Anlage war ungefähr fünf Meter lang, gute drei Meter hoch und drei Meter breit. Lautlos erledigten Pumpen, Filter, Ventile und die intensive Beleuchtung mit UV-Licht ihren Job. Al-Gé öffnete ein Ventil und entnahm ein Reagenzglas der grünen Brühe. Er zeigte es Dr. Rhode.

»Das ist die Charge, die unsere Mitarbeiter gestern Abend kurz vor Verlassen des Labors angesetzt haben. Wir werden Ihnen gleich anhand von Fotos zeigen, wie noch vor circa zwölf Stunden nur unverträgliches Abwasser, das dahinten in den IBC-Gebinden …«

»Sie meinen diese eckigen weißen Plastikbehälter da drüben?«, fragte Dr. Rhode.

»Entschuldigen Sie mein Fachchinesisch. Ja genau. Die Container dort. Darin lagern wir die Abwässer, die mögliche Kunden uns für Versuche zur Verfügung stellen. Das Wasser dieses Versuchs stammt von einer Brauerei. Wir können aber auch Wasser aus Kühltürmen, kommunalen Kläranlagen und selbst von Raffinerien verwenden. Auch in Meerwasser können unsere Algen gezüchtet werden. Der Vorteil unserer Algen ist, dass sie nahezu alles fressen, wenn sie Hunger haben. Der Nebeneffekt ist, dass sie dabei die organischen Abfallstoffe des Abwassers reinigen. Dadurch erhalten sie die für ihr eigenes Wachstum benötigen Nährstoffe. Zusätzlich fügen wir noch CO_2 hinzu. Das können zum Beispiel auch Abgase bei der Produktion von Zement sein. Das Ergebnis sehen Sie gleich.«

»Marc hat mir berichtet, dass Sie die Algen gentechnisch verändern?«

»Ja, aber das passiert nicht hier in den Räumen, sondern in gesonderten Labors, wo unsere Biologen, Chemiker und IT-Nerds an Erbgutveränderungen arbeiten. Hier sehen Sie die Verfahrenstechnik zur Produktion unseres Treibstoffs, die ich verantworte. Wir entwickeln und bauen die Glasreaktoren und programmieren die Prozesssteuerungstechnik, damit am Ende auch wirklich Treibstoff produziert wird und nicht nur kleinste Mikroorganismen manipuliert werden. Wir sind also die Umsetzer dessen, was Jacques in seiner genetisch-biologischen Forschung unter dem Mikroskop austüftelt.«

Al-Gé führte Dr. Rhode in einen weiteren, in etwa gleich großen Raum, der normal beleuchtet war. Dort hörte man, wie ein silberner Apparat lautstark seine letzten Aktivitäten durchführte, bevor er planmäßig zum Stillstand kam. Ein Rotor verlangsamte sich hörbar.

»Eine Waschmaschine im Schleudergang?«, fragte Dr. Rhode amüsiert.

»So ähnlich. In diesem Verfahrensschritt trennt eine höchst effiziente Zentrifuge die mikroskopisch kleinen Algen von der Flüssigkeit, im Wesentlichen dem gereinigten Abwasser. Sehen Sie, so entsteht danach unsere Algenbiomasse, die Vorstufe zum Algentreibstoff.«

Al-Gé öffnete den Apparat, der inzwischen zum Stillstand gekommen war. Er zeigte Dr. Rhode eine zähflüssige, klebrige Paste, die in einem Behälter gelandet war. Das abgetrennte Wasser war in einen IBC-Container gepumpt worden. Es sah nicht mehr wie das ursprüngliche Abwasser zu Beginn des Prozesses bräunlich trüb, sondern klar, hell und sauber aus.

»Diese Algenpaste ist die Biomasse, aus der wir in einem nächsten Schritt das in der Paste enthaltene Öl herauspressen. Wie das geht, können Sie dort drüben sehen. Von da sind es nur wenige Schritte zur bekannten Rohölverarbeitung, und Sie können mit unserem Algentreibstoff Auto fahren.«

»Unglaublich!«, entfuhr es Dr. Rhode voller Begeisterung. »Und das funktioniert auch im Freien und nicht nur in Ihrem Labor?«

»Im Freien sogar deutlich günstiger. Tagsüber benötigen

wir aufgrund der Sonneneinstrahlung keine künstlich erzeugte Beleuchtung für die Fotosynthese, also die Futterphase der Algen. Im Ergebnis spart das enorme Kosten für die speziellen UV-Leuchten, die wir hier im Labor nutzen.«

Kurz darauf war der Rundgang beendet. Dr. Rhode zeigte sich beeindruckt von der grünen Brühe, die in Algamondos Labor hin und her schwappte.

»Und aufgrund der genetischen Veränderung Ihrer Algen, können die sich in unglaublich schnellem Tempo reproduzieren?«

»Ja. Wenn Sie so wollen, ist das eine der Kernkompetenzen unserer Technologie. Wir kennen niemanden, der das ebenfalls in der Art beherrscht.«

»Deshalb wohl auch die abgelegene Lage Ihres Unternehmens und die Kameras am Eingang?«

»In der Tat, aber lassen Sie uns doch zu Jacques gehen. Es gibt einige wichtige Dinge zu klären.«

Als sie in das kleine Besprechungszimmer kamen, das normalerweise als Aufenthaltsraum und Kantine für ihre Mitarbeiter diente, waren Knabbereien, Kaffee, Tee und Kaltgetränke aufgebaut. Jacques erwartete sie. Er signalisierte Al-Gé mit einem hochgereckten Daumen, dass ihre Mitarbeiter zwischenzeitlich von ihm informiert waren.

»Wie war Ihr erster Eindruck?«, erkundigte er sich bei Dr. Rhode.

»Überwältigend. Das, was Sie hier in dem kleinen Labor geschaffen haben, ist absolut beeindruckend. Ich kann Marc verstehen, dass er von Ihnen und Ihrer Technologie begeistert ist.«

»Danke sehr, Dr. Rhode. Bevor wir zu den Verträgen kommen. Es gibt etwas, das sowohl Al-Gé als auch mich sehr belastet.« Jacques reichte Dr. Rhode die heutige Ausgabe des *Charleroi Matin*. Er deutete auf den Leitartikel, der die erste Seite zierte, gleich unterhalb der Bilder von den Terroranschlägen in Rom, Salzburg und London.

»Bitte lesen Sie das, bevor wir uns weiter unterhalten.«

Dienstag, 11. April 2017 – 10:13 Uhr – London

Mit dem Glück des Tüchtigen konnte McAllister nicht planen, aber es stellte sich nicht unerwartet ein. Ein hochrangiger Mitarbeiter des MI6 aus Hongkong rief ihn mit einer überraschenden Neuigkeit an: Birhat war in China aufgetaucht. Ein hoher Mitarbeiter des chinesischen Ministeriums für Staatssicherheit hatte die Briten vertraulich mit dieser Information kontaktiert.

»Was? Die Chinesen geben zu, mit einem Terroristen zu sprechen? Das bedeutet Probleme.«

»Ja, und denen wurde die Situation offenbar etwas zu heiß. Es ging um einen Öldeal mit Nordkorea, vom dem die Chinesen ›zufällig‹ erfahren haben wollen.«

»Natürlich, ›zufällig‹.«

»Exakt. Doch die Koreaner haben darauf bestanden, mehr über die Hintermänner zu erfahren. Dann ist Birhat in Begleitung eines chinesischen Provinzpolitikers persönlich aufgetaucht.«

McAllister stieß einen leisen Pfiff aus: »Klingt spannend. Was wissen Sie noch?«

»Das angebotene Öl stammt aus den von den Kurden in Syrien besetzten Gebieten. Logisch. Ist nun einmal deren Haupteinnahmequelle.«

»Wie nah führt uns Ihre Spur zu Birhat?«

»Ziemlich nah. Wir konnten herausfinden, dass Birhat sich

noch vor wenigen Tagen mit einem hohen Mitglied des Politbüros in Peking getroffen hat.«

»Wie hoch?«, wollte McAllister wissen.

»Einer aus der obersten Führungsriege. Hoch genug, um jetzt für immer nicht ganz geräuschlos von der Bildfläche verschwunden zu sein.«

»Der Kurde muss über ziemlich gute Beziehungen verfügen, wenn so weit oben mit ihm geredet wird. Das könnte auch erklären, warum die Chinesen Angst bekommen haben und uns einschalten. Die wollen also kooperieren und einen Skandal vermeiden?«

»Gut möglich. Liest sich nicht so gut in der Presse: ›Politbüromitglied trifft Terroristen‹. Nach allem, was wir wissen, ist Birhat von einem korrupten chinesischen Politiker aus einer nördlichen Provinz ganz oben im Politbüro hoffähig gemacht worden. Der Name dieses Politikers wurde uns im Zusammenhang mit Ermittlung von lange bekannten Korruptionsvorwürfen mehrfach genannt. Die Chinesen scheinen seit Wochen ein Auge auf Ölgeschäfte mit Nordkorea zu haben. Sie vermuten eine baldige Ausweitung des UNO-Embargos gegen Nordkorea, sodass auch die Einfuhr von Öl dorthin zukünftig verboten ist.«

»Das würde die Nordkoreaner hart treffen.«

»So ist es. Da etwaige Schmuggelwege über China laufen werden, bereiten die sich vor, um sich selbst schützen zu können. Bei dem kleinsten Embargoverstoß wäre natürlich Chinas Position in den Handelsstreitigkeiten mit den Vereinigten Staaten deutlich verschlechtert.«

»Vermutlich schon. Jetzt aber nochmals zu Birhat. Wie kommt der Terrorist ins Spiel?«

»Die Chinesen haben mir glaubhaft berichtet, dass ursprünglich der syrische Präsident den Kontakt zu Nordkorea gesucht hat, um ›Handel‹ zu betreiben, wie sie es offiziell nannten.«

»Das heißt im Klartext, der Syrer will sein Öl loswerden, im Gegenzug Waffen kaufen?«

»Gut möglich. Natürlich wird der sich nicht persönlich die Finger schmutzig machen. Hinter den Kulissen kollaboriert er daher mit den Kurden, schickt Birhat vor, hofiert ihn. Auf gute zukünftige Zusammenarbeit und so.«

»Verstehe.« McAllister konnte seine Überraschung kaum verbergen.

»Damit aber nicht genug. Die Chinesen sagen, dass Birhat den Nordkoreanern auch von den Russen als ›offizieller‹ Unterhändler für syrisches Öl präsentiert wurde.«

»Womit der syrische Präsident nur eine zweite Marionette der Russen ist?«

»Ist anzunehmen. In jedem Fall soll ein Öldeal über Birhat eingefädelt werden. Alle brauchen dessen Öl und Kontakte, um sich beliebt zu machen. Für den Fall, dass Nordkorea sich öffnet und die Diktatur kippt, wollen die Russen die dortige Wirtschaft und die Infrastruktur erneuern.«

»Sieh an, sieh an. Der Kalte Krieg lebt. Scheint dieses Mal nicht um Europa, sondern um den Nahen Osten und Asien zu gehen.«

»In der Tat. Was glauben Sie, wird passieren, wenn Nordkorea sich öffnet?«

»Gute Frage«, bemerkte McAllister. »Ich sehe es schon vor mir. Alle werden sie mit den Hufen scharren. Die Chinesen, die Russen, die Araber. Ganz vorne werden unsere amerikanischen Freunde sein wollen. Jeder will sein Stück von dem Milliardenkuchen, um am Aufbau des heruntergewirtschafteten Landes mitzuhelfen.«

»Wenn zu Hause die Geschäfte nicht mehr laufen, reist man eben, um sich neue Spielplätze zu suchen.«

Dienstag, 11. April 2017 – 11:38 Uhr – Charleroi

Dr. Rhode legte die Zeitung beiseite. Sein Gesicht hatte sich verfinstert.

»Was stimmt davon?«, war sein kurz angebundener Kommentar.

»Vieles, doch die Art der Darstellung zielt offensichtlich nur darauf ab, uns in schlechtem Licht erscheinen zu lassen«, antwortete Jacques.

»Das gehört zu der Arbeit schleimiger Journalisten dazu. Sie haben zehn Minuten, meine Herren, mir die Fakten aus Ihrer Sicht zu erklären. Ich höre.«

Der Ärger über den Zeitungsbericht war Dr. Rhode deutlich anzumerken. Jacques wollte zu einer Erklärung ansetzen, als Al-Gé das Gespräch übernahm.

»Ja, verdammt noch mal. Es stimmt. Ich bin ein Ex-Alkoholiker. Meine Ehe ist vor gut sechs Jahren deswegen in die Brüche gegangen. Kinder gab es keine. Mein Baby steht dahinten, in diesem grünlich schimmernden Raum, den Sie gerade gesehen haben. Das ist meine Leidenschaft. Nichts kann mich davon abhalten, mit aller Energie, die mir zur Verfügung steht, unsere Pilotanlage weiterzuentwickeln. Und wofür? Nicht, weil ich die Welt retten will, Dr. Rhode. Sondern weil ich meinem besten Freund, Jacques Devilliers, den großartigsten Menschen, den ich kenne, der mich von meiner Alkoholsucht gerettet hat, dem ich bedingungslos vertraue, etwas zurückgeben will von dem, was er für mich getan hat.«

Dr. Rhodes versteinerter Blick fixierte Al-Gé.

»Und das noch: Zwischen uns passt kein Blatt. Geschäftspartner müssen offen und ehrlich miteinander umgehen. Dazu gehört es auch, kritisch zu sein, sich anschreien zu können, wenn man unterschiedlicher Meinung ist. Dann sollte man sich aber auch wieder zusammenraufen, um das gemeinsame Ziel zu erreichen. Nicht, weil man muss, Dr. Rhode, sondern weil man es will. Wir, mein Freund Jacques hier und ich, wollen Erfolg haben. Gemeinsam. Seit fünf Jahren. Wie Sie soeben sehen konnten, haben wir Großartiges erreicht. Das lassen wir uns von nichts und niemandem kaputt machen. So viel kann ich garantieren.«

»Und was haben Sie zu sagen, Herr Devilliers?«, hakte Dr. Rhode nach.

Jacques musste etwas nach Luft schnappen. Seine Knie zitterten leicht, er schluckte vernehmbar. Al-Gés emotionale Worte wühlten ihn auf. Er verspürte bei seinem Geschäftspartner immer noch die Leidenschaft für ihre Technologie, die sie beide seit vielen Jahren miteinander verband. Eine Verbundenheit wie die eines alten Ehepaares, nur mit dem Unterschied, dass sie wahrscheinlich mehr Zeit miteinander verbrachten als so mancher Mann mit seiner Frau.

»Ich kann nur bestätigen, was mein Partner und Mitgründer soeben gesagt hat. Wir vertrauen einander zu einhundert Prozent. Ich weiß, dass er trocken ist und stärker als der Alkohol. Er ist brillant, und jeder, der unsere Pilotanlage dahinten sehen durfte, die Al-Gé im Wesentlichen konzipiert hat, weiß, was für ein Talent dieser Mann hat.«

»Tatsächlich sehr beeindruckend«, waren Dr. Rhodes anerkennende Worte.

»Dass Sie und Marc van Teese in dem Artikel genannt werden, tut uns leid. Wir konnten nicht wissen, dass man uns abhörte. Dieser Journalist, Mathis Dubois, hat Al-Gé verfolgt.

Er hat sich am Samstag an einen Tisch neben uns gesetzt, als wir uns in einem Lokal verabredet hatten. Die Nähe zu uns kam uns merkwürdig vor, aber wir haben keinerlei Verdacht geschöpft und nichts Böses vermutet. Warum auch? Al-Gé und ich haben uns ausgesprochen. Bei unserem Treffen bin ich laut geworden. Es war meine Schuld. Ein Wort gab das andere. Das muss der Journalist verfolgt haben.«

»Und der Einbruch?«, unterbrach ihn Dr. Rhode.

»Ja, man hat am 31. März versucht, bei uns einzubrechen. Wie Sie sehen konnten, ist das Gebäude von Kameras bewacht. Zusätzlich haben wir einen Wachdienst angeheuert, der mehrmals nachts um das Gebäude patrouilliert. Der Einbruch konnte verhindert werden. Die Täter sind unerkannt entkommen. Es müssen Profis gewesen sein, denn es wurde militärischer Sprengstoff gefunden.«

»Hm«, war Dr. Rhodes knapper Kommentar.

»Das Nächste, was stimmt ist, wir werden in wenigen Wochen pleite sein, wenn Marc van Teese nicht in Algamondo investiert. Uns bleiben noch exakt achtundsiebzigtausend Euro oder maximal sechs Wochen.«

Die beiden hatten in aller Offenheit Dr. Rhode die Situation geschildert, die ihnen so viele Sorgen bereitete. Die Anspannung vor der Antwort des Anwalts war kaum zu ertragen.

»Haben Sie etwas dagegen, wenn ich mich setze?«

Dr. Rhode stellte seine Aktentasche vor sich auf den Tisch und öffnete sie. Dann nahm er Platz.

»Wir sollten reden.«

Er nahm die Zeitung, die Jacques ihm gegeben hatte, und steckte sie ein.

»Sie gestatten doch, dass ich die Zeitung mitnehme?«

»Natürlich«, meinte Jacques, der verunsichert war. Eigentlich hatte er erwartet, dass Dr. Rhode die vorbereiteten Verträge jetzt herauszog, um sie mit ihnen zu besprechen. Nichts dergleichen passierte.

Stattdessen sagte Dr. Rhode: »In meiner beruflichen Tätigkeit habe ich schon viel gehört und gesehen. Ich habe immer gedacht, mich kann nichts mehr erstaunen. Dem ist aber nicht so. Nach allem, was ich soeben von Ihnen gehört habe, muss ich mich korrigieren.«

»Was genau meinen Sie?«, wollte Al-Gé wissen.

»Ich meine, Sie stecken bis zum Hals in Schwierigkeiten, ohne dass Sie oder ich schon in allen Einzelheiten wissen, wie groß Ihre Schwierigkeiten sind. Ob wir, also Marc und ich, Ihnen helfen werden, kann ich nicht beantworten. Ich muss mich dazu erst mit meinem Mandanten abstimmen.«

Dienstag, 11. April 2017 – 12:13 Uhr – London

Es klang alles logisch, was McAllister gerade aus Hongkong gehört hatte. Birhats Besuch in China war eine valide Spur. Darüber wollte er Lewellen informieren.

»Guten Morgen, John. Gute Neuigkeiten. Aus China.«

»Aus China? Henry, hilf mir! Was hat China mit unserer Suche nach den Waffen und nach Birhat zu tun?«

»Eine lange Geschichte, aber vorab nur so viel: Der Kurde ist vor wenigen Tagen in Peking gesehen worden. Birhat soll versucht haben, einen Öldeal mit Nordkorea einzufädeln.«

McAllister berichtete Lewellen von dem Gespräch, das er vorhin mit dem Mitarbeiter ihres Büros in Hongkong geführt hatte.

»Ist der Kerl nach wie vor in China?«

»Das kann ich nicht sagen, aber die Chinesen sind an ihm dran und versuchen, ihn aufzuspüren.«

Die beiden Geheimdienstveteranen wussten natürlich, dass China über ein perfektes Überwachungssystem verfügte. Dort, wo sie im Westen an den Vorschriften zum Datenschutz scheiterten, hatten die Chinesen mit ihren öffentlichen Überwachungskameras und den Apps »WeChat Pay« und »Alipay« überall auffällige und weniger auffällige Datenlieferanten. Die Computer des Ministeriums für Staatssicherheit wühlten sich ununterbrochen durch ein riesiges Datenmeer. Von jedem, der sich in China mit einem Handy oder Computer einloggte, vernetzte oder bezahlte, wussten die Behörden, was der- oder diejenige tat. Ohne die populären Apps ging vieles nicht. Der Kurde war einmal, vielleicht nur ein einziges Mal, zu unvorsichtig gewesen. Birhat hatte sich bei dem Deal mit Nordkorea auf die falschen Leute eingelassen. Das konnte schnell passieren, sobald man es in dem Spiel um Öl und Waffen mit den lokalen Geheimdiensten zu tun hatte.

»Die Russen haben den Kurden nach Nordkorea geschickt. Wozu?«

»Wahrscheinlich stecken sie sogar dahinter, dass die Chinesen ihn jetzt auffliegen lassen. Die Leute in Nordkorea, die aktuell den Öldeal mit ihm verhandelt haben, könnten schon bald tot und Geschichte sein. Das wird spätestens so sein, wenn der Deal kippt und die Weltöffentlichkeit erfährt, dass der nordkoreanische Diktator mit Terroristen verhandelt hat. Was wäre eure und unsere Reaktion darauf?«

»Wir alle würden natürlich das Embargo weiter verschärfen, Ölimporte mit aller Macht unterbinden. Dadurch ist Nordkorea am verwundbarsten. Und der Mann an der Spitze Nordkoreas wäre für immer unten durch. Niemand wird ihm je wieder Führungsstärke zutrauen.«

»Genau. Nordkorea wäre hart getroffen. Im Land würde das Militär den Diktator für das stümperhafte Vorgehen rügen, ihm allein die Verantwortung geben. Dann ist es nicht mehr weit, ihn mit auswärtiger Hilfe zu stürzen.«

»Hilfe, die aus Russland kommt?«

»Natürlich, denn der Vorwand ist einfach. Seht, wie es uns mit unserer offenen Haltung gegenüber dem Westen ergangen ist. Das müsst ihr in Nordkorea vermeiden.«

»Wann wurde der chinesische Spitzenpolitiker verhaftet?«

»Vor zwei Tagen war das, also am Sonntag, den 9. April.«

»Gibt es eine Chance, mit ihm direkt zu reden?«, fragte Lewellen.

»Nach unseren Erfahrungen nein. Selbst wenn die Chinesen unser Büro in Hongkong darüber informiert haben, dass es eine Spur gibt und sie an Birhat dran sind, hört bei einer direkten Befragung die Freundschaft auf. Da haben die Jungs in Zhongnanhai etwas dagegen.«

Auch wenn John Lewellen nicht über viel Erfahrung mit China verfügte, kannte er Zhongnanhai, in der Nähe des alten Kaiserpalastes in Peking gelegen. Ein einflussreicher Ort, der als eines der größten politischen Machtzentren der Welt galt. In Zhongnanhai wurde bestimmt, wer in China zu Reichtum kommt – oder eben nicht.

»Was hat der korrupte Politiker mit Birhat zu tun?«, wollte Lewellen wissen.

»Als sie die Zusammenhänge erkannt haben, wurde den Chinesen der Öldeal mit Nordkorea zu heiß. Den auf eigene Faust mit Birhat durchzuziehen, wollten sie vermutlich nicht. Birhat ist da verbrannt. Der ist in wirklich jedes Fettnäpfchen getreten, das in Asien so auf dich wartet. Seine Spur durch China stinkt bis zum Himmel.«

»Und wie hilft uns diese Spur bezüglich der Biowaffen und Birhat weiter?«

»Meine Leute vermuten, dass er versucht, zusätzliche Lieferanten für Drohnen und Biokampfstoffe zu finden. Natürlich bezahlt durch Öl. In Nordkorea gibt es diese ›Einheit 810‹. Angeblich ein Labor der nordkoreanischen Armee für Biowaffen. Gut möglich, dass er darüber mit Nordkorea verhandelt.«

»Interessanter Gedanke. Wenn Birhat seinem Waffenlieferanten nicht mehr vertraut, sucht er nach Alternativen.«

»Waffen aus Nordkorea gegen Öl?«

»Denkbar. Und die Russen kassieren über die Syrer mit. Sie helfen, den Deal einzufädeln, machen gute Arbeit in Nordkorea, arrangieren im Hintergrund die Logistik …«

»… und schließen so wertvolle Freundschaften vor Ort.«

»Genau, um im entscheidenden Moment da zu sein. Entweder um Birhat zu beseitigen, wenn der Deal doch auffliegt, oder um selbst noch viel größere Deals mit Nordkorea über Syrien und den Kurden abzuwickeln.«

»Klingt wie ein langfristiger Plan à la Wladimir, nicht wahr?«

»Gut möglich. Ist ja schließlich einer von uns, der denkt wie wir.«

Dienstag, 11. April 2017 – 11:58 Uhr – Charleroi

»Um mich mit meinem Mandanten abzustimmen, benötige ich mein Handy. Herr Guigou, wären Sie bitte so freundlich?«

»Ach ja, natürlich«, bemerkte Al-Gé und brachte ihm das Handy.

Al-Gé und Jacques verließen das Zimmer, damit der Anwalt in Ruhe mit van Teese telefonieren konnte. Er hatte ohnehin vereinbart, sich bei ihm im Laufe des Vormittags zu melden, um die endgültige Freigabe des Investments abzustimmen.

»Guten Tag, Marc.«

»Hallo, Hans-Georg. Was gibt es von den Belgiern zu berichten?«

»Deren Technik ist super, aber es gab heute Morgen einen merkwürdigen Zeitungsbericht. Darin sind wir beide namentlich erwähnt. Das alles gefällt mir nicht. Ich bin nicht sicher, was genau hier gespielt wird.«

Für kurze Zeit war Stille am Telefon, dann sagte van Teese: »Ich will mir selbst ein Bild machen. Lade sie für die nächsten Tage in die Camargue ein. Ich muss ihnen in die Augen sehen, bevor ich eine Entscheidung zur Finanzierung treffe. Das Geschäft mit dem Grundstück machen wir wie geplant. Lass uns später nochmals telefonieren, wenn wir besser sprechen können als jetzt.«

»Einverstanden.«

Das Telefonat hatte keine zwei Minuten gedauert. Noch bevor die Gründer sich beraten konnten, was sie von der Situation halten sollten, bat Dr. Rhode sie zurück in den Besprechungsraum. Er wurde wieder ernst.

»Vorab die gute Neuigkeit: Marc van Teese hat den Deal mit Ihnen nicht sofort abgesagt. Aufgrund des heutigen Artikels will er Sie aber in den nächsten Tagen in Südfrankreich treffen. Ich werde Ihnen über mein Sekretariat den genauen Treffpunkt mitteilen lassen. Mehr können wir heute nicht erreichen. Schade, ich wäre gerne deutlich weitergekommen, um die benötigte Finanzierung zu überweisen. Das geht jetzt erst einmal nicht.«

Die beiden Gründer sahen sich entgeistert an. Sie wussten nicht, ob sie sich freuen oder weinen sollten. Es zeichnete sich eine ungute Hängepartie ab, bei der sie ausschließlich von Marcs Gutdünken abhängig waren und selbst nichts beeinflussen konnten.

»Würden Sie mir bitte ein Taxi zum Flughafen rufen. Das geplante Essen holen wir in Frankreich nach. Das Hotel werde ich stornieren. Ich würde den Tag gerne noch nutzen, um zu Hause etwas Arbeit zu erledigen.«

Al-Gé hätte den aalglatten Typen würgen können. Dr. Rhode war ihnen erst so freundlich gegenübergetreten, hatte von Marcs Unterstützung und seinem Netzwerk geschwärmt. Jetzt, beim ersten Gegenwind, kam keine Hilfe. Der Anwalt hatte sich feige unter Deck verzogen, um in Sicherheit den Sturm abzuwarten. Al-Gé hätte ihn bei der aktuell stürmischen See neben sich und Jacques an Deck erwartet, um beim Einholen der Segel mit Hand anzulegen. Angsthase, typisch Jurist!

Konnte man Rhode und van Teese vertrauen? Wären nicht doch die Millionen von Miller die bessere Alternative? Im Moment blieb ihnen keine Wahl. Sie mussten den weiteren Termin mit van Teese abwarten. Es würden zusätzliche Kosten für Hotel und Flüge nach Frankreich anfallen. Wertvolle Zeit im Labor wäre verloren. Trotzdem durften sie nicht riskieren, dass Marc van Teese als Investor absprang. Es gab keine akzeptable Alternative zu ihm. Miller war mit Jacques nicht machbar.

»Ich denke, dass ich auch im Namen von Al-Gé sagen kann, dass wir Ihre und Marcs Entscheidung verstehen. Lassen Sie uns so bald wie möglich treffen, um alles zu besprechen. Ich hoffe, wir finden eine für alle befriedigende Lösung. Wir werden Marc und Sie von unserer Loyalität überzeugen.«

Jacques hatte beobachtet, wie Al-Gés Halsschlagader

immer stärker angeschwollen war. Gott sei Dank hatte sein Partner sich beherrschen können.

»Lassen Sie es uns so machen, Jacques«, antwortete Dr. Rhode. Für ihn war für heute alles gesagt. »Bemühen Sie sich nicht, mich zum Flughafen zu fahren. Wenn Sie mir jetzt bitte das Taxi rufen würden? Danke.«

Keine Viertelstunde später hatte der Anwalt sich höflich, aber distanziert verabschiedet.

»Fuck, fuck, fuck!« Al-Gé schrie lauthals durch das ganze Labor. Jacques bedeutete ihm, ruhig zu sein. Er ging wütend auf ihn zu, legte ihm die Hand auf den Mund.

»Beherrsch dich«, schnauzte er ihn an. »Denk an unsere Mitarbeiter. Ich habe heute Morgen, als du die Tour mit dem Anwalt gemacht hast, mit jedem Einzelnen gesprochen. Habe versucht, sie zu beruhigen und den Zeitungsartikel richtigzustellen. Schaff bitte nicht neue Verunsicherung. Es reicht, wenn wir den Stress spüren. Kopf hoch, Alter. Noch ist nichts verloren.«

Al-Gé sah Jacques ratlos an und begann plötzlich hemmungslos zu weinen.

»Beherrschen? Denk an das Millionenangebot von Miller. Wieso kann bei uns nicht einmal etwas glatt laufen? Wieso nur? Das haben wir nicht verdient, Jacques. Wir geben immer unser Bestes und dann so etwas. Merde!«

Tränen liefen seine Wange entlang. Er konnte kaum noch auf den Beinen stehen, schluchzte wie ein kleiner Junge. Dann ließ er sich erschöpft und frustriert auf einen der billigen IKEA-Stühle in ihrem Besprechungszimmer sinken.

Die üppige Platte mit dem Gebäck verbreitete einen süßlichen Duft im Raum. Den Partnern war nicht danach, auch nur einen einzigen Bissen zu probieren.

Dienstag, 11. April 2017 – 15:58 Uhr – Ankara

Lewellen tobte. Jemand aus dem Team der Verhörspezialisten hatte Lucy Grey übel zugerichtet. Ihr Gesicht war voller Blutergüsse, aufgedunsen von Schlägen. Der fehlende Schlaf war ihr anzumerken, dunkle Ringe hatten sich um ihre leeren Augen gelegt, die den nicht vorhandenen Himmel zu fixieren schienen.

Als Lewellen heute zu ihr in das Verhörzimmer ging, kniete sie mit gespreizten Beinen nackt auf dem Boden. Dabei musste sie sich zurücklehnen, die Arme waren hinter ihrem Körper verknotet. Lucy Grey hatte begonnen zu halluzinieren. Es war kaum anzunehmen, dass sich ihr Erinnerungsvermögen dank der »alternativen Verhörmethoden« verbessert hatte.

Pausenlos stammelte sie: »Ich bin Amerikanerin und kämpfe in den Streitkräften, die mein Land und unsere Lebensart beschützen. Ich bin Amerikanerin und kämpfe in den Streitkräften, die mein Land und unsere Lebensart beschützen …«

»Seit wann geht das so?«, brüllte Lewellen den Verhörspezialisten an, den die ganze Situation kaltzulassen schien.

»Seit sieben Stunden, Sir.«

»Seit sieben Stunden? Ich werde Sie rauswerfen lassen, Sie …«

»Steve?«

Plötzlich schien es, als hätte Lucy auf die Stimme von Lewellen reagiert.

»Steve, bist du da? Ich denke an Valencia. Es war schön.« Dann wieder: »Ich bin Amerikanerin und kämpfe in den Streitkräften, die mein Land und unsere Lebensart beschützen …«

Lewellen und Lucy Grey kannten sich aus der Zeit ihrer Ausbildung. Er selbst hatte dafür gesorgt, dass sie das Überlebens-, Ausweich-, Widerstands- und Fluchttraining, kurz

SERE, absolvierte. Ein Training, bei dem die Auszubildenden realistische Verhörsituationen in der Opfer- oder Gefangenenrolle erlebten. Das Training saß tief, bestimmte ihr Unterbewusstsein. Daher stammelte Lucy Grey monoton die auswendig gelernten, stets gleichbleibenden Sätze. Bis dann etwas Ungewöhnliches passierte. Lucy Grey reagierte erneut auf Lewellens Stimme.

»Es war schön in Valencia. Steve, bist du in Valencia? Steve?«

Die Frau kannte Lewellens Stimme von früher. Sie schien sie mit positiven Erinnerungen zu verbinden und mit der Stimme von Steve Dermott zu verwechseln.

»Machen Sie die Frau sofort los. Ziehen Sie ihr etwas an, bringen Sie sie in ein Bett, sodass sie schlafen kann«, befahl Lewellen.

Ich bin Amerikanerin und kämpfe in den Streitkräften, die mein Land und unsere Lebensart beschützen.

»Sir? Ich mache meinen Job. Den kann ich nicht unterbrechen, bis wir die Wahrheit kennen.«

»Die Wahrheit? Sie Idiot glauben wirklich daran, dass es die Wahrheit gibt? Los, abbrechen, sofort!«

»Sir? Ich verstehe nicht, Sir? Ich bin Patriot und erledige meinen Job, so wie ich es auf unsere Verfassung geschworen habe.«

»Ein Schwein sind Sie, die Frau so zu quälen. Wegtreten. Holen Sie einen Arzt und bringen Sie mir O'Reilly.«

»Jawohl, Sir.«

Der Verhörspezialist rief einen Kollegen aus dem Nebenzimmer. Dann schleiften die beiden Männer die erschöpfte Lucy Grey zu einer Pritsche in ein benachbartes Zimmer.

Ich bin Amerikanerin und kämpfe in den Streitkräften, die mein Land und unsere Lebensart …

Die Männer bedeckten den zitternden nackten Frauenkörper mit einer Decke und riefen einen Arzt.

Kurz darauf kam Tom O'Reilly eilig ins Zimmer.

Lewellen kochte vor Wut: »Wusstest du davon, Tom?«

»Sir?«

»Wusstest du, was die heute Nacht mit Lucy Grey gemacht haben? Sie ist immer noch eine von uns. Von den Guten!«

»John, beruhige dich. Es ist ja nicht so, dass du so etwas zum ersten Mal siehst. Ja, wir alle stehen total unter Strom. Die Zeit läuft uns davon. Wir wissen nicht, was dieser Birhat als Nächstes tut, haben keine Ahnung, wo die restlichen Ampullen oder Steve Dermott sind. Da müssen wir zu dem greifen, was uns an Anhaltspunkten zur Verfügung steht.«

»An Anhaltspunkten? Tom! Es geht um ein Menschenleben.«

»Ja, um eines. Das Leben einer Verräterin gegen Millionen Leben unschuldiger Menschen, die nicht wie Lucy Grey Schuld auf sich geladen haben.«

»Schuld?«

Als er dieses Wort hörte, brach John Lewellen in Tränen aus. »Schuld, Tom, haben wir alle auf uns geladen. Jeder Einzelne von uns, der diesen beschissenen Job für unser Vaterland macht. Schuld habe ich auf mich geladen, weil meine Frau sich erschossen hat und ich nicht da war, um das zu verhindern.«

O'Reilly wollte seinen Arm tröstend um Lewellens Schulter legen, doch der stieß ihn wütend weg.

»Schuld habe ich auf mich geladen, als ich unseren Vorgesetzten geglaubt habe, die mir mehr als einmal sagten, dass wir keine biologischen Waffen entwickeln …«

O'Reilly begriff. Lewellen war mit den Nerven am Ende. Der Stress in den letzten Tagen hatte seinem Chef schlimmer, als er es jemals an ihm gesehen hatte, zugesetzt. Er wusste von Lewellens posttraumatischen Störungen nach 9/11. Der Kerl war hart. Lewellen hatte sein familiäres Drama und Leid nach außen hin immer vorbildlich verkraftet. Innerlich hatte er es ignoriert, weggeschoben. So wie früher, noch vor Vietnam, seine Gegner beim Highschool-Football. Jetzt konnte Lewellen, der robuste, abgestumpfte Geheimdienstveteran, offensichtlich nicht mehr. Tränen der Trauer, der Entmutigung brachen vor lauter Stress aus ihm heraus.

O'Reilly war erschüttert, hilflos, wusste nicht, wie er mit den Gefühlen und Tränen des Mannes, seines Freundes und Vorgesetzten, umgehen sollte. In der Ecke auf dem Boden stand eine Kleenex-Schachtel. Er hob sie auf und reichte sie Lewellen.

»John, wir haben interessante Neuigkeiten. Lucy Greys Handy. Du erinnerst dich, du hast danach gefragt. Wir haben es untersuchen lassen und sind fündig geworden.«

Dienstag, 11. April 2017 – 15:59 Uhr – Valencia

»Sie müssen Señor Sidibé sein?«, begrüßte der Inhaber des Restaurants Al Tun Tun ihn freundlich.

»Ja, Sidibé Siaka aus Mali. Ich bin mit Salim Kouyaté dort aufgewachsen, bis er ungefähr dreizehn war. Dann ist er nach Spanien gekommen. Nennen Sie mich doch bitte Sidibé.«

Salim hatte Sidibé, begleitet von einem Fahrer des Vereins, hierhergeschickt. Zuvor waren die beiden noch bei Salims Anwalt gewesen, der Sidibé beim Ausfüllen seines Asylantrags geholfen hatte.

Der ausgemergelte Afrikaner war José gleich sympathisch.

»Ich bin José. Mir gehört das Lokal. Gerne können wir uns

duzen, oder? Magst du etwas essen und mir dabei erzählen, wie du nach Spanien gekommen bist? Lass uns zu dem Tisch dort vorne gehen, ich habe uns schon etwas Leckeres kochen lassen.«

Sidibé glaubte sich im Paradies. Der Freund seines Freundes hatte ihm einige der lokalen Spezialitäten, die in der offenen Küche gerade für den Abend vorbereitet wurden, serviert. Sidibé war begeistert von dem feinen Geschmack des Gemüses. Der Fisch war butterweich, das Fleisch würzig. Am meisten liebte er allerdings den Nachtisch, eine Mischung aus weichem Pudding und karamellisiertem Zuckerguss. Zu jedem Gang hatte ihm José oder Señor Tun Tun, wie Sidibé ihn aus Anstand nannte, erklärt, wie das Gericht zubereitet wurde. Dann hatte er ihn mit in die Küche genommen, Sidibé dort den Kollegen vorgestellt und ihm angeboten, beim Sortieren, Schneiden und Waschen des Gemüses mitzuhelfen. Sidibé war begeistert. Die Arbeit und was er in der kurzen Zeit von den Köchen lernte, machte ihm Spaß. Ausnahmslos alle waren freundlich und hilfsbereit zu ihm.

»Wenn du möchtest, Sidibé, kommst du morgen früh gegen neun Uhr wieder, und ich nehme dich mit auf den Markt. Dort zeige ich dir, wo es die besten Zutaten gibt, die wir später gemeinsam in der Küche verarbeiten. Klingt das nach einem guten Plan?«

Sidibé war überglücklich.

»Gerne komme ich morgen wieder, Señor Tun Tun. Sehr gerne. Danke! Um neun Uhr hier bei Ihnen.«

Dienstag, 11. April 2017 – 18:18 Uhr – Ankara

John Lewellen hatte sich kurz nach seinem unkontrollierbaren Gefühlsausbruch und den unerklärlichen Tränen wieder im Griff. Tom O'Reillys Kleenex-Box war in die Ecke geflogen. Statt in die Box zu greifen, um die Tränen abzuwischen, hatte Lewellen ihn gepackt, an die Wand gepresst, eine Hand an O'Reillys Kehle gelegt, zugedrückt.

»Hör mir zu, du Schwein. Nie, nie wieder wirst du oder die Bestien, die für dich arbeiten, ein Menschenleben mit Füßen treten.«

Kurz darauf war Lewellen kraftlos zusammengebrochen. O'Reilly konnte ihn gerade noch auffangen und auf einen Stuhl setzen. Dann fing er an, auf Lewellen, den er stets aufrichtig bewundert hatte, einzureden.

»John, hör mir zu. Wir machen gute Fortschritte. Auf Lucy Greys Handy haben wir eine Spur zu Steve Dermott gefunden. Sie hatte schon vor Jahren ein außerdienstliches Verhältnis mit ihm angefangen. Die beiden waren kurzzeitig nicht nur beruflich ein ideales Paar. Ihr erstes privates Treffen war vor mehr als dreizehn Jahren in Spanien, in Valencia.«

»Lucy hatte Dermott um 2002 herum für uns angeworben, oder?«

»Stimmt. Du kennst ihre typische Art. Sie war nie eine Kostverächterin. Der Kerl hat ihr gefallen. Lucy hatte wohl Gefühle, war sentimental. Auf ihrem Handy haben wir jedenfalls in einem verschlüsselten Ordner ein Foto von den beiden vor dem Wasserbecken des Wissenschaftsmuseums gefunden. Als wir mehr dazu wissen wollten, sie fragten, wo wir den Dreckskerl jetzt finden können, stammelte sie immer wieder Valencia.«

»Du weißt, was sie ihnen auf der Farm beibringen, wenn sie gefoltert werden: Bleibt ruhig, sagt nichts außer eurem Dienstgrad und wer ihr seid. Wenn die Schmerzen einsetzen, denkt an etwas Vergangenes, etwas Schönes. Erinnert euch an früher, vergesst das Hier und Heute. Der Hinweis auf Valencia muss von daher gar nichts bedeuten.«

»Natürlich haben wir das berücksichtigt. Trotzdem schien uns Valencia aus mehreren Gründen interessant. Wenn du an die Anschläge von Birhat denkst, fällt auf, dass er für die neuesten Attentate immer Orte mit einem Bezug zu Wasser und Technik gewählt hat. Die Zisterne, der Trevi-Brunnen, Schloss Hellbrunn, die Pumpstation in London. Er hat in seiner letzten Nachricht angekündigt, in immer kürzer werdenden Abständen das zu zerstören, von dem unsere Überlebensfähigkeit abhängt.«

»Unser Wasser?«

»Genau. Wir halten es für möglich, dass Birhat, bis er die wirklich harten Waffen hat, weiter Terror und Panik unter der Bevölkerung verbreiten wird. Unsere Arbeitshypothese ist, dass er den nächsten symbolträchtigen Anschlag in Valencia plant.«

»Warum Valencia?«, fragte Lewellen. Ihn hatte wieder dieser Trieb gepackt, das Bewusstsein und der jahrelange Drill, daran glauben zu können, etwas Gutes zu tun, als anständiger Weltpolizist zu handeln.

»Tom, bitte entschuldige meinen kurzzeitigen Aussetzer vorhin. Natürlich verdient diese Verräterin Lucy Grey kein Mitgefühl. Sag deinem Mann, ich verstehe. Wir alle machen ja nur unseren Job.«

Und ihr Job musste weiter erledigt werden. Er war noch nicht abgeschlossen. Lucy Greys weiteres Schicksal zählte nicht.

»In Valencia gibt es jeden Donnerstag das ›Tribunal de las Aguas‹. Es ist die älteste Rechtsinstitution Europas und wahrscheinlich weltweit einzigartig. Die Richter sollen für Gerechtigkeit bei der Wassernutzung sorgen.«

»Und wo ist die Verbindung zu Birhat?«

»Wir haben über das Motiv des Kurden nachgedacht. Wieso ging er, der erfolgreiche, strebsame, kluge Wirtschaftsprofessor 2002 in den Untergrund? Wir glauben, es war die massive Ungerechtigkeit, die die Kurden seit dem Mittelalter, dem Osmanischen Reich und der Gründung der Türkei erlebten, die ihn in den Terrorismus trieb. Birhat setzte sich mit den Gründen für die funktionierende Infrastruktur in der westlichen Welt auseinander. Er sah die enormen Anstrengungen des türkischen Kernlandes, den Anschluss an den Westen zu finden. Straßen zu bauen, Flughäfen. Gleichzeitig sah er aber auch, wie die Regierung in Ankara seine Heimat, die Bergregion in Südostanatolien diskriminierte, ihnen lange das Recht auf ihre eigene Sprache nahm, sie trotz Zwangsassimilation von der Entwicklung in eine moderne eigenständige Welt abhielt. Den Kurden sind Naturelemente wichtig, Feuer, Wasser. Wir glauben, dass Birhat der Welt mit den Attentaten etwas sagen will.«

»Dass es nicht überall gerecht und zivilisiert zugeht? Das würde ich sofort unterschreiben, wenn ich mir ansehe, wie brutal er sich verhält und ohne Grund wahllos Unschuldige tötet.«

»Was er der Weltöffentlichkeit sagen will, ist, dass über Jahrhunderte Besatzer sein Land, sein Wasser, sein Öl gestohlen haben. Zwei Drittel des irakischen Erdöls stammen aus kurdischem Boden, wenn man das von den Kurden seit mehr als viertausend Jahren besiedelte Gebiet betrachtet. Durch den Vertrag von Lausanne haben die Westmächte die Vereinbarung von Sèvres gekippt, die Kurden verleugnet und verraten. Jahrelang haben wir alle sie als nicht existent betrachtet, bis uns die militanten Islamisten des ISIS gezeigt haben, dass wir die Kurden zu unserer Verteidigung brauchen, als Kanonenfutter. Die Kurden kämpfen um ihren unabhängigen Staat. Dreißig Millionen Kurden bilden weltweit den größten Volksstamm ohne eigenes Land. Und das nur, weil wir zu den Türken hielten. Birhat will die Ungerechtigkeiten der Geschichte seines Volkes jetzt rächen. Er will die Lügner und Leugner dafür bestrafen, dass sie seine Region in der Rückständigkeit beließen. Er will das zerstören, was wir im Westen an hohen technischen Errungenschaften erzielt haben, ohne seine Heimat daran teilhaben zu lassen.«

»Du meinst, er hält uns den Spiegel vor? Ein Spiegel, der zeigt, wie vergänglich Gerechtigkeit ist, wenn man sich nicht an seine Zusagen erinnert?«

»Nicht nur das. Birhat präsentiert uns, wie kostbar Wasser wird, wenn wir es nicht mehr haben, weil er es mit diesem Virus verseucht.«

»Das bedeutet, je symbolträchtiger die Orte seiner Anschläge sind, desto mehr Aufmerksamkeit wird Birhat für seine Sache bekommen. Alle werden zunächst in Schockstarre fallen, nur um dann in Furcht und Panik zu verfallen, wenn von Viren die Rede ist. Selbst die wenige Ampullen, die er hat, reichen aus, die bloße Furcht vor einer weltweiten Verbreitung anzustacheln. Er kann die Welt in die Knie und zum Stillstand zwingen. Europa ist verletzlicher, als viele es wahrhaben wollen.«

Lewellen war aufgewühlt, dachte an Amerika. Wo wären dort Birhats Anschlagsziele? Die Fratze von Micky Maus aus seinem Traum sprang ihm entgegen.

»Ach ja, von den vier Tankern, die wir noch in der engeren

Auswahl hatten, haben zwei aktuell ihren Kurs Richtung Valencia geändert.«

Dienstag, 11. April 2017 – 20:18 Uhr – Aschaffenburg

»Du denkst also auch, dass wir den Belgiern noch eine Chance geben sollen?«, fragte Marc van Teese seinen Anwalt.

»Ja, Marc. Du hättest deren Technik und das Labor sehen sollen. Wirklich absolute Spitze. Die Gründer sind ehrlich, haben von dem Zeitungsbericht nichts gewusst.«

»Und der Alkoholiker?«

»Impulsiv, hängt an seinem Kumpel, direkt, herzlich. Schwer zu sagen, ob der trocken ist, vermutlich schon. Jedenfalls ist er verantwortlich für die Verfahrenstechnik. Der andere, dieser Jacques Devilliers, den du ja in Alicante getroffen hast, ist aber der wahre Kopf des Duos. Er agiert ruhig, überlegt, selbstbewusst.«

»Also so, wie ich ihn beschrieben habe?«

»Ja, keinen Zweifel, du hast ihn richtig eingeschätzt. Interessant ist auch, dass er der Kopf hinter den Algen und deren genetischer Manipulation ist. Er ist studierter Mikrobiologe. Unglaublich, was der kann.«

»So sehe ich das auch. Allerdings ist dieses einzigartige Wissen das Hauptrisiko der Firma. Wenn Guigou ausfällt, werden wir einen neuen Verfahrenstechniker am Markt finden. Was in Devilliers' Gehirn passiert, ist nur schwer zu ersetzen, oder?«

»Da stimme ich dir zu. Die Schlüsselperson ist eindeutig Devilliers.«

»Danke, dann weiß ich Bescheid. Sagen wir Donnerstag in Südfrankreich. Ich sage dir noch, wo genau.«

»Okay. Passt. Ich werde die Belgier darüber informieren.«

15. Kapitel

Mittwoch, 12. April 2017 – 00:12 Uhr – Charleroi

Soeben hatte Jacques online die Flüge für sich und Al-Gé nach Marseille gebucht. Dr. Rhode hatte ihnen gegen halb zehn abends eine Mail geschickt und mitgeteilt, dass er sie am Donnerstag, den 13. April, vormittags in Martigues erwarten würde. Der Name des Hotels mit Adresse lag der Mail bei, Hôtel Saint Roch in der Avenue Georges Braque. Zwei Einzelzimmer waren auf ihre Namen dort reserviert. Marc van Teese besaß ein Haus in der Nähe, sie würden ihn am Nachmittag treffen. Al-Gé hatte geflucht, über »einen weiteren verlorenen Tag«, verstand aber die Notwendigkeit, ihren einzig verbliebenen möglichen Investor zeitnah zu treffen. Ohnehin kannte er Marc van Teese noch nicht. Al-Gé war gespannt auf den Mann.

Es war kurz nach Mitternacht, Jacques verfolgte die Spätnachrichten im Fernsehen. Grausame Bilder von den Toten der Anschläge in Salzburg, Rom und London wurden pausenlos um die Welt geschickt. Das Ganze war jetzt sechsunddreißig Stunden her. Noch immer waren die Menschen, allen voran wichtigtuerische Politiker, weltweit fassungslos. Noch nie, seit 9/11, hatte eine Terrororganisation so gut abgestimmt zugeschlagen. Die zeitliche Parallelität der Anschläge deutete auf eine exzellente Planung, eine weitverzweigte Organisation und Anhängerschaft hin. Wild spekulierte man weltweit in den bunten Blättern. Eilmeldungen in den Nachrichten überschlugen sich. Das Bild eines vermummten Mannes mit sehr freundlichen Augen, das Farqîn Birhat zeigte, flimmerte pausenlos über Fernseh- und Internetkanäle. Frühere Aufnahmen, noch während seiner Zeit in Paris, zeigten ihn unvermummt, dafür aber mit buschigem Bart und dicker Hornbrille. Nichts Auffälliges, ein intellektueller Großstädter.

Auf dem Weg ins Bad hörte Jacques gerade noch am Rande, was eine übereifrige Reporterin live aus London berichtete:

»Als Konsequenz zunehmender illegaler Öltransporte haben heute wichtige Mitgliedstaaten der NATO und der Internationalen Seeschifffahrtsorganisation, die ihren Sitz in London hat, beschlossen, schärfere Kontrollen von Ölfrachtern durchzuführen. Die Anrainerstaaten des Mittelmeeres, mit der Ausnahme von Frankreich und Spanien, haben entschieden, die Beschlüsse mit sofortiger Wirkung umzusetzen. Begründet wird das mit dem Verdacht, dass insbesondere an den Umschlagplätzen des Öls an der türkischen Mittelmeerküste, namentlich Ceyhan und Dörtyol, in den vergangenen sechs WochenÖlladungen mit gefälschten Papieren verladen wurden. Die türkische Regierung bestreitet ihre Beteiligung an solch illegalen Verschiffungen, begrüßte von daher die getroffenen Maßnahmen.«

Wieder einmal diskutierte die Weltöffentlichkeit über Öl.

Die Kriege um Öl würden zunehmen, je knapper es würde. Sie wären zu vermeiden, wenn die Algamondo-Technologie erst einmal überall verbreitet und im Einsatz wäre. Niemand wäre auf die wenigen großen Ölkonzerne mit ihren unverschämten Gewinnmargen angewiesen, die im Hintergrund den weltweiten Kampf um Öl bestimmten. Ihr Algenöl wäre umweltfreundlich zu erzeugen, günstig und nachhaltig verfügbar. Es wäre gutes Öl. Öl, an dem nicht der Fingerabdruck von Soldaten kleben würde. Jacques glaubte trotz aller Schwierigkeiten weiterhin unbeirrbar an ihren Erfolg und ihrer Vision von einer besseren Welt.

Mitten in diese Gedanken hinein klingelte sein Handy. Jacques sah, dass es sich um eine französische Nummer handelte. Sein Herz begann zu rasen, als er den Anruf entgegennahm.

»Hallo, Jacques. Störe ich? Ich darf doch so spät noch anrufen?«

»Natürlich, Angélique, jederzeit. Schön, deine Stimme zu hören. Ich habe so viel an dich gedacht, ich …«

Jacques war sich insgeheim nicht sicher, ob das Telefonat mit Angélique am vergangenen Sonntag der Anfang oder das Ende von etwas Wunderbarem war. Schließlich war sie Peter Millers Assistentin. Ausgerechnet von dem Mann, dem er nicht über den Weg traute, vor dem er mit einem unguten Gefühl im Bauch aus Monaco geflüchtet war. Hatte das alles nichts mit Angélique zu tun?

Völlig frei und unbeschwert hatten sie beide am Telefon ein unglaubliches Knistern gespürt und ausgelebt. Es war zu einem Feuerwerk geworden, das bei Jacques nach wie vor stark brannte. Die Gedanken an Angélique ließen ihm zwischen all den Dingen, die es die ganze Zeit zu erledigen gab, keine Ruhe. Fakt war, Angélique war deutlich mutiger. Sie hatte an ihn gedacht, sich getraut, ihn anzurufen, während er gezögert hatte. Die Sache mit Dubois und der Besuch von

Dr. Rhode waren eine zusätzliche willkommene Ausrede für sein Gewissen. Sein Verstand unterdrückte seine Gefühle. Was, wenn Miller Angélique auf ihn angesetzt hatte?

»Ich wollte mich schon längst wieder bei dir …«

»Pst. Nichts sagen, Jacques. Ich möchte keine Entschuldigung dafür hören, dass du dich nicht gemeldet hast, sondern deine Glücksgefühle darüber spüren, dass ich mich gemeldet habe. Du freust dich doch, oder?«

»Und wie. Ich kann dir gar nicht sagen wie sehr.«

»Siehst du, das glaube ich dir sogar. Männer sind nicht gut darin, ihre Gefühle in Worte zu fassen. Ob ich dir geglaubt hätte, dass du zu beschäftigt bist, zwei Minuten für mich aufzubringen, um Hallo zu sagen, weiß ich nicht.«

»Du hast ja recht, aber hier ist gerade richtig viel los. Es gab einen total negativen Zeitungsartikel über uns, auf den wir reagieren mussten. Trotzdem habe ich schöne Neuigkeiten. Am Donnerstag muss ich beruflich nach Marseille fliegen. Wir könnten uns am Freitag treffen, und ich bleibe eine Nacht? Wie klingt das?«

Jacques' Puls raste in die Höhe. Jetzt hatte er sie gefragt. Hatte all seine Vorsicht vergessen. War er in Millers Falle getappt, oder hatte er einfach nur die Frau fürs Leben gefunden? Jacques wusste es nicht.

»Nur bis Samstag?«

»Es geht leider nicht anders. Wir haben so unglaublich viel zu tun in der Firma.«

»Aber es ist doch Karfreitag und Ostern. Wie auch immer. Schade, dass du nur so kurz Zeit hast. Ich habe nämlich für mich über das Wochenende bis Dienstag ein Zimmer in einem kleinen Hotel am Meer bei St. Tropez reserviert. Ich fahre dort oft im Sommer hin, wenn ich einsam bin und mich erholen möchte. Wollen wir uns dort treffen? Das Wetter soll auch richtig toll werden.«

»Fantastisch. Ich bin dabei!«

»Wenn du dich traust und kein Warmduscher bist, der nur bei sommerlichen Temperaturen ins Wasser geht, bring deine Badehose mit. Ich erwarte dich im Bikini.«

»Das sind ja tolle Aussichten. Also das schöne Wetter, meine ich.«

Angélique musste lachen.

»Und mach dir für das Wochenende bloß keine unnötigen Mühen. So viel musst du gar nicht zum Anziehen mitnehmen. Den Bikini halte ich für völlig überflüssig.«

Wieder hatte er sie zum Lachen gebracht. Angélique fühlte, dass sie im Begriff war, sich Hals über Kopf in diesen Belgier mit dem frechen Mundwerk zu verlieben. Jacques hatte Humor, sah gut aus und war so erfrischend ehrlich. Das gefiel ihr. Zudem hatte er auch noch das gewisse Etwas in seinen Augen und in seinem Blick, was sie total anmachte. Konnte das Zukunft sein, oder war es nur ein schöner kurzer Traum?

»Jacques, sag, ist es dein Ernst, dass du am Donnerstag wirklich in Marseille bist und wir uns sehen werden?«

»Ja, Angélique. Ganz bestimmt. Ich würde dich nie anlügen. Ehrenwort. Ich freue mich riesig, auch wenn ich nur eine Nacht Zeit habe.«

Mittwoch, 12. April 2017 – 01:14 Uhr – Ankara/Monaco

»Ja«, krächzte eine verschlafene Stimme.

»Was hältst du eigentlich von Spanien, Peter? Sangria, Tapas, schöne Frauen, Sonne, Sand, Meer, durchtanzte Nächte …«

»Super Idee, John. Passt ausgezeichnet zu meinem derzeitigen Lebensstil. Insbesondere die durchtanzten Nächte. Schieß schon los, was gibt es so Dringendes, mitten in der Nacht, Boss?«

»Du musst deine Reise etwas umplanen. Wir glauben nicht mehr, dass die Ladung nach Marseille geht, sondern tippen eher auf Spanien.«

»Spanien? Wie kommt ihr denn da drauf?«

»Mehrere Punkte sprechen dafür. Erstens haben wir die Vermutung, dass Birhat dort seinen nächsten Anschlag durchführen könnte.«

»Interessant. Habt ihr auch eine Idee, wo genau?«

»Wir denken an Valencia. Dort gibt es die älteste europäische Rechtsinstitution, das Wassergericht. Wenn wir den Kurden richtig verstehen, fühlt er sich durch die europäische Politik betrogen. Man hat seinen Landsleuten nach dem Ersten Weltkrieg einen eigenen Staat versprochen. Kurz darauf wollten die Westmächte nichts mehr davon wissen, weil man Atatürk vertraute und ihn brauchte. Die Kurden wurden abserviert, ignoriert und vergessen.«

»Das mit den Kurden musst du mir mal in Ruhe erklären. Aber wieso Spanien und warum Valencia?«

»Valencias Wissenschaftsmuseum liegt an einem künstlich angelegten, riesigen Wasserbecken. Touristen überall, imposante Gebäude. So wie bei den anderen Zielen auch. Das Areal um das Museum ist riesig, und die Täter könnten es möglicherweise sogar mit Fahrzeugen erreichen.«

»Und es steht das Osterwochenende an. Da werden ganz besonders viele Touristen in Valencia sein, weil es die traditionellen Osterprozessionen gibt. Straßensperren, unübersehbare Menschenmengen. Pyrotechnik, Lebenslust, Freude. Ideale Bedingungen, um einen Terroranschlag auszuüben. Und was ist der zweite Grund?«

»Wir haben Lucy Grey in die Mangel genommen. Sie hatte eine Affäre mit diesem Waffenhändler. Die waren wohl eine Zeit in Valencia zusammen sehr glücklich. Lucy hat immer noch ein Bild aus dieser Zeit auf ihrem Handy. Der Waffenhändler kennt sich also vor Ort aus. Vielleicht will er dort die Übergabe organisieren. Unsere schärferen Kontrollen werden diese Verbrecher beunruhigen. Der Druck auf dem Kessel steigt.«

»Denkst du, Birhat will seine neuen Waffen gleich ausprobieren, die Stadt mit biologischen Kampfstoffen zerstören?«

»Wir können das nicht ausschließen.«

»Wenn das Risiko eines B-Waffen-Anschlags auf Valencia besteht, bin ich allein dann nicht …«

»Peter, ich kann nachvollziehen, was du sagen willst, aber wir müssen derzeit den Ball extrem flach halten. Kein Mensch außer dem extrem kleinen Kreis, der uns bei der Aufklärung unterstützt, darf erfahren, dass uns Viren abhandengekommen sind.«

»Das kann ich nachvollziehen. Habt ihr noch weitere Argumente?«

»Ja, ein letztes. Von den vier Schiffen, die wir beobachten, sind zwei in Richtung Valencia abgebogen.«

»Ölfrachter und Valencia? Das passt nicht ins Bild.«

»Was meinst du, Peter?«

»Valencia fertigt überwiegend große Seecontainer ab. Kaum Öl, Gas oder Chemikalien. Der Hafen fällt als Entladestation weg.«

»Gut, dass du es sagst. Das war uns auf den ersten Blick so nicht bewusst.«

»Eure Gedanken könnten trotzdem passen. In der Nähe von Valencia liegt Castellón. Dort ist eine Raffinerie, die Oil

Refinería de Castellón. Sie ist eine der größten Ölraffinerien in Spanien und wird von BP betrieben.«

»BP, sagst du? Da kann McAllister uns Zugang und Kontakte verschaffen. Er hat sein Büro am St. James's Square in London, gleich gegenüber ist das Hauptquartier von BP. Was weißt du noch über die Raffinerie?«

»Die haben in etwa fünfhundert Mitarbeiter.«

»Das könnte sehr gut passen. Die Raffinerie ist klein genug, um persönliche Kontakte aufzubauen. Gleichzeitig aber auch groß genug, um etwas Öl verschwinden zu lassen oder es nach der Anlandung klassisch in Tankfahrzeugen abzuholen oder mit Kesselfahrzeugen auf die Schiene zu bringen. Einmal abtransportiert, können die das Öl überall an einem anderen Standort ihrer Wahl lagern oder verarbeiten.«

»In der Tat. Was zusätzlich für eine Anlandung in Castellón spricht, ist, dass das Öl mit Spezialschiffen angeliefert werden muss. Die machen an einer Art Docking-Plattform im Meer fest, ungefähr vier Kilometer von der Küste entfernt. Ideal, um vorab entweder noch auf hoher See oder ganz in der Nähe des Hafens Öl von einem normalen Frachter in ein anderes Schiff umzupumpen. Unbeobachtet, kein Mensch fragt nach, wenn du verstehst, was ich meine. Ideale Bedingungen für Birhat.«

»Nach der Verladung und Umdeklarierung der Fracht erfolgt dann mit neuen Papieren völlig legal die Anlandung mit einem zugelassenen Spezialschiff. Das ist unauffälliger als ein Frachter, der aus der Türkei aufgebrochen ist und von uns gesucht wird.«

»Könnte wie die Faust aufs Auge passen. Danke, Peter. Das Bild wird immer stimmiger, je mehr ich es mir ansehe. Bitte gib deinem Team Bescheid, zieh ein, zwei Leute ab und flieg umgehend nach Valencia. Du solltest dich dort vor Ort dringend persönlich umsehen.«

»Wird erledigt, John, aber komm mir bitte nicht nochmals nachts um halb zwei mit der Sangria-Sonne-Sand-und-Meer Nummer. Damit ich bei den hübschen Spanierinnen auch ankomme, brauche ich meinen Schönheitsschlaf.«

Mittwoch, 12. April 2017 – 08:53 Uhr – Valencia

Sidibé war unendlich dankbar. Durch Salim, dessen Anwalt und den Kontakt zu Señor Tun Tun gab es Aussicht auf ein baldiges normales Leben. So wie es aussah, hatte er Arbeit gefunden, Menschen, die an ihn glaubten und ihn unterstützten. Er würde Geld verdienen, einen Beruf erlernen, das Recht bekommen, in Spanien leben zu dürfen. In Sidibés Leben gab es neue Hoffnung.

Und doch, nachts hatte er wieder in die stahlblauen Augen des weißen Mörders geblickt. Der hatte ihn im Traum ausgelacht, dann mit seiner Waffe auf ihn gezielt. Im letzten Moment riss er seine Schusshand herum, zielte auf ein kleines flüchtendes Mädchen. Der Mörder drückte ab ohne Rücksicht oder Skrupel. Das Mädchen sackte blutüberströmt zusammen. Kandia!

Salim hatte gehört, wie Sidibé im Schlaf immer wieder Kandias Namen rief. Dann hatte er seinen Freund geweckt. Sidibé war starr vor Angst gewesen.

Ein weiteres Mal erzählte er Salim die Geschichte seiner Flucht, das Erlebnis mit dem Mädchen, das er in Tanger zurücklassen musste, da er kein Geld für die Flucht von zwei Personen hatte. Schuldgefühle quälten ihn, mischten sich mit der Furcht vor dem weißen Verbrecher.

Um ihm zu helfen, hatte Salim am Vortag einen Bekannten

gebeten, ein Gespräch mit Sidibé zu führen. Der Mann war promovierter Psychologe. Salim kannte ihn von seinem Verein her, da er sich um die Betreuung einiger Mitspieler aus seiner Mannschaft kümmerte. Schnell wurde klar, dass der Doktor bei Sidibés Schilderungen an seine Grenzen kam. Zu grausam waren die Dinge für den Psychologen. Nach einer halben Stunde bat er Salim, ihn kurz alleine in der Küche zu sprechen.

»Klar, Doc. Was gibt es denn?«, war Salims Antwort.

»Es tut mir wahnsinnig leid, aber Sidibé braucht einen Betreuer, der auf posttraumatische Störungen spezialisiert ist. Ich kann Fußballprofis helfen, die ein Stimmungstief durchlaufen, weil sich ihre Freundin von ihnen getrennt hat, oder weil sie wegen zu schnellen Fahrens ihren Führerschein verloren haben. Manche Spieler reden mit mir, weil sie mit ihren Teamkollegen nicht zurechtkommen. Andere, weil sich hartnäckig das Gerücht hält, sie seien schwul. Die allermeisten aber reden mit mir, weil sie nie mehr als fünfzehn Minuten Einsatzzeit bekommen und der Trainer sie ignoriert.«

Salim verstand. Der Doktor aus seinem Verein war der falsche Mann für das, was Sidibé umtrieb. Kurz darauf drückte er dem Mann zweihundert Euro in die Hand, bedankte sich und verabschiedete ihn freundlich.

Der Psychologe war mit Sidibés Erlebnissen total überfordert. Als er abends verstört zu Hause eintraf, begrüßte er seine Frau und seine Kinder so herzlich, wie schon lange nicht mehr. Was hatten sie doch alle für ein Glück, in Spanien geboren worden zu sein und hier leben zu können. Ein schönes Leben, frei von Gewalt und dem Kampf ums Überleben. Er hoffte, dass die vielen Flüchtlinge, die er mit Argwohn zur Kenntnis nahm, ihm dieses Glück nicht nehmen würden.

Nach dem heutigen Gespräch mit Sidibé wollte er jedenfalls auch politisch dafür kämpfen, dass sein Land und ihre Kultur nicht durch die Massen von Zuwanderern verändert oder zerstört wurden.

Bald schon war Sidibés Schicksal von dem Psychologen verdrängt. Seine kleine Tochter mit ihrem dunklen Lockenkopf legte ihren Kopf an seine Schulter. Bettelnd sah sie ihn an: »Papa, Papa. Bitte, bitte, bitte lass uns doch noch einmal das lustige Spiel mit den Panzern auf deinem Handy spielen.«

Es ging darum, möglichst viele Feinde zu töten. Nach einem Treffer aus einem Granatwerfer würden die Soldaten in Stücke zerrissen. Abgetrennte Körperteile flogen über den Bildschirm, Blut spritzte überall herum, Bomben waren zu hören. Die Feinde würden verschwinden, für immer. Treffer! Das Mädchen lachte. Die Kleine war stolz, weitere wertvolle Punkte im Kampf um das Ranking als bester Spieler in ihrer Familie gewonnen zu haben.

Mittwoch, 12. April 2017 – 19:13 Uhr – Shanghai

Birhat saß im siebenundachtzigsten Stock der Cloud 9 Bar des Grand Hyatt Hotels in Shanghai. Er hatte vor wenigen Stunden unter dem Namen Kevin Bacon aus New Jersey, USA, eingecheckt, auch wenn seine elegante Kleidung und die ordentliche Kurzhaarfrisur mehr an den Stil eines englischen Gentleman erinnerte. Der Kurde trank einen Tee und blickte auf die Uhr. Europa war jetzt lange genug wach. Eine weitere Nacht war seit den Anschlägen, die zeitlich perfekt aufeinander abgestimmt abgelaufen waren, vergangen. Er hatte aus Asien heraus mit großer Genugtuung verfolgt, wie gut seine Organisation mittlerweile agierte, ohne dass er sich um jedes Detail persönlich kümmern musste. Ein weiterer

Blick auf die Uhr. Es war Zeit. Er musste Kontakt zu Meyer aufnehmen, hoffte, ihn endlich zu erreichen.

Schließlich brauchte er dringend dessen Lieferung, sonst hätte er den arroganten Deutschen schon längst beseitigen lassen. Dazu würde es schon noch kommen, sobald er wieder wusste, wo dieser Meyer sich aktuell aufhielt. Wohl oder übel hatte er gestern die Anzahlung von gut hundertzwanzig Millionen Dollar an Meyer veranlasst. Viel Geld, selbst für ihn und seine Organisation, trotz der Kontrolle erheblicher Fördermengen in Syrien. Ihm war klar, dass er bei dem Deal mit Meyer alles auf eine Karte setzte. Da durfte nichts schiefgehen. Wenn er die Kontrolle über das Öl wollte, brauchte er dessen Waffen. Sein Kunde für das Öl in Asien hatte vor wenigen Tagen eine Anzahlung von hundert Millionen auf mehreren Treuhandkonten deponiert. Die Konten würden freigegeben, sobald die ersten Ladungen in das Land gegangen wären. Über die jetzt von ihm erschlossene Route sollte das funktionieren. Seine Partner würden feststellen, dass er seine Versprechen erfüllte. Bald wäre er richtig dick im Ölgeschäft. Asien würde ihm noch große Freude bereiten.

Hier oben, über den Wolken, konnte Birhat, unerkannt von der ganzen Welt, in seinem eleganten Anzug aus der Savile Row seinen Erfolg genießen. Unter ihm waren Millionen Menschen in Shanghai auf dem Heimweg von ihrer Arbeit. Einfache Arbeit, unwürdige Arbeit, abhängige Menschen. Menschen, die ein Leben lang schufteten und doch nie dorthin kommen würden, wo er jetzt war. Birhat genoss diesen Moment. Er, der Junge aus dem Nichts, hatte das kleine kurdische Bergdorf hinter sich gelassen, war angekommen im ganz großen Geschäft, endlich ganz oben.

Vor wenigen Tagen hatte er mit den »richtigen« Kontakten

in China und Nordkorea gesprochen. Zunächst waren ihm Kontakte nach Changbai angeraten worden. Einem chinesischen Ort, an der Grenze zu Nordkorea. Dort war es dank verstärkter Grenzkontrollen ruhig geworden. Etwas zu ruhig, für Birhats Geschäfte. China verstärkte seine Truppen vor Ort und schien Ernst zu machen mit den Sanktionen gegen seinen Nachbarn.

Daher war er mit einem Mietwagen in den vergangenen beiden Tagen flussabwärts gereist, in die chinesische Grenzstadt Dandong. Zweieinhalb Millionen Menschen wohnten dort. Groß genug, dass er nicht sofort auffallen würde. Mit einem Boot konnte man auf dem Yalu-Fluss bis an das nordkoreanische Festland heranfahren. Die UN-Sanktionen brachten gute Zeiten für Birhat und seine Dienstleistungen. Das Regime in Nordkorea spürte den Druck der Wirtschaftssanktionen. Es brauchte Hilfe, um über professionell organisierten Schmuggel an zusätzliche Deviseneinnahmen und an Öl zu kommen. Birhat konnte diese Hilfe bieten.

Die Gegenleistungen waren nicht zu verachten. Durch seine neuen Kontaktpersonen hatte er sicherstellen können, dass die chinesisch-koreanische Freundschaftsbrücke, die Dandong und die nordkoreanische Stadt Sinŭiju per Schiene und Straße verband, für seine Zwecke »frei befahrbar« gemacht wurde. Dandong war ideal, um einflussreiche Politiker, die sich von der Parteizentrale in Peking nicht angemessen wertgeschätzt fühlten, zu »fördern«. Ihre privaten Einnahmen aus den Gefälligkeiten für Birhat verstanden sie als längst gebotenen Ausgleich für ihre treue Ergebenheit zu dem übermächtigen Politbüro.

Während er beschloss, Meyer in wenigen Minuten von seinem Zimmer aus zu kontaktieren, genoss Birhat den Blick aus der Bar über die pulsierende Metropole. Selbst hier, im äußersten Osten der Welt, waren die Zeitungen immer noch voll von den Berichten über seine jüngsten Attentate. Alle Welt wunderte sich, was als Nächstes kommen würde. Er wusste es, doch dazu brauchte er Meyer und dessen Ware.

Birhat hatte seit zwei Tagen erfolglos versucht, den deutschen Waffenhändler zu erreichen. Langsam wurde er unruhig, da Meyer nicht an sein Telefon gegangen war. Das war Birhat nicht gewohnt. So agierte niemand, der mit ihm Geschäfte machte. Schließlich sollte die Anzahlung mittlerweile auf Meyers verschiedenen Konten eingegangen sein. Birhat brauchte dringend die Waffen. Er hatte von seinen Leuten gehört, dass schon bald eine Angriffswelle lokaler Einheiten geplant war, um ihnen die besetzten Ölgebiete streitig zu machen. Als er in seinem luxuriösen Zimmer war und es erneut probierte, meldete sich Friedrich Karl Meyer.

»Was gibt es?«, wollte Meyer wissen. Das Verhältnis der beiden »Geschäftspartner« war angespannt, sodass er auf jegliche Höflichkeitsfloskel verzichtete.

»Das wollte ich von dir wissen, mein Freund«, antwortete Birhat ruhig. Er hatte gelernt, sich im Griff zu haben, auch wenn er dem Kerl am liebsten bei lebendigem Leibe eigenhändig die Eier ausgerissen hätte.

»Warum fragst du?«, kam als barsche Antwort zurück.

»Bleibt es bei unserem Termin?«

»Du bist unruhig?«, war Meyers Antwort. »Stimmt es, dass meine Bezahlung sich schwieriger gestaltet als geplant?«

Birhat hatte mit der Frage gerechnet. Die Behörden hatten begonnen, die Häfen im Mittelmeer stärker zu kontrollieren. Das war unangenehm, aber kein größeres Problem für ihn. In seinem Entladehafen hatte er seit Längerem gut bezahlte

Mittelsmänner, die aus Überzeugung handelten. Menschen, die in Spanien, Belgien oder Frankreich geboren waren und sich für seine Sache einsetzten. Der Einfluss der Kurden musste gestärkt werden. Viele hatten all die Jahre Nachteile daraus erduldet, dass sie keine Heimat hatten, keinen Staat, bis Leute aus Birhats Organisation sie radikalisiert hatten. Ab da fühlten sie, dass sie demnächst eine Heimat haben würden, ein eigenes Land. Sie wussten, dass ihre Stunde kommen würde. Noch erledigten sie ihre jeweiligen Arbeiten klaglos und unauffällig. Genauso hatten sie es von ihren Kontaktpersonen erklärt bekommen.

»Darum musst du dich nicht kümmern, mein Freund«, setzte Birhat ihr Gespräch fort. »Ich kenne auch die Nachrichten, die von übertriebenen Schiffskontrollen im Mittelmeer ausgehen. Du wirst das Öl, wie vereinbart, übergeben bekommen. In wenigen Tagen wird es so weit sein. Was macht dein Teil unserer Vereinbarung?«

Seit Birhat das Video gesehen hatte, das Meyer mit einem Kunden in Afrika zeigte, wollte er die grünen Fläschchen haben. Nicht zehn oder zwanzig, er wollte einen Container voll. Während der schlaflosen Nächte in den Hotels in China hatte er sich in den letzten Tagen immer wieder angesehen, was darauf aufgezeichnet worden war. Die Grausamkeit, mit der der Wirkstoff demonstriert worden war, hatte ihn angeheizt. Es war jetzt Zeit für ihn zu handeln.

»Mach dir keine Sorgen, Farqîn. Alles wie vereinbart. Ein Großteil der konventionellen Ware ist bereits in Spanien. Für nächsten Montag, Ostermontag, ist alles für den Austausch organisiert.«

Mittwoch, 12. April 2017 – 16:33 Uhr – Horsham/Ankara

»John, schön, dass du dich meldest. Dein Memo habe ich erhalten sowie interessante Neuigkeiten. Wie du dir vorstellen kannst, geht hier alles drunter und drüber. London hat sich ruhig, aber entschieden auf eine mögliche Unterbrechung der Wasserversorgung eingestellt. Die gängigen Notfallprogramme sind vorsorglich in Kraft gesetzt. Ich selbst arbeite aktuell von unserem Landgut in Sussex aus …«

Im Hintergrund war plötzlich eine weibliche Stimme zu hören.

»Moment bitte einmal, John.« Der Hörer wurde zur Seite gelegt.

»William Benastre, du Sturkopf, hast du dich endlich um die Beseitigung deines Mülls gekümmert, den du schon seit Wochen vor meinem Küchenfenster aufschichtest? Du bist so rücksichtslos! Morgen kommt deine bezaubernde Enkelin zu Besuch. Das scheint dich nicht im Geringsten zu stören, denn du häufst, direkt neben der Terrasse, dieses stachelige Rosengestrüpp an. Von einem Mann in deinem Alter hätte ich etwas mehr Verantwortung erwartet. Hätte ich doch nur auf meinen Vater gehört, der mich vor einem so stumpfen Rohling wie dich und deiner Familie gewarnt hat. Nur weil ihr seit Hunderten von Jahren verwahrloster Adel wart, werde ich dir bestimmt nicht erlauben, unser Grundstück so verkommen zu lassen wie eure sonstigen Besitztümer. Los, schaff sofort das Gestrüpp weg, damit unsere Kleine sich morgen an den Stacheln nicht verletzt.«

»Wird sofort erledigt«, rief Sir Henry in Richtung der Frauenstimme. Der Hörer wurde wieder ans Ohr gelegt.

»Entschuldige bitte, John. Du siehst, das ganz normale Leben geht in unserer Familie weiter. Wir lassen uns nicht von dem Terror dieses Bombenwerfers einschüchtern. Insbesondere meine reizende Frau nicht. Ich werde gleich wieder alles dafür tun, damit wir Erfolg bei der Suche nach Birhat haben. Frührente ist keine Option für mich. Bitte gib mir zehn Minuten, und ich rufe dich zurück.«

»Ich verstehe deine Motive. Lass dir Zeit, Henry.«

McAllister begab sich unverzüglich in den Garten und sorgte dafür, dass sich ihre süße Enkelin bei ihrem Besuch morgen nicht an den Rosenzweigen verletzen konnte. Allerdings durfte sie auch nicht durch einen Biowaffenangriff zu Tode kommen. Beide Tätigkeiten zur Abwehr dieser Gefahren musste er nun in der Priorisierung seiner Frau umgehend durchführen.

Zehn Minuten später blickte McAllister zufrieden auf den von sämtlichen Dornenresten gereinigten Platz. Dann rief er Lewellen zurück.

»Hallo, John. Bitte entschuldige die kurze Verzögerung. Dein Memo klingt für mich sehr logisch. Es passt sehr genau zu dem Bild, das wir uns von Birhats Aktivitäten in Nordkorea und China gemacht haben. Meine Analysten haben unsere Datenbank durchforstet. Sie sollten herausfinden, wie der Iran und Russland früher miteinander ausgekommen sind und was ein kurdischer Staat für die Russen bedeuten würde.«

Lewellen war mit Peter einer Meinung, dass es für Birhat gute Gründe gab, einen kurdischen Staat mit iranischer und russischer Unterstützung ins Leben zu rufen. Immerhin lag ein Teil eines möglichen kurdischen Staatsgebietes im Iran. Acht Millionen Iraner waren kurdischen Ursprungs.

»Wie du sicherlich weißt«, fuhr McAllister fort, »wurde 1945, auf der ersten Sitzung der Vereinten Nationen in San Francisco, von den kurdischen Vertretern eine Petition eingereicht. Dazu hatten sie eine Landkarte zu den von ihnen beanspruchten Flächen vorgelegt.«

»Also gibt es historische Dokumente, die Birhats Sichtweise und seinen Anspruch auf einen eigenen Staat unterstützen.«

»Ja. Schon einmal gab es den kurdischen Ministaat Mahabad. 1946 hatten die Russen zu den Kurden gehalten und einen von ihnen besetzten Teil Nordirans an sie abgegeben. Das gefiel uns Briten nicht. Es gab Streit mit Stalin. Wir konnten den Iran auf unsere Seite ziehen. Das war dann der Beginn des Kalten Krieges, auch in Europa.«

»Und in der Region um Iran, Irak, Syrien, Türkei hält der Konflikt um kurdische Staatsansprüche bis heute an.«

»So ist es, nur die Sache wird dadurch kompliziert, dass die Iraner der Erzfeind der Saudis, eurer Verbündeten, sind. Beide kämpfen nicht nur religiös um eine regionale Vormachtstellung.«

»Das sehen wir nur zu klar an den Stellvertreterkriegen, die in Syrien und im Jemen stattfinden.«

»Wir denken, dass im Grunde alte, korrupte und repressive Eliten gegeneinander kämpfen. Darin sieht Birhat seine Chance. Er sucht Kontakt zu einer neuen Führungsgeneration, die nicht auf Konfrontation, sondern auf Kooperation setzt. Eine Generation, die Frieden mit ihren Nachbarstaaten sucht.«

»Du meinst, dass diese neue Führung Birhat und seinen Kurden freiwillig Einflussgebiete zugestehen würde?«

»Wenn wir nicht aufpassen, ja. Die größten Erdölvorkommen Syriens liegen in den kurdisch besiedelten Gebieten im Nordosten, in der Dschazīra-Region. Den Anspruch darauf hat Birhat mit Waffengewalt und anhaltender Besetzung untermauert. Der Iran würde nicht viel aufgeben, wenn er den Kurden ihr historisch beanspruchtes wertloses Land abtreten würde.«

»Wieso würden sich moderne Kräfte im Iran auf einen Mann wie Birhat einlassen?«

»Weil er sich mit euren Biowaffen in einer Krisenregion wie Iran, Irak, Syrien und Afghanistan Respekt verschaffen könnte.«

»In der Tat. Die tödlichen Viren sind mehr als eine nur regional zu gebrauchende Atombombe des kleinen Mannes.«

»Was eure Leute in Fort Detrick kreiert haben, kann den Anfang vom Ende der Welt bedeuten. Ein falscher unkontrollierter Schritt, eine abgelehnte Forderung und er lässt die Viren auf euch, uns und unsere NATO-Verbündeten los.«

16. Kapitel

Donnerstag, 13. April 2017 – 01:13 Uhr – Monaco

Angélique hatte gehofft, dass Jacques sich heute Nacht noch einmal telefonisch bei ihr melden würde. Morgen, am Karfreitag, würde ihr erstes privates Treffen stattfinden. Für sie war es ein komisches Gefühl. Es war ja kein Tinder-Blind-Date, bei dem die Spielregeln ganz einfach waren. Sie spürte, hier ging es um mehr als Sex. Jacques suchte Liebe, und die wollte sie ihm geben.

Hatte Jacques »kalte Füße« bekommen? Warum meldete er sich nicht und informierte sie darüber, wann sie mit ihm rechnen durfte? Nach ihrem Telefonat hatte er ihr gestern eine kurze WhatsApp geschickt: *»Flug ist gebucht. Bin morgen schon geschäftlich unterwegs. Sehen uns am Freitag.«*

Keine Uhrzeit, keine Angabe, wohin genau er unterwegs war, keine Liebesbekundung. Angélique ging es wie Millionen anderer Männer und Frauen auf dieser Welt. Der Schmerz, wenn man einen geliebten Menschen umarmen wollte und er nicht in der Nähe war, war unheilbar.

Es war kurz nach eins, als endlich eine WhatsApp-Nachricht einging. *»Bin schon bald ganz in deiner Nähe. Freue mich riesig auf Freitag. Wir sehen uns gegen halb zwei in deinem Hotel. Ich vermisse dich.«*

Angélique war glücklich.

Donnerstag, 13. April 2017 – 05:53 Uhr – Monaco/Valencia

Früh am Morgen war Peter Miller alleine in Richtung Valencia aufgebrochen. Noch in der Nacht hatte er seinen Flug umgebucht. Angélique hatte er per Mail darüber informiert, dass er einige Tage nach Spanien müsse und beabsichtige, über Ostern zu bleiben. Falls machbar gerne auch noch einige »entspannende« Tage darüber hinaus. Bruno würde ihn begleiten. Angélique wusste, dass die beiden Männer nicht nur im Job gut harmonierten, sondern privat befreundet waren und ab und zu tageweise zu Touren mit dem Mountainbike aufbrachen. Peter und Brunos Abwesenheit über mehrere Tage war also nichts Ungewöhnliches für sie.

Lewellens Hoffnung ruhte auf Peter und dessen Erkundigungen vor Ort in Valencia. Den Rest der Nacht hatte Peter an seinem Computer gesessen, um sich über Valencia zu informieren und mögliche Hinweise auf das weitere Vorgehen von Birhat zu finden.

Donnerstag, 13. April 2017 – 05:57 Uhr – Charleroi

Wie schon vor ihrem Flug nach München waren die Partner noch einmal bis ins letzte Detail ihre Planungen durchgegangen.

Ihr Abflug war um halb sieben. Pünktlich trafen die beiden Freunde am Terminal in Brüssel ein. Beide hatten die neueste Ausgabe der *Charleroi Matin* unter dem Arm geklemmt. Nur um sicherzugehen, dass es nicht doch noch Neuigkeiten von Dubois gab, die abermals ihren Deal mit van Teese gefährden würden. Gott sei Dank hatten die jüngsten Anschläge das Geschmier dieses Journalisten als völlig uninteressant verdrängt. Als ihr Flieger abhob, fühlten die Gründer positive Energie. Der Tag würde gut werden.

»Hast du die Diskussion verfolgt, Jacques, die die Amerikaner mal wieder angestoßen haben?«

»Nein, worum geht es?«

»Die wollen eine Verschärfung der internationalen Sanktionen gegen Nordkorea. Ölimporte sollen dem Embargo unterworfen werden. Öl wird also einmal mehr zum Druckmittel und zur Waffe, um unliebsame Gegner in die Knie zu zwingen.«

»Da siehst du wieder die politische Dimension unserer Erfindung. Würde die Algamondo-Technologie in die Hände von Nordkoreas Machthaber gelangen, wäre der nicht mehr von Dritten abhängig, um die Ölversorgung seines Landes zu sichern. Er könnte überall im Land Öl produzieren. In Mengen, die ausreichen würden, um sein Land vor dem sicheren Chaos zu retten, in das es ohne ausreichende Ölversorgung treiben wird.«

»Wenn wir erst einmal loslegen, hat die internationale Gemeinschaft ein Druckmittel weniger, um einen Diktator zur Vernunft zu bringen. Ich kann kaum sagen, ob ich das gut oder schlecht finden soll«, meinte Al-Gé unschlüssig.

»Schwierig zu beurteilen. Mir ist in den letzten Wochen allerdings eines klar geworden. Wir haben uns über Jahre hinweg so intensiv mit der Gentechnik, den Algen, unseren Reaktoren, der Ernte und Steuerungstechnik befasst, dass wir möglicherweise übersehen haben, woran wir jetzt scheitern könnten.«

»Wie meinst du das, Jacques?«

»Je mehr ich darüber nachgedacht habe, umso mehr wird mir die politische Dimension unserer Erfindung bewusst. Nicht die positive, nicht die Vision einer günstigen und schmutzlosen Versorgung aller Länder mit ausreichend

Algentreibstoff. Was mich nicht zur Ruhe kommen lässt, ist die negative Dimension unserer Erfindung. Wir wollen Gutes tun, aber die bestehenden Ölmonopolisten unternehmen möglicherweise im Hintergrund alles, um uns scheitern zu lassen.«

»Nicht nur die. Denk an unseren Verdacht mit der Bespitzelung durch die Geheimdienste. Die unterscheiden wahrscheinlich zwischen ›gutem‹ und ›bösem‹ Öl. Ich hoffe nur, dass die uns zu den Guten zählen. Sonst kann es leicht noch unangenehmer für uns werden. Viel Kraft, uns zu widersetzen, haben wir ohnehin nicht.«

»Wir sind für die doch nur ein unbedeutendes kleines Licht.«

»Und wenn nicht? Was können wir tun, um uns gegen Angreifer zu verteidigen, die wir gar nicht kennen, die sich nicht offen zeigen?«

»Nichts, außer unser Schiff, so gut es geht, durch den Sturm zu segeln, uns nach helfenden Händen umzusehen. Bei van Teese habe ich ein gutes Gefühl. Mit ihm werden wir Erfolg haben.«

»Jacques, jetzt noch mal unter uns. Ist es nicht naiv, jemandem zu vertrauen, von dem wir so gar nichts wissen? Ein Kerl, der aus dem Nichts auftaucht, genauso schnell wieder verschwindet?«

»Wie meinst du das, Al-Gé?«

»Hast du etwa dessen Handynummer? Seine Adresse, weißt, wo der sich aufhält, wie wir ihn zukünftig erreichen können, wenn wir ihn brauchen?«

»Nein. Aber lass uns das vor Ort klären. Bislang lief ja alles über Dr. Rhode.«

»Und dann noch etwa, Jacques. Du weißt, dass ich grundsätzlich auch offen für Millers Angebot bin. Es sichert uns persönlich ab. Dieser van Teese kauft von uns keine Anteile. Im Gegenteil. Ich habe mir den Vertrag noch mal in aller Ruhe durchgelesen. Wenn wir oder das Unternehmen nicht wie geplant performen, bekommt er Zugriff auf unsere Anteile.«

»Alles gute Punkte. Lass uns das doch später mit ihm direkt besprechen, wenn wir merken, dass der tatsächlich will. Wir brauchen uns nicht zu verstecken. Schließlich gehen wir eine langfristige Partnerschaft mit ihm ein. Ich möchte, dass du wirklich in allen Punkten überzeugt bist.«

»Schön wäre es, Jacques. Ich habe mir auch nochmals Gedanken zu dem idealen Standort unserer ersten Pilotanlage gemacht. Deine Idee mit Mali oder Ghana ist gut, aber die Länder liegen sehr weit weg und sind schlecht erreichbar. Von Charleroi aus sehr schwer zu kontrollieren. Was hältst du davon, in Europa zu bleiben? Ich dachte an die Camargue. Ist ja nicht allzu weit weg von dort, wo wir uns mit van Teese treffen. Mitten im Herzen unserer Wettbewerber.«

Donnerstag, 13. April 2017 – 10:07 Uhr – Castellón

Schon vor Wochen hatte Birhat seine Gefolgsleute in der Raffinerie in Castellón informiert. Sie wussten, dass eine große Menge Rohöl aus den Kurdengebieten in Syrien eintreffen würde. Gleichzeitig sollte Öl aus den Depots in Tankzüge abgepumpt werden. Das bereits deklarierte Öl würde durch das neue, illegal angelandete Öl ersetzt. Um den Tausch, die Papiere und die Logistik des Öltransports, würde sich Birhats Organisation kümmern. Seine Leute in der Raffinerie würden für das Umfüllen die richtigen Hähne öffnen. Der logistische Aufwand mit den Lkws war hoch und zeitintensiv, aber er diente der gemeinsamen Sache. Aufgrund des hohen Automatisierungsgrades konnte die Verladung von wenigen Personen abgewickelt werden. Die Personen, die Birhat angeheuert hatte, waren zu allem bereit. Hätte man ihnen brennende Sprengstoffgürtel umgelegt, hätten sie auch damit das Öl verladen. Bald würde es so weit sein. Die Kurden würden Gerechtigkeit erfahren, ihr Land zurückbekommen. Dazu sollten die Arbeiter in der Raffinerie, die Birhat dort vor Wochen eingeschleust hatte, beitragen. Was er tun konnte, war getan. Alles lief rund, bis auf die Meldungen verschärfter Kontrolle der Schiffe. Für ihn dennoch kein größeres Problem, nur eine Frage der Organisation und der Bezahlung.

Was Birhat beschäftigte, war, dass der Deutsche ihm bei ihrem letzten Telefonat immer noch nicht mitgeteilt hatte, wo genau die bestellte Ware auf ihn warten würde.

»Halt dich in Spanien bereit«, war Meyers schlichte Antwort gewesen.

»Fuck you«, dachte Birhat, sprach es aber nicht aus. Ihr Spiel schien derzeit auf ein Remis hinauszulaufen, bei dem keine Seite einen Vorteil für sich verbuchen konnte. Jeder hatte etwas, das der andere wollte. Keiner vertraute dem anderen so sehr, als dass er sagen würde, wann und wo der Austausch stattfinden würde. Sie näherten sich dennoch schleichend Ort und Zeitpunkt an.

Der Kurde hasste es, dass der Deutsche in vielen Dingen das Kommando übernommen hatte. Meyer war es, der ihm vorgab, wie der Austausch ablaufen würde. Das sollte der Kerl nach Abwicklung des Deals bitter bereuen. Birhat würde zukünftig von niemandem mehr Befehle empfangen. Einmal im Besitz der Waffen würde er der Welt sagen, wo es langgeht.

Donnerstag, 13. April 2017 – 10:25 Uhr – Marseille

Pünktlich waren sie in Marseille gelandet und hatten ihren Mietwagen in Empfang genommen. Als die beiden Belgier eine gute halbe Stunde später in dem kleinen Hotel in Martigues eintrafen, verlief die Begrüßung durch Dr. Rhode in der Hotellobby herzlich und außerordentlich freundschaftlich.

»Schön, Sie wiederzusehen, meine Herren. Ist es hier im Süden nicht viel freundlicher und wärmer als im tristen Belgien?«

Dr. Rhode trug einen leichten Sommeranzug aus Leinen und dazu ein schwarzes Poloshirt mit kurzen Ärmeln. Das Sakko hatte er lässig über den Arm geworfen. Sein Bauch zeichnete sich deutlicher ab als unter dem formellen Anzug, den er in Charleroi getragen hatte.

»Vierundzwanzig Grad. Haben wir extra für Sie bestellt. Wir möchten ja, dass Sie sich in Marcs zweiter Heimat wohlfühlen. Er lässt sie im Übrigen herzlich grüßen. Ich soll Ihnen vorab schon einmal ausrichten, dass er nach wie vor Interesse an einem Investment hat.«

Die Erleichterung über Marcs Aussage war den Belgiern anzumerken.

»Heißt das, es geht definitiv weiter?«, wollte Al-Gé wissen.

»Nun, die finale Entscheidung wird Marc sicherlich erst dann treffen, wenn er mit Ihnen in Ruhe nochmals über das geredet hat, was in der Zeitung stand. Da werde ich mich auch nicht weiter einmischen. Was ich sagen kann, ist allerdings, dass Marc sich für ein Grundstück interessiert, das günstig zu kaufen ist. Dort gibt es ziemlich große Lagerkapazitäten für Öl. Für sich allein betrachtet schon ein interessantes Geschäftsmodell. Das können Sie mir glauben. Das

Grundstück ist aber auch groß genug, um dort Ihre Pilotanlage errichten zu können.«

Die beiden Partner sahen sich an. Konnte das wahr sein? Hatte Marc van Teese sein Versprechen nicht nur gehalten, sondern sogar schon einen Schritt weitergedacht?

»Das ist ja fantastisch«, platzte es aus Al-Gé heraus. Marc van Teese steckte voller Überraschungen. Er sollte ihm gegenüber nicht so kritisch sein, auch wenn er ihn nicht wie Miller sofort zum Millionär machte.

»Könnte es werden, meine Herren. Nur freuen Sie sich bitte noch nicht zu früh. Lassen Sie uns doch das Treffen mit Marc abwarten.«

Das war wieder eine dieser Äußerungen, für die Al-Gé den Anwalt hasste. Er war so herrlich unverbindlich, schlüpfrig, nicht greifbar. Der Meister des Konjunktivs, der nun allerdings mit einer sehr konkreten Frage aufwartete.

»Meine Herren, haben Sie die Technik so weit im Griff, dass der Bau einer Freilandanlage für jeden fremden Dritten problemlos möglich ist? Mit anderen Worten, was passiert mit Ihrem Know-how, wenn zum Beispiel Herr Guigou morgen gegen einen Baum fahren und tödlich verunglücken würde?«

Jacques war klar, Dr. Rhode machte nur seinen Job, Al-Gé schockierte es jedoch, mit seinem eigenen Tod konfrontiert zu werden. Er war sprachlos, konnte keine Antwort geben. Jacques sah das emotionsloser.

»Da Al-Gé ein hervorragender Autofahrer ist, sehe ich dieses Risiko nicht. Sie wollen ihn ja nicht umbringen lassen, oder?«

Dr. Rhode schmunzelte. »Natürlich nicht, aber Sie verstehen den Hintergrund meiner Frage.«

»Den sehe ich sehr wohl. Und um Ihnen offen und ehrlich

zu antworten, die Umsetzungsplanung zur Vergrößerung unserer Anlage liegt fix und fertig in unserer Schublade oder, besser gesagt, befindet sich auf unseren Computern. Al-Gé und sein Team haben einen unglaublich guten Job gemacht, um wirklich jeden einzelnen kleinen Schritt sorgfältig zu dokumentieren.«

»Sehr schön. Die Details sollten wir später und nicht hier in der Hotellobby besprechen. Ich würde Sie gerne zum Mittagessen einladen. Sagen wir halb eins? Marc werden wir um drei Uhr treffen. Wenn Sie sich vor dem Essen noch kurz in Ihren Zimmern frisch machen wollen, haben Sie jetzt dazu Gelegenheit.«

Donnerstag, 13. April 2017 – 10:43 Uhr – Valencia

Sidibé hatte Señor Tun Tun, wie der Inhaber liebevoll von ihm genannt wurde, rasch in sein Herz geschlossen. Er durfte ihn morgens auf den Markt begleiten, um frischen Fisch und Gemüse einzukaufen. Im Anschluss zeigte ihm José den einen oder anderen Trick in der Küche. Dabei hatte er sich handwerklich so geschickt angestellt, dass er laut José eindeutiges Talent für das geschmackvolle Anrichten der Speisen erkennen ließ. Noch dazu hatte er unglaublichen Spaß an dieser Arbeit. Sidibé hatte gefunden, wofür er nach Europa gekommen war. Er fühlte sich erstmals seit Jahren wieder sicher in seinem Leben, war glücklich und zufrieden. Auch das Gespräch mit Salims Anwalt war sehr gut gelaufen. Der Anwalt hatte ihm Hoffnung gemacht, dass die Behörden seine Situation verstanden hätten und Sidibé schon bald mit einer vorläufigen Arbeits- und Aufenthaltsgenehmigung rechnen dürfte. Natürlich würde man dabei berücksichtigen, was Salim Großartiges für den spanischen Fußball geleistet hatte.

Sidibé konnte sein Glück kaum fassen. Er war nicht nur lebendig in Spanien angeschwemmt worden, sondern endlich in seiner neuen Heimat angekommen.

Donnerstag, 13. April 2017 – 11:05 Uhr – Valencia
Die Routine der Ermittlungsarbeit hatte begonnen. Kommissar Valverde konnte sich keinen Reim auf die Ermordung von Andy Guggemoos machen, der schon so viele Jahre bei ihnen in Spanien lebte. Valverde hatte herausgefunden, dass der Deutsche Unternehmer war und mit einem Team von Tauchern derzeit auf einem Campingplatz wohnte. Von denen hatte er erfahren, dass Guggemoos einen Termin bei dem lokalen Wasserversorger hatte und sich deshalb in Valencia aufhielt. Es ging um die Erforschung einer Unterwasserhöhle für ein Fernsehprojekt. Auf den ersten Blick kein Motiv für einen Mord.

Das Handy des Toten, das in seiner Hosentasche steckte, war trotz der über zwanzig Einschüsse in seinem Körper unversehrt geblieben. Valverde fiel auf, dass eine Person in den letzten Tagen häufiger Kontakt zu dem Ermordeten gesucht hatte. Seine Recherchen ergaben, dass es sich um Jacques Devilliers, einen Unternehmer aus Belgien, handelte. Kurz nach elf hatte Valverde die belgische Handynummer angerufen.

»Hallo?«, meldete sich nach wenigen Sekunden eine freundliche Stimme.

»Spreche ich mit Jacques Devilliers?«, erkundigte sich der Kommissar.

»Ja, worum geht es denn?«

»Kennen Sie Herrn Guggemoos, Andy Guggemoos?«

Jacques wunderte sich, wer ihn mit einem so holprigen

Englisch anrief und nach Andy fragte. Etwas mürrisch antwortete er: »Wer will denn das wissen?«

»Entschuldigen Sie, ich hatte mich ja noch gar nicht vorgestellt. Mein Name ist Ignazio Valverde. Ich melde mich aus Valencia bei Ihnen. Sie haben sich doch vor wenigen Wochen mit Andy in Alicante getroffen?«

Bewusst sprach Valverde von »Andy«. Das sollte so klingen, als kenne er den Toten gut. Den Grund seines Anrufs oder seine Profession hatte er nicht genannt.

»Richtig, Andy habe ich vor einigen Wochen in Alicante getroffen. Was kann ich für Sie tun? Sind Sie ein Freund? Woher kennen Sie ihn? Ach, und ich habe gerade wenig Zeit. Sie erwischen mich auf einer Dienstreise im Ausland. Ich muss gleich in ein sehr wichtiges Meeting.«

Valverde nutzte den Überraschungsmoment. Eigentlich nicht so seine Art, aber manchmal half es, mit der Tür ins Haus zu fallen, um eine erste spontane Reaktion zu testen. Da konnte es nur von Nutzen sein, dass sein Gesprächspartner offensichtlich unter Zeitdruck stand. Mordermittlungen kannten kein Pardon.

»Ich muss Ihnen leider mitteilen, dass Andy tot ist. Ermordet. Ich bin Kommissar und leite die Ermittlungen.«

Valverde hörte, wie sich sein Gesprächspartner auf einen Sessel fallen ließ. Einige Sekunden lang war das Gespräch verstummt.

»Ermordet?«, hörte er Jacques fragen. »Dazu gab es keinerlei Grund. Andy war ein so anständiger Mensch.«

»Herr Devilliers, auch gute und anständige Menschen sind manchmal zur falschen Zeit am falschen Ort. Wie gut haben Sie Andy denn gekannt?«

Jacques war fassungslos. Andy, dem er so viel zu verdanken hatte, war tot. Ohne seine Hilfe hätten sie Marc nie getroffen.

»Andy?«, stotterte Jacques. »Wir kannten uns eine Zeit lang recht gut. Er war mein Tauchlehrer, und später haben wir immer wieder Tauchgänge zusammen unternommen, auch in spektakuläre Höhlen. Das war seine Spezialität. Ich habe ihm mehr als einmal mein Leben anvertraut. Andy war absolut zuverlässig. Einen besseren Tauchpartner hätte ich mir nie vorstellen können.«

Valverde hatte gehört, was er hören wollte. Die erste spontane Reaktion war absolut authentisch.

»Sie sagten, dass Sie in ein wichtiges Meeting müssen. Ich will Sie gar nicht lange davon abhalten, würde mich aber freuen, wenn wir uns nach der Rückkehr von Ihrer Reise etwas länger unterhalten könnten. Meine Nummer habe ich bereits bei Ihrer Sekretärin in Belgien hinterlassen. Wann höre ich von Ihnen?«

Der Schock saß tief bei Jacques. Er konnte es nicht fassen. Hätte ihn ein Arzt aus dem Krankenhaus angerufen und berichtet, dass Andy bei einem Tauchunfall ums Leben gekommen war, hätte er dies sofort verstanden. Andy kannte das Risiko seines Berufs und hatte es für sich akzeptiert. Aber ein Mord?

»Wie war bitte nochmals Ihr Name?«

»Valverde. Kommissar Ignazio Valverde. Bis bald und passen Sie auf sich auf.«

Sie legten auf. Der letzte Satz war so eine Redewendung, die Valverde sich im Laufe seines langen Berufslebens angewöhnt hatte.

Donnerstag, 13. April 2017 – 11:07 Uhr – London
McAllister war von ihrem Landgut mit dem Auto nach London gefahren, um seine kleine Enkelin abzuholen. Er hatte sich für die Route über die A243 und dann die A3, vorbei an den Surrey Hills, an Wimbledon und dem Battersea Park, entschieden. Kurz vor Wandsworth hatte die Londoner Polizei eine Straßensperre errichtet. Jedes Fahrzeug, das in die Londoner City wollte, wurde angehalten, die Insassen auf ihre Personalien hin überprüft. Als er seinen Ausweis zeigte, wurde McAllister freundlich gegrüßt und konnte binnen einer Minute seine Fahrt fortsetzen.

Die Londoner Innenstadt wurde streng bewacht, der übliche Stau ab Wandsworth war noch länger als sonst. Seine Enkelin wartete mit ihren Eltern in der Nähe der National Gallery auf ihn. Herzlich begrüßte er zunächst seine Tochter, dann, etwas weniger herzlich, seinen Schwiegersohn.

»Mary, Harry.«

Schon immer war seine Tochter, die Kunstgeschichte studiert hatte und mittlerweile als Galeristin und Expertin für Sotheby arbeitete, eine unabhängige Persönlichkeit. Ihr Sturkopf war sowohl von ihm als auch von seiner Frau ererbt und durch nichts und niemanden zu erschüttern. Ihr Leben verlief nach dem Motto: »Wer kämpft, kann verlieren, wer nicht kämpft, hat schon verloren«. Von weiteren Terroranschlägen, die die Wasserversorgung Londons bedrohen konnten, ließ sie sich jedenfalls nicht einschüchtern. Für ihre Tochter Maggie wäre es dennoch besser, eine Zeit lang bei den Großeltern zu verbringen.

»Hallo, meine Kleine, wie schön dich zu sehen.«

Die Kleine sprang ihrem Opa um den Hals und küsste ihn innig.

»Opa, Opa, Opa! Zeigst du mir noch mal, wie man die Rosen im Garten richtig schneidet, sodass sie auch im nächsten Jahr wieder so schön blühen?«

»Natürlich, meine Kleine, und Oma wird jeden Tag einen Kuchen mit dir backen.«

Der Abschied fiel allen Beteiligten nicht schwer. Die Eltern wussten, dass ihre Kleine bei den Großeltern in besten Händen war.

»Macht es gut, ihr Lieben. Wir kümmern uns um Maggie.«

McAllister war durchaus klar, dass ein Restrisiko für London und seine Tochter bestand. Im Fall der Fälle würde er sie und seinen Schwiegersohn, einen erfolgreichen Investmentbanker aus bestem Hause, mit gestriegelten Manieren und ebensolchen Haaren, immer noch aus London zu sich aufs Land holen können. Wehmütig blickte er hoch zu der Säule am Trafalgar Square. Als Offizier wollte er dem Vizeadmiral Horatio Nelson den militärischen Gruß als Ehre erweisen. Der schien ihm zu befehlen: »England erwartet, dass jeder Mann seine Pflicht erfüllt«. Yes, Sir! Siegertypen wie Nelson würden sie jetzt brauchen, um diesen verdammten Terroristen den Garaus zu bereiten.

Donnerstag, 13. April 2017 – 11:11 Uhr – Martigues

Jacques sank auf dem Sessel des kleinen Hotels in sich zusammen. Das Gespräch mit dem Kommissar hatte ihn vor ein Rätsel gestellt. Andy tot? Er war schockiert. Sein Kopf dröhnte. Aber gleich musste er in die Lobby gehen, Al-Gé und Dr. Rohde zum Mittagessen treffen. Er durfte sich jetzt nicht hängen lassen, musste sich konzentrieren. Jacques ging ins Bad, benetzte sein Gesicht mit kaltem Wasser. Im Spiegel blickte ihn ein zutiefst unglücklicher Mensch an. Ein Mensch, der sich am liebsten verkrochen hätte. Und doch musste er zu den anderen, die auf ihn warteten.

Als er die Lobby betrat, standen Al-Gé und Dr. Rohde gut gelaunt nebeneinander und scherzten.

Als Al-Gé Jacques' gerötetes Gesicht sah, wusste er sofort, dass etwas nicht in Ordnung sein konnte. Irgendetwas musste passiert sein, das seinen Partner aus der Bahn geworfen hatte.

»Jacques, alles okay?«, wollte Al-Gé von ihm wissen.

»Leider nein«, sagte Jacques. »Andy ist tot.«

Al-Gé verstand sofort, was das für Jacques bedeutete.

Dr. Rohde dagegen blickte etwas orientierungslos drein. Nach einer respektvollen Pause fragte er: »Ein Verwandter von Ihnen?«

Al-Gé wartete erst gar nicht auf Jacques' Antwort, sondern klärte die Situation auf. »Nein, ein langjähriger Freund von ihm. Er war es, der ursprünglich den Kontakt zu Marc hergestellt hatte.«

»Mein Beileid«, zeigte Dr. Rhode sich betroffen.

Jacques spürte unerklärliche Angst, musste an das denken, was Peter Miller gesagt hatte: »Sie kennen die wahre Welt da draußen noch gar nicht. Seien Sie vorsichtig, wenn in Ihrem Umfeld Dinge passieren, die Sie nicht verstehen.«

Andys Tod verstand er nicht.

Jacques spürte Herzrasen, Unkonzentriertheit, Kopfweh und Atembeschwerden. Musste er Millers Warnung ernster nehmen, als er das bislang getan hatte?

Ein Einbruch, der Erpressungsversuch, ein Mord. Alles Dinge in seinem Umfeld, die er nicht verstand. Jacques musste sich zusammenreißen, die nächsten Stunden waren enorm wichtig für Algamondo, für seine und Al-Gés Zukunft.

»Jacques? Geht es Ihnen gut? Wollen Sie sich setzen?«

Wie aus weiter Ferne hörte Jacques Dr. Rohdes Stimme. Die Situation in der Lobby schien ihm so unwirklich. Er spürte, wie sich alles um ihn drehte, wie er sein Bewusstsein verlor. Er sank in Al-Gés Arme. Jacques hörte sein Herz rasen, sein Puls hämmerte an seine Schläfen, lauter als alle anderen Geräusche um ihn herum.

»Sollen wir einen Arzt holen? Los, setz dich hierhin.«

Al-Gés Stimme war weit weg. Sie klang besorgt, aufgeregt, unruhig. Al-Gé schrie Jacques an. Wie schön war es doch unter Wasser, wo ein Schrei wirkungslos blieb und der Schreihals schon nach wenigen Minuten verstummen würde? Verstummen, weil das Wasser seine Lungen besetzen und ihn töten würde.

Es dauerte gut eine halbe Stunde, bis Jacques sich langsam wieder aus der rätselhaften Panikattacke befreien konnte.

Al-Gé hatte ihn auf einen Sessel verfrachtet, Dr. Rohde die Dame an der Rezeption gebeten, einen Arzt zu rufen. Der Arzt hatte einen rasend schnellen Puls bei Jacques festgestellt und konnte ihn stabilisieren. Durch die Beruhigungsspritze wurde seine Atmung wieder normalisiert. Jacques' Panik wich einem »Ist-mir-doch-alles-scheißegal-Gefühl«. Die Medikamente setzten seinen Geist außer Kraft und übernahmen die Kontrolle über seine Körperfunktionen.

Eine gute Stunde später saß Jacques immer noch in dem Sessel, in den Al-Gé ihn verfrachtet hatte, und starrte abwesend in eine Tasse mit dampfendem Tee. Jacques war klar, dass er jetzt seine ganze Kraft aufbringen musste, um den Mord an Andy zu verdrängen.

»Jacques, geht es dir wieder besser?«, fragte Al-Gé mit einem Gesichtsausdruck, als wäre soeben die Welt untergegangen.

»Ja, Al-Gé, schon gut. Irgendwie hat mein Kreislauf mir einen Streich gespielt. Ich bin gleich wieder auf den Beinen.«

Die Besorgnis wich langsam aus dem Gesicht von Dr. Rohde. Die Situation hatte ihn überfordert, da er Menschen nicht leiden sehen konnte. Dass sich das Treffen mit Marc erheblich verzögern würde, war Dr. Rohde, der Pünktlichkeit liebte, irgendwann gleichgültig. Schließlich ging Jacques' Gesundheit vor. Irgendwann rappelte sich Jacques auf, stimmte zu, Marc gegen Abend zu treffen. Er wurde von Al-Gé in sein Zimmer begleitet. »Jacques, ich wusste nicht, wie viel dir an Andy lag. Magst du mit mir darüber sprechen? Wie ist er denn gestorben? War es ein Unfall? Schaffst du das Treffen mit Marc, oder soll ich alleine gehen?«

Jacques hatte sich vor diesen Fragen gefürchtet. Er wollte Al-Gé nicht anlügen, aber es wäre auch nicht gut, wenn sein Freund ebenfalls von der Panik heimgesucht wurde, die der Mord an Andy bei ihm ausgelöst hatte.

»Nein, nein, alles gut, Al-Gé. Ich schaffe das schon. Nun, Andy lebte gefährlich. Er war Höhlentaucher. Ein Kommissar hat mich angerufen. Er ermittelt …«

»Ich wusste nicht, dass dich die Polizei informiert hat. Ich dachte, du hättest von Andys Team oder seinen Verwandten von dem Tod erfahren. Hat das bei dir diese Panik ausgelöst?«

»Vielleicht. Ich hatte ja noch nie mit der Polizei zu tun. Ich denke, dass sich das alles in den nächsten Tagen klären wird. Der Kommissar hat auf Andys Handy meine Rufnummer gefunden, wollte von mir wissen, was Andy für ein Mensch war. Mehr weiß ich auch noch nicht. Lass uns lieber über das Treffen mit Marc sprechen. Schaffen wir beide das, ihn von uns zu überzeugen?«

»Na klar! Wir haben schon ganz andere Situationen bewältigt. Ich könnte mir keinen besseren Partner als dich vorstellen. Umgekehrt bin ich aber auch da, wenn du mich brauchst. Jetzt ruhe dich erst einmal ein wenig aus.«

Jacques kamen die Tränen. Er wusste nur zu gut, welch tollen Partner er mit Al-Gé an seiner Seite hatte.

Donnerstag, 13. April 2017 – 14:27 Uhr – Martigues

Marc van Teese war von Spanien aus nach Südfrankreich gereist. Er besaß in der Nähe von Marseille an der weniger bekannten westlichen Küste, der Côte Bleue, ein stattliches Haus. Die teurere Côte d'Azur, östlich von Marseille, hatte er wegen der zahlreichen Touristenorte bewusst gemieden. Die Lage seines Hauses war wunderschön. Erste Reihe am Meer mit eigenem, von Land und Meer aus kaum einsehbarem Bootshaus. Das Anwesen war sehr unauffällig in die Felsen gebaut worden. Pointe de Carro konnte er mit seinem Boot in wenigen Minuten erreichen. Bis zum Canal de Caronte in Martigues war es nur eine halbe Stunde. Von dort konnte er überall im Landesinneren am Étang de Berre wieder an Land gehen.

Er hatte den Standort so gewählt, dass er bei eiligen Geschäften sowohl über Wasser, Land als auch per Flugzeug schnell den Ort wechseln konnte. In seinem Geschäft war es wichtig, mobil zu sein. Ein Heliport gab es nicht, da es zu viel Aufsehen bei den ebenfalls sehr wohlhabenden Nachbarn erzeugt hätte. Die wunderten sich ohnehin schon, warum der freundliche ältere Herr, von dem vermutet wurde, dass er das Haus an der Küste gekauft hatte, so selten vor Ort war. Angeblich sollte es sich um einen sehr vermögenden, deutschen Rechtsanwalt handeln. Aber das waren nur Gerüchte. Einen Verwalter gab es nicht. Ab und zu brannte Licht in dem Haus. Es wurde gemunkelt, dass es auch an gut zahlende Gäste vermietet wurde.

Marc genoss die wenigen Stunden im Jahr, die er hier verbringen konnte. Er besaß weltweit mehrere Immobilien. Das war anfangs nicht geplant, hatte sich aber so ergeben. Nach Abschluss seiner Geschäfte bevorzugte er es, gerne ins eigene Haus zu kommen. Die Häuser oder Wohnungen verfügten alle über hohe Sicherheitssysteme und satellitengestützten Zugriff auf seinen eigenen Server.

Gegen Mittag war er in Südfrankreich eingetroffen. Sein Boot lag im Hafen von Port-de-Bouc. Von dort konnte er jederzeit unbeobachtet zu seinem Haus gelangen. Marc mochte nicht viel Aufmerksamkeit. Verständlich für einen mehrfachen Multimillionär.

Das Treffen mit den Belgiern kam ihm eher ungelegen. Der Zeitungsartikel hatte seine Grundsatzentscheidung zur Finanzierung und zum Bau der Pilotanlage infrage gestellt.

Van Teese mochte keine Investments in Start-ups. Je kleiner die Unternehmen waren, desto mehr benötigten sie seine oder Dr. Rohdes Unterstützung und Aufmerksamkeit. Oft genug hatte er nur wenige Wochen nach einem Investment lernen müssen, dass das Management unfähig war. Bei Algamondo lief es erfreulicherweise anders. Die beiden Gründer waren enorm fleißig und gut organisiert. Es gab einen klaren Wachstumsplan, um Meilenstein für Meilenstein zu erreichen. Außerdem war es unglaublich, mit welch kleinem Budget sie diese revolutionäre Erfindung realisiert hatten. Das Grundstück, das Dr. Rohde in seinem Auftrag kaufen sollte, war ideal für die gemeinsamen Zwecke. Bald würde er es sehen.

Donnerstag, 13. April 2017 – 18:28 Uhr – Martigues

Das für drei Uhr angesetzte Treffen mit Marc war aufgrund des Schwächeanfalls von Jacques auf den frühen Abend verlegt worden. Dr. Rohde erwartete die beiden um halb sieben in der Lobby.

»Konnten Sie sich ein wenig erholen?«, fragte Dr. Rhode, als sie sich zur Abfahrt trafen. »Fühlen Sie sich bereit für ein Treffen?«

»Danke. Ich werde es schon irgendwie schaffen.«

Die Fahrt führte in nördliche Richtung, auf die imposante Brücke über den Canal de Caronte. Als sie auf die Schnellstraße einbiegen wollten, war Dr. Rohde kurz verunsichert, auf welcher Spur er sich einordnen musste. Fast wäre ein roter Citroën Cactus, der sich hinter ihnen befand, auf sie aufgefahren. Der Fahrer des Citroën reagierte blitzschnell, sodass ein gefährlicher Unfall gerade noch vermieden werden konnte.

»Ein Toter am Tag reicht«, probierte Dr. Rohde einen völlig deplatzierten Scherz.

Jacques war sich nicht sicher. Hatte er den Fahrer des roten Citroën nicht schon einmal irgendwo gesehen? Beschlich ihn jetzt wieder diese Paranoia, die er schon am Vormittag verspürt hatte nach dem Anruf des Kommissars? Jacques atmete tief und gleichmäßig durch. Das bildete er sich nur ein. Nein, niemand wollte sie rammen. Dr. Rohde war einfach nur unvorsichtig gefahren. Die Ähnlichkeit des Fahrers des Citroën mit jemandem, den Jacques zu kennen glaubte, war purer Zufall.

Jacques konzentrierte sich, um nach den richtigen Worten zu suchen, die er Marc gegenüber gleich gebrauchen würde. Es fiel ihm schwer, seine Gedanken zu sortieren. Irgendwann gab er auf, starrte nur noch aus dem Fenster und ließ die Landschaft an sich vorbeiziehen.

Alles war so irreal weit weg und doch so nah. In Fos-sur-Mer tauchte links von ihnen der riesige Industriekomplex der Elengy auf, das LNG Terminal Fos Cavaou. Elengy war einer ihrer Wettbewerber, der sich ebenfalls um alternative Treibstoffe kümmerte, um verflüssigtes Erdgas.

»Seien Sie vorsichtig, wenn in Ihrem Umfeld Dinge passieren, die Sie nicht verstehen.«

Immer wieder drängte sich Peter Millers Satz in Jacques' Überlegungen. Was hatte Miller mit alldem zu tun? Warum Andy? Wie können wir uns und unsere Erfindung schützen?

Jacques spürte, wie leichte Panik erneut begann, seine Gedanken zu dominieren. Er atmete bewusst ruhig ein und aus, so als ob er gleich mit Andy zu einem Apnoe-Tauchgang ansetzen wollte.

»Andy!«

»Was haben Sie gesagt, Jacques?«, wollte Dr. Rhode wissen.

»Entschuldigen Sie. Nichts von Bedeutung.«

Die Fahrt zu dem Gelände verlief weiter durch eine eintönige und flache Gegend. Im Hintergrund tauchten Tanksilos und erste Industrieanlagen auf. Jacques überkam ein merkwürdiges Gefühl. Hier waren sie im Land ihrer übermächtigen Konkurrenten. Am Rande des Naturreservats der Camargue hatten die ihre gigantischen Infrastrukturmonster errichtet. Alles hier war darauf ausgelegt, Öl oder Gas zu speichern, zu verarbeiten, zu verladen, bevor die Bodenschätze zu harten Dollar wurden. Jetzt erst, als er die monströsen Bauwerke sah, die überhaupt nicht enden wollten, begriff Jacques, auf welche Gegner sie sich eingelassen hatten.

Hier standen Milliardeninvestments. Und das waren nur

die großen französischen Ölgesellschaften, ein geringer Teil der weltweit bestehenden Ölverarbeitung. Wie würde es erst in anderen Teilen der Welt aussehen? In Texas, in der Golfregion, in Asien und Afrika? Tagaus, tagein wurde mit Rohöl »big business« gemacht. Geschäfte, die sich niemand von einem kleinen belgischen Start-up zerstören lassen würde.

Donnerstag, 13. April 2017 – 18:41 Uhr – Horsham

»Oma, Oma, Oma!«

Mit einem lauten »Hallo« rannte Maggie auf ihre Oma zu. Die beiden drückten und umarmten sich.

Der blonde Wirbelwind lief los.

»Fang mich doch, fang mich doch.«

Maggie spurtete zu dem massiven Tisch aus Eichenholz im Esszimmer und setzte an, ihn mehrmals zu umrunden. So lange, bis Oma müde war und nicht mehr konnte. Mit Opa machte dieses Spiel viel weniger Spaß. Der hetzte sie ein- oder zweimal um den Tisch, bis sie leichtsinnig wurde, nur noch nach vorne schaute und sich nicht mehr zu ihm umdrehte. Dann änderte Opa die Richtung und stand plötzlich vor ihr. Na ja, dachte sie sich. Kein Wunder, dass ich gegen meinen Opa keine Chance habe. Der fängt ja Verbrecher, wenn er arbeitet.

»Spiel du ruhig noch ein bisschen mit Oma. Opa muss noch arbeiten und mit einem Mann aus Amerika telefonieren.«

»Ist das der böse Mann, der London zurzeit so viel Angst macht?«

»Nein, mein Schatz. Das ist er nicht. Es ist der Mann, der Opa hilft, den bösen Mann zu fangen.«

McAllister war gut gelaunt, als er sich in sein Arbeitszimmer zurückzog. Das Leben konnte aus der Sicht seiner Enkelin so einfach sein. Aktuell hatten John Lewellen und er allerdings einen ganz anderen Blick auf die Welt.

»Hallo, John. Wie ist die Lage in Ankara?«

»Von hier gibt es nicht viel Neues zu berichten. Peter und ein Kollege sind heute Vormittag in Valencia eingetroffen. Die hören sich in der Raffinerie in Castellón ein wenig um. Was hast du denn von BP erfahren?«

»Meine Kontakte haben geprüft, ob sie uns nicht freie Tankkapazitäten zur Verfügung stellen können. BP wird geschickt im Markt verkünden lassen, annahmebereit für Rohöl zu sein. Unser Gefäß steht.«

»Also auch für das aus Syrien geschmuggelte Öl?«

»Genau. Kapazitäten in Spanien sollten aktuell sehr begehrt sein. Castellón wird nicht erwähnt. Wir wollen Birhat in Sicherheit wiegen. Wenn der den Plan hat, sein Öl in Castellón zu entladen, wie Peter vermutet, wird er gerne die gute Nachricht hören.«

Sir Henry war überzeugt, dass es einen Gegner mit großer innerer Ruhe erfordern würde, um den Waffendeal und dessen Bezahlung mit Schmuggelöl durchzuziehen. Also mussten sie von außen genau dort ein Gleichgewicht aus Ruhe und Unruhe erzeugen, wo sie es haben wollten. Ihre Manipulation musste perfekt sein, durfte nicht auffallen.

Die Abwicklung von Öltransporten war seit einigen Tagen durch die geänderten internationalen Kontrollen deutlich komplizierter geworden. Noch war es bei den ursprünglich ins Visier ihrer Fahndung geratenen vier Schiffen relativ ruhig geblieben. Am interessantesten waren die beiden Frachter, die zunächst für Marseille bestimmt waren, dann aber ihre Richtung mit Einsetzen der schärferen Kontrollen geändert hatten. Ein Zeichen, dass Birhat den Lieferort umplante? Ein

Katz-und-Maus-Spiel, von dem die Maus nichts wusste, aber spürte, dass die nächsten Tage entscheidend waren? Wenn John in den letzten Tagen etwas von Sir Henry gelernt hatte, dann abzuwarten und darauf zu hoffen, dass irren menschlich ist. Noch musste er nicht gegen Maschinen kämpfen, sondern gegen Menschen mit Gefühlen, Ängsten und Fehlern.

Es war gut, dass Peter und Bruno sich nach Valencia begeben hatten, um sich vor Ort umzuhören. Sie waren auf der richtigen Spur. Die Chinesen hatten ein kurzes Handytelefonat aus einem Hotel in Shanghai abgefangen, das Hinweise auf den Deal geben konnte. Spanien war dabei erwähnt worden. Sie mussten abwarten, ob die Chinesen mehr aus den abgehörten Daten herausarbeiten konnten.

Donnerstag, 13. April 2017 – 18:50 Uhr – Martigues

Dr. Rhodes Telefon klingelte. »Ja, wir sind schon unterwegs … Wo genau? Aha … Ich habe verstanden. Treffpunkt ist an einem der Besucherparkplätze am Étang de Vaccarès. Wir dürften so in einer halben Stunde da sein.«

An die beiden Belgier gewandt sagte er: »Das war Marc. Er möchte Ihnen etwas zeigen.«

Warum so geheimnisvoll, dachte sich Al-Gé? Jacques schien es egal zu sein. Er saß leicht in sich zusammengesunken auf dem Rücksitz und hatte ein merkwürdiges Lächeln auf dem Gesicht. Wahrscheinlich wirkte die Spritze noch, die ihm der Arzt vor wenigen Stunden verabreicht hatte. Neben ihnen zog eine trostlose Landschaft vorbei. Al-Gé war bestürzt. Hier wollte sich Marc mit ihnen treffen? In dieser Einöde, wo es nichts gab, außer Salzwiesen und Sumpf, ab und zu einige Schilfpflanzen. Die Luft war stickig, feucht, und es wimmelte nur so von Mücken. Jetzt, da sich die Sonne langsam in die Nachtruhe verabschiedete, war kaum noch einer der wenigen Touristen unterwegs. Sie waren keinem anderen Auto begegnet. Ab und zu hörten sie Schüsse aus der Ferne. War Jagdsaison? Was wurde hier gejagt? Es folgte eine endlose Gerade, bis sie endlich am Ziel waren.

Der Étang de Vaccarès reichte fast an die schmale Straße heran. Wenige Meter weiter hielten sie an einer kleinen Aussichtsplattform an. Dort stand neben einem Mountainbike ein Mann. Mit seinem Fernglas beobachtete er die Wasserfläche. Ihnen bot sich ein unglaubliches Naturschauspiel. Hunderte von rosafarbenen Flamingos standen im flachen Wasser und suchten nach Krebsen und Fischen. Einige flogen über sie hinweg, auf die untergehende Sonne zu, um dann wenige Hundert Meter weiter wieder zu landen. Als er sie bemerkte, wandte der Mann sich von der Wasserfläche ab, lief ihnen langsam und bedächtig entgegen. Es war Marc van Teese.

»Jacques, schön Sie wiederzusehen. Mein Beileid zum Tode Ihres Freundes Andy. Dr. Rohde hatte mir davon erzählt. Schrecklich. Das zeigt uns mal wieder, wie vergänglich alles ist.«

Es folgte ein kräftiger Handschlag.

»Sie müssen Louis Guigou sein, das technische Hirn und die Seele von Algamondo. Es freut mich, Sie zu treffen. Außerhalb Ihres Labors ist das offenbar gar nicht so einfach, wie mir Dr. Rohde berichtete. Ich mag fleißige Menschen, die für ihre Ziele leben und die Disziplin aufbringen, sie auch zu erreichen.«

»Wenn Sie wollen, nennen Sie mich doch bitte Al-Gé. Jeder nennt mich so, und auf meinen richtigen Namen reagiere ich schon gar nicht mehr.«

»Dann nennen Sie mich bitte Marc. Gerne würde ich mich wie ein vollwertiges Mitglied der drei Musketiere fühlen. Darf ich uns drei als unbeugsame Kämpfer für sauberen Treibstoff so bezeichnen?«

Das hatte Al-Gé trotz der durchweg positiven Schilderung von Jacques' erstem Kontakt mit Marc nicht erwartet. Marc war ein freundlicher, offener, sympathischer und gradliniger Mann. »Also gut, dann Marc. Haben Sie auch einen Spitznamen?«

»Leider nein. Dazu fehlen mir wahrscheinlich die richtigen Freunde, die ihn mir verpassen konnten. Sie müssen wissen, ich lebe sehr allein und zurückgezogen.«

»Ich dachte, dass Sie Frau und Kinder in Spanien haben?«, fragte Al-Gé nach.

»Natürlich, das schon. Aber das eine schließt ja das andere nicht aus.«

»Ich hatte einmal einen anderen Spitznamen. Meine Ex-Frau nannte mich JB. Sie wissen schon, von Jim Beam. Zu der Zeit zum Ende meiner Ehe hin war ich alkoholkrank. Die Sucht ist vorbei. Mein Freund Jacques und die Arbeit für Algamondo haben mich da rausgeholt. Heute bin ich clean, und meine Freunde und Kollegen nennen mich Al-Gé.«

Wenn Marc erstaunt war, über das Geständnis von Al-Gé, so ließ er sich das nicht anmerken. Stattdessen blickte er ihm in die Augen und sagte:

»Dann stimmt das also, was in der Zeitung steht? Danke, dass Sie mir das so direkt von sich aus erzählt haben. Neben fleißigen Menschen mag ich ehrliche, anständige Menschen. Menschen mit Mut und Charakter. Sie haben mir soeben gezeigt, dass Sie das alles besitzen.«

Jacques war den Tränen nahe. Dieser Tag hatte ihn durch

Andys Tod emotional schon so sehr aufgewühlt, dass seine Nerven blank lagen. Er musste sich kurz von den anderen wegdrehen, blickte auf den Sonnenuntergang über dem Wasser. Wie auf einer kitschigen Postkarte, dachte sich Jacques. Ein Naturschauspiel in unglaublicher Schönheit breitete sich vor ihnen aus. Flamingos flogen auf den roten Ball der Sonne zu. Mücken umschwirrten sie, und es herrschte Ruhe, absolute Stille. Eine Ruhe, die nur durch die Geräusche der Natur gestört wurde. Kein Autolärm, kein Hund, der bellte, oder ein Zug, der vorbeidonnerte. Sie waren allein mit sich und der überwältigenden Natur der Camargue.

Es war Marc, der als Erster das Schweigen brach und wohlüberlegte Worte an die kleine Gruppe richtete: »Ich wollte, dass Sie das hier erleben. Diese atemberaubende Schönheit. Ein Anblick, als wenn wir jeden Moment vor Gott treten und ihm beichten müssten, wie wir unser Leben gelebt haben. Ihm erzählen müssten, was wir getan haben, um unsere Umwelt zu erhalten, so wie Gott sie geschaffen hat. Hätten Sie heute schon eine Antwort darauf, oder ich? Ich denke, lieber Jacques, lieber Al-Gé, Sie hätten da eher was zu bieten als ich. Ich bin geschäftlich auf allen Kontinenten aktiv. Habe investiert. Teilweise Geld verloren, aber sehr oft viel Geld gewonnen. Mein Job macht mir Spaß, auch wenn ich viel umherreise. Heute Marseille, morgen London, dann New York, Moskau, Shanghai. Ich kenne es nicht anders und würde mir doch so oft wünschen, an einem Ort wie diesem bleiben zu können. Ohne stinkenden Verkehr. Und doch brauche ich bei allem, was ich tue, Öl. Es bringt mir erst die Mobilität, um meinen Geschäften nachgehen zu können.«

Wie um Marcs Worten Nachdruck zu verleihen, zog am Himmel ein Düsenjet vom nahen Flughafen einen Kondensstreifen in den Himmel. Marc fuhr fort: »Ich habe Sie heute hierhergebeten, um mit Ihnen, meinen Geschäftspartnern, zu genießen, was Gott uns gegeben hat. Die Natur um uns herum ist ehrlich. Sie kennt keine Lügen. Es gibt klare Regeln, wer wen zu fürchten hat. Wer frisst und wer gefressen wird. Es gibt kein Geld, das zwischen den Tieren oder Pflanzen die Wichtigkeit und die Macht der Handlungen festlegt. Was glauben Sie, würde passieren, wenn einer dieser armen kleinen Fische, der heute auf der Speisekarte von Papa Flamingo steht, sagen würde: ›Hey, du. Ich zahl dir eine Million, damit du mich am Leben lässt!‹ Der Flamingo würde sich wundern und sagen: ›Behalt dein Geld. Meine Söhne haben Hunger auf Fisch, und dein Geld können sie nicht fressen.‹ Das Leben des Fisches wäre zu Ende, ohne dass ihm all sein Geld hätte helfen können. Das Leben des kleinen Flamingos wäre gerettet. Wie Sie sehen, gibt es nicht immer ein ›Geben und Nehmen‹ im Leben. Der, der hungert, nimmt. Der, der die Macht hat, nimmt. Das alles passiert mit oder ohne Geld. So ist das im Leben. Groß frisst Klein, und das wird immer so sein.«

Jacques dachte nach. Warum war Marc heute so merkwürdig sentimental. Groß frisst Klein? Würde es bei ihnen anders sein? Würde Marc sie mit seinem Geld so stark machen, dass sie mit ihrem grünen Öl neben den Ölgiganten überleben konnten?

Al-Gé wusste, dass er nicht als Diplomat geboren war. Es half aber auch nicht, über irgendwelche rosafarbenen Vögel zu philosophieren. Hier und jetzt ging es um ihre Zukunft und um sonst gar nichts. Marc mochte genug Kohle haben. Sie jedenfalls nicht. Das spürte er. Es war sicher nicht der Moment, dass sie Forderungen stellen konnten, und doch hatte Al-Gé das Gefühl, dass er handeln musste.

»Marc, danke, dass Sie uns und Algamondo mit einem solch klaren Bekenntnis zu der Natur und dem Umweltschutz den Rücken stärken. Das ehrt uns, aber wir sind ungeduldig. Unsere Zukunft hängt von Ihrer heutigen Entscheidung ab. Darum will ich direkt auf den Punkt kommen. Können Sie sich vorstellen, in Algamondo zu investieren, damit wir unsere Zukunft und den Bau der Pilotanlage planen können?«

Marc blieb zunächst einmal still. Es lag eine merkwürdig angespannte Atmosphäre in der Luft. Vergessen war der atemberaubende Anblick der Natur um sie herum. Vergessen all die Fragen, die Al-Gé heute noch mit Jacques besprochen hatte. Was jetzt zählte, war Geschäftstüchtigkeit. Viel zu lange dauerte die Pause, dann endlich äußerte sich Marc.

»Sprachen wir nicht anfangs zunächst von 2,5 und dann von weiteren zehn Millionen Euro für ein Drittel an Ihrem Unternehmen?«

»Das ist richtig«, kommentierte Al-Gé die Frage. Wollte van Teese sie in der Bewertung drücken?

»In der Betrachtung meines gesamten Portfolios wäre dieses Investment eher im unteren Bereich angesiedelt. Das Geld liegt auf einem meiner Konten. Ich könnte es kurzfristig zur Verfügung stellen. Eine Frage beschäftigt mich allerdings sehr stark, und da bitte ich Sie um eine ehrliche Antwort. Was spricht gegen das Investment? Warum sollte ich es nicht tätigen?«

Jetzt waren es die beiden Belgier, die sich in Schweigen hüllten. Auf viele Fragen waren sie vorbereitet. Alles hatten sie mehrfach durchgesprochen, doch mit dieser Frage hatten sie nicht gerechnet. Jacques reagierte nicht, also ergriff Al-Gé die Initiative und sagte nur ein Wort: »Nichts!«

Donnerstag, 13. April 2017 – 22:01 Uhr – Shanghai

Wütend stand Birhat an der Rezeption des Grand Hyatt. Er war auf dem Weg zum Flughafen, um den Rückflug nach Europa anzutreten. Er musste dringend nach Spanien, um dort seine Geschäfte mit Meyer abzuwickeln. Alles war organisiert, doch dann gab es Komplikationen beim Check-out. Die Rechnung hatte er kurz geprüft. Sie war in Ordnung.

»Kann ich Ihnen noch ein kleines Trinkgeld extra geben? Schließlich war ich mit dem Zimmer und Ihrem ausgezeichneten Service sehr zufrieden.«

Birhat hatte der liebeswerten Mitarbeiterin einhundert Dollar über den Tresen geschoben. Das war der Dame sichtlich unangenehm.

»Entschuldigen Sie, Sir, Mr. Bacon. Wir können leider keine Bezahlung in bar akzeptieren. Weder für das Zimmer noch für Ihre Restaurant- und Barbesuche oder das SPA. Auch ein Trinkgeld kann ich leider nicht in bar annehmen. Gerne kann ich Ihnen aber Ihre Rechnung in Dollar ausstellen und über Ihre Kreditkarte abrechnen. Alternativ geht natürlich auch noch WeChat Pay oder Alipay.«

Birhat hatte kurzzeitig vergessen, dass er in einer Wirtschaftsmetropole Chinas war und hier die Uhren etwas anders gingen als noch weiter nördlich in Dandong. Dort war Bargeldzahlung kein Thema. Birhat kam in eine missliche Lage. Er hatte sich vor dieser Reise in Istanbul für zwanzigtausend Dollar einen amerikanischen Pass besorgt. An eine Kreditkarte für Kevin Bacon hatte er nicht gedacht. Schließlich hatte er ausreichend Bargeld dabei. Bislang war seine Reise problemlos gewesen, jeder einzelne Schritt perfekt. Es durfte nicht sein, dass er jetzt wegen der Bezahlung scheiterte.

»Moment, lassen Sie mich bitte schnell meine Karte suchen. Dann ist das Problem sofort erledigt.«

Birhat beugte sich zu seinem Aktenkoffer hinunter, öffnete ihn und entnahm einen weiteren Geldbeutel. Dieser war prall gefüllt mit Dollarnoten. Er packte ein Bündel der Noten und legte es vor der verwirrten Mitarbeiterin auf den Tresen.

»Löst das unser kleines Problem?«

Vor ihr lagen gut und gerne fünftausend Dollar. Die Hotelrechnung belief sich auf ungefähr achthundert Dollar.

»Bedaure, Mr. Bacon. Wie gesagt, wir akzeptieren kein Bargeld.«

Plötzlich löste sich aus der kurzen Schlange, die sich hinter Birhat gebildet hatte, ein chinesisch aussehender Gast. In perfektem Englisch mit tiefstem Südstaatenslang sprach er ihn an.

»Guten Abend. James, James Li ist mein Name. Ich mag zwar nicht so aussehen, aber ich bin Amerikaner, aus Texas. Wir sind also Landsleute, wie ich mitbekommen habe. Ich habe gehört, dass es ein Problem mit Ihrer Bezahlung gibt. Da ich Chinesisch spreche, erlauben Sie mir, dass ich Ihnen helfe? Und bitte nehmen Sie Ihre Dollarnoten wieder vom Tresen. Das ist mehr, als das arme Mädchen hier in einem Jahr verdient. Lassen Sie mich das für Sie regeln.«

Birhat wusste nicht, wie er mit der Situation umgehen sollte. Einerseits hatte er ein echtes Problem, wenn sein Bargeld nicht akzeptiert wurde, andererseits wollte er so wenig wie möglich auffallen, und Kontakt zu einem Amerikaner war nicht erstrebenswert. In zu kurzer Zeit würde er sich eine stimmige Geschichte für ihn überlegen müssen, um von seiner wahren Identität abzulenken.

»James, sagten Sie?«

»Ja«, lächelte ihn der asiatisch aussehende Texaner freundlich an.

»Kevin. Kevin Bacon. Freut mich.«

»Einen Moment bitte.« Li drehte sich zu der Rezeptionistin um, sprach einige Sätze auf Chinesisch mit ihr und reichte ihr seine Kreditkarte. Binnen zwei Minuten hielt er zwei Rechnungen mit dem Stempel für bezahlt in der Hand. Eine steckte er in die Innenseite seines Sakkos, die andere reichte er an seinen Landsmann weiter, zusammen mit dem Bündel an Dollarscheinen.

»So, erledigt.«

Birhat wollte schon sagen: »Danke, behalten Sie doch die Dollars.« Doch das wäre zu großspurig und überheblich gewesen.

»Danke, James. Lassen Sie mich kurz schauen. Ach ja, siebenhundertfünfundachtzig Dollar exakt waren es. Ist es Ihnen recht, wenn ich Ihnen neunhundertfünfzig Dollar gebe, für Ihre Hilfe?«

»Nein, lassen Sie mal stecken. Sagen wir achthundertfünfzig, und ich zahle das Taxi zum Flughafen? Da müssen Sie doch auch hin, oder?«

Birhat befand sich in einer echten Zwickmühle. Am liebsten wäre er den Amerikaner jetzt sofort losgeworden. Um sich möglichst »normal« zu verhalten, ging er auf das gut gemeinte Hilfsangebot des Texaners ein.

»Das klingt doch wie ein Deal, James. Bitte, hier ist das Geld. Lassen Sie uns aufbrechen. Wo fliegen Sie denn hin?«

»Dieses Mal nach Dubai, mit der Emirates morgen früh. Mir ist es nur recht, wenn ich den Rest der Nacht am Flughafen verbringe, da ich dort noch ein wenig arbeiten will. Und Sie, Kevin?«

»Nach Madrid.«

»Mir scheint, wir teilen dasselbe Schicksal. Zwei Amerikaner, die für ihr Land durch die Welt reisen müssen.«

Das Taxi brachte sie beide zum Flughafen. Unterwegs tauschten sie Anekdoten über ihre jeweiligen Geschäftsreisen aus. James Li offenbarte ihm, dass er ein IT-Ingenieur sei, der jetzt für ein Ölunternehmen in Irving, Texas, arbeitete. Den Namen dürfe er ihm nicht verraten, würde aber mit »E« anfangen. Er sei für Investments in Start-up-Unternehmen zuständig. Li berichtete, dass in China Unternehmensgründungen von Start-ups politisch gewollt waren. Das hatte dazu geführt, dass China mittlerweile der weltweite Vorreiter in Sachen künstliche Intelligenz war.

»Wissen Sie eigentlich, wie neidisch das Silicon Valley auf das blickt, was in Pekings Venture-Schmiede Zhongguancun entstanden ist? Wir reden hier von vier Millionen Neugründungen. Das entspricht einem neuen Start-up alle sieben Minuten«, meinte Li.

Birhat war beeindruckt. So etwas sollte später auch einmal in Kurdistan entstehen.

»Nun, ich selbst arbeite für einen kleinen unbedeutenden Familienbetrieb, ohne feste Wurzeln. Wir handeln mit verschiedenen Dingen. Ab und zu, halb zum Spaß, halb geschäftlich, reise ich um die Welt. Shanghai war zum Spaß, Madrid nächste Woche wird geschäftlich.«

Die Verabschiedung der beiden Männer am Flughafen war kurz und freundlich. Jeder bedankte sich höflich für die flüchtige Bekanntschaft. Man sagte »Auf bald«.

Birhat wusste, dass er den Texaner nie wiedersehen wollte, auch wenn der ein durchaus interessanter Gesprächspartner war.

Der Kurde ging kurz darauf problemlos durch die Passkontrolle und stieg in den Flieger nach Europa.

James Li, in Wahrheit ein chinesischer Mitarbeiter des Ministeriums für Staatssicherheit, der auf Birhat angesetzt war, hatte schon längst seine Mitteilung gemacht. Ergänzend dazu hatten die chinesischen Supercomputer eine Meldung an die zuständige Abteilung im Ministerium für Staatsicherheit geschickt. »Shangtang«, wie der chinesische Name lautete, oder im Westen auch »SenseTime« genannt, hatte seine Arbeit verrichtet. Die ultraschnelle Gesichtserkennungstechnologie hatte Birhats Augen, Nase, Mund, Iris sowohl in dem Hotel als auch am Flughafen identifiziert.

Informationen über den Besuch des meistgesuchten Terroristen der Welt in China konnten nützlich oder hinderlich sein. Wie mit diesem Wissen umgegangen werden sollte, musste wohlüberlegt sein. Jedenfalls fühlten sich die Chinesen besser, als der Kurde wieder außer Landes war. Akuten Schaden hatte er ohnehin nicht angerichtet. Dazu waren James Li und sein Team ihm die ganze Zeit über zu nah auf den Fersen gewesen.

Donnerstag, 13. April 2017 – 19:05 Uhr – Martigues

Da war sie nun, die Antwort auf Marcs schwierige Frage. Al-Gé hatte Mut bewiesen und aus voller Überzeugung die einzige für ihn akzeptable Antwort gegeben.

Erneut zeigte Marc kaum eine Reaktion. Er blickte Al-Gé nur kurz, aber intensiv in die Augen. Al-Gé hielt dem stechenden Blick stand.

Dann wandte Marc sich an Jacques: »Die Antwort Ihres Partners freut mich. Wie sehen Sie das?«

Jacques wusste es nicht.

Marc erkannte, dass es für Jacques nicht einfach war, seine Frage ebenso intuitiv und klar zu beantworten, wie es sein Partner getan hatte.

»Jacques, ich glaube, die Antwort, die Al-Gé mir soeben gegeben hat, reicht völlig aus. Ich verstehe, Sie haben heute einen schweren Tag.«

Marc machte eine kurze Pause. Sein Blick wurde freundlich und warm. Dann sah er Al-Gé abermals tief in die Augen.

»Ich habe mich soeben entschlossen, die weitere Finanzierung für Algamondo zu stellen. Dr. Rohde wird mit Ihnen in den nächsten Tagen endgültig den erforderlichen Papierkram erledigen. Ich habe mich zudem entschlossen ...«

Als er weitersprechen wollte, wurde er von einem lauten und freudigen »YESSSS!« unterbrochen, das Al-Gé spontan herausschrie. Ihm war die ehrliche Freude anzumerken. »Das ist, das ist ja spitze! Danke, Marc, danke, danke, danke.«

»Das war noch nicht alles. Ich will, dass Algamondo richtig angreifen kann. Daher werde ich die für das langfristige Wachstum benötigten 12,5 Millionen bereits in der ersten Runde vollständig investieren. Damit setzen wir ein Zeichen an alle, die behaupten, das Unternehmen sei für das geplante Wachstum unterkapitalisiert.«

»Nein. Ehrlich?«, rief Al-Gé fassungslos aus. »Hammer. Damit werden wir sie wegfegen. Alle miteinander. Wir können jetzt das Wachstum deutlich beschleunigen. Alles viel schneller erreichen, weil wir mehr investieren können.«

»Das ist die Idee. Nun, ich habe mich zudem entschlossen, das Gelände, auf dem die Anlage errichtet werden soll, zu kaufen. Das Gelände muss nicht der Algamondo gehören. Wir würden aber die vertraglichen Regelungen so treffen, dass Algamondo das Grundstück nutzen und bebauen kann.

Hierfür müsste ich eine geringe Pacht verlangen, alles aber im Rahmen. Schließlich wollen wir ja Algamondo nicht in den finanziellen Ruin treiben, sondern zum Angriff auf die großen Tiere starten. Ganz nebenbei: Ich habe in meinem Berufsleben gelernt, dass Angriff oft die beste Verteidigung ist. Daher habe ich auch ein Grundstück in der Camargue suchen lassen. Sollen doch unsere großen Nachbarn ruhig davon erfahren, was wir machen. Sie mögen uns anfangs noch ignorieren. Mit der Zeit werden sie mächtig erstaunt darüber sein, was sich hier, vor ihrer Haustür und in ihrem Wohnzimmer, so abspielt. Ich bin bereit, mich – wenn und soweit erforderlich – mit denen anzulegen. Ich glaube an Ihre Technologie. Ich glaube an Algamondo und dass Sie beide das gemeinsam mit mir schaffen werden. Wir können etwas Nachhaltiges aufbauen.«

Hatte Jacques bisher abwesend gewirkt, so kam jetzt ein zaghaftes Lächeln auf sein Gesicht. »Sie haben den Ort sehr klug gewählt, Marc. Er zeigt uns, wie klein und unbedeutend wir sind im Verhältnis zu der grandiosen Natur um uns herum. Es hilft, sich das ab und zu vor Augen zu führen. Und auch dass man mit Geld nicht alles kaufen kann. Nochmals danke für Ihre Unterstützung. Sie haben soeben bewiesen, dass wir uns für den richtigen Partner entschieden haben.«

Jacques schüttelte Marc herzlich die Hand, die dieser ebenso herzlich drückte und dabei sagte: »Kopf hoch, Jacques. Es wird schon wieder. Auch ich hatte Momente, die mich an allem zweifeln ließen.«

Dr. Rohde, der das Gespräch sehr aufmerksam verfolgt hatte, sagte: »Gratuliere, meine Herren. Es ist Zeit aufzubrechen. Marc, du wirst das Fahrrad benutzen, oder können wir dich einladen und dann irgendwo absetzen?«

»Nein, nein. Ist schon gut. Ich genieße die Freiheit hier draußen und werde meine Runde noch zu Ende drehen. Fahr du ruhig zurück in euer Hotel. Ich muss leider morgen schon wieder recht früh aufbrechen und habe daher keine Zeit, mit Ihnen essen zu gehen. Bitte lade die Herren auf meine Kosten in ein gutes Restaurant ein, um die heutige Vereinbarung zu feiern.«

Marc verabschiedete sich von ihnen mit einem kräftigen Händedruck und war Sekunden später auf seinem Mountainbike in der Dämmerung verschwunden.

Donnerstag, 13. April 2017 – 19:55 Uhr – Horsham

Enkelin Maggie hatte ihren Tag und den ansonsten sehr ruhigen Haushalt mächtig aufgemischt, aber das war für McAllister kein Problem. Die Idee, ein Gefäß zu basteln, in das sich ihr Gegner verfangen sollte, war schließlich dem Zahnputzbecher geschuldet, den Oma für sie gekauft hatte.

Peter Miller war jetzt einen Tag in Spanien. Der musste sich umhören, Kontakte knüpfen, Ansprechpartner finden und Lösungsansätze entwickeln. Das würde dauern. Sie jagten einem Phantom hinterher, über das sie nur eines mit Sicherheit wussten: Der Kurde wollte sich mit allen ihm zur Verfügung stehenden Mitteln zum dominanten Alphatier im Nahen Osten aufschwingen.

Das galt es abzuwenden. McAllister musste mit allem Geschick – und für Enkelin Maggie – verhindern, dass ein tödlicher Waffendeal mit Öl bezahlt würde. Aktuell war das Öl auf dem Weg zu seinem Abnehmer. Kein Öl, keine Bezahlung. Keine Bezahlung, keine Waffenlieferung. Keine Waffen, keine Terrorattacken. Keine Terrorattacke, keine Befürchtung um das Wohl seiner Enkelin. McAllister wusste nicht, wie viel

Zeit ihnen noch blieb, diese Überlegungen in die Tat umzusetzen und das Phantom zu fassen.

Donnerstag, 13. April 2017 – 21:59 Uhr – Valencia/ Horsham/Ankara

Die drei Männer hatten für den Abend ein Telefonat vereinbart. Alle waren gespannt, was für Neuigkeiten Peter aus Spanien berichten würde. Punkt zehn Uhr, Ortszeit Valencia, stand ihre Telefonkonferenz.

»Guten Abend, Peter«, begrüßte ihn Lewellen. »Was machen die Señoritas. Hast du schon Pläne für wilde spanische Nächte?«

»Danke der Nachfrage, John, aber ich habe mich darum noch nicht kümmern können. Ich muss erst die Welt retten. Dann habe ich wieder Zeit für die wichtigen Dinge im Leben.«

McAllister gefiel der muntere Plauderton, mit dem sich die beiden Amerikaner neckten, auch wenn bei allen Beteiligten die Nerven angespannt waren.

»Nun aber Spaß beiseite, Peter. Wie willst du das jetzt angehen?«

»Also, Bruno und ich waren heute bei der Raffinerie, haben uns die Situation vor Ort angesehen. Das Gelände ist rund zweihundert Hektar groß. Das Öl kommt über Spezialschiffe und eine Unterwasserpipeline an Land. Die können verschiedene höherwertige Produkte erzeugen wie Ottokraftstoff, Dieselkraftstoff, Heizöl und Kerosin. Von einem zentralen Lager aus wird das Rohöl zu der jeweiligen Aufbereitungsanlage geliefert. Wenn ihr mich fragt, ideale Bedingungen, um Papiere zu fälschen oder interne Hebel so umzulegen, dass niemand den genauen Weg des Rohöls verfolgen kann.«

»Und wie werden die Endprodukte verschifft?«, wollte McAllister wissen.

»Da bestehen alle Möglichkeiten. Die Fertigprodukte werden ebenfalls über vier Pipelines auf Schiffe verladen. Alternativ dazu fahren Tanklastwagen, und es gibt einen eigenen Gleisanschluss.«

»Die Produkte gehen also auch per Bahn an Endkunden?«

»Ja. Insgesamt ein sehr komplexes System. Bruno und ich haben ein wenig darüber nachgedacht, wo der wunde Punkt der Anlage ist, um uns Zugriff auf Informationen zu verschaffen. Dazu haben wir folgenden Plan ausgearbeitet. Bruno wird sich zunächst mal die IT-Struktur ansehen, um zu verstehen, wo er ein Türchen in die Systeme der Raffinerie finden kann. Dazu muss er ein wenig experimentieren, um herauszufinden, wo die Schwachstellen des Systems sind. Er hat einige kleine Trojaner programmiert, die die Computer angreifen werden. Die IT-Leute bei BP werden den Angriff und die Trojaner erkennen.«

»Trojaner?«, fragte McAllister nach. »So etwas in der Art von Stuxnet?«

»Sorry, Henry. Nein. Viel zu kompliziert. Stuxnet ist ein Computerwurm, also ein Schadprogramm, das sich selbst vervielfältigt. Damit sollten Steuerungen von Industrieanlagen oder auch Wasserwerke und Pipelines lahmgelegt oder manipuliert werden. Sehr aufwendig in der Programmierung. Ich spreche hier von kleinen Computerviren, die probieren werden, sich unerkannt in ein IT-System einzuschleichen. Anhand der von BP ergriffenen Schutzmaßnahmen wird Bruno sehen, welche Bereiche sie besonders beschützen wollen. Bruno wird deren Abwehrstrategien analysieren und dann den richtigen Angriff kurz darauf starten, wenn alle denken, die Attacke sei vorüber. Bruno meinte, schon die alten Chinesen haben gesagt, rüttle an der Haustür, wenn du durch den Keller einsteigen willst.«

»Das klingt nach einem guten Plan, Peter«, meinte Lewellen.

»Wir geben unser Bestes, Sir, um mehr darüber zu erfahren, welche Ladungen eingegangen oder zu erwarten sind und wie die intern verarbeitet oder weiterverschifft werden.«

Donnerstag, 13. April 2017 – 23:43 Uhr – Martigues

Dr. Rohde war nach einem guten Abendessen wieder mit den Belgiern zurück in ihr Hotel gefahren. Geradezu überschwänglich verabschiedeten sie sich voneinander. Am nächsten Morgen würde Dr. Rhode sehr früh mit dem ersten Flug aufbrechen. Jacques und Al-Gé wollten noch kurz miteinander über den heutigen Tag sprechen. Jacques hatte Al-Gé noch nicht erzählt, dass er morgen Angélique sehen würde. Andys Tod lag wie ein dunkler Schatten auch über diesem Treffen.

»Das lief doch heute super«, jubelte Al-Gé, als sie es sich in Jacques' Zimmer bequem machten. »Ich muss dir sagen, ich fand Marc spitze. Es kam mir anfangs komisch vor, dass wir uns in dieser Einöde getroffen haben. Dann passte aber alles zusammen. Die Natur, sein Auftreten. Der Mann hat Power, Mut und Geld. Das hast du toll hinbekommen, Jacques.«

Jacques zögerte einen Moment. »Al-Gé, ich muss dir noch etwas beichten! Es ist … Wie soll ich es sagen. Na ja, es ist ein schönes Ereignis, das ich dir gestehen möchte. Ich …«

Al-Gé ließ Jacques gar keine Zeit, sondern fiel ihm ins Wort: »Hey, Mann. Das klingt ja geradezu so, als ob du verliebt bist? Ja, ist das so? Los, sag schon!«

»Es stimmt!«

»Mann! Und ich krieg gar nichts davon mit, da ich immer in diesem gottverfluchten Labor hocke und den Algen beim Poppen zusehe! Mann, war ich blind. Wie schön für dich!«

Al-Gé umarmte Jacques. Er hielt ihn lange in seinen Armen. »Und, wer ist es? Kenne ich sie?«

»Nun«, Jacques kam sich wie ein pubertierender Junge vor, der seinem besten Kumpel von seinem ersten Kuss berichtete. »Erinnerst du dich noch an meinen Besuch in Monaco?«

»Klar, als du so Hals über Kopf abgehauen bist, weil dir dieser Peter zu unheimlich wurde. Da warst du ähnlich durch den Wind wie heute.«

»Nun, es ist Angélique. Peters Assistentin.«

»Na, das nenn ich ein Ding. Da fährt mein Partner und bester Kumpel nach Monaco, spannt kurzerhand dem Oberfinanzhai und angeblichen Mafia-Geheimdienst-Gangster dessen bessere Hälfte aus. Da wunderst du dich, dass der Typ dir das Schwimmen im Hafenbecken von Monaco mit Betonklötzen am Bein beibringen will? Respekt!

Ich freue mich für dich. Erzähl doch mal, was ist sie für eine Frau?«

»Eigentlich kann ich dir nicht viel zu ihr sagen. Ich kenne sie gar nicht wirklich. Was ich absolut nicht erklären kann, ist diese Bindung, die wir beide sehr schnell füreinander empfunden haben. Und ja, sie ist gut aussehend, verständnisvoll, intelligent, heiß …«

»Hör auf, Alter. Mir blutet das Herz von all dem Gesülze«, unterbrach ihn Al-Gé. »Habt ihr schon, du weißt schon?«

»O Mann, Al-Gé! Wann denn? Bei meiner Flucht aus Monaco? Ich hatte noch nicht einmal Zeit, mich von ihr zu verabschieden oder aufs Klo zu gehen. Vor lauter Angst vor Peter hätte ich mir fast in die Hose gemacht.«

Al-Gé wurde plötzlich merklich ernster und nachdenklicher: »Meinst du wirklich, dass das, was wir da in unserem kleinen Labor tun, die großen Dinge der Welt verändern kann? So sehr, dass jemand versucht, uns zu beseitigen, um selbst unsere Erfindung nutzen zu können?«

»Oder um sie zu verhindern? Ja, das könnte sein. Miller hat mich gewarnt. Ich würde die wahre Welt da draußen noch gar nicht kennen, soll vorsichtig sein. Insbesondere, wenn in meinem Umfeld Dinge passieren, die ich nicht verstehe.«

»Und jetzt, da Andy gestorben ist, verstehst du nicht, warum? War es ein Unfall? Verschweigst du mir etwas über seinen Tod?«

»Andy wurde er … ermordet!«

Das letzte Wort stammelte Jacques unter Tränen hervor. »Warum nur? Ich zermürbe mir den Kopf und kenne doch keine Antwort.«

17. Kapitel

Freitag, 14. April 2017 – 02:35 Uhr – Martigues

Als die beiden Freunde sich voneinander verabschiedeten, wünschte Al-Gé seinem Kumpel lauthals: »Glückliche Stunden mit deiner heißen Monegassin«. Es war ein Wunder, dass nicht das halbe Hotel sich am nächsten Morgen bei Jacques erkundigte, wer denn nun die »heiße Monegassin« sei und wann er sie treffen würde. Gehört hatten diesen Wunsch wahrscheinlich sämtliche Gäste auf Jacques' Stockwerk. Al-Gé würde morgen früh ein Taxi zum Flughafen nehmen, da Jacques ja ihren Mietwagen brauchte.

Um halb sechs teilte Al-Gé ihm per WhatsApp mit, dass er jetzt aufbrechen würde. Zum Flughafen Marseille war es nur eine gute Viertelstunde. Seine Nachricht um 05:31 Uhr endete mit den Worten: »Good luck, Amigo!«

Freitag, 14. April 2017 – 09:35 Uhr – Sainte-Maxime

Schon früh war Angélique aus Monaco aufgebrochen. Es war trotz der Jahreszeit schon herrlich warm, als sie gegen halb zehn Uhr in Sainte-Maxime eintraf. Angélique war kein Freund des Klimawandels, doch den heutigen außergewöhnlich warmen Tag wollte sie nutzen, um an ihrem Lieblingsstrand, dem »Plage chez Enzo«, in der Sonne zu liegen, sich bräunen zu lassen und zu träumen. All ihre heimlichen Fantasien, die sie mit dieser paradiesischen Umgebung verband, hoffte sie in wenigen Stunden mit Jacques zu erleben. Gegen halb eins verließ sie den Strand, um sich auf ihrem Zimmer frisch zu machen. In einer Stunde erwartete sie Jacques.

Angélique wagte einen vorletzten Blick in den Spiegel. Würde er es merkwürdig finden, wenn sie geschminkt zum Strand ging? Dort hatte sie sich mit ihm, um die ganze Situation möglichst unverfänglich aussehen zu lassen, verabredet. Daher auch das zweite Hotelzimmer, extra für ihn alleine, getrennt von ihr, damit er nicht gleich Angst vor ihr bekommen würde. Der letzte Blick in den Spiegel bestätigte es: Das Make-up und der Eyeliner waren zwar dezent, um die wenigen Falten um ihre Augen herum gekonnt abzudecken, mussten aber rasch entfernt werden. Sie wagte es kaum, sich vorzustellen, wie ihr Gesicht aussehen würde, wenn sie gemeinsam mit Jacques im Meer schwimmen und ihn anschließend mit verlaufener Schminke wie ein Zombie ansehen würde. Was hatte sie sich nur gedacht, als sie extra zum Schminken auf ihr Zimmer gegangen war?

Sollte sie, die sonst doch immer so überlegt und gefasst war, etwa nervös sein? Ja, sie war es und hoffte inständig, dass es Jacques ebenso ging. Schließlich waren sie sich schon sehr vertraut, wenn auch nur per Telefon. Sie sah ein allerletztes Mal in den Spiegel und wurde rot. Ein Lächeln huschte über ihr Gesicht.

Freitag, 14. April 2017 – 09:39 Uhr – Barcelona

Birhat war natürlich nicht nach Madrid geflogen, wie er es diesem aufdringlichen Texas-Chinesen erzählt hatte. Im Nachhinein ärgerte er sich über seinen Fehler mit der Kreditkarte und darüber, dass er dem Amerikaner überhaupt gesagt hatte, dass er nach Spanien wollte. In Wirklichkeit war er auf dem Air-China-Flug nach Barcelona gebucht und pünktlich um Viertel nach acht gelandet. Es war alles glatt verlaufen. Einreise und Passkontrolle verliefen ohne Schwierigkeiten. Kevin Bacon, amerikanischer Handelsreisender, war soeben in Spanien eingetroffen, um dort bald seine neue Ware in Empfang zu nehmen.

Die Absprache mit seinen Leuten hatte gut funktioniert. Die Teams standen zu seiner Unterstützung bereit. Jeder wusste, worauf es ankam, was er zu tun hatte. Zuverlässig wie eh und je wartete sein Bodyguard, ein Schulfreund aus Jugendtagen, am Ausgang des Terminals auf ihn.

»Wie war dein Flug, Farqîn?«

»Danke, alles problemlos. Bitte bringe mich ins Hotel. Ich muss jetzt erst einmal kurze Zeit ausruhen. Die nächsten Tage werden noch anstrengend genug.«

Kurz darauf hatten die beiden Männer das Hotel Diagonal erreicht. Das Zimmer für Birhat stand bereit, sein Bodyguard hatte ihn ohne großartige Passkontrolle eingecheckt. Birhat mochte dieses moderne Gebäude am nördlichen Stadtrand von Barcelona, abseits der La Rambla und der Touristenfallen. Die Vorteile lagen auf der Hand. Es gab eine Tiefgarage mit einer altertümlichen Überwachungskamera, die meist ohnehin defekt war. Falls nicht, würden seine Jungs sich darum kümmern. Von dem Dachterrassenpool gab es einen wunderbaren Blick auf das Meer, nur verbaut von dem Gebäude der Telefonica direkt gegenüber.

Das entscheidende Argument für ihn war jedoch, dass er die Stadt jederzeit und ohne großen Stau in Richtung Frankreich würde verlassen können. Für den Fall, dass er plötzlich abreisen musste, stand zudem im benachbarten Hafen hinter dem Parc del Fòrum eine gecharterte Motorjacht zur Verfügung. Seine Leute würden auf dem Boot ihre Freizeit verbringen und jede Menge käuflicher Damen dorthin abschleppen. Birhat wusste, dass sie auch aus diesem Grund Barcelona mochten. Dieses Mal könnte sein Aufenthalt länger dauern, was von der Abwicklung des Deals mit dem Deutschen abhing. Er hoffte, die Details der Übergabe in den nächsten Tagen endgültig zu klären.

Trotz größter Bemühungen war es ihm bislang nicht gelungen, eine Spur zu dem Deutschen herzustellen. Sie hatten zuletzt telefoniert, als Birhat in China gewesen war. Friedrich Karl Meyer hatte ihm bestätigt, dass er die Ware wie bestellt liefern konnte. Das hatte Birhat gefallen. Wie er am Flughafen in Shanghai erfahren hatte, verzögerten sich die Geschäfte mit den Nordkoreanern deutlich.

Von seinem Kontaktmann in China, der die Verbindung zu dem Nordkoreaner verantwortete, hatte er seit gut vier Tagen nichts mehr gehört. Ein kurzes Telefonat dazwischen scheiterte daran, dass der Chinese total betrunken war und nur in einer unverständlichen Mischung aus Chinesisch und gebrochenem Englisch ins Telefon lallte. Birhat hatte nach wenigen Sekunden verstört aufgelegt.

Da war der Deutsche deutlich zuverlässiger. Sorge machte Birhat allerdings, dass er immer noch nicht wusste, wo er ihn nach dem Deal finden würde, um ihn ein für alle Mal zu beseitigen. Nach dem Deal musste der Deutsche weg. Zu groß war das Risiko, dass er plaudern könnte.

Jetzt wollte er erst einmal den Ausblick und einen Drink in der Lounge des Hotels im siebenundvierzigsten Stockwerk genießen. Die Lounge war für Gäste reserviert, die eine Suite im Executive Floor bewohnten. Birhat hatte für sich und seine Entourage das halbe Stockwerk gebucht. Sollten seine Jungs doch noch ihren Spaß haben. Nach dem Deal würde es auch sie nicht mehr geben.

Freitag, 14. April 2017 – 13:15 Uhr – Sainte-Maxime

Endlich erreichte Jacques das kleine Hotel nur wenige Kilometer östlich von Sainte-Maxime. Die Beschreibung, die ihm Angélique gegeben hatte, war perfekt gewesen. Er hatte von der Camargue aus gute drei Stunden bis hierher gebraucht. Der Verkehr war sehr belebt gewesen an diesem Karfreitag. Als er in der Nähe von Le Muy die Autobahn verließ, wartete auch noch eine Baustelle auf ihn. Bloß nicht zu spät kommen, hatte er sich gewünscht. Das machte bei einem ersten richtigen »Date« keinen guten Eindruck.

Überhaupt hatte er die ganze Fahrt darüber nachgedacht, welchen Eindruck Angélique eigentlich von ihm haben würde? Sie kannten sich kaum, waren sich aber doch schon so vertraut. Würde er sie sofort wiedererkennen?

Es beruhigte ihn etwas, dass Angélique wahrscheinlich dieselben Gedanken quälten.

Kurz vor halb zwei stand Jacques vor der Rezeptionistin des Hotels. Eine Dame, Angélique Vasseur, habe ein Zimmer für sie beide reserviert. Catherine, so hieß das junge Mädchen hinter der Theke, sah kurz in ihren Computer und fragte dann: »Sind Sie Jacques, Jacques Devilliers?«

»Ja, der bin ich.«

»Dann habe ich in der Tat eine Reservierung für Sie. Allerdings nicht gemeinsam mit Mademoiselle Angélique. Sie haben ein eigenes Zimmer. Das liegt ebenfalls im Erdgeschoss. Ihre Terrassen grenzen aneinander. Bitte sehr, hier ist Ihr Schlüssel für Zimmer 108.«

Jacques war überrascht. Natürlich war er davon ausgegangen, dass sie sich ein Zimmer teilen würden, aber man lernte ja nie aus im Leben.

Kurz darauf war er in seinem Zimmer. Es war gepflegt, sauber, unspektakulär. Jacques warf seine Tasche auf das breite Doppelbett vor ihm. Verdammt, zuletzt war er an einem ähnlichen Ort noch gemeinsam mit Andy gewesen. Sie waren tauchen, hatten ihre Sachen am Strand angezogen und waren dann von Land aus in das Meer gestiegen. Wieso war Andy jetzt tot?

Jacques überkam plötzlich wieder diese Panik. Er spürte, wie ihn das Zimmer einengte, dass er rausmusste zum Meer. Er wollte zu Angélique, sie in die Arme nehmen, Halt und Rat suchen in einer Situation, die ihn überforderte. Wo steckte nur sein olivgrünes T-Shirt mit dem Bild der langhaarigen Beatles aus Abbey-Road-Zeiten und seine rosa-violette Blümchen-Badehose? Ihm war es augenblicklich ziemlich egal, was Angélique von ihm denken mochte angesichts der modischen Todsünden. Er wollte einfach nur so sein, wie er war. Ein verunsicherter Typ, der hier und jetzt nur er selbst sein und das Leben genießen wollte, um nicht an Mord und Totschlag in seinem Bekanntenkreis zu denken.

Die wenigen Meter von der Rezeption des Hotels zum Strandclub »Enzo Plage« dauerten nicht einmal eine Minute. Wie von Angélique beschrieben, musste er nur dreißig Meter nach rechts gehen, die Straße überqueren, vorbei an den zwei Blumenkästen mit den vertrockneten Bambuspflanzen. Dann kam die Treppe. Schon schien er in eine andere Welt einzutauchen. Es gab rechts eine große Bar, an der ein Mann, Typ »alternder Liebhaber«, mit Bauch und Halbglatze, lässig von drei Damen umzingelt Hof hielt. Das Weinglas in seiner

Hand passte zu den rosa Wangen seiner Damenbegleitung, und die passten wiederum zu dem wohl noch recht jungen Rosé Wein »Clos des Roses«. Aus den Lautsprechern kam dezent Lounge-Musik. Jacques fühlte sich augenblicklich wohl hier. Hier war Party und Genuss angesagt. Würde er Angélique erkennen? Wie sie wohl im Bikini aussah?

Als er die Treppe vollends hinabgestiegen war, wandte sich sein Blick nach links. Dort gab es eine weitere, deutlich kleinere Bar, die zu dem dahinterliegenden Restaurant gehörte. Eifrig lief eine ganz in Weiß gekleidete Crew aus jungen Kellnern und Kellnerin zwischen den Gästen in dem voll besetzten Lokal hin und her. Die meisten männlichen Gäste trugen eine Badehose in einer dezenten Farbe oder eine Designerjeans. Die Badehosen waren entweder von Kiwi aus St. Tropez, Vilebrequin oder Orlebar Brown. Die Hemden waren blütenweiß, lässig aus Leinen. Es schien zum Standard zu gehören, die obersten drei Knöpfe geöffnet zu haben, um Brusthaar zu zeigen. Auf den Tellern türmten sich jegliche Art von Meeresgetier, ab und zu ein blutiges Entrecôte. Mann, dachte sich Jacques. Das wäre genau das Plätzchen, das sich Al-Gé nach ihrem erfolgreichen Börsengang in wenigen Jahren als Ruhesitz vorstellen könnte. Auch Jacques fand die Idee gut, würde aber vorab noch etwas an seiner Badebekleidung arbeiten müssen. Sein suchender Blick ging Richtung Strand, wo er hoffte, Angélique auszumachen.

»Bonjour, Monsieur, kann ich Ihnen helfen?«, sprach ihn ein braun gebrannter, muskulärer Mittzwanziger von der Seite an. Er hielt ein Brett mit einem Plan der Strandliegen vor sich. »Mikael«, stellte er sich vor. »Ich bin der Plagiste hier und kann Ihnen gerne für fünfzig Euro eine Liege am Strand anbieten.«

»Äh, danke, ja gerne. Mein Name ist Jacques. Ich bin mit Mademoiselle Angélique verabredet.«

Dem Plagisten sackte merklich der Unterkiefer nach unten. Auch er trug eine unifarbene Badehose, dunkelblau, und ein makellos weißes Lacoste-Shirt. »Na dann, herzlich willkommen. Angélique hat mich informiert, dass sie noch Besuch erwartet. Ich wusste nicht, dass es Herrenbesuch ist. Dass Sie das sein würden, habe ich erst recht nicht vermutet.«

Immerhin war der Plagiste ehrlich. Er hatte ausgesprochen, was sich alle anderen Gäste ebenfalls gedacht haben mussten: Wie hat dieser merkwürdig gekleidete Typ es nur geschafft, dieses paradiesische Örtchen zu finden. Ist bei dem immer noch nicht angekommen, dass die Hälfte der Beatles seit mehr als fünfzehn Jahren tot war?

»Na los, kommen Sie schon. So eine Frau wie Angélique sollte man nicht warten lassen.«

Jacques blickte auf eine Armada aus unifarbenen Sonnenschirmen. Alle in derselben Farbe wie die Badehose des Plagisten.

»Ich wusste gar nicht, dass in Südfrankreich Sonnenschirme zusammen mit Badehosen verkauft werden. Interessantes Geschäftsmodell.«

Innerlich musste er grinsen, als er sich die Reaktion des Plagisten vorstellte. Leider lief der vor ihm, sodass Jacques nicht sehen konnte, wie Mikaels Kinnladen noch eine Etage tiefer rutschte. Fünf Schirme weiter blieb der Plagiste schließlich in der drittletzten Reihe stehen. Er deutete auf eine freie Liege ganz am Rand vor einigen Felsbrocken, die aus dem pulvrigen Sand hervorragten.

»Wenn Sie es bis zu der freien Liege da vorne schaffen, sind Sie bei Angélique. Ich glaube, sie erwartet Sie schon.«

Mikael drehte sich um, nicht ohne Jacques scharf in die Augen zu sehen, um dann seinen Blick zwischen seiner Hose und den Sonnenschirmen hin und her wandern zu lassen. Jetzt war Jacques die letzten Meter völlig auf sich allein gestellt. Er würde das schaffen. Er hatte schon ganz andere Dinge in seinem Leben gemeistert.

Zuerst sah Jacques nur ihre Beine. Wunderschöne, intensiv gebräunte Beine. Die Fußnägel waren dunkelrot lackiert. Er traute sich kaum, einen Blick unter den Schirm zu werfen. Das musste er auch nicht. Die Beine bewegten sich. Eine Frau setzte sich, stand auf. Schüchtern, fast verlegen, legte Angélique ihm ihre Hände um den Nacken. Zog ihn an sich und drückte ihn ganz fest an ihren vom Sonnenbad erhitzten Körper. Dann warf sie den Kopf kokett nach hinten. Ihre schwarzen Locken berührten dabei Jacques' Stirn und Nase. Fast hätte er niesen müssen, da sie ihn kitzelten. Alles, bitte, nur das nicht. Er wollte seiner neuen Flamme nicht schon bei der ersten körperlichen Begegnung ins Gesicht rotzen. Seine Hände glitten um ihre schlanke Hüfte, streichelten ihr über den Rücken, bis sie die zierlichen Schultern erreichten. Jacques drückte Angélique zärtlich an sich. Er flüsterte ihr ins Ohr: »Hallo, ich heiße Jacques und wohne in Zimmer 108. Und du?«

Angélique musste lachen, hatte sie doch seine Pläne für das gemeinsame Wochenende richtig erraten.

»Ich bin Angélique und übernachte am Strand auf einer einsamen Liege unter dem Sternenhimmel.«

Jacques war glücklich. All die Anspannung der letzten beiden Tage war verflogen. Das Paar umarmte sich zärtlich. Sie küssten sich, als ob es kein Morgen gäbe. Die Herren in den stylishen Badeshorts beobachteten den Neuankömmling bewundernd. Insgeheim hofften alle, irgendwo noch ein altes

Beatles-Shirt zu finden. Jacques spürte, dass selbst der Gockel an der Bar kurz von seinen drei Begleiterinnen abließ und Richtung Angélique starrte. Jetzt winkte er ihnen auch noch zu. Mit dem nach oben gerichteten Daumen signalisierte der Playboy, dass er gratulieren wollte. Jacques war irritiert.

»Ich kann dir alles erklären«, flötete Angélique. Es klang, als ob sie seit Jahren verheiratet wären und sie eine überaus peinliche Situation aufklären müsste.

»Das ist Enzo. Ihm gehört der Laden hier. Also der Strandclub, das Restaurant, die Bar, der Parkplatz, das Hotel. Ich kenne ihn schon seit Jahren. Weil ich hier einige meiner Wochenenden immer einsam und alleine verbringe, hatte er bestimmt gehofft, mich irgendwann darüber hinwegtrösten zu dürfen. Hat er aber nie. Jetzt tröstet er sich mit diesen lokalen Schönheiten, die wöchentlich wechseln. Sie stehen auf seinen dicken Geldbeutel und das Lamborghini-Cabriolet, das er auf dem Parkplatz neben dem Strandclub zur Schau stellt. Im Grunde seines Herzens ist er aber eine treue Seele. Lammfromm und in ruhigen Minuten ein echter Philosoph. Weiß nur niemand.«

»Und der Rest der Truppe hier, wollten die dich auch alle ›trösten‹?«

Das Gespräch war so vertraut, als gehörten sie einander bereits seit Jahren. Beide empfanden die enge Bindung füreinander als unglaublich natürlich.

»Ist da etwa jemand eifersüchtig?«

»Und wie. Und ich werde es bleiben, solange du meinen Kopf und mein Herz besetzt hast.«

»Also für immer?«

Jetzt musste Jacques lachen. Angélique, die er gerade mal eine Minute in seinen Armen hielt, hatte genau die Art von

Humor, die sie für ihn noch unwiderstehlicher machte. So eine Frau hatte er sich gewünscht. Humorvoll, geheimnisvoll, voll innerer Wärme für ihn.

»Komm, setz dich. Ich habe dir extra eine Liege unter meinem Schirm reserviert.«

Angélique waren die dunklen Ringe unter seinen Augen aufgefallen, die er in Monaco noch nicht hatte. Jacques sah müde und angespannt aus. Sie musterte ihn weiter und bemerkte, dass er stilsicher bei der Auswahl seiner »Beach-Club-Kleidung« so was von danebengelangt hatte. Ihr war, als hätte sie soeben den letzten Hippie der Côte d'Azur geküsst. Man mochte glauben, dass seine ganze Haltung Protest gegen das Establishment der anderen Gäste ausstrahlte. Sicherlich keinerlei böse Absicht, sondern einfach nur sein eigensinniger Geschmack. Dann entdeckte sie, dass seine rosa-violette Blümchen-Short farblich einwandfrei zu ihrem knallbunten, mit Rosen verzierten violetten Bikini passte.

»Ich sehe schon, du kaufst auch bei Dior ein«, sagte sie mit einem verzeihenden Lächeln.

»Ich hasse diesen unifarbenen Einheitsbrei. Ich mag Kleidung mit Charakter, auch wenn sie nicht gerade aktuell auf den Laufstegen dieser Welt präsentiert wird. Sieh dir doch nur mal diese Männer hier an. Stillos. Alle haben ihre Klamotten in demselben Laden um die Ecke gekauft.«

»Na, das kann man von dir nicht behaupten. Dein Beatles-Shirt dürfte aus den späten Sechzigerjahren stammen, richtig? Bestimmt wurde es von einem der Beatles während ihres ›Rooftop Concert‹ am 30. Januar 1969 in London direkt vom Dach der Apple Studios in der Savile Row in die Arme deiner Eltern geworfen. Eine billige Kopie aus irgendeinem illegalen T-Shirt-Shop würde ich dir nicht zutrauen. Bei dem Stil und der Klasse, die du mit deiner Badehose der etwas anderen Art bewiesen hast.«

»Paul McCartney! Es war Sir Paul persönlich, der das Shirt meinen Eltern zugeworfen hatte.«

Jacques kam gar nicht mehr dazu weiterzureden. Angélique hatte ihn schnell, aber zärtlich das peinliche T-Shirt ausgezogen, während sie ihn langsam auf die Liege neben sich drückte.

»Willst du nicht mehr weiter über Mode reden?«, fragte Jacques unschuldig.

Angélique hatte ihn mit ihren Detailkenntnissen zu seiner Lieblingsgruppe beeindruckt. Geradezu umgehauen hatte sie ihn, was auch seiner aktuellen Lage entsprach. Sie drückte ihn sanft auf die Liege und ließ sich auf ihn fallen. Das Beatles-Shirt lag verknittert zwischen ihnen, bevor es langsam in den warmen Sand glitt.

Jacques glaubte sich im Paradies. Fünf Minuten später hörten sie auf, sich zu küssen. Jacques schwindelte vor Glück. Angélique zerrte ihn Richtung Wasser.

»Los, gehen wir schwimmen!«

»Nur, wenn ich dir vorher noch ein Geheimnis verraten kann.«

»Also gut, aber nur eines.«

»Sei nicht enttäuscht, aber es war Ringo, der es meinen Eltern zugeworfen hat.«

Jacques genoss den Moment, genoss das normale Leben, außerhalb ihres Labors. Das alles hier, mit Angélique! Er wähnte sich im siebten Himmel. Eng umschlungen wateten sie in das eiskalte Wasser. Sein Gehirn spielte *The Sun King* der Beatles ab. Er nahm Angélique fest in seine Arme, zusammen tauchten sie in *Octopus's Garden* ein. *Oh, Darling*!

Angélique hatte von irgendwoher eine Taucherbrille gezaubert. »Zieh die an. Ich liebe es, hier zu schnorcheln.«

Woher wusste Angélique von seiner großen Leidenschaft?

Als er den Kopf unter das Wasser hielt, lag vor ihm eine eindrucksvolle Unterwasserlandschaft. Er sah Streifenbarben, Regenbogen-Lippfische und den einen oder anderen größeren Schwarm an Brandbrassen und Goldstriemen.

»Magst du die Fische?«, wollte Angélique von ihm wissen.

»Machst du Scherze? Ich tauche seit über zwanzig Jahren und liebe die Unterwasserwelt des Mittelmeeres. Man muss länger hinsehen als in einem tropischen Meer, aber es gibt hier wunderbare Dinge zu entdecken.«

»Hast du die Dorade gesehen, die in wenigen Stunden auf deinem Teller liegen wird?«

Freitag, 14. April 2017 – 14:11 Uhr – Horsham/Valencia

McAllister wollte gerade einen anderen Rosenbusch stutzen, als ihm einfiel, dass er vor vielen Jahren, während einer verdeckten Operation in Spanien, mit einem Kommissar aus Valencia zu tun hatte, der clever genug gewesen war, ihr »safe house« auffliegen zu lassen. Leider war das passiert, bevor sie dort einen von ihnen entführten Marokkaner aus dem Terroristenumfeld mit »modernen« Verhörmethoden zum Reden bringen konnten. Der Mann sah nicht gut aus, als die Spanier ihn fanden und somit die verdeckte Operation der Briten störten. Der Kommissar ließ sich damals davon überzeugen, die Sache nicht an die große Glocke zu hängen. Tatkräftig hatte der sich stattdessen für eine angemessene Entschädigung des fälschlicherweise Verdächtigen eingesetzt.

Wie hieß der Kommissar doch gleich noch mal?

Viverde? Vadere? Valverde, Ignazio Valverde? Die Nummer hatte McAllister in dem abgegriffenen schwarzen Timer notiert, der sicher im Tresor seines Hauses lag. Dieser Timer war sein Gedächtnis, in den falschen Händen auch sein Grabstein. Sir Henry beschloss, Valverde anzurufen.

Er kehrte in sein Arbeitszimmer zurück, und nach wenigen Klingeltönen meldete sich der spanische Kommissar.

»Valverde.«

»Hallo, Ignazio. Henry McAllister hier. Du erinnerst dich doch hoffentlich noch an mich.«

»Und ob. Sei froh, dass ich dich damals nicht lebenslänglich eingebuchtet habe.«

»In der Tat, nochmals danke dafür, Ignazio. War eine dumme Geschichte.«

»Dann rede schon, du Süßholzraspler, was soll ich tun?«

»Ein Kollege aus Monaco …«

»Henry, bitte erzähl mir nicht wieder eine Geschichte, die nicht stimmt. Wer ist der Kollege, und woher kommt er?«

»Wie ich schon sagte, ein Kollege aus Monaco, der für die Firma arbeitet, ist in Valencia. Er würde sich gerne vor Ort etwas umhören.«

»Umhören? Für die Firma? Also ist er Amerikaner und arbeitet für die CIA? Teilt ihr euch dann dieses Mal mit den Amis die Kosten für den langen Krankenhausaufenthalt, die Reha, das Apartment am Meer in Tanger, den Rückflug in der Businessclass nebst Familiennachzug und die lebenslange Rente? Woher der plötzliche Sparzwang?«

»Ignazio, dieses Mal bestimmt nicht, denn es wird keinerlei Gewalt zur Anwendung kommen.«

»Deine oder meine Wirklichkeit?«

»Bitte hör mir zu. Es gibt kein großes Team, sondern nur

ihn, seinen Kollegen, mich und einen weiteren Kollegen in Washington.«

»Was mir schon jeweils alleine und in der Kombination vier Schläger zu viel sind.«

»Danke für deine Hochachtung. Du weißt, ich bin alt und schon längst nicht mehr so drahtig wie früher. Wenn wir scheitern, droht mir die Gefahr einer Frühverrentung. Wenn du wüsstest, was zu Hause für ein Arbeitspensum auf mich wartet und wer es für mich organisiert, dann hättest du größtes Verständnis und Mitleid mit mir.«

»Sprichst du von deiner reizenden Frau? Bitte richte ihr meine herzlichen Grüße aus. Sie möge besser auf dich aufpassen und dir einen vernünftigen Job besorgen. Das würde helfen, dass du nicht flüchtige Bekannte mit deiner Wehmuts- und Mitleidstour um Gefallen anbetteln musst.«

»Ignazio, mir ist es verdammt ernst. Ich brauche deine Hilfe.«

»Also gut, schieß schon los, alter Taktiker. Wir Männer müssen schließlich zusammenhalten. Was konkret willst du von mir?«

Freitag, 14. April 2017 – 18:00 Uhr – Sainte-Maxime

Kurz vor fünf hatten sie sich getrennt auf ihre jeweiligen Zimmer zurückgezogen. Angélique hatte bei Enzo für sechs Uhr einen Tisch im Restaurant reserviert. Im Scherz hatte sie Jacques gebeten, auf dezente Kleidung zu achten. Als er nun an die Tür von Zimmer 109 klopfte, hatte er seine rosa-violette Badehose gegen eine leichte Sommerjeans und einen weißen Sommerpulli von Paul&Shark getauscht.

Angélique öffnete in einem bezaubernden blau-weiß gestreiften Kleid, über das sie lässig einen dunkelblauen Sweater geworfen hatte. Sie duftete nach Lady Million und war auf einen schönen Abend vorbereitet. Endlich wollte sie etwas mehr über den Mann erfahren, in den sie sich Hals über Kopf verliebt hatte.

Pünktlich trafen sie in dem Restaurant ein. Der Gockel sowie seine drei Anhängerinnen hatten sich verzogen. Stattdessen wurden sie freundlich von einem sympathischen Kellner begrüßt, der sich ihnen als Christoph vorstellte. Galant führte er sie zu ihrem Tisch, der sich direkt am Meer befand und hübsch eingedeckt war. Eine LED-Kerze sollte romantische Stimmung verbreiten. Christoph bot ihnen die Menükarte an.

Jacques und Angélique sagten zeitgleich: »Bitte vorab zwei Ice Tropez.«

Jacques konnte sein Glück kaum fassen, doch seine Gedanken glitten ab. Unweigerlich meldete sich seine Paranoia wieder. Diese schwer zu erklärende Angst vor Peter Miller, mit dessen Assistentin er jetzt den Abend verbrachte, vermischte sich mit der großen Unsicherheit über die Zukunft von Algamondo. Noch waren die Verträge zur weiteren Finanzierung der Pilotanlage nicht unterschrieben, das Geld nicht überwiesen, auch wenn Marc ein klares Bekenntnis abgegeben hatte. Außerdem spürte er Unsicherheit Angélique gegenüber. Immerhin arbeitete sie für Peter. Was, wenn das heute auch der Fall und alles nur ein abgekartetes Spiel war?

Angéliques Worte rissen ihn aus seinen Gedanken.

»Woran denkst du, Jacques? Geht es dir gut?«

»Ich denke, ich bin gerade sehr glücklich.«

»Du siehst aber so aus, als ob du mit deinem Kopf woanders wärst. Das erkenne ich sofort, denn dann bildet sich oberhalb deiner Nase zwischen deinen Augenbrauen diese tiefe Furche. Hast du Sorgen?«

»Angélique, ich weiß so wenig von dir. Erzähl mir mehr.«

Sie schien über die Frage überrascht. »Wird das jetzt ein Verhör?«

»Nein. Aber es gibt Dinge, die mich beschäftigen. Das ist dir gerade ja auch aufgefallen.«

»Schön, um die Stimmung nicht zu zerstören, spielen wir also ein wenig Räuber und Gendarm. Aber jeder hat nur zwei Fragen. Du fängst an.«

»Okay, deine Regeln, meine Fragen. Erstens, erzähl mir etwas über das, was du für Peter so machst.«

Erstmals klangen Jacques' Worte nicht freundlich, lustig oder lieblich, sondern hatten eine ungewohnte Härte, die sich Angélique nicht erklären konnte.

»Gut, ich bin als Erste dran mit den Antworten. Aber dann erzählst du mir auch von deiner Arbeit. Und ich möchte wissen, warum du damals so Hals über Kopf geflüchtet bist, ohne dich bei mir zu melden oder dich zu verabschieden. Bruno hätte dich doch zum Flughafen gebracht. Ich weiß nicht, was passiert ist, aber Peter war ziemlich aufgelöst, als er von eurem Treffen zurückkam.«

Jacques fand, dass die Leichtigkeit, die bislang den Nachmittag bestimmt hatte, einer gegenseitigen Anspannung gewichen war. Auch Angélique war sich ob des plötzlichen Stimmungswandels unsicher. Sie antwortete säuerlich und sachlich, fast wie in einem Bewerbungsgespräch, in dem man nur das Notwendigste über die Ex-Arbeitgeber preisgab, von dem man sich im Streit getrennt hatte.

»Ich arbeite jetzt seit sieben Monaten für Peter und die ganze Truppe, die du kennengelernt hast, Paul, Aaron, Bruno.

Wir sind echt ein tolles Team. Bruno bringt mich jedes Mal zum Lachen, auch wenn ich einen schlechten Tag habe. Peter selbst ist ein sehr höflicher und extrem viel arbeitender Mann. Er ist häufig auf Dienstreise. Wenn er im Büro ist, dann arbeitet er nahezu ohne Pause. Wir bekommen pro Woche dreißig bis vierzig Businesspläne, die wir uns alle sehr sorgsam ansehen. Ich erfasse sie in unserer Datenbank.«

Jacques schüttelte den Kopf. Er schaute sie an und sagte geradeheraus: »Angélique, ich meine nicht das, was du offiziell tust. Was ist es, was Peter, du und euer Team wirklich macht?«

Angélique war vollkommen überrascht von der Frage.

»Wie meinst du das jetzt? Ich habe dir doch gerade erzählt, was wir tun.«

»Das Auftreten von Peter, als ich ihn in Monaco besucht habe, passt nicht zu dem, was du mir eben geschildert hast.«

»Das verstehe ich nicht. Sag mir bitte, was dich so beschäftigt. Für mich ergibt das alles keinen Sinn.«

Jacques musste mit sich kämpfen. Warum hatte er seine Zweifel an Peter und die Ängste vor ihm nicht besser im Griff? Wieso musste er die Frau, in die er sich Hals über Kopf verliebt hatte, jetzt so verstören? Jacques wusste es selbst nicht. Seine innere Unruhe war wieder da, trieb ihn zu diesem ungewöhnlichen Verhalten. Sein Kopf steuerte seine Worte und unterdrückte rücksichtslos sämtliche Gefühle für Angélique. Sein Verstand forderte Klarheit, bevor er wirklich lieben und sich öffnen konnte. Warum stand ihm in den letzten Wochen immer dieser Peter im Weg?

»Gut, das mache ich, unter einer Bedingung. Du sprichst mit niemandem ein Wort darüber, was ich dir jetzt sagen werde. Hörst du, mit niemandem?«

Christoph hatte sich genähert, um ihre Bestellung zu notieren. Er merkte, dass dies gerade ein ungünstiger Moment war. Hatten die beiden Streit? Ihre Mienen drückten jedenfalls gegenseitiges Unverständnis aus. Sollte er noch warten, oder durfte er stören, um die Bestellung aufzunehmen? Er entschied sich fürs Warten und zog sich dezent zurück.

»Peter macht mir Angst. Ich hatte das Gefühl, dass er mich bedrohte, als ich ihn in Monaco getroffen habe.«

Angélique war geschockt. »Peter ist kein böser Bube, der Menschen bedroht. Ich verstehe das nicht. Was ist passiert?«

Jacques schilderte ihr sehr detailliert, wie das Gespräch mit Peter verlaufen war: »… und dann sagte er mir, dass er sich sicher sei, dass irgendein junger Analyst im Pentagon dreimal täglich hinter mir her schnüffelt. Das war mehr als eine vage Andeutung. Er konnte mir meine Lieblingsschuhe und meine Wäschemarke nennen. Er wusste, dass ich Unterhosen aus Microfaser trage. Das war aber erst der Anfang. Später sagte Peter noch, dass er Investoren vertrete, die strategisch denken müssen und können. Er sagte, dass er sehr viel über mich weiß. Wissen, das er nicht so einfach erlangen konnte.«

Angélique sah ihn irritiert an. »Was genau hat er denn behauptet zu wissen?«

»Er wusste und erwähnte, dass Al-Gé, mein Gründungspartner, Alkoholprobleme hat, dass meine Ehe gescheitert ist. Er wusste, dass wir nur erfolglose Versuche unternommen hatten, um Investoren zu finden.«

Angélique fehlte eine passende Antwort. Sie wurde zunehmend nachdenklicher: »Du glaubst, dass das alles kein Zufall war?«

»Angélique, ich habe kein schwaches Nervenkostüm, aber

was der über mich wusste, macht mir Angst. Peter hat mich gewarnt. Wörtlich sagte er: ›Das Algamondo-Verfahren habe das Potenzial, Volkswirtschaften zu verändern. Ich sei auf einer einsamen Reise durch eine Wüste. Eine Wüste mit Gefahren, und ich hätte keine Ahnung davon, was es braucht, um dort zu überleben. Die wahre Welt da draußen würde ich noch gar nicht kennen. Wenn in meinem Umfeld Dinge passieren, die ich nicht verstehen würde, sollte ich vorsichtig sein.‹ In Kurzform, er hat mich gewarnt, dass unsere Erfindung für uns gefährlich sein kann.«

Angélique war sprachlos.

»Vor zwei Tagen bekam ich einen Anruf aus Spanien. Ein Kommissar informierte mich, dass ein alter Bekannter tot sei. Ermordet. Hast du damit zu tun?«

Freitag, 14. April 2017 – 18:44 Uhr – Horsham

Was ihm Kopfzerbrechen bereitete, war nicht mehr so sehr die Frage, wie sie den Deal verhindern konnten. Die Maßnahmen, das Öl abzufangen, waren auf den Weg gebracht. Vielmehr zermarterte McAllister sich sein Gehirn mit der Frage, wie sie es schaffen würden, den Waffenhändler zu fassen. Nur wenn sie ihn hätten und er reden würde, könnten sie durch ihn Zugriff auf den Lagerort der Biokampfstoffe bekommen. Wenn nicht, dann …

Wenn das jetzt schiefging, dann hätte er bestimmt mehr Zeit, sich um seine Rosen zu kümmern. Das wollte er nicht, denn das hätte auch bedeutetet, dass ihm seine Frau täglich mit neuen Aufgaben und Besorgungen im Nacken sitzen würde. Sie war der hartnäckigste und starrköpfigste Gegner, mit dem er es je zu tun hatte. Dieser Kampf war ohne Aussicht auf Erfolg für ihn. Er musste Birhat fassen, wenn er nicht in die Verdammnis der vorzeitigen Rente geschickt werden wollte. Dieses Risiko sah er bei einem Scheitern dieser Operation. Napoleon hatte immerhin noch Elba gehabt. Sein Garten war nur zweitausend Quadratmeter groß.

Sir Henry überlegte, was er und seine amerikanischen Kollegen übersehen haben könnten. Was hatten sie bislang gut und richtig gemacht? Waren ihnen Fehler unterlaufen und falls ja, wo?

Freitag, 14. April 2017 – 18:57 Uhr – Sainte-Maxime

Vor Angélique saß ein ängstlicher, verunsicherter und zweifelnder Mann. Sie wusste nicht, wie sie reagieren sollte. Ihr Herz klopfte. Ihre Gefühle sagten ihr, dass sie Stärke zeigen musste, um den Mann, mit dem sie am Nachmittag noch so viel gelacht hatte, zu helfen. Zudem spürte sie, dass sie machtlos war, dass seine Zweifel und Ängste tief fundiert waren. Hatte sie die Kraft, in sein Innerstes vordringen zu können? Sie wusste es nicht.

»Jacques, vertrau mir. Ich werde dich nicht enttäuschen. Das kann ich dir versprechen. Bitte!«

»Angélique, hör mir zu. Ich möchte dich da nicht tiefer mit hineinziehen. Je weniger du weißt, desto besser, denn ich werde dich nicht beschützen können. Wahrscheinlich kann ich allein weder mich, meinen Partner noch unser Unternehmen schützen. Du bist mir wichtig. Ich will dein Leben nicht in Gefahr bringen.«

Sie war sprachlos, denn mit allem hatte sie gerechnet, nicht aber damit, dass Peter Miller in zweifelhafte oder gar illegale Aktivitäten verwickelt sein könnte.

»Bitte versteh mich, Angélique. Wir arbeiten seit Jahren an nichts anderem als an Algamondo. Wir bemühen uns vierundzwanzig Stunden am Tag, sieben Tage die Woche darum, unsere Erfindung zu optimieren. Wir verbringen unsere Tage, unsere Nächte und unsere Wochenenden in unserem Labor. Wir geben alles, was wir können. Selbst unsere letzten finanziellen Mittel haben wir aufgebraucht. Daher sitze ich heute hier als ein Mann, der nahezu pleite ist. Alles, was ich jemals besessen hatte, habe ich in dieses Unternehmen investiert. Kannst du dir vorstellen, wie ich mich fühle, wenn mir jetzt so kurz vor dem Durchbruch zum Erfolg jemand droht?«

»Jacques, was will man dir denn wegnehmen?«

»Alles, Angélique. Meine Erfindung, meine Firma, meine Freunde. Mein Leben? Beweisen kann ich nichts. Alles passiert im Verborgenen, ist nicht real, nicht greifbar. Nur einmal, Ende März, wurde versucht, bei uns einzubrechen. Unser Sicherheitsdienst war zufällig vor Ort, sodass die unbekannten Gestalten nicht bei uns eindringen konnten, obwohl sie gerade dabei waren, die Tür aufzusprengen. Ich wollte den Vorgang möglichst verdrängen und als harmlos abtun. Aber da waren echte Profis am Werk, das zeigte der gefundene militärische Sprengstoff.«

»Ende März sagst du?«

»Ja. Der Einbruch wurde versucht, kurz nachdem ich Peter angeschrieben, ihm von Algamondo berichtet hatte.«

Angélique erinnerte sich noch gut an den Brief. Beigefügt war eine kleine verschweißte Plastiktüte mit einer grünen Masse. *»Grünes Öl«* stand auf dem Beutel in großen roten Buchstaben. Darunter, etwas kleiner, war der Aufdruck zu lesen »Algamondo – wir stellen die Zukunft her«.

Vorsichtig hatte sich Christoph erneut dem Händchen haltenden Paar genähert. Er glaubte, Tränen in Jacques' Augen zu erkennen. Angélique wirkte nervös und abwesend. Als er sie fragte, ob sie denn noch einen Wunsch hatten, fuhren die beiden erschrocken herum.

»Entschuldige, Christoph. Wir haben dich nicht kommen hören. Du hast uns ganz schön erschreckt«, sagte Angélique, die ihr eigenes Zusammenzucken bemerkt hatte.

»Alles gut, Angélique. Ich bin es doch nur. Gerne lass ich euch noch etwas Zeit. Die Dorade Royal, also ein Wildfang, kann ich besonders empfehlen.«

Das Pärchen nickte, ließ den Kellner mit dem Gefühl zurück, dass das Abendessen irgendwie unwichtig geworden war.

Der Rest des Abends verlief meist schweigend. Jacques lobte zwar die Dorade, doch stocherte er die meiste Zeit abwesend zwischen den Gräten herum. Nach der zweiten Flasche Rosé blickte er teilweise minutenlang auf das Meer, hatte kaum noch Augen für Angélique. Sie wünschte sich so sehr das Lachen und die Leichtigkeit des Nachmittags zurück, daher zog sie Jacques ganz nah zu sich hin und hauchte ihm ins Ohr: »Solange ich bei dir bin, bist du sicher. Hier bei Enzo kenne ich Hunderte von Männern, die bedingungslos für mich kämpfen würden.«

Ein Lächeln huschte über Jacques' Gesicht.

»Bist du dir sicher, dass sie für oder eher um dich kämpfen würden?«

Er beugte sich vor und gab ihr einen langen zärtlichen Kuss. Jacques wollte sie nie mehr loslassen.

Die Crème brûlée nach Art des Hauses und ein Café Gourmand sorgten dann doch noch für einen versöhnlichen Abschluss des Abends. Leicht berauscht verabschiedeten sie sich mit einem langen Kuss vor ihren Zimmern. Angélique warf ihm einen sehnsuchtsvollen Blick zu.

»Und jetzt?«, fragte sie verunsichert.

»Wünsche ich dir eine gute Nacht. Bis bald, Angélique.«

Dann ging er ohne einen weiteren Kuss in sein Zimmer. Nicht, dass er nicht mehr von ihr gewollt hätte. Das Verlangen war vorhanden. Aber er spürte, dass jetzt kein guter Zeitpunkt war. Er wollte seine erste Nacht mit Angélique nicht voller Angst verbringen. Angst, nach dem gemeinsamen Akt aufzuwachen und die Befürchtung zu haben, einen weiteren Menschen einer unsichtbaren Gefahr ausgesetzt zu haben. Oder mit der Angst, von ihr an Peter Miller verraten zu werden. Er musste vorher entscheidende Fragen klären, um für sie frei zu sein.

18. Kapitel

Samstag, 15. April 2017 – 05:05 Uhr – Sainte-Maxime

Als Jacques am Samstagmorgen vom Hotel aufbrach, war die Sonne noch nicht zu sehen. Auf der tagsüber recht befahrenen Küstenstraße gab es kaum Verkehr. Während er zur Autoroute Richtung Marseille fuhr, dachte er nach, was als Nächstes zu tun war. Vor Peter Miller hatte er Angst. Nicht mehr, aber auch nicht weniger. Selbst wenn der für die CIA arbeiten würde, konnte Jacques es sich nicht vorstellen, dass Miller so weit gehen würde, sein Leben zu bedrohen, nur um mehr über ihre Erfindung zu erfahren.

Die Situation mit Angélique war das absolute Gefühlschaos. Noch nie zuvor hatte ihn eine Frau so fasziniert wie sie. Wie konnte er sie gestern Abend nur so enttäuschen und die Nacht nicht mit ihr verbringen? War sie es nicht, die zwei Hotelzimmer gebucht hatte? Das macht man doch nicht, wenn man im Auftrag der CIA einen Mann verführen soll? Hatte er etwa Angst gehabt zu versagen? Ihr nicht als Mann das geben zu können, was sie sich so sehr wünschte? Blödsinn, das war ihm noch nie passiert. Dann musste er plötzlich an Andy denken und war sich nicht mehr sicher, ob er Angélique hätte glücklich machen können.

Was bist du nur für ein gefühlloser Bastard, rief ihm der rationale Teil seines Gehirns zu. Dein Kumpel ist tot, und du willst mit einer Frau vögeln, die möglicherweise für seinen Mörder arbeitet?

Der irrationale Teil seines Gehirns erwiderte: Mann, Jacques, was für ein Idiot warst du, diese Braut nicht flachzulegen, wenn auch nur für eine Nacht.

Die Gedanken an Peter und Andy ließen ihn nicht los. Fakt war, die beiden kannten sich nicht. Jeglicher Zusammenhang mit Andys Tod und Peters Job war völliger Quatsch.

Was, wenn Peter wirklich für die CIA arbeiten würde und sie ihn als Verbündeten an Bord holen würden? Mit ihm und der CIA als Unterstützung wären sie gewappnet gegen jeden möglichen Gegner. Gegner, die er noch weniger kannte als Peter, da sie sich ihm nicht zeigten.

Peter Miller hatte ein Gesicht, ein Büro, eine Adresse. Bis heute wusste Jacques nicht, wer im März versucht hatte, in ihr Labor einzudringen. Vielleicht war es am Ende gar so, dass Peters Warnung ernst gemeint gewesen war und er ihm tatsächlich seine Hilfe hatte anbieten wollen?

Miller würde aufgrund seines Jobs wissen, wie gefährlich ihre Erfindung war. Er und sein Team waren von all den Investoren, mit denen Jacques gesprochen hatte, diejenigen mit dem besten technischen Wissen. Jacques wusste, dass die Ölmultis und die Araber ihre Monopole um jeden Preis halten wollten. Aber wirklich um jeden? Würden sie mit allen Mitteln aufkommende Wettbewerber bekämpfen, oder war das nur wieder seine Paranoia?

Je mehr er sich den Kopf zerbrach, desto schwieriger wurde es für ihn, die Situation richtig einzuschätzen. Er musste mit jemanden darüber reden. Jemand, der Einfluss hatte, dem er vertrauen konnte. Al-Gé war zu labil, also konnte das nur Marc sein. Sobald er wieder in Belgien wäre, würde er

Dr. Rohde bitten, ein Treffen mit Marc zu vereinbaren. Noch immer hatte er keine Kontaktdaten von ihrem zukünftigen Investor. Überwältigt von Andys Tod und der eindrucksvollen Kulisse in der Camargue, hatten weder er noch Al-Gé danach gefragt. Er musste mit ihrem Investor ohnehin demnächst über die Details der weiteren Finanzierungsrunde sprechen. Das Gespräch dazu wollte er nicht am Telefon führen. Dazu müsste er Marc persönlich sehen. Schließlich schuldete er ihm auch noch eine Antwort auf die Frage, was gegen ein Investment in Algamondo sprechen würde.

Jacques war der Antwort ausgewichen. Jetzt kannte er sie. Es war die Angst davor, dass irgendjemand irgendwann probieren würde, ihnen ihre Erfindung wegzunehmen – um jeden Preis.

Zwanzig vor sieben kam Jacques am Flughafen in Marseille an.

Nachdem er den Mietwagen abgeben hatte, checkte er sein Handy. Seltsamerweise hatte Ellen versucht, ihn anzurufen. Seit dem Fiasko, als sie im März aus Luanda zurückgekommen war, hatten sie nicht mehr miteinander gesprochen. Es gab noch zwei weitere Anrufe in Abwesenheit, einen von seiner Assistentin und einen von einer unbekannten Rufnummer. Al-Gé hatte sich nicht gemeldet.

Was war mit Al-Gé? Ging es seinem Partner gut, der nach dem Treffen mit van Teese so überschwänglich gewesen war? Hoffentlich nicht so gut, dass er den Deal gleich mit Alkohol hatte feiern müssen. Etwas widerwillig, da er mit seinen Gedanken nach wie vor bei Angélique war, wählte er Ellens Rufnummer.

»Jacques?« Ellen hörte sich verweint an. War etwas mit ihrer Katze oder mit ihrer Mutter?

»Ellen, ist etwas?« Jacques hörte am anderen Ende eine zitternde Stimme, die unter Tränen hervorpresste: »Hat man dich noch gar nicht informiert?«

»Nein, worüber denn?«

»Al-Gé ist tot.«

Jacques verspürte plötzlich eine Mischung aus Kopfdruck, Schwindel, Schweißausbruch und Übelkeit.

Dann ging er wie ein nasser Sack zu Boden.

Samstag, 15. April 2017 – 07:55 Uhr – Valencia/Ankara/Horsham

Die Männer um Lewellen hatten sich ein weiteres Mal zu einer Telefonkonferenz verabredet. Heute sollte Bruno aktiv werden, die IT-Attacke auf die Raffinerie starten.

»Bruno, wo stehen wir?«, fragte John Lewellen in die morgendliche Runde.

»Nun, mein Plan ist, mir heute Zugang zu dem IT-System der Ölraffinerie in Castellón zu verschaffen. Ziel ist ein minimaler Einsatz, aber ein maximales Ergebnis.«

»Wir müssen alles wissen«, unterbrach ihn McAllister. »Von wem und woher stammt das angelieferte Rohöl? Wie wird es zum Tanklager gefördert? Kann es dazwischen abgezweigt oder mit anderen Lieferungen vermischt werden? Wir müssen wissen, welche Mitarbeiter für den jeweiligen Arbeitsschritt in der jeweiligen Schicht zuständig sind. Wer überwacht die Anlieferung und Entladung, wer die Zwischenspeicherung und wer die weitere Verarbeitung des Öls? Wir brauchen alle Namen der Mitarbeiter an den Schlüsselstellen. Wir müssen etwaige Schwachstellen im System erkennen. Wen würden wir anheuern, um illegales Öl als Handelsware hoffähig zu machen? Wer hat Schulden, wer lebt über seine Verhältnisse, wer ist erst seit wenigen Wochen dabei, wer hat sich auffällig verhalten. Ich will von jedem der fünfhundert Mitarbeiter wissen, wann er zum Pinkeln geht, welche Zahnpasta er verwendet und wen er bumst!«

Bruno wusste, dass es Wochen dauern würde, bis er eine etwaige Korrelation zwischen einer Öllieferung, die von wo auch immer kommen mochte, und dem Verhalten eines einzelnen Mitarbeiters herausfinden würde. Das konnte doch nicht McAllisters Ernst sein, dass er in zwei bis drei Tagen wissen sollte, wer mit wem schlief?

»Henry, die IT-Infrastruktur einer Raffinerie ist in höchstem Maße gesichert«, ergriff Peter Partei für Bruno. »Sämtliche Personaldaten sind topsecret. Allein den Netzwerkzugang zu knacken kann Tage dauern. Wie viel Mann könnt ihr mir denn noch zur zusätzlichen Unterstützung zur Verfügung stellen, um an die benötigten Informationen zu kommen?«

»Es gibt nur dich, Bruno, Henry, mich und sonst niemanden«, meldete sich Lewellen zu Wort. »Tage für unsere Ermittlungen können wir uns trotzdem nicht erlauben. Lass dir bitte etwas einfallen, Bruno.«

»Moment einmal«, kommentierte McAllister. »Ich habe eine Idee, wie das alles etwas schneller gehen könnte. Ein früherer Bekannter, noch aus meiner Schulzeit, arbeitet bei BP. Er ist als deren Chief Information Officer für die Computer- und Netzwerksicherheit von BP verantwortlich. Das bedeutet, dass er den ganzen Tag auf Monitore starrt, Kaffee trinkt und schlaue Sprüche in einer Sprache von sich gibt, die kein Mensch versteht.«

»Und warum sollte uns dein Bekannter unterstützen, Henry?«

»Das lass mal meine Sorge sein. Ich werde ihm einfach

sagen, dass ich Informationen bekommen habe, wonach bei seiner Raffinerie in Castellón etwas nicht stimmt. Die Androhung eines Hackerangriffs oder so etwas in der Art.«

»Ich schlage vor, Bruno spielt ein bisschen mit seinem Computer, macht dem IT-Menschen richtig Angst«, mischte sich Lewellen ein.

»Und dann haue ich auf den Putz und sage ihm, dass ich weiß, wie man den Angreifer ausfindig machen und den Wahnsinn stoppen kann. Im Gegenzug wird er mir sämtliche Daten besorgen müssen, die wir brauchen.«

»Ja, darüber, welche Schiffe sich für die nächsten Tage angekündigt haben und so weiter. Möglichst viele Details, woher sie kommen, was sie geladen haben, wann ihre Löschung terminiert wurde. Wenn wir die Daten haben, pfeifen wir Bruno wieder zurück.«

»Klingt gut. Dann machen wir dem CIO Angst vor einem Angriff, den wir selbst lancieren?«

»Nicht nur das. Wir müssen auch dafür sorgen, dass zumindest in der spanischen Presse darüber geschrieben wird. Wenn der Kurde das liest, wird er merken, dass erneut etwas Unvorhergesehenes passiert. Das wird zusätzlichen Stress bei ihm erzeugen. Alle einverstanden?«

»So machen wir es«, war der einstimmige Kommentar.

»Dann werde ich jetzt die Information über den Hackerangriff an gewisse Kanäle streuen.«

»Hoffen wir, dass Birhat bald sehr nervös, angespannt und zunehmend unruhiger wird.«

»Gründe dafür gibt es genug. Die Nordkoreaner, mit denen er wohl einen Waffen-gegen-Öl-Deal wollte, sind zu langsam. Das wissen wir von den Chinesen und ihrem verhafteten korrupten Politiker. Von dort kommen kurzfristig keine

Waffen für Birhat. Sein Kontakt in China ist nicht erreichbar. Das wird ihn weiter beunruhigen. Birhat muss sich in Syrien vor Angriffen auf seine Ölfördertürme schützen. Da muss die Waffenlieferung schnell gehen, sonst ist er die von ihm besetzten Gebiete bald wieder los.«

»In der Tat, und jede zusätzliche Panne macht ihn nur noch unruhiger. Er braucht dringend die Waffen. Da kann er einen Hackerangriff auf seine Entladestelle gar nicht gebrauchen.«

»Lass uns den Kessel ruhig noch etwas anheizen«, sagte Henry McAllister.

Samstag, 15. April 2017 – 09:03 Uhr – Marseille

Gegen neun Uhr kam Jacques in der Notaufnahme des Hôpital Nord wieder zu sich.

Ein kleines Kind hatte beobachtet, wie der Mann mit dem leichten Sonnenbrand plötzlich zusammengebrochen war. Die meisten Passanten hatten ihn ignoriert, obwohl er hilflos am Boden lag. Sie bevorzugten es, achtlos zu ihren Flügen zu eilen. Dank des Jungen konnte schnell ein Notarzt gerufen werden. Man hatte Jacques mit Verdacht auf Herzinfarkt in das Krankenhaus gebracht.

Was er nicht wissen konnte, war, dass dort zur selben Zeit im Keller in der Pathologie der Leichnam seines Freundes zur Obduktion vorbereitet wurde. Die Leiche war am Freitag, den 14. April, am frühen Abend von einem Spaziergänger und seinem Hund gefunden worden. Der Tote lag in einem Waldstück bei La Nerthe, das zum 16. Arrondissement von Marseille gehört. Die Todesursache war offensichtlich. Der Mann hatte aufgehört zu leben, als ein Messer oder eine Machete seine Kehle mehrfach durchtrennte. Der Tote hatte keinerlei Gepäck bei sich. Es gab keine Hinweise auf seine

Identität. In seiner blutverschmierten Hosentasche fand sich allerdings ein altes Klapphandy. Die Polizei hatte es am späten Abend aktivieren können. Die Identität des grausam zugerichteten Mannes war so zu ermitteln.

Die Kripo in Marseille versuchte, über die gewählten Rufnummern herauszufinden, mit wem er zuletzt Kontakt hatte. Zunächst war nur der Anrufbeantworter eines belgischen Unternehmens namens Algamondo zu erreichen gewesen. Bei der nächsten Rufnummer waren sie am frühen Samstagmorgen bei einer Frau Ellen Bilberg in Belgien gelandet. Als sie gefragt worden war, ob sie einen Herrn, Anfang vierzig, mit Bart und einem auffälligen Muttermal am rechten Unterarm kennen würde, hatte sie dies bejaht. Sie sei mit ihm befreundet. Man hatte sie nach dem Namen des Mannes gefragt. Ellen wollte wissen, wer und warum man das von ihr wissen wollte. Als der Polizist ihr mitteilte, dass der Mann tot sei, war Ellen in Tränen ausgebrochen. Schluchzend hatte sie gerufen: »Was ist mit Al-Gé passiert?«

Der Polizist hatte sie gebeten, ihnen den vollständigen Namen zu nennen, sodass die Angehörigen des Toten verständigt werden konnten. Ellen stand unter Schock. Sie hatte angeboten, dass sie seinen Freund und Geschäftspartner, Jacques Devilliers, anrufen würde und aufgelegt. Als der Polizist erneut bei ihr anrief, ging sie nicht mehr ans Telefon.

Voller Verzweiflung hatte sie nach Jacques' Nummer gesucht. Er musste es von ihr erfahren und nicht von einem wildfremden Bullen. Ihr Anruf hatte ihn in Südfrankreich angetroffen. Als sie ins Telefon weinte und sagte, dass Al-Gé tot sei, hörte Ellen noch, wie Jacques' Handy auf den Boden prallte. Dann war kurz die Ansage eines Abflugs zu hören. Im Hintergrund die typischen Geräusche eines Flughafens,

Stimmengewirr, Schritte. Plötzlich eine Kinderstimme, die ganz aufgeregt nach den Eltern rief. Ellen legte irritiert und todunglücklich auf. Was war mit Jacques passiert? Sie machte sich starke Vorwürfe, ihm nie von ihrer Affäre mit Al-Gé nach dem Aus ihrer Beziehung berichtet zu haben.

Als Jacques aus der Ohnmacht aufwachte, blickte er auf eine weiße Zimmerdecke. Er hatte eine Infusionsnadel im linken Unterarm stecken. Eine klare Flüssigkeit tropfte in seine Vene. Rechts von ihm befand sich ein Monitor, der seine Pulsschläge registrierte. Jacques konnte sich nicht mehr daran erinnern, was passiert war. Er wusste nur, hier sollte er jetzt nicht sein.

In dem Moment kam eine Schwester aufgeregt in sein Zimmer gelaufen. Sie hatte ihn durch die Glasscheibe an der Stirnseite des Zimmers beobachtet. Unverzüglich informierte sie die diensthabenden Ärzte: »Der Patient aus 228 ist jetzt aufgewacht. Bitte kommen Sie schnell.«

Kurze Zeit später betraten zwei Ärzte das Zimmer und begrüßten ihn.

»Guten Tag. Prima, dass Sie wieder bei Bewusstsein sind. Können Sie uns sagen, wie Sie heißen?«

Jacques überlegte. Er kannte seinen Namen nicht mehr.

»Wissen Sie, was passiert ist?«

Jacques konnte sich an nichts erinnern.

Dann sagte der größere der beiden Ärzte: »Zunächst einmal die gute Nachricht. Sie sind nach dem, was wir bisher wissen, kerngesund. Einen Schlaganfall oder Herzinfarkt können wir definitiv ausschließen. Sie wurden zu uns mit dem Nottransporter vom Flughafen Marseille eingeliefert. Passanten hatten beobachtet, wie Sie dort telefonierten und plötzlich ohnmächtig wurden. Die Ohnmacht hat einige Minuten angedauert. Da kann es im Anschluss passieren, dass Ihr Gedächtnis Lücken aufweist. Wir Mediziner sprechen von einer Amnesie. Wir mussten Sie leider fixieren, da die Gefahr bestand, dass Sie aus dem Bett fallen könnten.«

Erst jetzt bemerkte Jacques die Schlaufen an Armen und Beinen.

»Wir müssen Ihnen einige Fragen stellen, um Ihre Erinnerung zurückzurufen. Schaffen Sie das? Ihre Tasche und Ihr Handy haben wir in den Schrank dahinten gestellt.«

Als der Arzt »Handy« erwähnte, war es Jacques, als hätte er erst vor Kurzem mit einer Frau telefoniert. Wer war sie? Worüber hatten sie gesprochen? Was hatte sie ihm gesagt? Auch daran konnte er sich nicht erinnern.

»Nun, wir werden langsam probieren, die Erinnerungen in Ihnen zu wecken, die zu dem Schockzustand geführt haben. Trauen Sie sich das jetzt schon zu, oder sollen wir noch etwas warten?«, fragte der kleinere der beiden Ärzte. Er trug Bart, sah Jacques mit ernster Miene durch zwei runde Brillengläser hindurch an.

Jacques glaubte, das Gesicht schon einmal gesehen zu haben. Er nickte kurz, um sein Einverständnis zu signalisieren.

»Wir wissen, dass Sie Belgier sind. Ihr Name ist Jacques Devilliers. Können Sie uns sagen, warum Sie in Marseille waren?«

Jacques verneinte die Frage. Er merkte, wie er schläfrig wurde. Dann verschwammen die beiden Personen. Jacques schlief ein.

Die Ärzte verließen das Zimmer. Sie baten die Schwester, gut auf den Patienten aufzupassen. Der Polizist in Zivil, der neben ihr stand, antwortete stellvertretend für sie: »Geht klar.«

Irgendetwas musste vorgefallen sein, das diesen Belgier so

hart getroffen hatte. Die Ärzte vermuteten einen psychisch bedingten Ohnmachtsanfall. Infolge eines Schocks können nach der Ohnmacht unterschiedliche Persönlichkeits- oder Identitätszustände erlebt werden. Als man ihn fand, waren Jacques' Augen geschlossen. Anzeichen für einen psychisch bedingten Ohnmachtsanfall. Erschwerend kam hinzu, dass die Ohnmacht nahezu fünfzehn Minuten gedauert hatte, ein weiteres Indiz für eine psychische Ursache. Bei einem psychischen Schock konnten sich Ohnmachtsanfälle mehrmals am Tag wiederholen. Die Ärzte wollten sichergehen, dass der Belgier sich nicht verletzen würde. Das war aber nicht der alleinige Grund für die Fixierung.

In der heutigen Chefarztbesprechung waren beide Ärzte als Leiter der Neurologie und der Psychiatrie darüber informiert worden, dass man einen schrecklich zugerichteten Toten aus einem Waldstück im 16. Arrondissement geborgen hatte.

Der Tote war, wie ihr Patient, ebenfalls Belgier und hatte einen Tag vor seinem Tod versucht, ein Unternehmen anzurufen, dessen Name Algamondo war. Die Ärzte wussten mittlerweile von dem ermittelnden Kommissar, dass Jacques der Chef dieses Unternehmens war.

Noch hatten die Ärzte den Ermittlungsbeamten keine Genehmigung erteilt, Jacques verhören zu dürfen. Dafür war sein Zustand zu labil. Die Polizisten hatten es akzeptiert, denn sie mussten ein Verhör unter rechtmäßigen Bedingungen sicherstellen. Der Schockzustand und der Zusammenbruch am Flughafen ergaben für die Polizisten ein erstes Bild. An Zufälle glaubten sie nicht.

Es gab eine Verbindung zwischen dem Ermordeten und dem Ohnmachtspatienten. Jacques Devilliers, der CEO von Algamondo, war ihr Hauptverdächtiger. Sein Gemütszustand sprach dafür, dass er etwas Schreckliches erlebt haben musste. Wer jemandem mit einem Messer oder einer Machete die Kehle durchtrennte, hatte etwas Schreckliches erlebt, auch wenn er sich danach nicht mehr daran erinnern konnte.

Samstag, 15. April 2017 – 09:44 Uhr – Marseille
Das Ermittlungsteam hatte sich einen Raum im Krankenhaus geben lassen, um den ersten Stand der Ergebnisse der Obduktion und der Spurensuche am Tatort mit der Staatsanwältin zu besprechen.

Ihre Schilderungen begannen mit der Feststellung des ungefähren Todeszeitpunktes. Paul Beart, der leitende Kommissar, kramte sein schwarzes Moleskin-Büchlein heraus, in dem er sich seine Notizen vermerkt hatte.

»Der Pathologe glaubt, dass der Todeszeitpunkt am Karfreitag, den 14. April, so gegen sechs oder sieben Uhr in der Früh gewesen sein muss. Der Mann wurde ganz in der Nähe des Fundorts der Leiche mit einem Messer mit zwei, drei Schnitten durch die Kehle und fünfzehn Stichen in Bauch und Brustkorb getötet. Die Verletzungen führten innerhalb kürzester Zeit zum Tod. Die Stiche wurden aus kurzer Entfernung, möglicherweise aus einer Umklammerung heraus, abgegeben. Der Täter hat von hinten zugestochen. Die meisten Stiche gingen von unten nach oben. Ungefähr so.«

Kommissar Beart demonstrierte mit seiner rechten Hand die Stiche. Als Messer diente sein Notizbuch.

»Ob es einen Kampf gegeben und das Opfer sich gewehrt hat, wissen wir erst nach einer weiteren Analyse. Derzeit können wir noch nicht sagen, ob es DNA-Spuren des Täters am Opfer gibt. Der Täter muss ein großer, kräftiger Mann gewesen sein. In der Hosentasche des Toten fanden wir ein altes Handy, das die Kollegen aktivieren konnten. Ansonsten gab es keinerlei Hinweise auf seine Identität.«

»Wie heißt der Tote?«, wollte die Staatsanwältin wissen.

»Er ist Belgier und heißt Louis Guigou. Anhand seiner Handydaten konnten wir feststellen, dass er bei einem Unternehmen namens Algamondo beschäftigt war.«

»Warum war er hier?«, unterbrach die Staatsanwältin Beart erneut.

»Durch Überprüfung der Meldungen der Hotels in der Gegend wissen wir, dass er in einem Hotel in Martigues übernachtet hat. Laut Hotelportier wurde er am Morgen gegen halb sechs von einem Taxi abgeholt, um in Richtung Flughafen gebracht zu werden. Dort ist er, wie wir wissen, nie angekommen.«

»Kennen Sie den Namen des Taxifahrers?«

»Nein. Nach dem Taxifahrer fahnden wir noch. Unser Hauptverdächtiger ist einstweilen sein Geschäftspartner, Jacques Devilliers. Sie sind je zur Hälfte beteiligt, was wir durch einen Zeitungsartikel wissen. Die Männer scheinen schon länger Streit miteinander zu haben.«

»Devilliers heißt dann der Mann ohne Gedächtnis vom Flughafen?«, fragte die Staatsanwältin, während sie sich Notizen machte.

»Ja. Er wurde durch einen Zufall ebenfalls hier in das Krankenhaus eingeliefert. Ansonsten wäre der auf und davon.«

»Da hat dann aber einer mal richtig Pech gehabt, oder?«, war der süffisante Kommentar der jungen Juristin. »Fall geklärt?«, wollte sie noch wissen.

»Noch nicht ganz. Aufgrund eines Schockzustands ist der Verdächtige nicht vernehmungsfähig. Das Motiv können wir nur vermuten.«

»Wahrscheinlich wollte er die Firmenanteile günstig übernehmen. Oder es waren Eifersucht, Geldmangel, fehlende Anerkennung. Wir alle kennen die Klassiker.«

Samstag, 15. April 2017 – 10:00 Uhr – Valencia

Die drei Männer hatten ihr Telefonat nach dreißig Minuten beendet. Ihr Plan war klar, die Falle gestellt. Jetzt lag es vorwiegend an ihrem Gegner, wie die Situation sich weiterentwickeln würde. Sie konnten nur abwarten und sich ihren sonstigen Aufgaben widmen. McAllister hatte die Runde noch informiert, dass er zufällig einen hilfsbereiten Kommissar in Valencia kannte. Da Peter vor Ort war und zu einem späteren Zeitpunkt Hilfe durch die Polizei gebrauchen konnte, sollte er mit Kommissar Ignazio Valverde ein baldiges Treffen vereinbaren. So konnten sie abstimmen, wie sie einen etwaigen Zugriff organisieren würden.

Peter Miller rief Valverde gegen zehn Uhr an. Das Telefon läutete nur kurz, bevor der Kommissar abhob.

»Ignazio Valverde.«

»Peter Miller hier. Ich wollte mich kurz wie von Henry McAllister vorgeschlagen bei Ihnen bedanken, dass Sie uns Ihre Unterstützung zur Verfügung stellen. Ich denke, dass die Situation in den nächsten Tagen eskalieren kann. Haben Sie vor Ort Spezialkräfte zur Verfügung, die mich unterstützen können, wenn es um den Zugriff geht?«

Hatte ihn dieser McAllister wieder aufs Glatteis geführt. Beim ersten Aufeinandertreffen mit dem Engländer hatte Valverde einen nahezu leblosen Marokkaner aus einem Haus befreit, von dem sich herausstellte, dass die Briten es für Ermittlungen gegen Terroristen nutzten. Hatte McAllister nicht von »umhören« gesprochen? Jetzt wusste er auch, warum es

»kein großes Team« gab. Das sollte die Polizei von Valencia stellen.

Valverde hatte mit einem solchen Wunsch gerechnet. Das war ihm allemal lieber, als wenn der CIA-Mann seine eigenen Leute aufmarschieren ließ. Ausschließen konnte er auch das nicht, außer für den Fall, die Ereignisse überschlugen sich und die Amerikaner hätten nicht mehr genug Zeit, die CIA-Spezialeinheit ins Land und nach Valencia zu bringen. Valverde rechnete mit allen Eventualitäten. Dennoch hielt er es für eine faire Geste, dass der Amerikaner ihn informiert hatte. Für ihn war eine solche Situation ungewohnt. Meist wurde er dazugerufen, wenn etwas passiert und ein Mordopfer aufgetaucht war. Selten jedoch, um dazu beizutragen, Leichen im Staatsauftrag zu produzieren. Ihm jedenfalls lag daran, jegliche Tote in seinem Zuständigkeitsbezirk zu vermeiden.

»Ich werde sehen, was ich machen kann. Halten Sie mich bitte weiterhin über Ihre nächsten Schritte informiert. Und keine Alleingänge, klar?«

»Yes, Sir«, antwortete Peter pflichtbewusst. Er mochte den korrekten Spanier, auch wenn er seine Anweisung nicht würde befolgen können. Sicherheitshalber würde er sich noch einige Minuten mit seiner Waffe beschäftigen. Diese sollte im entscheidenden Moment nicht versagen.

Samstag, 15. April 2017 – 10:04 Uhr – Valencia Marseille
Mittlerweile hatten die Ermittler weitere Daten auf Jacques' Handy analysiert. Sie hatten eine WhatsApp-Nachricht gefunden, die der Tote ihm um 05:31 Uhr geschickt hatte. Was sollte das bedeuten: »Good luck, Amigo«?

Sie konnten nachvollziehen, dass Jacques zum Todeszeitpunkt ganz in der Nähe des Tatorts war und dass beide in demselben Hotel in Martigues übernachtet hatten. Warum sie gemeinsam dort waren, wussten sie nicht. Die Anfrage an das Hotel, auch zur Überprüfung der weiteren Gäste, lief.

Auf Jacques' Handy sahen sie, dass er zuletzt mit einer Rufnummer aus Monaco telefoniert hatte. »A.« stand dazu in seinen Kontakten. Zudem gab es einen Deutschen, der als Rechtsanwalt Dr. Rohde darin verzeichnet war, sowie eine Frau namens Ellen. Alle weiteren Nummern schienen unwichtig. Sie vermuteten, dass diese mit der unternehmerischen Tätigkeit des Belgiers zusammenhingen.

Mit Ellen hatte Jacques als Letztes telefoniert. Der Spur würden sie als Erstes nachgehen. Als die Nachricht kam, dass der Belgier wieder aufgewacht sei, beeilten sie sich, in sein Zimmer zu kommen. Die Ärzte erwarteten sie im Vorzimmer. Zu viert traten sie an Jacques' Bett.

»Wir reden mit dem Kranken«, hatten die beiden Ärzte gefordert. »Es ist noch zu früh, ihn unter Stress zu setzen. Erst nach vierundzwanzig Stunden kehrt meist das Erinnerungsvermögen zurück. Wir wollen vermeiden, dass der Patient erneut ohnmächtig wird.«

Inspektor Beart überlegte kurz, dass der Belgier so schnell keinen zweiten Menschen ermorden würde, und stimmte zu.

»Guten Tag. Wir sind es noch einmal. Können wir mit Ihnen sprechen? Erinnern Sie sich noch an uns?«, begann der größere der beiden Mediziner.

Jacques war noch immer sehr benommen. Er saß in seinem Bett und wunderte sich, wofür die Lederschlaufen am Kopf- und Fußende des Bettes gedacht waren, die die Schwester vorhin entfernt hatte. Er mochte den Geruch nach Desinfektionsmittel nicht, der den Raum füllte.

Auf die Frage des Arztes erwiderte er: »An Sie und Ihren

Kollegen kann ich mich noch erinnern. Sie hatten mich informiert, dass ich kerngesund sei. Also müssen Sie vermutlich Ärzte sein. Die beiden Herren neben Ihnen, die keine weißen Kittel tragen, kenne ich nicht.«

»Entschuldigen Sie, wir hatten uns noch gar nicht richtig vorgestellt«, antwortete einer der beiden Mediziner. »Ich bin Dr. Jean Sapin und leite hier die Neurologie. Mein Kollege Dr. Pierre Chopin leitet die psychiatrische Abteilung. Sie wurden zu uns gebracht, da Sie heute Morgen einen Schock und eine Ohnmacht erlitten haben. Können Sie sich daran erinnern, was passiert ist?«

Jacques schüttelte den Kopf. Ihm war nur bewusst, dass er sich nicht in Belgien befand. Wie, wann und warum er in dieses Krankenhaus gekommen war, wusste er nicht. Er hatte jede Menge Fragen an die Ärzte.

»Wer sind bitte die beiden Herren neben Ihnen? Warum befinden sich Schlaufen an meinem Bett?«

»Das werden Ihnen die Herren etwas später erläutern«, sagte der Psychologe. »Wir müssen vorab einige medizinische Dinge mit Ihnen klären. Woran können Sie sich denn zuletzt erinnern?«

Jacques hatte, als er aufwachte, Bilder gesehen, die überhaupt nicht zu seiner jetzigen Situation passten. Er sah ein Labor, in dem sich in Glasgefäßen eine grüne klebrige Masse befand.

Hier war alles weiß, bis auf die beiden etwas grimmig aussehenden Männer, die sich nicht vorgestellt hatten. Jacques antwortete nicht, sondern blickte den Psychologen fragend an.

»Na, dann werde ich Ihnen mal ein wenig helfen. Sie heißen Jacques Devilliers, sind Belgier. Letztes Wochenende haben Sie hier in Südfrankreich verbracht. Am Flughafen in Marseille wurden Sie bewusstlos.«

Jacques fragte: »Wann war das?« Ihm war, als ob sich langsam die Erinnerungen zurückmeldeten. Er sah einen wunderschönen Strand und eine ebenso schöne Frau.

»Heute, vor wenigen Stunden. Können Sie sich erinnern, wie es dazu kam?«

Jacques konnte es nicht, aber er hatte zwei Namen im Kopf, die keinen Sinn ergaben: Dr. Rohde und Peter Miller. Woher kannte er die beiden Männer? Waren sie es, die da an seinem Bett standen? Um das Gespräch mit dem Mediziner fortzusetzen, antwortete er: »Ich kann mich an fast gar nichts erinnern. Wie sagten Sie gleich, war meine Name?«

»Devilliers. Jacques Devilliers.«

Die beiden Polizisten hatten bislang geschwiegen. Jetzt wurden sie ungeduldig und schalteten sich entgegen der Abmachung mit den Medizinern in das Gespräch ein.

»Mein Name ist Beart, Paul Beart. Ich hätte da auch einige Fragen an Sie. Kennen Sie einen Dr. Rohde?«

Jacques konnte den Namen erkennen. Gerade vorhin war er ihm eingefallen. Er konnte ihn aber keiner bestimmten Situation zuordnen. »Ja, ist das der Herr neben Ihnen?«

Beart war unruhig geworden. Er wollte nicht länger warten, um den Belgier intensiver zu verhören. Die Ermahnung der Ärzte, das noch nicht zu tun, ignorierte er.

»Sie denken also, dass mein Kollege hier neben mir Dr. Rohde ist?«

Jacques sagte nichts. Er spürte, wie langsam weitere Erinnerungsstücke zurückkamen. Das passierte in einer merkwürdigen Art und Weise, wobei sein Gehirn aus einem Grund, den er nicht kannte, Namen in Gut und Böse einteilte. Dr.

Rohde gehörte zu den Guten. Der Mann, der vor ihm stand, hatte allerdings eine negative Ausstrahlung. Ein Name, der zu den Bösen gehörte, war Peter Miller. Was, wenn die Leute hier von Peter Miller geschickt worden waren? Er musste dringend mit Dr. Rohde telefonieren. Ihm könnte er vertrauen. Er musste schnell weg hier, also wollte er seine jetzige Situation zu seinen Gunsten ausnutzen.

»Ja, das denke ich.«

Die Ärzte waren im Gegensatz zu den beiden Polizisten solche Situationen schwerer retrograder Amnesie gewohnt. Ein Patient konnte sich über mehrere Stunden nicht an Vorgänge der jüngeren Vergangenheit erinnern. Ältere Vorgänge wie Namen, Orte, Ereignisse, waren vorhanden und würden sich sehr langsam wieder zu einem klaren Bild zusammensetzen. Die Polizisten dachten hingegen, Jacques wolle sie an der Nase herumführen.

»Wann haben Sie denn Dr. Rohde zuletzt getroffen?«

»Na, das kann er Ihnen selbst doch am besten beantworten. Er steht ja neben Ihnen.«

Jacques' Gefühl riet ihm, den Fragen der beiden Männer auszuweichen, sie ins Lächerliche zu ziehen. Solange Peter Miller nicht auftauchte, war alles gut. Mit denen hier würde er schon fertigwerden. Die sollten jetzt gehen. Er musste telefonieren.

Die beiden Männer sahen sich etwas an. Sie nickten einander zu und verließen grußlos das Zimmer.

Als die Mediziner allein mit Jacques waren, meinte der kleinere: »Das war nicht Dr. Rohde. Als Sie zu uns kamen, standen Sie unter einem heftigen Schock. Uns wurde von Zeugen berichtet, dass Sie einen Anruf erhalten haben. Erinnern Sie sich?«

Plötzlich war die Situation wieder präsent. Jacques erinnerte sich. Es war Ellen, mit der er telefoniert hatte. Sie hatte ihm gesagt, dass Al-Gé tot sei.

Jacques spürte, wie erneut eine beängstigende Panik in ihm aufstieg. Die beiden Männer, die gerade das Zimmer verlassen hatten, waren Peter Millers Männer, schoss es ihm durch den Kopf. Es waren dieselben Typen, die ihn verfolgten, um ihn zu töten – so wie Al-Gé. Sie waren ihm auf den Fersen. Das wollte Jacques den Ärzten sagen. Dann kam ihm aber ein anderer Gedanke. Was, wenn die mit Peter Miller zusammenarbeiteten?

Jacques musste seine Panik bekämpfen und so schnell wie möglich weg von hier. Er versuchte, Puls und Atmung zu kontrollieren, um nicht gleich wieder zu kollabieren. Wenn die ihn auch hätten töten wollen, hätten sie das längst getan. Man hatte ihn aber am Leben gelassen. Die wollten etwas von ihm wissen. Deshalb lebte er noch. Das musste er zur Flucht nutzen. Jacques wollte aufstehen, setzte sich jedoch sofort wieder auf sein Bett.

»Nein. Tut mir leid. Mir wird schwindelig. Können wir das Gespräch vielleicht etwas später fortsetzen? Ich fühle mich sehr müde. Das verstehen Sie doch, oder?«

Die Mediziner nickten einander zu und verließen ebenfalls den Raum. Dieses Mal, ohne Jacques am Bett zu fixieren. Seine Bewegungen wirkten motorisch wieder etwas stabiler.

Jacques' Gehirn begann verzweifelt, Kontrolle über die Panik zu gewinnen. Er legte sich in das Bett, schloss die Augen und mahnte sich zur Ruhe, um zu überlegen, was zu tun sei. Verdrängen konnte er sie, die Panik, die immer wieder in Schüben in ihm aufstieg. Vergessen konnte er nicht, was geschehen war. Er erinnerte sich an immer mehr Dinge.

Al-Gé war tot. Warum er das von Ellen erfahren hatte, war zunächst unwichtig. Wichtig war, dass Peter Miller ihn wahrscheinlich nicht töten wollte. Der wollte an sein Wissen. Tot würde er ihm nichts nutzen. Aber ganz gleich, was die mit ihm vorhatten, Jacques musste fliehen.

Also stand er auf und blickte aus dem Fenster. Ein Park war zu sehen. Taxis fuhren vor und wieder davon, Menschen betraten und verließen das Gebäude. Ein Krankenwagen mit Blaulicht umkreiste das Gebäude. Das alles sprach dafür, dass er wohl in einem richtigen Krankenhaus und nicht in einem CIA-Gebäude war. Sicherlich würde man ihn beobachten. Also musste er sich vorsichtig verhalten. Mit dem Krankenhauskittel, den man ihm angezogen hatte, würde er nicht fliehen können. Er musste sich umziehen. Hatten die Ärzte nicht gesagt, dass sie sein Handy und seine Tasche im Schrank verstaut hatten? Es war einen Versuch wert. Er öffnete die Schranktür und fand in der Tat sein Handy. Sein Plan wurde konkreter. Es ging um sein Überleben. Die einzige Chance, die er sah, musste er nutzen.

Es war ein warmer, sonniger Tag. Das machte die Menschen schläfrig. Die Ärzte hatten eine kurze Pause zu einem gemeinsamen Spaziergang genutzt, um über die letzten Ergebnisse von Olympique Marseille zu reden. Ihre Patienten wollten sie für einen kurzen Moment der Entspannung vergessen. Beart und seine Kollegen hatten die Kantine des Hôpital Nord aufgesucht, um das ausgefallene Frühstück nachzuholen. Sie waren gut gelaunt. Den schwachsinnigen Belgier, den sie des Mordes verdächtigten, würden sie später am Nachmittag nochmals befragen. Für sie war im Moment nur Fußball wichtig. Die enttäuschende Niederlage ihres Clubs letztes Wochenende hatte die Gemüter sehr erhitzt. Aber sie mussten Optimisten bleiben, denn das Leben ging weiter. Mit oder ohne den toten Belgier.

Jacques hatte seine Erinnerung und seinen scharfen Verstand zunehmend zurückgewonnen. Er musste hier raus, um sich so schnell wie möglich mit Marc oder Dr. Rohde zu treffen. Das waren die einzigen Personen, denen er vertrauen konnte. Es war an der Zeit, mit ihnen über die Bedrohung durch Peter Miller und die CIA zu sprechen. Der Tod von Al-Gé hatte seine schlimmsten Befürchtungen Realität werden lassen. Ab sofort ging es nicht mehr um ihre Erfindung. Für ihn ging es allein darum zu überleben. In seiner Tasche hatte er ein weißes T-Shirt gefunden sowie die Shorts, die er am Wochenende am Strand getragen hatte.

Als er die Shorts sah, fiel ihm wieder ein, dass er den gestrigen Tag mit Angélique verbracht hatte. Ihr hatte er von seinen Ängsten bezüglich Peter erzählt. Jetzt war Al-Gé tot. Hatte sie ihn verraten? Hatte Jacques' Verdacht Peter zum Handeln gezwungen? Wollte Peter den Druck auf ihn erhöhen? Egal, darum würden Marc und Dr. Rohde sich kümmern. Er musste jetzt seine volle Konzentration auf die Flucht aus dem Krankenhaus legen.

Auf der Toilette in seinem Zimmer zog er die Shorts und das T-Shirt unter dem Krankenhauskittel an. Dann steckte er sein Handy ein und öffnete die Tür zum Vorzimmer. Die Krankenschwester sah ihn mit Erstaunen an. Er sagte ihr, dass es ihm schon viel besser gehen würde, und bat sie, die beiden Ärzte zu rufen. Das Telefon befand sich glücklicherweise im Stationszimmer.

»Gut. Bitte warten Sie hier kurz«, erwiderte die Schwester.

Der Polizist hatte sich in Richtung Toilette abgemeldet. Dort stand er am Fenster, schaute sich auf seinem Handy die letzten Nachrichten zu Olympique Marseille an und rauchte eine Gauloises. Im internen Polizeibericht zur Flucht des tatverdächtigen Belgiers würde später stehen, dass der wachhabende Kriminalbeamte sich vermutlich im Krankenhaus mit bösartigen Keimen infiziert hatte. Diese hatten kurzfristig heftige Magen- und Darmkrämpfe sowie Durchfall ausgelöst, sodass er dringend die Toilette aufsuchen musste.

Nach einem kurzen Weg zum Aufzug, den er Gott sei Dank für sich alleine hatte, erreichte Jacques in Shorts und weißem T-Shirt den Ausgang. Den Krankenhauskittel hatte er in einen Mülleimer geworfen. Die Erinnerung an den heutigen Morgen war zurück. Seine Panik auch. Zumindest war er wieder in Freiheit, wenn auch auf der Flucht. Jetzt ging es nicht um das finanzielle Überleben ihres Unternehmens, sondern um sein Leben.

Samstag, 15. April 2017 – 10:38 Uhr –
Marseille/Aschaffenburg

Jacques' Anruf erreichte Dr. Rohde am späten Vormittag. Zunächst hatte er ihm gesagt, dass er unbedingt, am besten noch heute, Marc treffen müsste. Dr. Rohde hatte gehört, dass Jacques' Stimme vibrierte. Er spürte, wie panisch der Belgier war.

»Was ist passiert, Jacques?«

»Al-Gé ist tot.«

Dr. Rhode reagierte mit Sprachlosigkeit.

Jacques konnte seine Tränen nicht zurückhalten. Angst, Verzweiflung, die Wut auf Peter Miller und dessen Organisation hatten alle Dämme reißen lassen. Er schluchzte und heulte in das Telefon wie ein kleines Kind, das seine Eltern im Supermarkt verloren hatte und sie nun suchte.

Dr. Rohde war fassungslos. »Jetzt beruhigen Sie sich erst einmal, Jacques. Wie haben Sie von Al-Gés Tod erfahren?«

»Heute Vormittag, kurz vor dem Rückflug, per Telefon. Ich wurde für einige Zeit ohnmächtig. Laut den Ärzten habe ich temporär mein Gedächtnis verloren. Man hat mich in ein Krankenhaus in Marseille gebracht. Hôpital Nord.«

Dr. Rohde hörte aufmerksam zu. »Was ist dann geschehen, Jacques? Sie sind total verstört und voller Panik, warum?«

»Im Krankenhaus wurde ich nicht nur von den Ärzten, sondern von zwei merkwürdigen Personen befragt. Ich denke, die wollen mich töten. Dr. Rohde, helfen Sie mir. Ich muss Marc treffen. Schnell!«

Dr. Rohde behielt in Situationen, die andere als aussichtslos bezeichnen würden, stets Ruhe und Übersicht. Wenn die Dinge kompliziert wurden, strahlte er diese Souveränität aus, die Marc so sehr an ihm schätzte.

»Wo sind Sie jetzt, Jacques? Noch im Hôpital Nord? Ob ich Marc erreichen werde, kann ich noch nicht sagen. Er ist derzeit in Spanien und sehr beschäftigt.«

»Versuchen Sie es, bitte«, flehte Jacques. »Ich muss hier weg.«

»Das habe ich verstanden. Wo sind Sie jetzt?«

»Ich bin aus dem Krankenhaus geflohen und stehe in einem Waldstück neben der Autobahn.«

Jacques sah sich um. Es roch nach Urin und Fäkalien. In dem Wäldchen zwischen den Autobahnzufahrten hatte sich jede Menge Unrat angesammelt. Er befürchtete, dass jederzeit eine Horde wilder Hunde aufkreuzen könnte, um mit ihm um die wenigen Brocken der achtlos weggeworfenen Fast-Food-Reste zu kämpfen. Ihre Pisse konnte er intensiv riechen. Als er an sich heruntersah, bemerkte er, dass er sich selbst eingenässt hatte. Er war am Ende. Warum antwortete der Rechtsanwalt nicht? Er hörte ihn im Hintergrund an seinem Computer tippen. Dann endlich meldete er sich.

»Ich habe Ihren ungefähren Standort auf Google-Maps gefunden. Gehen Sie zu dem kleinen Park in nordöstliche Richtung von Ihnen aus. Er heißt Le Jardin des Aures. Ich lasse Sie dort abholen.«

Es war Jacques unglaublich peinlich, aber in der jetzigen Situation blieb ihm keine Wahl. Dr. Rohde, dem er als einen von nur noch wenigen Menschen vertrauen konnte, sagte er die Wahrheit: »Das geht nicht. Ich bin nervlich am Ende und habe mir deshalb gerade in die Hose gepinkelt.«

Dr. Rohde reagierte recht kühl. »Setzen Sie sich in die Sonne, das wird die Spuren beseitigen helfen. Nein, besser, Sie bleiben im Verborgenen. Ich werde mein Bestes tun, Sie so schnell wie möglich abholen zu lassen. Circa dreißig Minuten wird es dauern können. Jacques, noch eine Frage: Kann es sein, dass Sie von den Franzosen verdächtigt werden, für Al-Gés Tod verantwortlich zu sein? Ich nehme an, Sie waren einer der Letzten, der ihn lebend gesehen hat?«

Verdammter Mist, Dr. Rohde mochte recht haben! Er war davon ausgegangen, dass die beiden Nichtmediziner zu Peters Truppe gehören würden. Was, wenn sie von der Polizei waren und wegen des Todes von Al-Gé ermittelten? Sie hatten ihn jetzt aufgrund seiner Flucht bestimmt zur Fahndung ausgeschrieben. Er hatte kein Bargeld bei sich, und der Akku seines Handys war nur noch halb voll. Seinen Geldbeutel einschließlich der Kreditkarte und seinen Ausweis hatte er bei der überstürzten Flucht aus dem Krankenhaus in seiner Tasche vergessen. Dumme Fehler, die ihm passiert waren. Der Druck und die Angst, von Peter gejagt zu werden, wuchsen ihm über den Kopf. Jetzt hatte er zusätzlich auch noch die französische Polizei an seinen Fersen. Tränen flossen über sein Gesicht.

Er musste an Al-Gé denken. War er unschuldig an dessen Tod? Dieser Teil fehlte in seiner Erinnerung.

Samstag, 15. April 2017 – 14:07 Uhr – Barcelona

Aus dem Nebenzimmer war heftiges Stöhnen zu hören. Einige seiner Leute ließen sich von käuflichen Señoritas befriedigen.

Birhat wusste, dass diese erbärmlichen Hurensöhne, die er als Fahrer für die Lastzüge angeheuert hatte, die Art von Ablenkung brauchten. Sie hatten so viel Hirn in der Birne wie ein räudiger Straßenköter. Er würde sie nur noch wenige Tage brauchen. Nur so lange, bis das Geschäft in Valencia abgewickelt wäre. Dann würden sie das Schicksal des Deutschen teilen. Sie würden die Ware für ihn testen. Dafür würden seine langjährigen Leibwächter sorgen. Die beiden bulligen Männer waren treue Verbündete. Ergeben saßen sie mit ihm in seinem Zimmer, um die Planung für die nächsten Tage durchzusprechen.

Die Gefolgsleute spürten, wie angespannt ihr Boss war. Alles musste klappen in Valencia. Die verschärften Kontrollen der Häfen störten Birhat nicht. Seine Leute vor Ort waren zuverlässig, die Logistik perfekt vorbereitet. Für ihn zählte nur, dass der Deutsche ihm immer noch nicht gesagt hatte, wie und wo genau im Großraum Valencia die Übergabe der Waffen stattfinden sollte. Seine Leibwächter mussten diesen Meyer erwischen. Ihn nach dem Deal zu finden, das schien nahezu unmöglich. Meyer würde sich zur Ruhe setzen können. Wahrscheinlich hatte er das schon seit Langem geplant.

Der Mann war ein Profi mit erstklassigen Referenzen in der Branche. Also war er vorsichtig, sehr vorsichtig. Birhat musste an einer Falle basteln, ohne gleichzeitig selbst hineinzutappen.

Samstag, 15. April 2017 – 15:03 Uhr – Figueres
Dr. Rohde hatte einen Fahrer geschickt. Er fand Jacques zusammengekauert inmitten des Gestrüpps neben der Autobahn. Seit dem Telefonat mit dem Rechtsanwalt war eine Dreiviertelstunde vergangen. Noch hatte die Polizei nicht nach ihm gesucht. Der Zeitpunkt der Flucht, um die Mittagszeit, war hilfreich. Der Fahrer hatte kurz Jacques' Namen genannt, ihm dann eine Trainingshose zugeworfen und ihn wortlos zu dem wartenden 5er-BMW geführt. Dort gab er ihm schweigend ein Handy, das einen laufenden Anruf zeigte. Der schweigsame Mann in der grauen Jogginghose mit dem breiten Kreuz, der Ray-Ban-Brille und dem schwarzen T-Shirt fuhr los. Jacques legte das Handy an sein Ohr: »Ja?«

»Rohde hier. Hat alles geklappt?«

Jetzt, da er sicher in dem Auto saß, fasste sich Jacques wieder ein wenig.

»Danke, ja. Auch für die Jogginghose. Ich fühle mich völlig am Boden zerstört.«

Deutlich freundlicher als vorhin, informierte Dr. Rohde den Belgier: »So weit, so gut. Wundern Sie sich nicht, der Fahrer spricht nicht viel. Er arbeitet normalerweise für einen französischen Anwaltskollegen, der bei seinen Autofahrten nicht gestört werden möchte, da er dann meist arbeitet. Hören Sie mir jetzt genau zu. Merken Sie sich, was ich Ihnen sagen werde.«

»Okay«, war Jacques' kurze Antwort.

»Ich habe Marc in Spanien erreicht. Ich glaube, Sie wissen, dass er ab und zu in der Nähe von Alicante wohnt?«

»Ja.«

»Gut. Der Fahrer wird Sie nach Valencia bringen. Marc hat dort in den nächsten Tagen wichtige Geschäfte. Üblicherweise würde er Sie in einem der dortigen Luxushotels unterbringen. Aufgrund Ihres derzeitigen Zustands ist ein kleines Hotel, dessen Besitzer er kennt, unauffälliger. Der Fahrer hat die Adresse. Marc bittet darum, dass Sie alles, was Sie in den vergangenen Tagen gemacht haben, oder Dinge, von denen Sie denken, sie könnten im Zusammenhang mit dem Tod Ihres Freundes stehen, aufschreiben. Der Fahrer wird Ihnen gleich nach dem Telefonat ein Notizbuch reichen. Das wird er mit Ihren Notizen Marc überbringen, nachdem er Sie im Hotel abgesetzt hat. Wenn Sie mir Ihre Hemden- und Anzuggröße mitteilen, lasse ich Ihnen etwas Passendes auf Ihr Zimmer bringen. Sie sollten ordentlich aussehen, wenn Sie Marc treffen.«

Es hatte nur gefehlt, dass er ergänzte: »... und nicht nach Pisse stinken.«

Jacques hatte die bissige Art, in der Dr. Rohde den letzten Satz ausgesprochen hatte, nicht überhört.

War er jetzt zum Spielball seiner Geschäftspartner geworden? Hatte Dr. Rohde kein Mitleid mit ihm und der Situation? Oder wollte der ihm die Leviten lesen, weil er so unvorsichtig war, vor der Polizei zu fliehen?

»Ein Unschuldiger flüchtet nicht«, hörte er den Anwalt sagen, obwohl der das gar nicht sagte. Wahrscheinlich hatte Dr. Rhode damit sogar recht.

Schnell hatte der Fahrer die Stadt Richtung Arles verlassen. Keiner hatte bemerkt, wie Jacques in die dunkle Luxuslimousine gestiegen und vor Erschöpfung auf die Rückbank gesunken war. Auf dem ganzen Weg waren ihnen keine Polizeifahrzeuge begegnet, die mit Sirenengetöse Richtung Krankenhaus fuhren. Nach Arles fühlte sich Jacques sicher genug, um etwas Schlaf zu suchen. Als er wieder erwachte, befanden sie sich bereits in Spanien, in der Höhe von Figueres. Für die dreihundertsechzig Kilometer lange Strecke hatten sie gut dreieinhalb Stunden gebraucht. Bei normalem Verkehr wären sie in weiteren fünf Stunden in Valencia. Das gab ihm genügend Zeit nachzudenken. Viele weitere Chancen hatte er nicht mehr, sein Leben wieder zu ordnen und in Griff zu bekommen. Alle Hoffnungen ruhten auf Marc und dessen gutem Netzwerk. Was konnte er für ihn tun?

Zunächst galt es herauszufinden, wie Al-Gé ums Leben gekommen war. Ellen hatte schluchzend gesagt: »Al-Gé ist tot.«

An mehr konnte Jacques sich nicht erinnern. Wenn er richtig vermutete, ermittelte die Polizei. Das tat sie nur bei einem Gewaltverbrechen. »Ermordet«, hatte der angebliche spanische Kommissar zu Andys Tod gesagt. Jacques' Gedanken fuhren mit ihm Kettenkarussell. Ein zweiter Mord in seinem Umfeld? Jacques überlegte. Peter wusste aufgrund ihrer Präsentation von seinem Geschäftspartner. Auch Angélique hatte er von Al-Gé erzählt. Den Mord an Al-Gé würde er Peter Miller zutrauen, aber Miller hatte Andy nicht persönlich getroffen. Was wäre sein Motiv für den Mord? Es gab nur eine Person, die beide Männer gekannt hatte.

Samstag, 15. April 2017 – 15:38 Uhr – Valencia

Bruno hatte die Nacht hindurch an den Trojanern und ihrer Angriffsstrategie gearbeitet. Er würde auf Peters »Go« hin probieren, an mehreren Stellen des IT-Systems der Raffinerie gleichzeitig Chaos zu verursachen. In Absprache mit McAllister hatten sie beschlossen, dass es auch für die Zentrale des Ölkonzerns in London etwas ungemütlich werden sollte. Je mehr Staub aufgewirbelt wurde, desto weniger würde man sehen. Die Chinesen benutzten in ihren Strategemen dafür den Ausdruck: Das Wasser trüben, um die Fische zu ergreifen.

Bruno war ein großer Freund dieser jahrtausendealten chinesischen Überlistungstechniken. Jetzt war es an ihm, diese Weisheiten anzuwenden, wenn er seinen Hackerangriff starten würde. Ein verrücktes Spiel, bei dem es am Ende aber um ihr Überleben ging. Verlieren durften sie nicht.

Peter Miller rief McAllister an: »Henry, gleich geht es los. Bruno wird in wenigen Minuten mit seinen Attacken anfangen. Wenn Sie dann Ihrerseits loslegen.«

»Einverstanden. Ich werde gleich meine Kontakte vom St James's Square informieren. In fünf Minuten kann Bruno seinen Angriff starten. Bald dürften wir die Schiffe mit dem Öl kennen. Wenn die Bezahlung ausfällt, wird auch die Lieferung nicht erfolgen.«

Letzteres war nur eine vage Hoffnung und frommer Wunsch zugleich. Wissen konnte das niemand.

Samstag, 15. April 2017 – 16:10 Uhr – Barcelona

Der Tag sollte noch lange für Birhats Männer andauern. Dies war nicht dem Akt mit den Prostituierten zu verdanken. Der war in weniger als zwei Minuten für die meisten der betrunkenen Männer vorbei.

Birhats Leibwächter waren in die Zimmer gestürmt und hatten ihnen befohlen, sich anzuziehen und sofort aufzubrechen. Die »Damen« waren freundlich und großzügig, aber bestimmt verabschiedet worden. Die Truppe um Birhat würde heute noch Richtung Süden aufbrechen. Die Lkws standen bereit, um beladen zu werden. Bis sie in Castellón eintreffen würden, wären die Männer auch wieder nüchtern. Dafür würde Birhat notfalls persönlich sorgen. Jeder wusste, dass ein Ausfall in einer wichtigen Situation mit einer drastischen Strafe geahndet würde. Kurze Zeit später waren die Hotelrechnungen einschließlich der horrenden Ausgaben für Zimmerservice und Getränke beglichen.

Drei schwarze Audi SUV verließen die Tiefgarage und setzten sich Richtung Valencia in Bewegung. Birhat hatte sich die besoffensten Männer geschnappt. Er würde für sie den Fahrer geben. Als Gegenleistung wären diese Männer die Ersten, die die Ware testen würden.

Samstag, 15. April 2017 – 16:24 Uhr – Horsham/Valencia

Die Nachricht von dem Hackerangriff ging zeitgleich in der Raffinerie in Castellón und der Leitzentrale des Ölkonzerns in London ein. Dort war der oberste IT-Vorstand informiert worden, dass in wenigen Minuten ein Hackerangriff zu erwarten wäre.

Als »Dank« für diese Warnung war Henry McAllister zunächst mit allerlei Flüchen bedacht worden. So hatte der IT-Verantwortliche des Ölkonzerns, aus der noblen Adresse am St. James's Square, zuletzt vor fünfzig Jahren geflucht. Damals in Eton, zu seiner gemeinsamen Zeit mit McAllister, dem Bastard. Der damalige Fluch galt der Tatsache, dass ihr Ruderboot wieder einmal nur unglücklich als zweites in den internen Ausscheidungsrennen ins Ziel gekommen war. Heute galt der Fluch der Tatsache, dass noch richtig anstrengende Arbeit auf ihn warten würde.

Dieser gottverfluchte Henry McAllister wollte damals schon nie aufgeben. Auch heute würde er keine Ruhe geben, bis er ihm als Belohnung für seine Warnung alle Informationen beschafft hatte, die er angefordert hatte. Als der IT-Vorstand erfuhr, wozu Henry die Informationen benötigte, zog er, wie schon damals im Boot in Eton, mit. Gegen zwanzig nach fünf wusste McAllister alles, was er wissen musste. Fünf Minuten später startete die volle Wucht des Hackerangriffs. Sollte Bruno doch auch ein wenig seinen Spaß haben. McAllister fand, dass es für seinen alten Schulfreund und Ruderkameraden eine gute Gelegenheit wäre, die Sicherheit ihrer IT-Systeme während eines Echtzeitangriffs testen zu können. Wenn Bruno zu aufdringlich würde mit seinen Attacken, konnte er den Spuk immer noch durch einen Anruf bei ihm beenden lassen. Sollte der alte, fette Sack bei BP in London doch erst einmal ein wenig schwitzen. Das Rennen in Eton hätten sie nicht verlieren dürfen. Sir Henry hatte das damals auf mangelnde Härte im Rennstress des heutigen IT-Vorstands zurückgeführt. Trainiert hatten sie jedenfalls genug. Vielleicht stimmte auch seine Einstellung vor mehr als fünfzig Jahren nicht. Jetzt sollte der Kerl zeigen, ob er es noch draufhatte. Sein Team müsste sich schon anstrengen, um die Attacken eines ehrgeizigen, früheren US-Army-Helikopterpiloten und heutigen CIA-IT-Spezialisten abzuwehren. McAllister wusste einmal mehr, warum er Computer nicht mochte.

Samstag, 15. April 2017 – 19:54 Uhr – Valencia

Jacques war am frühen Abend von dem Fahrer wohlbehalten in der Stadt abgesetzt worden. Das 7 Moons B&B Hotel befand sich in der Avenida de Navarro Reverter. Es war sauber, schick, modern und sehr günstig. Der Fahrer hatte Jacques unter einem fremden Namen eingecheckt. Das Zimmer war für Dr. Rohde aus Deutschland reserviert. Fragen zur Identität des Gastes wurden aufgrund des großzügigen Trinkgelds keine gestellt. Ein Ausweis war nicht erforderlich. Jacques bekam die Luna Suite, die über einen eigenen kleinen Balkon in den ruhigen Hinterhof verfügte.

Mittlerweile wies sein Gesicht tiefe Furchen auf, die sich durch lange Bartstoppeln zu füllen begannen. Die Augenringe ergänzten den übermüdeten Eindruck des Gastes, den der Portier kurz registriert hatte, sich dann aber wieder seinem Telefonat zuwandte. Der Fahrer war grußlos gegangen und hatte Jacques beim Abschied keines Blickes gewürdigt.

Jacques hatte ihm seine Notizen gegeben, die er, wie von Dr. Rohde erbeten, in das kleine Buch geschrieben hatte. Der Fahrer sollte es zu Marc bringen, damit der sich ein Bild von der Situation machen konnte.

Auf der ganzen Fahrt hatten sie nur das Nötigste gesprochen. Der Mann war Jacques von Grund auf unsympathisch. Seine harten Gesichtszüge und die auffallende Narbe passten zu dem schwarzen T-Shirt, unter dem sich Muskelberge aufbäumten. Er fragte sich, ob der Mann wirklich nur Fahrer oder eher Leibwächter war. Ihn jedenfalls hatte er sicher über die Grenze und nach Valencia gebracht. Freunde würden und mussten sie nicht mehr werden. Der schwarze 5er-BMW hatte rasch die Straße vor dem Hotel verlassen.

Die Tür zu seinem Zimmer öffnete sich leicht. Es roch darin sauber und angenehm. Ein Hauch von Orange und Vanille strömte aus dem kleinen Bad. Auf dem Bett lagen zwei Einkaufstüten mit Hemden und Hosen in passender Konfektionsgröße. Auch an Schuhe in seiner Größe hatte man gedacht. Schließlich wollte Dr. Rohde, dass er »ordentlich aussehen sollte«, wenn er Marc traf. Jacques spürte, dass das Treffen dringend erforderlich war.

Endlich allein, in einem normalen Zimmer, wollte Jacques in Ruhe seine Gedanken ordnen. Sein kurzer Gedächtnisverlust hatte sich aufgelöst. Es kamen Dinge in seiner Erinnerung zum Vorschein, von denen er noch vor wenigen Stunden keine Ahnung mehr gehabt hatte. Jacques musste an sein eigenes Bad denken. An die kaputte Lampe, den Vorhang mit den Fischmotiven. Bei Fischen dachte er unverzüglich an Andy. Ihm hatte er so viel zu verdanken. Die Liebe zum Meer, den Kontakt zu Marc. Jetzt war Andy tot und mit ihm Al-Gé, sein zuverlässiger Begleiter und Geschäftspartner bei Algamondo. Sie hatten die Welt retten wollen. Jacques' Welt war dabei zusammengebrochen. Wie ein Kartenhaus, das keinerlei Bestand mehr haben würde, wenn der erste Windstoß es erreichte. Über Jacques' Leben hatte sich ein Orkan ausgebreitet, der mit einem kleinen Windstoß nicht zu vergleichen war. Woran lag das alles nur?

So gerne hätte er jetzt mit Angélique telefoniert. Jacques wusste nicht, ob er das tun wollte, um sie in die Mangel oder in die Arme zu nehmen. Der Fahrer hatte kein Telefonat zugelassen. Noch in Marseille hatte er Jacques nach seinem Handy gefragt. Dann hatte er die Batterie und die SIM-Karte entfernt, das Handy zertreten, die Einzelteile eingesammelt und viel später, hinter Arles, aus dem fahrenden Auto geworfen.

Kontakte, die er als Freunde hätte bezeichnen können, blieben ihm nicht. Ellen wollte er nicht noch weiter in die Sache hineinziehen. Die Mitarbeiter in seiner Firma durfte er nicht beunruhigen. Zudem hätte bestimmt die Polizei aus Marseille mit ihnen und Algamondo Kontakt aufgenommen.

Einsam, alleine und ratlos fühlte er sich wie in einem Käfig. Er war ein freier Mann, konnte jederzeit gehen. Dann aber würden zu viele Fragen unbeantwortet bleiben. Jacques entschied sich zu bleiben, Fakten und Kräfte für das Gespräch mit Marc van Teese zu sammeln.

Peter Miller hatte ihn eindringlich gewarnt. Jacques spürte damals in Monaco Angst vor ihm. Die Angst hatte seinen Verstand blockiert und die Gedanken nur in eine Richtung gelenkt: Du kannst Miller nicht vertrauen! Was, wenn er ihn aber aus ernsthafter Besorgnis heraus warnen wollte? Warnen vor rücksichtslosen Geschäftemachern, die über Leichen gehen würden? Wer käme dafür als Allererstes infrage? Die Araber mit ihrem Öl, die Wettbewerb witterten? Ölkonzerne, die für »politische Sonderaufgaben« spezielle Abteilungen unterhielten? Konnte es sein, dass sich ihre Killer mit hochwertigen Visitenkarten vorstellten und »Vice President Execution« nannten? Einer würde das alles wissen. Marc van Teese.

Samstag, 15. April 2017 – 20:04 Uhr – Marseille

Es hatte bis kurz nach drei gedauert, als Jacques' Verschwinden zu Reaktionen bei den Ermittlungsbehörden geführt hatte. Man wusste mittlerweile anhand der Gästeliste des Hotels und einer Befragung der Gäste, dass beide, Jacques und der Tote, dort übernachtet hatten.

Nachts war auf dem Flur ein lautes Gespräch der beiden Männer zu hören gewesen. Einige der Ohrenzeugen hatten behauptet, es habe sich dabei um einen handfesten Streit gehandelt. Andere sagten, sie hätten zusammen laut gelacht und Witze gemacht. Bis auf den deutschen Anwalt waren innerhalb weniger Stunden alle Gäste verhört worden. Klarheit hatte das alles nicht ergeben.

Einzig der Portier konnte verlässlich sagen, dass Louis Guigou das Haus am Freitag in der Früh um fünf nach halb sechs verlassen hatte. Pünktlich war ein Taxi erschienen. Es gehörte zu dem Taxiunternehmen, das der Portier in solchen Fällen für gewöhnlich anrief. Als Zielort war der Flughafen von Marseille genannt worden. Den Fahrer hatte die Polizei noch nicht erreichen können. Laut seinem Chef fuhr er immer nur als Aushilfe. Meistens nachts. Man hatte ihm erlaubt, das Fahrzeug auch nach Dienstende privat zu nutzen. Schließlich hatte er sich an dessen Finanzierung beteiligen müssen. Keiner fand es ungewöhnlich, dass das Fahrzeug und der Fahrer seit der Mordnacht nicht mehr gesehen worden waren. Kommissar Beart ließ nach ihnen fahnden.

Die Beschreibung des Fahrers, die ihm der Hotelportier gegeben hatte, wich stark von der Beschreibung des Taxiunternehmers ab. Von groß, kräftig, muskulös, kantig sprach der Portier. Der Taxiunternehmer von klein, gebückt, zierlich. Ein Bild des Fahrers gab es, allerdings war es schon etwas älter. Der Portier verneinte vehement, dass der Mann auf dem Taxiausweis der Fahrer des Taxis war, den er gesehen hatte. Gut, er hatte ihn nur kurz aus der Ferne beobachtet. Als der Fahrer den Kofferraum geöffnet hatte, um das Gepäck seines Fahrgastes einzuladen, hinkte er leicht. Eine Behinderung, die eher ungewöhnlich war für einen Mann mit so einem breiten Kreuz, der offenbar viel Sport machte. Am auffälligsten für den Zeugen war aber die Narbe im Gesicht des Taxifahrers.

Ellen Bilberg, die als Erste den Toten identifiziert hatte, war erst am späten Nachmittag erreichbar. Sie hatte eine erhebliche Dosis an Beruhigungstabletten genommen, wie sie am Telefon einräumte. Sie sei es gewesen, die Jacques unmittelbar nach dem Anruf des Kommissars von dem Tod seines Geschäftspartners informiert hatte. Was denn mit Jacques sei, wollte sie wissen, da er nicht erreichbar war. Der Kommissar hatte ihr nicht geantwortet, was sie noch unruhiger machte. Unter Tränen bestätigte sie, mit beiden Männern nacheinander eine Affäre gehabt zu haben. Mit dem Toten plante sie ihre Zukunft. Seinen Geschäftspartner, Jacques Devilliers, habe sie nicht mehr sehen wollen. Dieser habe während einer ihrer Auslandsreisen – sie arbeite als Flugbegleiterin und sei auch häufiger in Marseille – ihre Katze beinahe verhungern lassen. Das Verhältnis der Männer sei freundschaftlich gewesen. Al-Gé, also der Tote, hatte sich vorgenommen, seinem Geschäftspartner bald von der Beziehung zu ihr zu berichten. Er mochte dieses Versteckspiel nicht. Auf Nachfrage erklärte sie, dass sie niemals daran glaube, dass Jacques seinen Freund aus Eifersucht umgebracht habe. Oder vielleicht doch? Sie jedenfalls habe beide Männer geliebt. Jetzt sei sie wieder allein und einsam. Ob es in Marseille auch Menschen gebe, denen es so geht? Beart und sein Team waren nach dem Telefonat mit der Dame verwirrt.

Durch das landesweite Melderegister und ein Telefonat hatten sie mittlerweile erfahren, dass der Flüchtige die Nacht von Freitag auf Samstag in der Nähe von Sainte-Maxime verbracht hatte. Laut Rezeptionistin des Hotels in Sainte-Maxime war er dort gegen Viertel nach eins eingetroffen. Sie bestätigte, dass er einen lockeren und sehr entspannten Eindruck machte. Der Mann wirkte zwar ein wenig nervös, aber nicht panisch.

Er habe sich mit einer Mademoiselle Angélique Vasseur aus Monaco getroffen. Sie sei Stammgast, offensichtlich kannten sich beide recht gut, denn sie machten während der Zeit am Strand einen verliebten Eindruck. Auch Angéliques Handy- und Büronummer hatte die Dame am Empfang für den Kommissar zur Hand. Kommissar Beart hatte vergeblich versucht, Angélique zu erreichen. In den nächsten Tagen sollte mal ein Kollege aus dem Département Alpes-Maritimes persönlich bei ihr vorbeischauen.

Je länger der Tag dauerte, desto mehr nahm er von seiner ursprünglichen Theorie Abstand, dass der Belgier seinen Geschäftspartner ermordet hatte. Eifersucht schied als Motiv garantiert aus. Bis zu dem Anruf seiner Ex-Freundin hatte er von dem Tod seines Partners nichts gewusst. Und in Sainte-Maxime wirkte er sehr entspannt und locker. So verhielt sich niemand, der einen langjährigen Wegbegleiter umgebracht hatte. Die Ärzte hatten sich die Ohnmacht am Flughafen mit einem Schock erklärt. Beart wusste jetzt, dass das von Ellens Anruf gekommen war. Sie hatte ihn über Al-Gés Tod informiert. Was ihn stutzig machte, war, wieso der Belgier geflohen war, wenn er unschuldig war? Wieso war diese Angélique verschwunden und ging nicht mehr an ihr Handy? Warum war dieser Dr. Rohde als Einziger der wenigen Gäste nicht erreichbar? Er war von dem Portier und den anderen Gästen häufiger gemeinsam mit den Belgiern gesehen worden. Woher kannten sie sich?

Samstag, 15. April 2017 – 20:07 Uhr – Valencia

Peter bereitete dem Spuk ein Ende und zog Bruno von dem IT-Job ab. Völlig entgeistert teilte der ihm mit, dass er gerade seinen achtundvierzigsten Hackerangriff gestartet hatte. Bruno meinte, er habe es geschafft, deren Abwehrstrategie zu verstehen. Zugegebenermaßen waren die schon am Anfang seiner Attacken recht gut, da sie etwas davon geahnt hatten. Egal, sie wussten, was sie wissen mussten. Der Hackerangriff war zu Ende, und Bruno sollte jetzt Valverde im Kommissariat helfen, praktische Dinge wie die Verfügbarkeit und Bereitschaft des Einsatzkommandos zu koordinieren.

Peter Miller rechnete damit, dass Birhat schon bald von dem Hackerangriff erfahren und darauf hektisch reagieren würde. Immer vorausgesetzt, sie verfolgten die richtige Spur. Miller hatte London und Washington verständigt, dass er jetzt Zugriff auf zwei Einsatzkommandos an Land und vier auf dem Wasser hatte.

Von dem Standort der Biowaffen oder des Öls war nach wie vor nichts bekannt. Peter ging jedoch davon aus, dass er dann, wenn es schnell gehen musste, zeitgleich die beiden verdächtigen Schiffe festsetzen würde, die sich langsam dem Hafen von Valencia näherten.

An Land verfügte er dank Kommissar Valverde über zwei Teams, die er zu den Eingreiforten schicken konnte, um die Übergabe der Waffen zu verhindern. Noch war er sich nicht sicher, ob es überhaupt zu einem Deal und einem Austausch kommen würde und ob der Großraum Valencia der richtige Ort war. Vieles sprach dafür. Wie so oft in seinem Job waren Geduld und gute Nerven gefragt. Peter spürte förmlich, wie sich die Spannung aufbaute, ohne jedoch zu wissen, wann, wo und ob es einen Showdown geben würde.

Samstag, 15. April 2017 – 20:15 Uhr – Valencia

Jacques wartete auf eine Nachricht von Marc van Teese, wann und wo sie sich heute treffen würden. Schließlich meldete sich der Portier des Hotels bei Jacques. Ein Herr habe ihm soeben eine Nachricht übermittelt. Demnach sei ein gemeinsames Dinner für halb zehn geplant. Das Restaurant sei gleich um die Ecke, ein Tisch reserviert, und er würde ihn freudig erwarten. Jacques wusste nicht, wie groß die Freude bei ihm selbst war.

Es ging um seine und die Existenz von Algamondo.

Samstag, 15. April 2017 – 20:44 Uhr – Castellón

Die Männer in den schwarzen SUV waren einsatzbereit. Sie hatten die halbwegs ausgenüchterten Fahrer zu ihren Lastern geschickt, die man ihnen einige Tage zuvor über ganz Spanien verteilt vermietet hatte. Jeder der zwölf Fahrer war von Castellón aus mit dem Zug aufgebrochen, um sein Fahrzeug in leerem Zustand abzuholen. Birhat würde zwischenzeitlich über seine Gefolgsleute in der Raffinerie alles vorbereiten lassen. Zurzeit herrschte dort Chaos. Ein Hackerangriff hatte die IT-Systeme blockiert. Jetzt war der seit Kurzem abgewehrt. Es bestand immer noch keine Klarheit, ob in der Raffinerie während der nächsten Tage »business as usual« möglich war. Dazu hatte der Hacker zu viele Schwachstellen aufgezeigt.

Birhat blieb ruhig. Er mochte solche Situationen überhaupt nicht. Dennoch hatten ihn seine Aktivitäten über all die Jahre gelehrt, Ruhe zu bewahren, an seinen Zielen geduldig festzuhalten. Immer war etwas Unvorhergesehenes passiert. Oft genug hatte er Geschäfte deswegen platzen lassen. Dieses Mal ging es aber um so viel mehr. Er musste die Waffen bekommen. Meyer hatte nochmals die Lieferfähigkeit für die nächsten vierundzwanzig Stunden bestätigt. Der genaue Ort der Übergabe war nach wie vor unbekannt.

Samstag, 15. April 2017 – 21:28 Uhr – Valencia

Jacques war pünktlich aufgebrochen.

Würde Marc schon auf ihn warten? Wie würde die Begegnung verlaufen, von der er sich Klärung so vieler Fragen erhoffte?

Um zwei Minuten vor halb zehn betrat der Belgier das Lokal. Von außen war eine große Glasfront sichtbar, die sich an zwei Straßenzügen entlangzog. Der Eingang befand sich rechts, an dem Carrer de Sorní. Eine Glasschiebetür stand offen, als Jacques den Raum betrat. Auf Englisch fragte er nach dem Tisch, den Herr van Teese reserviert hatte. Der Kellner sah in einem dicken Buch nach und begleitete Jacques dann zu einem Tisch in der Mitte des Lokals. Von dort hatte man nach links einen hervorragenden Blick aus dem Fenster. Rechts befand sich, etwas abgetrennt von dem lang gestreckten Raum, eine offen gestaltete Küche. Jacques setzte sich auf den Stuhl mit Blick zur Straßenfront. Er wollte, da Marc noch nicht eingetroffen war, etwas von der lebhaften Atmosphäre in dem Lokal mitbekommen. Beeindruckend fand er, dass man das Küchenpersonal bei der Arbeit beobachten konnte. Es wurde mit Fleisch hantiert, das auf offene Grills gelegt wurde. Mehrere Köche in weißen Uniformen beugten sich über die Teller, um diese kunstvoll zu verzieren, bevor sie an der Ausgabestelle platziert wurden, um von dort zu den hungrigen Gästen getragen zu werden. Es herrschte reges Treiben. Die Gäste amüsierten sich hörbar. Die leise Musik, eine bunte Mischung aus Jazz, Deep-Lounge und Rockklassikern, störte die Gäste bei ihren intensiven Gesprächen kaum. Die Atmosphäre war sehr kommunikativ und offen. Das bunt gemischte Publikum, alle Anfang vierzig bis Ende sechzig, lachte viel.

Das Potpourri aus einfachen hölzernen Bistrostühlen und späten Fünfzigerjahre-Lampen, die in Überzahl mit ihren grünen Halbschalen aus Plastik und weißem Milchglas von der

Decke hingen, passte einfach unglaublich gut. Der Raum hatte Stil, Ambiente und regte zum Wohlfühlen an. Jacques gefiel das Lokal sehr.

Eines musste er Marc van Teese lassen. Der Mann hatte Sinn für Treffen an ungewöhnlichen Orten. Insgesamt hatte er ihn bisher erst zweimal gesehen. Einmal, dank Andy, am Strand in Alicante und dann vor wenigen Tagen mit Al-Gé in der Camargue. Andy und Al-Gé lebten nicht mehr. Trübe Gedanken erfassten Jacques und zogen ihn in eine Stimmung, die die Mediziner im Krankenhaus als Anfang einer depressiven Erkrankung beschrieben hätten.

Er stand kurz vor dem Aus mit Algamondo. Wie würde Marc reagieren? Würde er zu ihm stehen und ihm die erhoffte und so dringend benötigte Hilfe geben können? In wenigen Minuten würde er es hoffentlich wissen.

Jacques dachte, die Welt war viel zu schön, um Tage und Nächte nur mit Arbeit zu verbringen. In den letzten Monaten hatte er schmerzlich empfinden müssen, wie schnell alles vorbei sein konnte. Was blieb, waren weder Geld noch das beruflich Erreichte. Andy war gestorben, gerade als es mit seinem Unternehmen richtig gut lief. War der Kommissar, Valverde oder so ähnlich, der ihn wegen Andys Tod angerufen hatte, nicht auch sogar aus Valencia? Würde er Andys Grab besuchen können? Wo war es?

In dem Moment wurde Jacques auf entsetzliche Art und Weise klar, wie wenige soziale Kontakte er all die Jahre während seiner beruflichen Selbstständigkeit gepflegt hatte. Wenn er jemanden getroffen hatte, waren es Zufälle. Verabredungen hatte er kurzfristig platzen lassen. Meist war unaufschiebbare Arbeit dazwischengekommen. Freunde hatten sich über die Zeit von ihm zurückgezogen, ohne dass er es gemerkt hatte. Algamondo war ihm seit fünf Jahren das Wichtigste gewesen.

Jacques hatte in den letzten Stunden während seiner totalen Verzweiflung den Mut gespürt, den er brauchen würde, um es mit Peter Miller und dessen Organisation aufzunehmen. Er konnte vom Schicksal gebrochen werden, aufgeben wollte er den Kampf für Algamondo aber nicht. Nicht, bis er Peter mit Marcs Hilfe und der Hilfe seiner einflussreichen Freunde aus Russland würde überführen können. Er brannte darauf, Marc in seine Pläne im Kampf gegen den Amerikaner und die CIA einzuweihen.

Nur einen Namen hatte er in das Notizbuch geschrieben, das der Fahrer Marc übergeben sollte: Peter Miller.

In dem Moment, als Marc das Lokal betrat, passierte es. Am Grill des Restaurants fiel eine massive Eisenpfanne scheppernd zu Boden. Für kurze Zeit war ein kleiner Tumult aus der Küche zu hören. Dann lachten und scherzten die Gäste, die nach den scheppernden Geräuschen kurzfristig verstummt waren, wieder wie gewohnt.

Marc hatte Jacques entdeckt.

Die Begrüßung der beiden Männer fiel herzlich aus. Lange blickte Marc in die Augen von Jacques. In ihnen entdeckte er Trauer, Verzweiflung, Ratlosigkeit, aber auch Entschlossenheit. Marc sah sich kurz in dem großen Raum um. Als er kein bekanntes Gesicht entdeckte, dem er hätte zuwinken wollen, setzte er sich langsam zu Jacques an den Tisch. Er blickte in Richtung Küche, rief den Kellner herbei, damit er ihnen die Speisekarte brachte.

Dann erst wandte er sich mit leiser Stimme an Jacques: »Es bedrückt mich sehr, heute von dem Tod unseres Geschäftspartners erfahren zu haben. Mein Beileid, Jacques. Dies ist schon die zweite Situation, in der uns ein gemeinsamer Bekannter auf tragische Art und Weise verlassen hat. Es tut mir aufrichtig leid für Sie. Wie kann ich Ihnen in dieser schweren Situation helfen?«

Zu viele Gedanken kreisten in diesem Moment durch Jacques' Kopf. Fragen, auf die er hier und heute keine Antworten finden würde, die er aber stellen musste. Fragen, die drängten, die ihn belasteten und geklärt werden sollten.

Der Kellner kam und reichte den beiden Männern die Speisekarten. Ihre Entscheidung über die Auswahl der Gerichte hatte anscheinend Vorrang. Jacques hätte sie aus Ungeduld am liebsten zu Boden geworfen, doch er ermahnte sich zur Ruhe, zur Beherrschung.

Sidibé indes hatte die Beherrschung komplett verloren. Nachdem ihm die gusseiserne Pfanne aus der Hand gerutscht war, hatte er sich ein Messer geschnappt, um damit in den Gastraum zu stürzen. Nur mit Mühe hatten ihn seine Kollegen zurückhalten können. Sie nahmen Sidibé das Messer ab und drängten ihn, unbemerkt von den Gästen, in einen Nebenraum hinter der Küche. Señor Tun Tun konnte sich Sidibés Reaktion nicht erklären. Was war nur in den sonst so ruhigen, verschlossenen und extrem zuverlässigen Jungen gefahren? Er bat die anderen Köche, den Nebenraum zu verlassen. José Sanchez wollte allein mit seinem Schützling sprechen.

Sidibé zitterte am ganzen Körper. Tränen liefen über sein Gesicht. Er strahlte eine unglaubliche Unruhe und Verzweiflung aus. Da die beiden Männer einander vertrauten, erzählte Sidibé Señor Tun Tun, dass er seit Monaten nachts kaum mehr schlafen konnte. Immer wieder blickte er im Traum in die eiskalten blauen Augen eines weißen Killers, wachte nass geschwitzt auf. Der Mann, vor dem er aus Afrika geflohen war, hatte vorhin ihr Lokal betreten. Sidibé war sich zu einhundert Prozent sicher. Er hatte den Gast, der Kinder auf grausame Weise ermordet hatte, töten wollen. Ruhig legte Señor Tun Tun seinen Arm um ihn, wollte ihn trösten. Der spanische Gentleman wusste, was zu tun war. Er informierte einen vertrauten Stammgast und alten Bekannten bei der Polizei, Kommissar Ignazio Valverde.

Im Moment des Anrufs von José Sanchez saß Peter Miller mit Kommissar Valverde in dessen Büro zusammen, um die Maßnahmen im Fall eines etwaigen Zugriffs abzustimmen. Sanchez schilderte den beiden Männern die Situation. Er erzählte dem Kommissar von dem Flüchtling aus Mali, der einen weißen Waffenhändler erkannt hatte. Der war vor Monaten mit Islamisten in dessen Dorf gekommen, um dort ein Massaker anzurichten und Kinder zu töten. Der Restaurantbesitzer schickte Valverde mehrere Fotos via WhatsApp, die er mit größter Vorsicht von seinem Handy schoss.

Peter Miller war schockiert, von dem, was er darauf sah. Jacques, der Unternehmer aus Belgien, den er aus Monaco kannte, saß zusammen mit dem Killer und Waffenhändler an einem Tisch. Der Flüchtling aus Afrika war sich hundertprozentig sicher, dass der Gast ein grausamer Mörder war.

Peter Miller informierte John Lewellen, der den unverzüglichen Zugriff befahl.

»Peter, seid vorsichtig.«

»Machen wir, Boss.«

Jetzt musste es schnell gehen. Von dem Wirt erfuhren Peter Miller und das Team, das Kommissar Valverde bereitgestellt hatte, wie viele Personen in dem Lokal waren. Wo genau saß der Waffenhändler? Wer saß in dessen näherer Umgebung? Der Wirt behielt die Übersicht und erklärte ihnen alles sehr genau. Via WhatsApp schickte er weitere Bilder von der aktuellen Situation in seinem Lokal.

Auf dem Weg im Mannschaftsbus zu dem Restaurant dachte Peter Miller über den Belgier nach. Natürlich! Der Kerl war Mikrobiologe, manipulierte die Gene von Algen. Arbeitete der für den Waffenhändler an viel gefährlicherem Zeug? Konnte es sein, dass der Belgier in seinen Reaktoren nicht Biotreibstoff, sondern Biowaffen herstellte? Woher kannten sich die beiden Männer? In was war der Belgier da verwickelt? Was wusste er über den Öldeal?

Dann schoss ihm eine weitere Idee durch den Kopf. Algamondo konnte selbstverständlich auch als Waschanlage für illegales Terroröl genutzt werden. Hatten die Belgier nicht eine Freilandanlage aufbauen wollen, um dort in großen Mengen Biotreibstoff zu produzieren? Denkbar war, dass der dort angeblich produzierte »Biotreibstoff« in Wirklichkeit gar nicht aus Algen hergestellt wurde, sondern aus illegalen Ölexporten stammte oder mit dem Öl aus den Krisengebieten vermischt wurde.

Peter Miller war kein Techniker, um das zuverlässig beantworten zu können. Das würden seine Spezialisten später noch klären. Er war nach Spanien geschickt worden, um den Deal zu verhindern und die Biowaffen zu finden. Das würde er jetzt tun.

Viel Zeit zur Vorbereitung blieb ihm und dem Team nicht. Nachdem sie in der Nähe des Lokals geparkt hatten, befahl Peter den Zugriff in zehn Minuten. Ihr Einsatzplan war abgestimmt. Er sah vor, dass Peter Miller zunächst alleine und unauffällig das Restaurant betreten würde. Mit einer Spezialmunition würde er sofort auf die beiden Zielpersonen feuern, um sie auszuschalten, ohne dass es zur Gegenwehr kommen konnte. Danach würde das Lokal gestürmt, alle Personen festgesetzt.

Um 22:13 Uhr betrat Peter Miller das Lokal. Er feuerte exakt zweimal. Seine Schüsse rissen Jacques und den Waffenhändler leblos zu Boden.

Dreißig Sekunden später zertrümmerte das Einsatzkommando von außen die Glasscheiben und stürmte in den Gastraum. Blendkörper explodierten. Schreie, Chaos, umfallende Stühle mischten sich zwischen Menschen, die voller Verzweiflung aufsprangen oder sich zu Boden warfen. Ein einheitliches Verhaltensmuster gab es in all der Panik nicht. Alle Anwesenden wollten in Todesangst fliehen.

Nur Sidibé nicht. Er stand wie angewurzelt in der offenen Küche und starrte über den Grill in das Lokal. Der Flüchtling aus Afrika sah, wie der Mann, dessen Augen ihn seit Monaten im Schlaf verfolgten, von einem Schuss zu Boden gerissen und getötet worden war.

Epilog

Ich erkenne den Mann, der mein Drecksloch betritt. Groß ist er, breitschultrig. Er sieht erschöpft aus, hat in der letzten Zeit vermutlich die Nächte hindurchgearbeitet. Die Anspannung und der Schlafmangel zeigen Spuren in seinem Gesicht. Wortlos setzt er sich neben meine Pritsche. Er zerschneidet mir die Fesseln, mit denen sie mich immer noch fixiert halten. Den Eimer mit der grünen Brühe und die Tücher schiebt er bedächtig zur Seite.

»Kommen Sie«, sagt er. »Wir sollten reden.«

Er stützt mich beim Aufstehen und führt mich in eine Ecke des Raumes, die ich bislang nicht gesehen habe. Sie ist hinter einer Abmauerung. Dort stehen zwei Stühle. Auf einfachen Sperrholztischen befinden sich Monitore, Computer und Kameras. Daneben liegen Kopfhörer, USB-Sticks und Mikrofone.

Das Gehen fällt mir schwer. Erstmals seit vielen Tagen riecht es nicht nach eingetrockneter Pisse von der Matratze. Meinen eigenen, sehr ähnlichen Geruch nehme ich nicht mehr wahr.

»Wie lange bin ich hier?«, will ich wissen.

»Acht Tage, vierzehn Stunden und drei Minuten«, kommt die präzise Antwort. »Es hat etwas gedauert, bis ich Sie gefunden habe. Meine Kollegen sind bei so etwas recht gründlich.«

»Wie lange noch?«

»Das kann ich nicht beantworten. Alles hängt von Ihnen und dem, was Sie meinen Kollegen erzählen, ab.«

Der Mann wirkt auf mich weniger selbstbewusst als bei unserer letzten Begegnung. Gewöhnlich bin es auch nicht ich, der ihm die Fragen stellt. Überhaupt habe ich den letzten Tagen die Erfahrung gemacht, dass man mir regelmäßig ins Gesicht schlägt, sobald ich eine Frage platziere.

»Wie geht es Ihnen?«, will der Mann wissen.

Antworten will ich ihm nicht. Mein Zustand ist offensichtlich. Ich spare mir meine letzten Kräfte auf, spucke ihm ins Gesicht. Der Mann bleibt ruhig, wischt sich mit einem sauber zusammengefalteten Taschentuch ab, dort wo ich ihn getroffen habe. Statt mich zu schlagen, antwortet er: »Stil haben Sie, das muss man Ihnen lassen. Schade, dass wir uns nicht besser kennengelernt haben.«

Weder in den vergangenen Wochen noch heute ist mir besonders daran gelegen, den Mann kennenzulernen. Mir reicht es zu wissen, dass er die Bestien, die mich tagelang gefoltert haben, als seine »Kollegen« bezeichnete.

»Der Deal ist geplatzt«, sagt er ganz ruhig. Er wartet auf meine Antwort und verharrt. Zwei, drei Minuten, in denen ich ihn nur anstarre.

Dann raune ich ihm durch mein von den vielen Schlägen aufgeplatztes Zahnfleisch und der aufgesprungenen Lippe entgegen: »Ich kann mich nicht erinnern, dass wir jemals einen Deal hatten. Mir wäre es am liebsten, ich hätte Sie nie gesehen. Auf Ihre Kollegen kann ich auch gut verzichten.«

Es vergehen weitere Minuten ohne ein Wort. Diese Ruhe irritiert mich. Gesprächspartner, die zu lange schweigen, sind mir zuwider. Der Mann wirkt nicht so, als ob er es eilig hätte. Im Gegenteil, er scheint froh darüber zu sein, Zeit mit mir verbringen zu können. Ich starre ihn weiterhin an, spüre eine merkwürdige innere Ruhe. In seiner Gegenwart das erste Mal. Ich bin stets geflüchtet, um ihn nie mehr zu sehen. Heute ist das anders.

Mitten in meine Gedanken hinein sagt der Mann: »Ich habe Sie erschossen, damit Sie nicht von Ihrem Gegenüber getötet werden. Mit einer XREP. Das ist so ein Spielzeug, über das meine Organisation verfügt. Entwickelt von einem pfiffigen Start-up, in das wir investiert haben. Technische Details interessieren nicht näher. Im Prinzip handelt es sich um ein Elektroschockprojektil. Das haut einen schon mal für zwanzig bis dreißig Sekunden um. In der Zeit, bis Sie wieder wach waren, wirkte die Narkosespritze, die ich Ihnen verabreicht habe.«

Langsam erinnere ich mich wieder.

»Ich habe Sie und Ihren Begleiter dann im Schutz der Blendkörper aus dem Lokal geschafft. Der Mann ist frei, denn er hat uns alles gesagt, was er wusste. Wieso reden Sie nicht?«

»Frei?« Ich kann nicht glauben, was ich höre. »Sie Schwein haben den Mörder von Andy and Al-Gé auf freien Fuß gesetzt, und ich werde gefoltert. Warum?«

»Das ist etwas komplizierter. Der Mann arbeitete für uns. Er hat die Morde beauftragt, um seine Anonymität zu schützen. Außerdem hat er uns gesagt, wie wir etwas zurückbekommen, was uns gehört.«

»Was wird aus mir und …«

»Jemand von uns wird sich darum kümmern. Wie genau das aussehen wird, können wir heute noch nicht sagen. Sie haben ja gute Vorarbeit geleistet. Damit lässt sich etwas anfangen. Ich habe das immer gesagt und halte große Stücke auf Sie.«

Ich empfinde seine Worte mindestens genauso schmerzhaft wie die Schläge seiner Kollegen. Ich bin Opfer. Er hat gewonnen. Mir alles genommen. Eine Frage habe ich noch.

»Wie geht es ihr?«, frage ich schließlich.

»Das kann ich Ihnen nicht sagen. Sie hat bei uns am Montag nach Ihrem gemeinsamen Wochenende in Sainte-Maxime gekündigt. Wir haben sie seit diesem Tag nie wieder gesehen.«

Freitag, 25. Oktober 2019 – 11:55 Uhr – London

Der Gin Tonic vor dem Essen schmeckte hervorragend. Das Essen selbst, das aus einem in Bierteig panierten Fisch, zerstampften Erbsen und etwas Ähnlichem wie Pommes frites, mit Essig gewürzt, bestand, machte den guten Geschmack des Gins schnell wieder zunichte.

Die beiden Männer störte das nicht. Je länger ihr Gespräch andauerte, desto vertrauter wurden sie miteinander. Sie warfen sich Namen zu, von Journalisten, die man besser nicht kennen sollte, von Politikern, die wiederum diese Journalisten kannten, und von gemeinsamen Bekannten, die wiederum niemand kannte, weil es sie »offiziell« gar nicht gab.

Egal, wie es schmeckte, Lewellen freute sich, dass Henry McAllister ihn in »seinen« Club, dem Pratt's, mitgenommen hatte. Von außen fiel das Gebäude durch seine strahlend weiße Fassade auf. Im Inneren war das Billardzimmer der Raum, in dem von den Mitgliedern ab und an Gäste empfangen wurden. Neben den in einem runden Holzgestell aufbewahrten Queues dominierte ein ausgestopfter Fisch die in einem grünen Blattmuster gehaltene Tapete. John Lewellen war am meisten beeindruckt von der rot gestrichenen Nische. Laut McAllister hatte als Farbe für den Anstrich das Blut der

Feinde des britischen Empire gedient. In einer weiteren Nische befand sich eine Glasinstallation mit ausgestopften bunten Vögeln. An der Wand setzte ein in einem Kupferstich verewigter Boxer gerade zu seinem finalen Schlag gegen einen imaginären Gegner an.

McAllister beugte sich nach vorne über den Tisch und bat Lewellen, ebenfalls näher zu rücken: »Als Premierminister Harold Macmillan nach seinem Rücktritt hier noch häufig ein und aus ging, habe ich als junger Mann oft heimlich den Gesprächen des erfahrenen Politikers gelauscht.«

»Hast dich schon früh im Spitzeln geübt?«

»Na ja, das Ende seiner Amtszeit war von einigen Skandalen überschattet. Die Affäre zwischen unserem Heeresminister Profumo und Frau Keeler war etwas pikant. Die Keeler unterhielt eine weitere intime Beziehung. Nichts Ungewöhnliches, aber ihr anderer Liebhaber war Jewgeni Iwanow. Der wiederum war Marineattaché der sowjetischen Botschaft. Natürlich ließen sich Spionagevorwürfe nicht von der Hand weisen. Frau Keeler hat mir so schon in jungen Jahren die Feinheiten meines späteren Geschäfts vor Augen geführt. Unter uns: Ihr und der blühenden Fantasie meiner späten Pubertät habe ich es zu verdanken, dass ich Spaß daran hatte, diesen Traumjob so lange auszuüben.«

»Dass du dich daran noch erinnern kannst, Henry?«

»Irgendwie weit weg und doch ganz nah. Mir ist, als sei sie genauso durchtrieben gewesen wie diese Lucy Grey. Ähnliche Typen. Attraktiv, sexy, charmant …«

»Verlogen. Nun, es gibt in unserem Beruf Menschen, die vergisst man nicht.«

»Wie wahr. Wo Licht ist, treffen sich auch Mücken.

Einen weiteren Gin, John?«

In seinem Club war Henry McAllister Mensch. Geschäftliches hatte dort nichts verloren. Mit Lewellen pflegte er lediglich die Erinnerung an ihre aktive Zeit. Damals, als der Amerikaner aus Ankara zurückkam und ihn in London besuchte, waren sie auch in den Club gegangen. Die beiden hatten Gin getrunken. Viel Gin. Daraus wurde eine gute Tradition. Diese Tradition lebte bis heute. Schließlich waren sie ja vor gut zwei Jahren daran beteiligt, dass der heutige Friedensprozess im Nahen Osten beginnen konnte.

Nicht ganz freiwillig, da der Kurde etwas hatte, mit dem er Druck ausübte und von dem bis heute niemand wusste, wo der Rest war. Immerhin hatte er Kontakt gesucht, sich Gehör verschaffen können. Von den führenden Politikern der NATO-Partner war Farqîn Birhat ausdrücklich für seinen Kampf gegen den Terror der ISIS gelobt worden. Die Islamisten hätten ihm über gefälschte Erklärungen und Bekennerschreiben tödliche Terrorangriffe in Salzburg, Rom und London zuweisen wollen. Die Vorwürfe waren zwischenzeitlich als »haltlos« aufgeklärt und verworfen worden. Birhat wurde aktuell für seine Weitsicht und den verantwortungsvollen Umgang als eine der herausragenden Persönlichkeiten in der Region gefeiert. Kommentatoren, allen voran ein gewisser Mathis Dubois aus Brüssel, zogen schon Parallelen zu Jassir Arafat, dem Friedensnobelpreisträger.

Die beiden Männer sprachen zum Abschluss ihres Essens Fort Detrick an.

»Henry, es hat mich sehr gefreut, mit dir speisen zu dürfen. Überrascht hat mich allerdings, dass du derjenige bist, der im Besitz der Biowaffen ist. Ein Teil davon wurde uns doch gerade als Hauptgericht serviert, nicht wahr?«

»Nein. Wir nennen es eine britische Spezialität.«

»Spezialität?«

»Warte ab, bis ich dich zu mir nach Hause einlade und meine Frau für uns kocht. Danach wirst du von dem Essen hier schwärmen. Scherz beiseite, John. Was ist mit Fort Detrick los? Stimmt das, was in der Presse steht?«

Die Ebolaforschung in Fort Detrick war, laut Bericht der *New York Times* vom 5. August 2019, eingestellt.

»Nun, ich kann auch nur wiederholen, was die Sprecherin des Labors, Caree Vander Linden, betont. Bei Fort Detrick handelt es sich um ein ›Zentrum zur Bekämpfung biologischer Kampfstoffe‹. Die einstweilige Schließung ist einzig und allein darauf zurückzuführen, dass die Anlagen zur Aufbereitung und Säuberung des verschmutzten Abwassers des Labors nicht auf dem neuesten Stand der Technik sind.«

»Aha. Und die Nachrüstung kann dauern?«

»Natürlich. Aber warum interessiert dich das, Henry?«

»Ach nur so ...«

Sir Henry verbrachte seine Nachmittage meistens im Garten. Während er Rosen schnitt, konnte er seinen Gedanken freien Lauf lassen. Hier fand er Zeit und Ruhe, in sich hineinzuhorchen, die Welt um sich herum zu vergessen. Zu erforschen, was ihm sein Bauch mitteilen wollte. Es war ein sehr schönes Gefühl, denn er sah seiner Enkelin zu, wie sie mit ihrer Großmutter und dem kleinen Welpen spielte, den ihre Eltern ihr zum Geburtstag geschenkt hatten.

»I'd rather be with my dog«, ging es Sir Henry durch den Kopf.

Auf seinem Schreibtisch fanden sich nicht mehr die endlos hohen Stapel der Zeitungsausschnitte, die er ein Leben lang gesammelt hatte. Rückschlüsse für seine Arbeit musste er jetzt nicht mehr ziehen. Jetzt war sein Schreibtisch aufgeräumt.

Leer, bis auf den einen Zeitungsbericht, den er ausgerechnet heute Morgen vor seinem Treffen mit Lewellen im *Guardian* gelesen hatte.

Der amerikanische Präsident beschimpfte in einer für ihn typischen Twitter-Nachricht die aus seiner Sicht zu kritischen Nahost-Experten. Es ging um die Errichtung einer Schutzzone im Norden Syriens, im Verlauf zur Grenze der Türkei. Diese Schutzzone war Grundlage einer Vereinbarung der Amerikaner mit dem türkischen Präsidenten. Als man den amerikanischen Präsidenten fragte, was er sich von dem Deal erhoffte, gab er zu Protokoll:

»THE OIL!«

Nachwort

Manchmal drehen sich die Druckerpressen langsamer als die Welt. Fiktion wird von der Realität eingeholt.

Ich wünschte, es wäre nicht so.

Im Januar 2020 habe ich die finale Fassung meines Manuskripts an den Heyne Verlag übergeben. Ein Jahr hatte ich für die Überarbeitung benötigt, dafür, die Story seit dem ersten Entwurf weiter zu straffen, schneller, lebendiger, präziser zu machen. Meine Redakteurin meinte, »... das könnte man ggf. schön apokalyptisch ausmalen ...« Das setzte ich nicht um. Keinesfalls wollte ich alles zu Papier bringen, was ich dank meiner mehrjährigen Recherchen über die Gefahren durch unbekannte Viren wusste. Daher ließ ich weg, wovor ich selbst Angst hatte. *Grünes Öl* sollte in erster Linie unterhalten, Spannung auf dem Papier erzeugen, nicht reale Ängste. Ein wenig aufrütteln, ja, gerne. Aber nicht mehr. Kurze Zeit später wurde mein Buch von der Wirklichkeit in Form der Corona-Pandemie eingeholt.

Die Handlung ist erdacht als ein Thriller über Venture Capital, Umweltterrorismus, billiges Öl und geheime Viren, kreiert mithilfe modernster Gentechnik. Den Gedanken, dass die

Welt zum Stillstand kommen könnte, dass sie aufhören könnte zu atmen, zumindest vorübergehend, ließ ich weg. Die Wirklichkeit war da leider weniger zimperlich.

Um meinen Thriller glaubhaft zu erzählen, habe ich viel recherchiert und mich mit grundsätzlichen Fragen befasst. Eine davon lautet: Wie wird die Welt sich verändern, wenn moderne Technologie immer weiter in die Natur eingreift? Geschieht das alles zum Wohl der Menschheit? Können mutige Erfinder unseren Wunsch befriedigen, endlosen Zugang zu begrenzten Ressourcen zu haben? Was passiert, wenn plötzlich – und unendlich – preiswertes Öl (aus Algen) verfügbar wäre? Werden geopolitische Machtstellungen sich verschieben? Wie reagieren diejenigen, deren Führungsposition oder Geschäftsmodelle dadurch gefährdet sind?

Im Januar 2020 kannten die meisten von uns Corona nur als Biersorte. Ende 2019 nahm auf einem lokalen Markt in der chinesischen Stadt Wuhan, im dortigen Stadtteil Hankou, eine weltweite Pandemie ihren Ausgang. Unser Leben wurde binnen weniger Wochen in die Knie und zum Stillstand gezwungen. Millionen Menschen weltweit leiden unter den Auswirkungen, Hunderttausende sterben. Das Virus reißt Familien auseinander oder treibt sie in den wirtschaftlichen Ruin. Allem Fortschritt zum Trotz haben Wissenschaftler weltweit keinen Impfstoff zur Hand, ist kein Heilmittel in Sicht. Ein mikroskopisch kleines Teilchen zeigt uns die Grenzen unserer global vernetzten Wirtschaft auf.

Ein solches Szenario habe ich in *Grünes Öl* angedeutet. Zu dem Zeitpunkt, als ich mir die Geschichte ausdachte, konnte ich nicht wissen, was im Frühjahr 2020 tatsächlich passieren würde. Allenfalls hatte ich Befürchtungen, Ängste. Keine Gewissheit.

Kurz vor Ostern 2020 warnte der UN-Generalsekretär vor den Gefahren des Bioterrorismus. Im Netz kursieren Verschwörungstheorien: Das Corona-Virus sei eine gezielt entwickelte Biowaffe, die wahlweise von den Chinesen oder den Amerikanern entwickelt worden sei. Selbst Politiker und Staatspräsidenten beteiligen sich an solchen Spekulationen und wechselseitigen Schuldzuweisungen.

Fake News, Verschwörungstheorien und Propaganda prägen in Krisenzeiten die Nachrichten. Das ist auch bei der Corona-Pandemie nicht anders. Ich will mich nicht daran beteiligen. Mein Thriller sollte realitätsnah sein, aufklären und zugleich unterhalten. Fiktion, entstanden als Ergebnis jahrelanger Nachforschung und unmittelbarer Erfahrung. Dennoch ein Produkt meiner Fantasie.

Soweit es Parallelen dazu gibt, was seit Beginn des Jahres 2020 geschieht, macht mich das betroffen.

Grünes Öl ist reine Fiktion.

Ich wünschte, es wäre so.

Dank

In keinem Fall möchte ich es versäumen, mich zu bedanken.

Danke all denen, die mich zu dem Buch inspiriert und dazu beigetragen haben, dass es entstehen konnte.

Ich treffe Markus Nägele zufällig auf der Frankfurter Buchmesse. Er stellt den Kontakt zu Tim Müller her. Der liest die ersten 50 Seiten, sagt mir im Juli 2018, dass Heyne das Buch veröffentlichen möchte. Dank der Unterstützung von Frau Wegmann, Syndikusanwältin, ist der notwendige Papierkram rasch abgehakt und ein Verlagsvertrag unterschrieben.

Tim Müller gibt Anregungen. Der Anfang des Manuskripts wird runderneuert. Da Herr Müller Heyne verlässt, kann er die Fertigstellung des Buches nicht weiter begleiten. Für seinen Einsatz während unserer gemeinsamen Anstrengungen: Danke!

Das »fertige« Manuskript verlässt meine Einflusssphäre, geht an einen guten Freund. Seine Kommentare nach der Lektüre machen Mut. Danke!

Meiner Redakteurin, Frau Kerstin von Dobschütz, sei Dank für ihre tatkräftige Unterstützung in der Schlussphase. Sie half mir, das Manuskript zu überarbeiten, Fehler in der Logik zu beheben, Spannung zu erzeugen.

Ab Sommer 2019 begleitet Oskar Rauch, mein neuer Lektor bei Heyne, sehr engagiert das Buch. Das Manuskript ist im Dezember 2019 fertig. Nach der Schlussredaktion sind in einem hilfreichen Miteinander rasch Coverdesign, Klappentext und Veröffentlichungstermin festgelegt. Dann kommt Corona. Ausgangssperre. Homeoffice. Ich hatte im März 2020 daher keine Möglichkeit mehr, Herrn Rauch persönlich zu danken. Ganz maßgeblich hat er dazu beigetragen, aus dem Manuskript das vorliegende Buch zu machen. Danke!

Mein Vater hat erstaunt und überrascht zur Kenntnis genommen, dass ich ein Buch geschrieben habe. Was habe ich nicht schon alles gemacht in meinem Leben. Ein Leben, das ohne ihn und meine Mutter nie so verlaufen wäre, wie sie es mir ermöglicht haben. Danke für alles! Nicht nur für das, was ihr mir in die Wiege gelegt und später gefördert habt.

Ich möchte meiner Familie Danke sagen. Danke für eure Geduld, euer Verständnis, euren Ansporn, die Kritik an den halb fertigen Texten, für den Glauben an mich und für eure Liebe. Oft habt ihr mit einem Lächeln zur Kenntnis genommen, wenn ich nach stundenlanger Arbeit an dem Buch abends im Urlaub gesagt habe: »Ratet mal, wen ich heute wieder umgebracht habe?« Das Morden hat ein Ende – einstweilen. Versprochen. Schön, dass es euch gibt.

Zum Schluss noch ein Gruß an meinen treuen vierbeinigen Freund. Ohne ihn, den Frühaufsteher, hätte ich in unseren

Urlauben kaum die Extrazeit früh am Morgen gefunden, die ich brauchte, um diesen Thriller zu schreiben.

Natürlich möchte ich meine Leser nicht vergessen. Für euer Interesse an der Geschichte: Danke! Ich freue mich auf zukünftige Diskussionen, Kommentare und Anregungen. Schließlich kann man immer etwas besser machen.

Fehler in der Darstellung nehme ich allein auf meine Kappe. Darüber zu spekulieren, was wahr sein könnte, hat hoffentlich die Spannung erzeugt, die ein Thriller haben soll.

Bleibt alle gesund.

Ben Riffko
April 2020

Horst Eckert

Die RAF ist wieder aktiv, ein Mordanschlag im Reichsbügermilieu – dieser Politthriller ist komplex und brandaktuell.

978-3-453-43966-5

Leseprobe unter **www.heyne.de**

HEYNE

Uwe Laub

Wettermanipulation und Artensterben – Uwe Laub verhandelt große Themen unserer Zeit in einem actiongeladenen Thriller

978-3-453-41980-3

978-3-453-43963-4

Leseproben unter **www.heyne.de**

HEYNE